Mehrfache Staatsangehörigkeit

Europäische Hochschulschriften
Publications Universitaires Européennes
European University Studies

Reihe II
Rechtswissenschaft

Série II Series II
Droit
Law

Bd./Vol. 4226

PETER LANG
Frankfurt am Main · Berlin · Bern · Bruxelles · New York · Oxford · Wien

Anke Fortmann

Mehrfache Staatsangehörigkeit

Eine Untersuchung der Verfassungskonformität des Optionsmodells

PETER LANG
Europäischer Verlag der Wissenschaften

Bibliografische Information Der Deutschen Bibliothek
Die Deutsche Bibliothek verzeichnet diese Publikation in der Deutschen Nationalbibliografie; detaillierte bibliografische Daten sind im Internet über <http://dnb.ddb.de> abrufbar.

Zugl.: Bochum, Univ., Diss., 2005

D 294
ISSN 0531-7312
ISBN 3-631-54228-3

www.peterlang.de

Meinen Eltern

Vorwort

Die Arbeit „Mehrfache Staatsangehörigkeit: Eine Untersuchung der Verfassungskonformität des Optionsmodells“ hat im August 2004 der Juristischen Fakultät der Ruhr-Universität Bochum (Dekan Prof. Dr. Roman Seer) als Dissertation vorgelegen. Die mündliche Prüfung fand im Januar 2005 statt.
Die Neuregelungen, die mit dem Gesetz zur Steuerung und Begrenzung der Zuwanderung und zur Regelung des Aufenthalts und der Integration von Unionsbürgern und Ausländern (ZuwanderungsG) vom 30.07.2004 (BGBl. I S. 1950) in das Staatsangehörigkeits – und Ausländerrecht eingeführt worden sind, konnten in dieser Arbeit nicht mehr berücksichtigt werden.

Mein besonderer Dank gilt Herrn Prof. Dr. Friedrich E. Schnapp. Sein methodischer Ansatz bei der Beantwortung rechtlicher Fragen hat mein wissenschaftliches Arbeiten wesentlich beeinflusst und zum Gelingen der Dissertation beigetragen. Zweitberichtserstatterin, Frau Prof. Dr. Adelheid Puttler, danke ich ebenfalls für das Interesse, das sie meiner Arbeit entgegenbrachte.

Meinen Eltern möchte ich die Arbeit in Dankbarkeit widmen.

Darüber hinaus danke ich Herrn Prof. Dr. Dieter Leuze, der mir stets mit Rat und Tat in organisatorischen Angelegenheiten zur Seite gestanden hat.

Weiterhin danke ich Herrn Dr. des. Kaya Köklü, der diese Arbeit durch viele anregende Gespräche sowie durch Korrekturvorschläge gefördert hat.

Schließlich gilt mein Dank dem Land Nordrhein-Westfalen und der Ruhr-Universität Bochum. Durch die Gewährung eines Stipendiums haben sie mein Promotionsvorhaben in finanzieller Hinsicht abgesichert.

Essen, im April 2005 *Anke Fortmann*

Inhaltsverzeichnis

Kapitel 1: Einführung in das Problem

„Der Pass ist der edelste Teil von einem Menschen. Er kommt auch nicht auf so einfache Weise zustande wie ein Mensch. Ein Mensch kann überall zustande kommen, auf die leichtsinnigste Art und ohne gescheiten Grund, aber ein Pass niemals. Dafür wird er auch anerkannt, wenn er gut ist, während ein Mensch noch so gut sein kann und doch nicht anerkannt wird."[1]

A. Ausgangssituation: Gründe zur Notwendigkeit der Reform

Mit Gesetz vom 15. Juli 1999[2] ist das deutsche Staatsangehörigkeitsrecht einer Reform unterzogen worden. In Politik und Rechtswissenschaft bestand weitgehend Einigkeit über die Notwendigkeit dieser Reform. Denn die Frage, ob und inwieweit es „ein Staat auf Dauer hinnehmen kann, dass ein zahlenmäßig bedeutender Teil seiner Bevölkerung über Generationen hinweg außerhalb der staatlichen, und damit der politischen, Gemeinschaft bleibt"[3], konnte mit der bislang verfolgten Ausländerpolitik und dem geltenden Staatsangehörigkeitsrecht nicht mehr zufrieden stellend beantwortet werden. Für eine Reform sprachen im Wesentlichen folgende Gründe: Festgestellt wurde, dass ein erheblicher Anteil der auf Dauer in Deutschland lebenden Wohnbevölkerung nicht die deutsche Staatsangehörigkeit besitzt. Beklagt wurde darüber hinaus, dass die Regelungen des Reichs- und Staatsangehörigkeitsgesetzes, die weitestgehend unverändert seit dem Jahre 1913 bestanden, nicht mehr zeitgemäß seien. Aufgrund der unübersichtlichen Zersplitterung des Rechtsgebietes über vielfältige Rechtsquellen unterschiedlicher Rechtsnatur wurde die Rechtsfindung in erheblichem Maße erschwert. Ferner bestanden überholte Verfahrensbestimmungen, die eine überflüssige, unnötige Bürokratie bedingten.[4]

Ein weiterer Problemkreis macht sowohl ein politisches als auch ein gesetzgeberisches Handeln unerlässlich: Ohne weiter Zuwanderung wird die Bevölke-

---

1 Brecht, Flüchtlingsgespräche, S. 7f.

2 BGBl. I, S. 1618.

3 BT-Drs. 12/4533 S. 5: Begründung des Gesetzentwurfs vom 10. März 1993 der SPD-Bundestagsfraktion. unter Zitation der Antwort der Bundesregierung auf die Große Anfrage der Fraktion der SPD zur Fortentwicklung des Ausländerrechts vom 03. Oktober 1984, BT-Drs. 10/2071.

4 Vgl. Schnapauff, Zur Reform des deutschen Staatsangehörigkeitsrechts; in: Neue Regierung - neue Ausländerpolitik, S. 69. Hans Heinz Heldmann schreibt in dem Vorwort zu seinem Kommentar zum Ausländergesetz: „Anstelle dieses Gesetzes sollte es ein Gesetz geben, welches dem Gesetzgeber verbietet, ein Gesetz zu beschließen, dessen Aussagen den Gesetzesadressaten verschlossen bleiben." Heldmann, Ausländergesetz Kommentar, S. 8. Dieses gelungene Zitat kann man ohne Bedenken auf die unreformierte Fassung des Ausländer- und Staatsangehörigkeitsrechts (AuslG und RuStAG und die jeweiligen Änderungsgesetzes sowie die Durchführungsverordnungen) und zum Teil auch auf die reformierten Normen des Staatsangehörigkeitsgesetzes (StAG) beziehen. Siehe hierzu auch Hofmann in: Reform des Staatsangehörigkeitsrechts- Die parlamentarische Beratung, S. 259.

rung Deutschlands im 21. Jahrhundert stark altern, aber auch schrumpfen. Dafür sorgen niedrige Kinderzahlen und eine voraussichtlich auch in den kommenden Jahren weiterhin steigende Lebenserwartung.[5] Um der diesbezüglich eher negativen Perspektive vorzubeugen, müssten Anreize für die Einbürgerung in die Bundesrepublik Deutschland für ausländische Staatsangehörige geschaffen werden. Befragungen haben ergeben, dass ausländische Staatsangehörige ein weitaus höheres Interesse an der deutschen Staatsangehörigkeit haben, wenn sie die bisherige Staatsangehörigkeit nicht aufgeben müssen.[6] Ferner wurde herausgefunden, dass das Interesse an einer Familiengründung in der Bundesrepublik Deutschland eng verbunden mit der Innehabung einer Arbeitsstelle ist.[7] Problematisch ist hierbei, dass häufig nur deutsche Arbeitnehmer den Zugang zu einer Arbeitsstelle finden.[8] Sofern der ausländische Staatsangehörige neben der ausländischen auch die deutsche Staatsangehörigkeit besitzen dürfte, würde sich dies unter anderem auf dem Gebiet der Arbeitsvermittlung als eine erhebliche Erleichterung darstellen, darüber hinaus indirekt auch Auswirkungen auf den Familienzuwachs haben. Dies hätte eine Steigerung der deutschen jungen Population zur Folge. An der Steigerung der Einbürgerungsquote besteht nicht zuletzt ein nachhaltiges Eigeninteresse der Aufnahmegesellschaft. Ein modernes Staatsangehörigkeitsrecht muss Teil jeder Zuwanderungsstrategie sein, die ungünstigen demografischen Entwicklungen entgegen wirken will. Je stärker der Bevölkerungsrückgang durch zusätzliche Zuwanderung abgemildert werden soll, desto mehr muss darauf geachtet werden, dass die Kluft zwischen „Staatsvolk“ und Wohnbevölkerung geschlossen wird.[9]

Zu bedenken ist, ob nicht beiden Seiten, dem Staat und dem ausländischen Staatsangehörigen, damit gedient ist, wenn demjenigen Ausländer, der um keinen Preis seine ausländische Staatsangehörigkeit aufgeben will, die Beibehaltung gewährt wird. Nach dem deutschen Staatsangehörigkeits- und Ausländerrecht ist das dauerhafte Beibehalten mehrerer Staatsangehörigkeiten nicht vorgesehen.

---

5 Siehe Abbildung 1, Altersstrukturen 1999-2050, Anhang S. 192.

6 Zu den Gründen vgl. Şen, Problemfelder und Lösungsansätze im europäischen Vergleich- Die Mehrheitsgesellschaften und die Minderheiten- Bundesrepublik Deutschland; in: Vom Ausländer zum Bürger in: FS für Franz und Müller, S. 219.

7 Bericht der Unabhängigen Kommission „Zuwanderung“, Zuwanderung gestalten – Integration fördern, Bundesministerium des Inneren/Öffentlichkeitsarbeit 2001, S. 53, 59ff.

8 Im Bauhauptgewerbe vergeben nach Angabe der Handwerkskammer Düsseldorf 28,9% der Befragten grundsätzlich (ohne Angabe von Gründen) keine Lehrstellen an jugendliche Ausländer ein; im Kfz-Handwerk liegt die Quote bei 18,8%. Im Handwerk insgesamt stellen 19,6% der Arbeitgeber keine ausländischen Lehrlinge ein; Angaben aus Anlage zum Gutachten von Kürşat-Ahlers/Waldhoff in: Reform des Staatsangehörigkeitsrechts – Die parlamentarische Beratung, S. 325.Vgl. auch Renner, Erleichterung der Einbürgerung – ein Ausweg? in: Vom Ausländer zum Bürger in: FS für Franz und Müller, S. 374.

9 Bericht der Unabhängigen Kommission „Zuwanderung“, Zuwanderung gestalten – Integration fördern, Bundesministerium des Inneren/Öffentlichkeitsarbeit 200, S. 248.

B. Themenbezogene Streitfragen: Reform des Staatsangehörigkeitsrechts und Hinnahme von Mehrstaatigkeit

Aus den vorgetragenen Gründen, welche die Notwendigkeit der Reform des Staatsangehörigkeitsrechts aufzeigen, haben sich in der 14. Legislaturperiode zwei inhaltlich sehr unterschiedliche Gesetzentwürfe entwickelt: Ein Gesetzentwurf stammt von Abgeordneten aus den Fraktionen von CDU und CSU[10], den anderen Gesetzentwurf haben Abgeordnete aus den Fraktionen von F.D.P., SPD und Bündnis90/Die Grünen[11] in Form eines Gruppenantrages in den Bundestag eingebracht. Zwar wurde von keiner Fraktion die Erforderlichkeit der Reform bestritten. In der Debatte um die inhaltliche Ausgestaltung des neuen Staatsangehörigkeitsrechts und der Frage über die Zulassung mehrfacher Staatsangehörigkeit konnte aber kein Konsens gefunden werden. Hier haben sich zwei kontrovers diskutierende Lager gebildet: Auf der einen Seite stehen die kompromisslosen Gegner mehrfacher Staatsangehörigkeit, die Mehrstaatigkeit als „Tanzen auf zwei Hochzeiten"[12] betiteln. Sie sehen in der Hinnahme mehrfacher Staatsangehörigkeit ein Symbol für die Kapitulation des Staates vor massenhafter Zuwanderung sowie vor ethnischer und kultureller Überfremdung.[13] Rechtlich und politisch unsachlich sowie unangemessen emotional wird im Zusammenhang mit den Reformvorschlägen von einer „Staatsangehörigkeit zu Discount-Preisen" oder gar von „Teilzeitdeutschen"[14] gesprochen, wenn es um die Einführung des Erwerbs der deutschen Staatsangehörigkeit kraft Geburt im Inland und um die Optionspflicht geht. Bemängelt wird darüber hinaus, dass mit einer erhöhten Anzahl jugendlicher Mehrstaater auch die Zahl derjenigen Personen steige, die straffällig würden und nicht des Landes verwiesen werden könnten.[15]

Die Kritik an Mehrstaatigkeit ist jedoch kein Phänomen dieses Jahrzehnts. Bereits im Jahre 1929 ging *Triepel* davon aus, dass mehrfache Staatsangehörigkeit in sich ein Unding sei. Die Begründung war recht eingängig: „Je entwickelter das National- und das Staatsgefühl geworden ist, je lebendiger und innerlicher

---

10 BT-Drs. 14/535.

11 BT-Drs. 14/533.

12 FAZ v. 21.10.1993.

13 Vgl. Altmaier, Integration als Gestaltungsaufgabe; in: Neue Regierung- neue Ausländerpolitik? S. 135. *Altmaier* bezieht sich hierbei auf politischen Stellungnahmen, vertritt selbst aber eine andere Ansicht, soweit es um der Streitfragen der Mehrstaatigkeit geht.

14 Verweis in Göbel-Zimmermann/Masuch, DÖV 2000, S. 95. Die Ausdruck „Staatsangehörigkeit zu Discount-Preisen" stammt von dem CSU-Politiker Michael Glos. Von „Teilzeitdeutschen" sprach der ehemalige Berliner Innensenator Jörg Schönebohm.

15 Der CDU-Bundestagsabgeordnete Wolfgang Zeitlmann wies in der 28. Sitzung des Deutschen Bundestages am 19. März 1999 (ohne Angaben von Statistiken o.ä.) darauf hin, dass die Jugendkriminalität unter ausländischen Jugendlichen im Vergleich zu deutschen Jugendlichen höher ist. Wenn die Koalition die Konsequenzen der doppelten Staatsangehörigkeit nicht mehr im Griff habe, dann nehme sie in Kauf, dass sie künftig „Mehmets" nicht mehr abschieben könnten.

wir die Beziehung des Menschen zu seinem Staate erfassen, um so unmöglicher erscheint es uns, dass ein und dieselbe Person mehreren Staaten Treue und Gehorsam schulden solle. Die doppelte Staatsangehörigkeit ist eine Quelle für schwere äußere und innere Konflikte, sie kann zur Ursache maßlosen menschlichen Unglücks werden."[16] Auf der anderen Seite stehen die unbedingten Befürworter von Mehrstaatigkeit, die in der Zulassung einer generellen mehrfachen Staatsangehörigkeit ein Symbol für die Gleichberechtigung und Integration der neuen Mitbürger sehen. Gelegentlich findet sich die Vorstellung, mit mehrfacher Staatsangehörigkeit sozusagen den Generalschlüssel zur Lösung aller Probleme der Ausländerintegration in den Händen zu halten.[17] Im Rahmen der Europäisierung wird darauf hingewiesen, dass derjenige, der wirklich möchte, dass das „europäische Haus" für alle hier Lebenden bewohnbar ist, den hier Lebenden ein Heimatrecht geben muss. Aus dem „Juristendeutsch" ins Umgangssprachliche übersetzt bedeutet dies, dass hierin zumindest ein eingeschränktes Anerkennen und Billigen mehrfacher Staatsangehörigkeit erblickt werden kann.[18] Die Rechtsprechung des Bundesverfassungsgerichts hat sich zu der Frage der Vor- oder Nachteile mehrfacher Staatsangehörigkeit nicht eindeutig geäußert. Einen wesentlichen Grund dafür, mehrfache Staatsangehörigkeit zu vermeiden, sieht der Erste Senat des Bundesverfassungsgerichts in der Wehrpflicht des Mehrstaaters. Zudem könne für Behörden und Gerichte eines Drittstaates das Problem entstehen, welcher der Staatsangehörigkeiten des Mehrstaaters sie den Vorzug geben sollen. Darüber hinaus sieht die Rechtsprechung des Bundesverfassungsgerichts in den Loyalitätskonflikten, die zwischen dem Mehrstaater und seinen Heimat- und Aufenthaltsstaat entstehen können, einen erheblichen Nachteil der Mehrstaatigkeit.[19]

Bei Kindern ausländischer Eltern werden offenbar keine überwiegenden Probleme gesehen. „Denn vom Standpunkt des Kindes wiegen die Nachteile einer doppelten Staatsangehörigkeit nicht schwerer als die Vorteile eines zusätzlichen Erwerbs der mütterlichen Staatsangehörigkeit; ebenso besteht kein überragendes öffentliches Interesse daran, Kindern mit fremder Staatsangehörigkeit die Aufnahme in den deutschen Staatsverband zu verwehren."[20] Zum Teil wird Mehrstaatigkeit von der Rechtsprechung des Bundesverfassungsgerichts als für den Bürger durchaus vorteilhaft dargestellt. Dieser besitze in jedem der beiden Heimatstaaten die gleichen Rechte wie alle übrigen Staatsangehörigen einschließlich sozialer Förderungen und wirtschaftlicher Bewegungsfreiheit und

[16] Triepel, Internationale Regelung der Staatsangehörigkeit, ZaöRV Bd. 1 (1929) S. 188.
[17] Vgl. zur umfassenden Gesamtdarstellung der Argumentation und Kritik: Altmaier, Integration als Gestaltungsaufgabe; in: Neue Regierung- neue Ausländerpolitik? S. 135.
[18] Zünkler/Findeisen, InfAuslR 1991, S. 252.
[19] BVerfGE 37, 217 (255).
[20] BVerfGE 37, 217 (254).

habe die Möglichkeit, sich für das Land zu entscheiden, dem er sich stärker verbunden fühle.[21]

In der Debatte um die mehrfache Staatsangehörigkeit wurde vielfach das Zitat angebracht: „Man kann nicht zwei Vaterländer haben, so wenig wie man zwei Mütter haben kann."[22] Nun ist Rechtswissenschaft aber keine Biologie. Das Prinzip der Vermeidung von Mehrstaatigkeit mit Argumenten aus der biologisch-wissenschaftlichen Materie zu begründen, erscheint sehr gewagt. Zudem ist der Gedankengang auch nicht nachvollziehbar: Nimmt man an, dass ein Mensch eine Mutter hat, welche die betroffene Person gebiert und eine, die den Geborenen aufnimmt und großzieht, also eine leibliche Mutter und eine Ziehmutter bzw. Adoptivmutter, so kommt man zu dem Ergebnis, dass ein Mensch sehr wohl zwei Mütter haben kann. Hierbei steht die leibliche Mutter als Synonym für den Heimatstaat und die Ziehmutter bzw. Adoptivmutter als Bild für den Aufenthaltsstaat. Vergleichbar kann man auch sagen, dass man vielleicht nicht zwei Mütter, jedoch für gewöhnlich zwei Elternteile hat, wobei man zu beiden Zuneigung und Loyalität entwickeln kann, selbst wenn sie nicht dieselbe Staatsangehörigkeit besitzen. Sowohl die Gegner als auch die Befürworter von Mehrstaatigkeit haben nachvollziehbare Argumente auf ihrer Seite. Beide Sichtweisen verkennen jedoch, dass es bei der Frage, inwieweit mehrfache Staatsangehörigkeit sinnvoll ist und sowohl dem Betroffenen als auch dem Staat dienen kann, kein „Schwarz oder Weiß" gibt. Dass man Mehrstaatigkeit nicht unbedingt und in jeder Situation befürworten sollte, aber auch nicht generell ablehnen oder gar verdammen kann. Wie sich im Verlauf dieser Untersuchung zeigt, ist sie eine Rechtsfigur, die in bestimmten Situationen sinnvoll, in anderen problematisch sein kann.

Durchgesetzt haben sich die Reformvorschläge[23] der Fraktionen F.D.P., SPD und Bündnis90/Die Grünen. Die Reform des Staatsangehörigkeitsrechts hat viele Neuregelungen mit sich gebracht, insbesondere die Ergänzung des Abstammungsprinzips (Ius-sanguinis-Prinzip) durch das Territorialitätsprinzip (Ius-soli-Prinzip)[24] sowie die Einführung eines Optionszwanges für Mehrstaater. Die „Optionslösung" sieht vor, dass die durch Geburt im Inland erworbene deutsche Staatsangehörigkeit eines Kindes ausländischer Eltern grundsätzlich mit einer so genannten Optionspflicht behaftet ist. Der von der Optionspflicht betroffene

21 BVerfGE 37, 217 (256).

22 de Groot, Staatsangehörigkeitsrecht im Wandel, S. 320 mit dem ursprünglichen Zitat von Proudhon: « On ne peut pas avoir deux patries, comme on ne peut pas avoir deux mères. »

23 BT-Drs. 14/533.

24 Ius soli und ius sanguinis sind zwei gleichermaßen vertretbare Anknüpfungspunkte des Verfassungsstaates. Das ius soli ist ein Anknüpfungspunkt aus dem Verständnis des Gebietes bzw. des Raumes als kulturell „erfülltem" Raum, das ius sanguinis macht für sich die durch den kulturellen Sozialisationsprozess, eine in der Regel vom Elternteil erbrachte Leistung, zu eigen. Vgl. Häberle, „Staatsbürgerschaft" als Thema einer europäischen Verfassungslehre in: FS für Heckel, S. 734.

Mehrstaater muss sich nach der Neufassung des Staatsangehörigkeitsrechts in einem gewissen Alter für eine Staatsangehörigkeit entscheiden. Auffällig ist, dass sich die zum Teil indirekt unter dem Deckmantel des mit negativen Assoziationen verbundenen Schlagwortes „Doppel-Pass" geäußerten Einwände überwiegend auf das Thema der mehrfachen Staatsangehörigkeit beziehen. Dies mag daran liegen, dass der Grundsatz der Einfachstaatigkeit zu den Säulen des Staatsangehörigkeitsrechts gehört und nach Ansicht vieler Verfassungsrechtler auch in der Verfassung der Bundesrepublik Deutschland verankert ist. Die eigentliche Systemänderung, die erstmalige Aufnahme von Ius-soli-Elementen in das deutsche Staatsangehörigkeitsrecht, wird von den Kritikern erstaunlicherweise kaum beachtet.[25]

C. Daten und Fakten

Die Regelung des § 4 Abs. 3 StAG, welche den Erwerb der deutschen Staatsangehörigkeit von Kindern ausländischer Eltern vorsieht, betrifft zunächst die etwa 100.000 ausländischen Kinder, die jährlich in Deutschland geboren werden. Knapp die Hälfte der zuletzt Genannten hat einen Elternteil, der bereits länger als acht Jahre hier lebt. Im ersten Jahr der Neuregelung, im Jahr 2000, wurden 91.026 Kinder geboren, bei denen beide Elternteile Ausländer sind.[26] Die Altfallregelung des § 40b StAG, welche sich auf diejenigen ausländische Kinder beschränkt, die in den 90er Jahren in der Bundesrepublik Deutschland geboren wurden, betrifft etwa 700.000 Personen.[27]

Tatsächlich von der Altfallregelung Gebrauch gemacht haben insgesamt 20181 Kinder, davon 10837 männliche und 9344 weibliche Personen.[28] Dies lässt sich letztlich darauf zurückführen, dass die Einbürgerungsfrist, die genau ein Jahr nach Inkrafttreten des Staatsangehörigkeitsgesetzes am 31. Dezember 2000 abgelaufen ist, zu kurz war. Auf Initiative der Kinderkommission hat sich der Bundestag am 08. März 2001 mit der Verlängerung der Frist für die so genannten „Altfälle" befasst. Der Gesetzentwurf zur Verlängerung der Antragsfrist bis zum 31. Dezember 2002 ist vom Bundesrat nicht angenommen worden.[29]

---

25 Vgl. Renner, Erste Anmerkungen zur Reform des Staatsangehörigkeitsrechts; in: Neue Regierung- neue Ausländerpolitik, S. 82.

26 Tabelle 3: Grundzahlen Deutschland: Geborene, Gestorbene und Eheschließungen, Anh. S. 198.

27 Barwig, Herder Korrespondenz 53, 7/1999, S. 349; vgl. ebenfalls Tabelle 3: Grundzahlen Deutschland: Geborene, Gestorbene und Eheschließungen: Hochrechnung der Lebedgeburten im Zeitraum von sieben Jahren, Anh., S. 198.

28 Siehe Tabelle 2, Eingebürgerte Personen nach den Rechtsgründen der Einbürgerung aus dem Jahr 2001, Anh. S. 197.

29 Bericht der Unabhängigen Kommission „Zuwanderung", Zuwanderung gestalten - Integration fördern, Bundesministerium des Inneren/Öffentlichkeitsarbeit 2001, S. 247.

D. Erläuterung und Kritik thematisch relevanter Begriffe

In der Diskussion über die Mehrstaatigkeit in der Bundesrepublik Deutschland sind einige der zumeist in der politischen Debatte auftretenden Begriffe eher unglücklich gewählt worden. Die Bezeichnung der doppelten Staatsangehörigkeit ist nicht gelungen, da eine Person nicht eine Staatsangehörigkeit zweifach, also doppelt besitzt, sondern mehrere Staatsangehörigkeiten, die von verschiedenen Staaten verliehen wurden.[30] Die Begriffe Mehrstaater und Mehrstaatigkeit werden somit bevorzugt.

Sprachlich ungenau sind auch die Formulierungen „Optionsmodell" bzw. die „Optionslösung". Diese stellen vor dem Hintergrund der gesetzgeberisch vorgesehenen Regelung einen Widerspruch dar, denn, wie im Verlauf der Untersuchung näher erläutert wird, hat der Betroffene keine tatsächliche Option. Ihm wird nicht die Wahl zwischen mehreren Erwerbsmöglichkeiten eröffnet. Vielmehr unterliegt der Mehrstaater einem Abwahlzwang, das heißt er wird vor die Wahl gestellt, welche Staatsangehörigkeit er aufgeben möchte. So sind die Bezeichnungen Abwahlzwang oder Erklärungspflicht wohl eher gelungen und treffen die „Aussage" des Gesetzes. Soweit der Begriff Option bzw. ein verwandter Begriff benutzt wird, ist er unter dem Aspekt des gesetzlich vorgeschriebenen Entscheidungszwanges zu verstehen.

Zum Teil wird bereits der Begriff „Staatsangehörigkeit" als Provokation angesehen: Suggeriere er doch die Meinung, der Bürger „gehöre" dem Staat an oder gehöre gar dem Staat. Wenn nach der Formel des Verfassungsentwurfs von Herrenchiemsee (1948) der Staat um des Menschen willen da ist, „nicht umgekehrt", dann wirke der deutsche Begriff „Staatsangehörigkeit" schief. Vorgeschlagen wird anstelle des Begriffs „Staatsangehörigkeit" die Bezeichnung „Staatsbürgerschaft".[31] Die Analyse derartiger sprachlicher Feinheiten ist nicht Gegenstand dieser Untersuchung, so dass der Ausdruck „Staatsangehörigkeit" trotz der vorgebrachten Kritik im Folgenden benutzt wird.

In politischen Streitgesprächen über die Mehrstaatigkeit werden die Begriffe „Aufenthaltsstaat" und „Heimatstaat" uneinheitlich verwendet. Im Folgenden ist mit Aufenthaltsstaat der Staat gemeint, in dem sich der Lebensmittelpunkt des Betroffenen befindet. Hingegen wird unter Heimatstaat der Staat verstanden, dessen Staatsangehörigkeit der Mehrstaater ebenfalls besitzt, im Falle der Optionsregelung ist dies der Staat, aus dem die Eltern des Mehrstaaters stammen bzw. dessen Staatsangehörigkeit sie dem Optionspflichtigen per Abstammungsprinzip vermittelt haben. Bei einem deutschen Mehrstaater ist der Aufenthaltsstaat die Bundesrepublik Deutschland.

---

30 Vgl. Schnapp, Rubin 1/2000, S. 31.

31 Vgl. Häberle, „Staatsbürgerschaft" als Thema einer europäischen Verfassungslehre in: FS für Heckel, S. 725.

E. Zielsetzung und Inhalt der Arbeit

Dem einleitenden Kapitel folgen fünf weitere Kapitel:

Im *Kapitel 2* wird das Prinzip der Vermeidung von Mehrstaatigkeit vorgestellt. Zusammen mit diesem Grundsatz wird häufig eine Entscheidung[32] des Ersten Senats des Bundesverfassungsgerichts aus dem Jahr 1974 erwähnt, die so genannte „Übeldoktrin“. In dieser Entscheidung heißt es, „dass innerstaatlich und international doppelte oder mehrfache Staatsangehörigkeit als ein Übel betrachtet wird, das sowohl im Interesse der Staaten wie im Interesse der betroffenen Bürger nach Möglichkeit vermieden oder beseitigt werden sollte (...).“[33] Die weitgehende Akzeptanz der Entscheidung lässt vermuten, dass sich das Prinzip der Vermeidung von Mehrstaatigkeit aus dem Vertrags[34]- und allgemeinen Völkerrecht ergibt. Es ist ein Anliegen der vorgelegten Bearbeitung, zu überprüfen, ob diese These rechtlich haltbar ist. Darüber hinaus wird die Frage aufgeworfen, ob das Prinzip der Vermeidung von Mehrstaatigkeit im Grundgesetz verankert ist. Anknüpfungspunkte hierfür bietet die Verfassung insbesondere in den Art. 16 GG, Art. 20 Abs. 2 GG und Art. 116 GG. Soweit man annimmt, dass ein besonderes Treueverhältnis zwischen Staatsangehörigem und Staat besteht, könnte sich hieraus das Verbot mehrfacher Staatsangehörigkeit entwickeln. Vereinzelt wird das Gebot der Einfachstaatigkeit im Nationalstaatsprinzip vermutet, wobei diese Sichtweise, wie die Untersuchung zeigen wird, verkennt, dass das Nationalstaatsprinzip dem Grundgesetz fremd ist.

Im *dritten Kapitel* werden die verschiedenen Streitfragen, die bei der Diskussion um die Zulassung bzw. die Hinnahme von Mehrstaatigkeit aufkommen, dargestellt. Ein wesentliches Argument der Gegner mehrfacher Staatsangehörigkeit ist die strittige Treue und Loyalität des Mehrstaaters zu beiden oder sogar zu mehreren Staaten. In diesem Zusammenhang wird an eine bekannte Textstelle des Matthäusevangeliums erinnert: „Niemand kann zwei Herren dienen; denn entweder wird er den einen hassen und den anderen lieben, oder er wird sich dem einen zuneigen und den andern verachten.“[35] Nach der Einführung der Unionsbürgerschaft[36] drängt sich als Erwiderung folgende Frage auf: „Wie kann man Diener von (derzeit) 16 Staaten der Europäischen Union sein?“, wobei allerdings zuzugeben ist, dass die Unionsbürgerschaft nicht mit der nationalen

---

32 BVerfGE 37, 217ff.

33 BVerfGE 37, 217 (254).

34 Soweit es um das Völkervertragsrecht geht, beschränkt sich die Untersuchung auf die Bancroft-Verträge, den Deutsch-Persischen Niederlassungsvertrag, das Haager Übereinkommen von 1930, das Europäische Übereinkommen über die Verringerung der Mehrstaatigkeit und über die Wehrpflicht von Mehrstaatern sowie das Europäische Übereinkommen über Staatsangehörigkeit.

35 Matthäus-Evangelium 6,24.

36 Die mit dem Vertrag von Maastricht eingeführte Unionsbürgerschaft soll den Schutz der Rechte und Interessen der Angehörigen der Mitgliedstaaten der Europäischen Union stärken. Vgl. Hatje in: Schwarze, EU-Kommentar, Art. 17 EGV Rdn.1.

Staatsangehörigkeit verglichen werden kann.[37] Fest steht aber, dass die Menschen spätestens seit dem 19. Jahrhundert nicht mehr die Diener des Staates sind, sondern Staatsangehörige mit Rechten und Pflichten gegenüber dem Gemeinwesen. Im Folgenden wird überprüft, inwieweit ein möglicher Loyalitätskonflikt des Mehrstaaters die Unterbindung von Mehrstaatigkeit bzw. eine generelle gesetzliche Verhinderung oder Vermeidung von Mehrstaatigkeit verlangt. Weitere zu diskutierende rechtliche Problemfelder liegen im Bereich der Wehrpflicht und des diplomatischen Schutzes des Mehrstaaters sowie in der Behandlung des Mehrstaaters auf der Ebene des Internationalen Privatrechts. Schwierigkeiten entstehen insbesondere dann, wenn der Mehrstaater sich auf mehrere Rechtsordnungen berufen kann, mithin das so genannte "forum shopping" betreibt. Bei der Analyse der persönlichen Konflikte kann bezweifelt werden, ob der Erwerb der deutschen Staatsangehörigkeit eines Kindes ausländischer Eltern zu vermehrten familiären Problemen allein dadurch führt, dass die Einheitlichkeit der Staatsangehörigkeit innerhalb der Familie nicht mehr gewahrt ist. Weiterhin werden Überlegungen dazu angestellt, inwieweit sich Mehrstaatigkeit als ein schwerwiegendes Integrationshemmnis darstellt.

Im *vierten Kapitel wird* die mit der Reform des Staatsangehörigkeitsrechts eingeführte Optionsregelung, normiert in § 29 StAG, rechtlich gewürdigt. In diesem Zuge werden die mit den Gesetzentwürfen von den Parteien alternativ entwickelten Modelle vorgestellt. Darüber hinaus wird überprüft, ob die Bundesrepublik Deutschland durch die Einführung der Optionsregelung gegen völkervertragsrechtliche Verpflichtungen oder gegen Regelungen des allgemeinen Völkerrechts verstößt. Im weiteren Verlauf der Arbeit werden Bedenken gegen die Verfassungsmäßigkeit der Optionsregelung aus § 29 StAG geäußert. Bei Betrachtung des vorgesehenen Abwahlzwanges und des möglichen Verlustes der deutschen Staatsangehörigkeit drängt sich die Frage auf, ob das durch den Gruppenantrag von F.D.P., SPD und Bündnis90/Die Grünen vorgestellte Optionsmodell eine Staatsangehörigkeit „minderer Art" vorsieht. Darüber hinaus soll geklärt werden, ob es sich bei dem in § 29 StAG vorgesehenen Verlust der deutschen Staatsangehörigkeit um einen Entzug oder einen Verlust der deutschen Staatsangehörigkeit im Sinne des Art. 16 Abs. 1 GG handelt. Zweifel an der Verfassungsmäßigkeit kommen ferner auf, wenn man die Optionsregelung im Lichte des Art. 3 Abs. 3 S.1 GG betrachtet. Weder das Schrifttum noch die mit den Gesetzentwürfen konfrontierten Sachverständigen des Innenausschusses des Deutschen Bundestages haben sich mit der Frage beschäftigt, ob das Optionsmodell das negative Selbstbestimmungsrecht aus Art. 2 GG einschränkt. Diesen Gedankengang greift die vorgelegte Bearbeitung mit der Fragestellung auf, inwieweit es dem Mehrstaater zuzumuten ist, sich zu einem bestimmten

[37] Nach Art. 17 Abs. 1 S.2 EGV ergänzt die Unionsbürgerschaft die nationale Staatsbürgerschaft, ersetzt sie aber nicht. Genaueres in Kapitel 4 A III 2.

Zeitpunkt mit vom Staat vorgegebenen Fragen des Staatsangehörigkeitsrechts beschäftigen zu müssen.

Anknüpfend an das vorherige Kapitel werden im *fünften Kapitel* anhand von einigen Einzelfällen Folgeprobleme dargestellt, die aufgrund der Reform des Staatsangehörigkeitsrechts und der Einführung des Optionsmodells zu erwarten sind. Besondere Berücksichtigung finden hierbei die rechtlichen und verwaltungstechnischen Probleme der Behörden, die mit der Optionslösung, der temporären mehrfachen Staatsangehörigkeit und dem anschließenden Wegfall einer der Staatsangehörigkeiten entstehen könnten. Darüber hinaus wird die Optionslösung auf etwaige rechtliche Ungereimtheiten untersucht.

Im *sechsten Kapitel* werden die wesentlichen Ergebnisse dieser Arbeit zusammengefasst dargestellt. Insgesamt soll die Untersuchung einen Beitrag dazu leisten aufzuzeigen, dass „Staatsbürgerschaft kein Bonbon (ist), das man einem Kind zusteckt, wenn es brav gewesen ist. Staatsbürgerschaft ist keine süße Belohnung. Sie ist ein demokratisches Grundnahrungsmittel. Man braucht sich also über Mangelerscheinungen nicht zu wundern, wenn man den „ausländischen Inländern“ in Deutschland das Brot der Demokratie vorenthält. (...) Wer hier auf Dauer lebt, arbeitet, Steuern zahlt, der gehört dazu, der muss dazugehören, weil sonst Demokratie nicht funktioniert.“[38]

Kapitel 2: Das Prinzip der Vermeidung von Mehrstaatigkeit

A. Inhalt des Prinzips der Vermeidung von Mehrstaatigkeit

Die Begründung des Verbots mehrfacher Staatsangehörigkeit geht auf die kontinental-europäische Staatsrechtsdiskussion des 19. Jahrhunderts zurück. Das Prinzip der Vermeidung von Mehrstaatigkeit wurde aus staatsrechtlicher Sicht – zumindest auf der Grundlage des bestehenden Staatensystems – als Bedingung einzelstaatlicher Souveranität angesehen; es folgte aus der Notwendigkeit, das Staatselement „Volk“ nach außen abzugrenzen.[39] Nährboden fand das Prinzip der Vermeidung von Mehrstaatigkeit am Ende des 19. und zu Beginn des 20. Jahrhunderts in der weitgehend verbreiteten Ansicht, dass mehrfache Staatsangehörigkeit im Interesse der Rechtssicherheit höchst unerwünscht sei. Der Besitz mehrerer Staatsangehörigkeiten wurde als ein „Unding“ und „für das natürliche Rechtsgefühl unerträglich“[40] oder als ein „Widerspruch in sich“[41] betrach-

---

[38] Prantl, imprimatur 3/99, S. 93f.

[39] BT-Drs. 12/4533, S. 6.

[40] Triepel, Internationale Regelungen der Staatsangehörigkeit, ZaöRV 1929, Bd.1.1, S. 188.

[41] Zitelmann, Internationales Privatrecht, S. 172. Nach Zitelmann kann die volle staatliche Herrschaft über eine Person nur als eine ausschließliche gedacht werden. Demnach stelle Mehrstaatigkeit einen Widerspruch in sich dar. Dem zustimmend Meier, Der Staatsangehörige und seine Rechte, insbesondere seine Vermögensrechte, im System des Völkerrechts S. 73.

tet. Weiterhin kennzeichnete man Mehrstaatigkeit als „etwas Monströses“[42] oder als eine „crux des internationalen Verkehrs“[43]. Nicht zuletzt aus diesen Gedanken bildete sich die dem Prinzip der Einfachstaatigkeit zugrunde liegende Vorstellung, dass jeder Staatsangehörige nur eine Staatsangehörigkeit besitzen soll. Mehrfache Staatsangehörigkeit soll demnach vermieden werden. Von mehrfacher Staatsangehörigkeit spricht man, wenn ein Individuum Staatsangehöriger von zwei oder mehreren Staaten ist.

B. Völkerrechtliche Ebene

I. Einführung

Die weltweiten Bemühungen, Mehrstaatigkeit nach Möglichkeit auszuschließen, sind nicht neu. Vielmals wurde die Mehrstaatigkeit innerstaatlich und international als „Übel“ bezeichnet.[44] So beschäftigen sich sowohl das Völkervertragsrecht als auch das allgemeine Völkerrecht mit dem Problem der Mehrstaatigkeit. Im Völkervertragsrecht wird zwischen bilateralen und multilateralen Verträgen unterschieden, wobei sich erstere häufiger als die letzteren mit dem Problem der Vermeidung mehrfacher Staatsangehörigkeit beschäftigen.[45] Dies liegt daran, dass ein Staat seine eigenen Staatsangehörigkeitsregelungen oder die innerstaatliche Rechtsprechung beim Abschluss eines bilateralen Vertrages nur mit der Rechtsordnung eines einzigen Vertragspartners abstimmen und in Einklang bringen muss. Im Folgenden werden als Beispiele für bilaterale völkerrechtliche Verträge die Bancroft-Verträge und der Deutsch-Iranische Niederlassungsvertrag untersucht. Schwerpunkt soll jedoch die Analyse multilateraler Verträge sein. Hierbei beschränkt sich die Bearbeitung auf das Haager Übereinkommen von 1930, das Europäische Übereinkommen über die Verringerung der Mehrstaatigkeit und über die Wehrpflicht von Mehrstaatern (Mehrstaaterübereinkommen) sowie das Europäische Übereinkommen über Staatsangehörigkeit. Geprüft wird, inwieweit diese Verträge das Prinzip der Vermeidung von Mehrstaatigkeit gebieten oder fördern. Dabei wird das allgemeine Völkerrecht in die Überprüfung hinsichtlich der Frage, inwieweit das Völkerrecht Einfachstaatigkeit vorschreibt, mit einbezogen.

---

42 Isay, JW 1929, S. 1559 in der Besprechung des Buches von Walter Schätzel, Die elsass-lothringische Staatsangehörigkeitsregelung und das Völkerrecht. Isay bezeichnet die Zugehörigkeit zu mehreren selbständigen Staaten als etwas Monströses, das allenfalls als ein vorübergehendes Aushilfsmittel ertragen werden kann.

43 So Fleiner, Schweizerisches Bundesstaatsrecht, S. 114.

44 BVerfGE, 37, 217 (254).

45 Vgl. Weis, Nationality and Statelessness S. 187: “The number of bilateral treaties designed to reduce the cases of plural nationality or to solve the conflicts arising therefrom in considerable.”

II. Völkervertragsrecht

1. Bilaterale Abkommen

a) Bancroft-Verträge von 1868

Besonders hervorzuheben sind die so genannten Bancroft-Verträge, die ersten bedeutenden bilateralen Abkommen zur Regelung der Staatsangehörigkeit. Den ersten dieser Verträge schlossen die Vereinigten Staaten am 22. Februar 1868 mit dem Norddeutschen Bund.[46] Danach reihten sich gleich lautende oder ähnliche Verträge der Vereinigten Staaten mit Bayern, Württemberg, Baden und Hessen an, die ebenfalls Regelungen zur Vermeidung der Mehrstaatigkeit beinhalteten.[47] Auf Grundlage der Bancroft-Verträge schlossen die Vereinigten Staaten ähnliche Konventionen mit Mexiko (am 19. Juli 1868), mit Belgien (am 16. November 1868), mit Schweden und Norwegen (am 26. Mai 1869), mit Österreich-Ungarn (am 20. September 1870) und mit Dänemark (am 20. Juli 1872) ab. Großbritannien und Nordamerika schlossen auf der Grundlage der Bancroft-Verträge am 09. Oktober 1868 zunächst nur einen provisorischen Naturalisationsvertrag ab, der aber am 13. Mai 1870 als definitiv erklärt wurde.[48] Die Bancroft-Verträge sahen unter anderem vor, dass eine von einem Vertragsteil naturalisierte und dort seit fünf Jahren domizilierte Person auch vom anderen Vertragsteil als Angehöriger des naturalisierenden Staates anzuerkennen war.[49] Je-

---

[46] Pfeiffer, Das Problem der effektiven Staatsangehörigkeit im Völkerrecht, S.8. Die Bancroft-Verträge wurden nach dem Botschafter der Vereinigten Staaten in Berlin Bancroft benannt. Die Verhandlungen, die zum Abschluss des ersten dieser Verträge zu demjenigen mit dem Norddeutschen Bund von 1868 führten, wurden vom amerikanischen Geschäftsträger Wright und dem Grafen von Bismarck-Schoenhausen geleitet.

[47] Schleser, Die deutsche Staatsangehörigkeit, S. 127f.; v. Martiz, Das Recht der Staatsangehörigkeit im internationalen Verkehr in: Annalen des Deutschen Reiches 1875, S. 834.

[48] v. Martiz, Das Recht der Staatsangehörigkeit im internationalen Verkehr in: Annalen des Deutschen Reiches 1875, S. 834; Pfeiffer, Das Problem der effektiven Staatsangehörigkeit im Völkerrecht, S.8.

[49] Verdross/Simma, Universelles Völkerrecht, § 1198 S. 792;
Art. 1: Angehörige des Norddeutschen Bundes, welche naturalisierte Staatsangehörige der Vereinigten Staaten geworden sind und fünf Jahre ununterbrochen in den Vereinigten Staaten zugebracht haben, sollen von dem Norddeutschen Bund als amerikanische Angehörige erachtet und als solche behandelt werden. Ebenso sollen Staatsangehörige der Vereinigten Staaten (....), welche naturalisierte Angehörige des Norddeutschen Bundes geworden sind, und fünf Jahre in Norddeutschland zugebracht haben, von den Vereinigten Staaten als Angehörige des Norddeutschen Bundes erachtet und als solche betrachtet werden. Die bloße Erklärung der Absicht, Staatsangehöriger des einen oder des anderen Teils werden zu wollen, soll in Beziehung auf keinen der beiden Teile eine Wirkung der Naturalisation haben.
Art. 4: Wenn ein in Amerika naturalisierter Deutscher sich wieder in Norddeutschland niederlässt, ohne die Absicht, nach Amerika zurückzukehren, so soll er als auf seine Naturalisation in den Vereinigten Staaten Verzicht leistend erachtet werden. Ebenso soll ein in dem Norddeutschen Bund naturalisierter Amerikaner, wenn er sich wieder in den Vereinigten Staaten niederlässt, ohne die Absicht, nach Norddeutschland zurückzukehren, als auf seine Naturalisation in Norddeutschland Verzicht leistend erachtet werden. Der Verzicht auf die Rückkehr kann als vorhanden angesehen werden, wenn der Naturalisierte des

doch enthielten weder die Bancroft-Verträge noch einige der Anschlussverträge konkrete Anhaltspunkte für die Beantwortung der Frage, ob sie die Beseitigung oder nur die Regelung der Kumulierung der beiden Staatsangehörigkeiten zum Gegenstand hatten. Allein aus einem Protokoll, welches den Verträgen zwischen den Vereinigten Staaten und Bayern, Württemberg und Hessen beigefügt wurde, ergibt sich, dass diejenigen deutschen Staatsangehörigen, die sich für mindestens fünf Jahre in den Vereinigten Staaten aufhielten und dort auch eingebürgert wurden, ihre deutsche Staatsangehörigkeit verlieren sollten. Im Falle der Rückkehr in ihr altes Heimatland und dem Verlust der durch Einbürgerung erworbenen Staatsangehörigkeit wurde ihnen allerdings die Möglichkeit des Wiedererwerbs der deutschen Staatsangehörigkeit eingeräumt.[50] Die Regelung des Verlustes der deutschen Staatsangehörigkeit bei mehrjährigem Aufenthalt in den Vereinigten Staaten tendierte zu dem Grundsatz der Einfachstaatigkeit. Dieser Grundsatz wurde mit Inkrafttreten des Reichs- und Staatsangehörigkeitsrechts im Januar 1914 durch die Regelung des § 25 Abs. 1 RuStAG zumindest zum Teil bestätigt. Die Bedeutung der Verträge und Protokolle ist jedoch eingeschränkt, da nur ein sehr geringer Anteil der Fälle der Entstehung mehrfacher Staatsangehörigkeit erfasst und die Verträge auch nur für einige Staaten bindend waren. Seit dem Ausbruch des ersten Weltkrieges bzw. dem Tag des Eintritts der USA in diesen Krieg am 06. April 1917 sind die Bancroft-Verträge suspendiert worden und nicht wieder in Kraft getreten.[51]

b) Deutsch-Iranischer Niederlassungsvertrag von 1929/1955

Der Niederlassungsvertrag von 1929[52] wurde ursprünglich zwischen dem Deutschen Reich und dem Kaiserreich Persien geschlossen, trat aber 1943 durch die auf den Druck der Alliierten zurückzuführende Kriegserklärung des Iran an die Achsenmächte außer Kraft. Mit dem Protokoll vom 04. November 1954 und der Wiederanwendungserklärung und Bekanntmachung am 15. August 1955 erlangte der Niederlassungsvertrag ab diesem Tage de iure seine ursprüngliche Geltung zurück.[53] Deutschland und Iran haben sich in Ziffer II des Schlusspro-

einen Teils sich länger als zwei Jahre in dem Gebiet des anderen Teils aufhält. Deutsche Übersetzung abgedr. in: Feer, Die mehrfache Staatsangehörigkeit natürlicher Personen, S. 105f.

50 Makarov, Allgemeine Lehren des Staatsangehörigkeitsrechts, S. 132f.

51 Schleser, Die deutsche Staatsangehörigkeit, S. 127f; letztlich sind die Bancroft- Verträge durch das so genannte Versailler Friedensvertragswerk aufgehoben worden.

52 Das Niederlassungsabkommen, das am 17. Februar 1929 zwischen dem Deutschen Reich und dem Kaiserreich Persien abgeschlossen wurde, ist zusammen mit dem Schlussprotokoll abgedruckt in: RGBl. 1930 II, S. 1006ff.

53 Vgl. Hecker, Staatsangehörigkeitsfragen in zweiseitigen Verträgen der Bundesrepublik Deutschland, S. 41f. Die Auffassung, dass bilaterale Verträge mit dem Ausbruch des Krieges zwischen zwei Vertragsparteien erlöschen, entspricht seit dem ersten Weltkrieg nicht mehr einheitlicher Staatenpraxis. Einigkeit besteht allerdings darüber, dass sog. politische Verträge im Kriegszustand ihre Geltung verlieren. Im Übrigen muss auf den Einzel-

tokolls[54] zum deutsch-iranischen Niederlassungsabkommen verpflichtet, keinen Angehörigen des anderen Staates ohne vorherige Zustimmung der anderen Regierung einzubürgern. In der Praxis hat dies zur Folge, dass die Einbürgerung von Iranern grundsätzlich erst erfolgt, wenn Iran den Antragsteller aus dem iranischen Staatsverband entlassen und damit zugleich der Einbürgerung zugestimmt hat.[55] Durch diese Praxis wird zwar die Quote der deutsch-iranischen Mehrstaater gering gehalten. Hingegen findet der Erwerb der Staatsangehörigkeit durch Geburt, eine der häufigsten Ursachen bei der Entstehung von Mehrstaatigkeit, in dem Schlussprotokoll keine Erwähnung. Zudem wird nach einschränkender Auslegung durch die Rechtsprechung des Bundesverwaltungsgerichts nur die Ermessenseinbürgerung geregelt.[56] Der Regelung der Ziffer II des Schlussprotokolls kann man entnehmen, dass der deutsch-iranische Niederlassungsvertrag nicht primär das Ziel verfolgt, Mehrstaatigkeit zu vermeiden. Vielmehr geht es darum, dem Iran einen gewissen Einfluss auf das Auswanderungsverhalten eigener Landsleute einzuräumen. Die im Schlussprotokoll geregelte Zustimmung hängt mithin nicht zwingend von der Aufgabe der bisherigen Staatsangehörigkeit ab: Selbst wenn die deutsche Staatsangehörigkeit unter Beibehaltung der iranischen Staatsangehörigkeit verliehen wird, gilt dies als eine Einbürgerung im Sinne des Schlussprotokolls und setzt grundsätzlich eine Zustimmung der iranischen Regierung voraus.[57]

Zahlreiche Probleme bei der Einbürgerung iranischer Staatsangehöriger in die Bundesrepublik Deutschland traten seit Beginn des iranisch-irakischen Krieges[58] auf, da Iran sich weigerte, für den Staat wichtige Personengruppen, insbesondere iranische Ärzte, aus ihrer Staatsangehörigkeit zu entlassen.[59] Im Frühjahr 1995 haben sich die Vertragspartner des Niederlassungsabkommens grundsätzlich darauf geeinigt, den für nicht mehr zeitgemäß gehaltenen Zustimmungsvorbehalt aufzuheben. In einem Brief[60] vom 11. 2. 1374 (= 01. Mai 1995) teilte der damalige Minister für Auswärtige Angelegenheiten Dr. Aliakbar Velayati mit, dass „die Regierung der Islamischen Republik Iran auch grundsätzlich mit diesem Vorschlag einverstanden ist." Er wies aber zugleich darauf hin,

---

fall abgestellt werden. Wenn es nicht dem erkennbaren Willen der Vertragsparteien widerspricht, kann im Zweifel angenommen werden, dass die Vertragsparteien nach dem Krieg normale Beziehungen wiederherstellen wollen und demgemäß der Krieg auf die zwischen ihnen bestehenden Verträge nicht weitergehend einwirken soll, als es wegen des Krieges erforderlich erscheint. Danach sind Niederlassungsverträge, die während des Kriegszustandes nicht anzuwenden sind, im Zweifel nur suspendiert, nicht aber erloschen. Vgl. BVerwG, InfAuslR 1989, S. 100. Trotz der Kriegserklärung des Iran an das Deutsche Reich im Jahre 1943 ist nur von einer Suspendierung auszugehen.

54 Abgedr. in: RGBl. 1930 II, S.1013.
55 Hannappel, Staatsangehörigkeit und Völkerrecht, S. 61.
56 BVerwG, InfAuslR 1989, S. 99; vgl. auch DRiZ 1998, S. 146, (o. Verf.).
57 Rittstieg, NJW 1990, S. 1405.
58 „Erster Golfkrieg" von 1980-1988.
59 Hannappel, Staatsangehörigkeit und Völkerrecht, S. 61.
60 Abgedr. in BGBl. 1997 II, S. 3.

„dass die Zustimmung zu dieser Änderung erst Gültigkeit erlangt, wenn die Islamische Versammlung des Irans sie verabschiedet hat.“ Am 20. Dezember 1996 stimmte der deutsche Bundestag der Absprache zwischen den Staaten durch das „Gesetz zu der Vereinbarung vom 01. Mai 1995 zwischen der Bundesrepublik Deutschland und der Islamischen Republik Iran zur Aufhebung des Abschnitts II des Schlussprotokolls des deutsch-iranischen Niederlassungsabkommens“[61] zu. Obwohl eine rechtswirksame Zustimmung zur Aufhebung seitens der Islamischen Republik Iran bislang noch ausgeblieben ist, stützt das deutsch-iranische Niederlassungsabkommen das Prinzip der Vermeidung von Mehrstaatigkeit letztlich nicht mehr.

2. Multilaterale Abkommen

a) Haager Kodifikationskonferenz von 1930

Auch seitens des Völkerbundes gab es große Bemühungen, Staatsangehörigkeitskonflikte zu beseitigen. So hat sich das Haager Übereinkommen über gewisse Fragen der Kollision von Staatsangehörigkeitsgesetzen vom 12. April 1930[62] mit mehrfacher Staatsangehörigkeit befasst. Bereits im Jahre 1924 bildete der Völkerbund einen Sachverständigenausschuss, der als Aufgabe die Aufstellung einer Liste der dringendsten Staatsangehörigkeitsfragen erhielt. Unter dem Vorsitz des polnischen Rechtsgelehrten *Rundstein* wurde 1927 ein Entwurf ausgearbeitet, der sich auf die Kodifizierung der communis opinio für Staatsangehörigkeitsprobleme zweitrangiger Bedeutung beschränkte. Die Kodifikationskonferenz tagte vom 13. März 1930 bis zum 12. April 1930 unter der Leitung des damaligen griechischen Botschafters *Nicola Politis* in Paris[63], bevor das Hauptabkommen am 01. Juli 1937 in Kraft trat. Entstanden ist ein umfangreiches Vertragswerk, das aus einem Hauptabkommen, dem so genannten „Abkommen über einzelne, aus mangelnder Übereinstimmung der Staatsangehörigkeitsgesetze sich ergebender Fragen“ sowie einem Protokoll über militärische Pflichten in gewissen Fällen von Doppelstaatsangehörigkeit[64], einem Protokoll

---

61 BGBl. 1997 II. S. 2. Art. 1 des Gesetzes lautet: Der durch Notenwechsel vom 28. März 1995 und 1. Mai 1995 getroffenen Vereinbarung zwischen der Bundesrepublik Deutschland und der Islamischen Republik Iran zur Aufhebung des Abschnitts II des Schlussprotokolls des deutsch-iranischen Niederlassungsabkommens vom 17. Februar 1929 (RGBl. 1930 II S. 1006) wird zugestimmt.

62 Convention on certain questions relating to the conflict of nationality law// Convention concernant certaines questions relatives aux conflits de lois sur la nationalité; abgedr. in authentischer Sprache in: Société des Nations, Recueil des Traités; Traités et Engagement internationaux enregistrés par le Secrétariat de la Société des Nations, Volume CLXXIX 1937-1938 No. 4137 S. 89ff.

63 Vgl. Feer, Die mehrfache Staatsangehörigkeit natürlicher Personen, S. 119.

64 Protocol relating to Military Obligations in Certain Cases of Double Nationality/ Protocole relatif aux obligations militaires dans certains cas de double nationalité; abgedr. in authentischer Sprache in : Société des Nations, Recueil des Traités; Traités et Engagement

über einen Sonderfall von Staatenlosigkeit[65], einem Sonderprotokoll über Staatenlosigkeit[66] und einer Schlussakte besteht.[67]

Die „ursprünglichen“ Unterzeichnerstaaten des Hauptabkommens waren das Deutsche Reich, Österreich, Belgien, Großbritannien und Nordirland (einschließlich aller Mitglieder des Empire, die nicht selbständige Mitglieder des Völkerbundes waren), Kanada, Australien, Südafrikanischen Union, Irland, Indien, Chile, China, Kolumbien, Cuba, Dänemark, Danzig, Ägypten, Spanien, Estland, Frankreich, Griechenland, Ungarn, Island, Italien, Japan, Lettland, Luxemburg, Mexiko, Niederlande, Peru, Polen, Portugal, Salvador, Schweden, Schweiz, Tschechoslowakei, Uruguay und Jugoslawien. Bis zum Jahre 1937 wurde das Hauptabkommen nur von Schweden, Großbritannien und Nordirland,

---

internationaux enregistrés par le Secrétariat de la Société des Nations, Volume CLXXVIII 1937 No. 4117, S. 227ff. Das Protokoll über militärische Pflichten in gewissen Fällen von Doppelstaatigkeit ist am 25. Mai 1937 in Kraft getreten. Unterzeichnerstaaten waren das Deutsche Reich, USA, Österreich, Belgien, Großbritannien und Nordirland, Kanada, Irland, Indien, Chile, Kolumbien, Cuba, Dänemark, Ägypten, Spanien, Frankreich, Griechenland, Luxemburg, Mexiko, Niederlande, Peru, Salvador, Schweden und Uruguay. Ratifiziert wurde das Protokoll von Großbritannien und Nordirland (samt aller Mitglieder des Empire, die nicht selbständige Mitglieder des Völkerbundes waren) am 14. Januar 1932; von den USA am 03. August 1932; von Indien am 28. September 1932; von Schweden am 06. Juli 1933; von Salvador am 14. Oktober 1935; von Cuba am 22. Oktober 1936; von Kolumbien am 24. Februar 1937 und von den Niederlanden (samt den Netherlands Indies, Surinam und Curaçao) am 02. April 1937. Beitrittskandidaten waren Brasilien am 19. September 1931; Australien (samt den Territories of Papua, den Nordfolk Islands und den Mandatsgebieten von New Guinea und Nauru) am 08. Juli 1935 und die Südafrikanische Union am 09. Oktober 1935.

65 Protocol relating to a Certain Case of Statelessness/ Protocole relatif à un cas d'apatridie; abgedr. in authentischer Sprache in: Société des Nations, Recueil des Traités; Traités et Engagement internationaux enregistrés par le Secrétariat de la Société des Nations, Volume CLXXIX 1937-1938 No. 4138, S. 115ff. Das Protokoll über einen Sonderfall von Staatenlosigkeit ist am 01. Juli 1937 in Kraft getreten. Unterzeichnerstaaten waren Belgien, Großbritannien und Nordirland (samt allen Mitgliedern des Empire, die nicht selbständige Mitglieder des Völkerbundes waren), Kanada, Australien, Südafrikanische Union, Irland, Indien, Chile, China, Kolumbien, Cuba, Dänemark, Danzig, Ägypten, Spanien, Estland, Frankreich, Griechenland, Japan, Lettland, Luxemburg, Mexiko, Niederlande, Peru, Polen, Portugal, Tschechoslowakei und Uruguay. Bis 1937 ist das Protokoll von Großbritannien und Nordirland (14. Januar 1932), Indien (28. September 1932), Polen (15. Juni 1934), China (14. Februar 1935), Chile (20. März 1935), Australien (samt den Territories von Papua, den Nordfolk Islands und den Mandatsgebieten Neuguinea und Nauru am 08. Juli 1935), der Südafrikanischen Union (09. April 1936) und den Niederlanden (samt den Netherlands Indies, Surinam und Curaçao am 02. April 1937) ratifiziert worden. Beigetreten sind Brasilien (19. September 1931) und Salvador (14. Oktober 1935).

66 Unterzeichnerstaaten des Sonderprotokolls über Staatenlosigkeit waren Österreich, Belgien, Großbritannien, Kanada, Südafrikanische Union, Irland, Indien, China, Kolumbien, Cuba, Ägypten, Spanien, Griechenland, Luxemburg, Mexiko, Peru, Portugal, Salvador und Uruguay. Vgl. Schätzel, Das Staatsangehörigkeitsrecht, S. 73.

67 Die deutsche Übersetzung des Gesamtwerks ist abgedruckt in Lichter, Die Staatsangehörigkeit nach deutschem und ausländischem Recht, S. 845ff. Die Aufteilung des Haager Übereinkommens in ein Hauptabkommen, zwei Protokolle, ein Sonderprotokoll und eine Schlussakte wurde aus Gründen der Erleichterung der Ratifizierung vorgenommen.

Kanada, Polen, China, Indien, den Niederlanden (samt den Netherlands Indies, Surinam und Curaçao) und Australien (samt Territories of Papua und Nordfolk Island) ratifiziert; dem Hauptabkommen beigetreten sind Norwegen, Monaco und Brasilien.[68] In den nachfolgenden Jahren haben sich dann auch Belgien und Pakistan dazu entschlossen, das Übereinkommen zu ratifizieren.[69] Aufgrund der fehlenden Ratifizierung ist das Haager Abkommen für Deutschland nicht in Kraft getreten.[70] Dennoch ist zu klären, ob das Übereinkommen den Grundsatz der Einfachstaatigkeit für die Vertragsstaaten und die durch Unterzeichnung an dem Abkommen Interessierten vorsieht. Unbeschadet einer fehlenden Ratifizierung kann man zumindest aus der Unterzeichnung eines Abkommens seitens eines Staates erkennen, dass ein gewisses Interesse an dem Grundgedanken des Abkommens besteht. Der Präambel des Hauptabkommens kann man entnehmen, dass die Ausschließlichkeit der Staatsangehörigkeit im allgemeinen Interesse der internationalen Gemeinschaft liegt.[71] Wie sich aus dem zweiten und dritten Abschnitt der Präambel des Übereinkommens ergibt, wollen die Vertragsparteien die Konvention „in der Überzeugung, dass es im allgemeinen Interesse der internationalen Gemeinschaft liegt, wenn alle ihre Mitglieder sich die Auffassung zu eigen machen, wonach jeder Mensch eine Staatsangehörigkeit, und zwar nur eine einzige, besitzen sollte, in der Erkenntnis also, dass das Ziel, dem die Menschheit auf diesem Gebiet zustreben sollte, die gänzliche Beseitigung der Staatenlosigkeit und der Doppelstaatigkeit ist,“[72] abschließen. Demnach soll jeder Mensch nur eine Staatsangehörigkeit besitzen.

---

68 Société des Nations, Recueil des Traités; Traités et Engagement internationaux enregistrés par le Secrétariat de la Société des Nations, Volume CLXXIX 1937-1938 No. 4137 S. 91; Ratifikationsdaten : Schweden 06. Juli 1933 ; Großbritannien und Nordirland 06. April 1934; Kanada 06. April 1934; Polen 15 Juni 1934; China 14 Februar 1935; Indien 07. Oktober 1935; die Niederlande 02. April 1937; Australien 10 November 1937. Beitrittsdaten: Norwegen 16. März 1931 ; Monaco 27. April 1931 ; Brasilien 19. September 1931.

69 Mansel, Personalstatut, Staatsangehörigkeit und Effektivität, S. 145. Bis zum 31. Dezember 1986 haben nur 21 Staaten die Konvention ratifiziert. Vgl. Multilateral Treaties Deposited With the Secretary-General, United Nations, U.N. Doc. ST/LEG/SER.E/5, New York 1987, S. 802f.

70 Soweit völkerrechtliche Verträge eine Ratifikationsklausel in den Vertrag aufgenommen haben, tritt der betreffende Vertrag erst nach der Ratifikation bzw. nach Hinterlegen der Ratifikationsurkunde in Kraft. Vgl. Kimminich, Einführung in das Völkerrecht, S. 213. Nach Art. 23 der Haager Konvention soll das Abkommen ratifiziert werden. Art. 25 der Haager Konvention bestimmt, dass der Generalsekretär des Völkerbundes eine Niederschrift über das Abkommen aufnimmt, sobald zehn Mitgliedstaaten oder Nichtmitgliedstaaten des Völkerbundes ihre Ratifikation oder Beitrittsurkunde hinterlegt haben. Gemäß Art. 26 der Haager Konvention tritt das Abkommen für die Mitgliedstaaten des Völkerbundes und die Nichtmitgliedstaaten, die bis zum Tage der Aufnahme der im Art. 25 bezeichneten Niederschrift ihre Ratifikations- oder Beitrittsurkunde hinterlegt haben, am neunzigsten Tage nach der Aufnahme der Niederschrift in Kraft. Deutsche Übersetzung abgedr. in: Schätzel, Das deutsche Staatsangehörigkeitsrecht, S. 70.

71 So auch Takano, Einführung in das Völkerrecht, S.370.

72 Deutsche Übersetzung abgedr. in Lichter, Die Staatsangehörigkeit nach deutschem und ausländischem Recht, S. 845. Authentischer Text: (...) Being convinced that it is in the

Bei der Auslegung eines völkerrechtlichen Vertrages sind neben dem Vertragswortlaut auch die Präambel sowie Anlagen und weitere Übereinkünfte zu berücksichtigen.[73] Allerdings begründen weder die Präambel noch die neben dem Vertragstext geäußerten Wünsche oder Übereinkünfte selbständigen Verpflichtungen. Soweit nicht Gebote oder Verbote im operativen Teil des Übereinkommens festgelegt sind, bleibt die Gestaltungsfreiheit der Vertragsstaaten hinsichtlich der Regelung im jeweiligen Staatsangehörigkeitsrecht unberührt.[74] Fraglich ist mithin, ob die Haager Konvention in ihrem operativen Teil uneingeschränkt das Prinzip der Vermeidung der Mehrstaatigkeit unterstützt bzw. die Einfachstaatigkeit Völkervertragsrechtlich gebietet. Entgegen der Intention der Präambel des Haager Übereinkommens sieht die Konvention jedoch im Hauptabkommen, genauer in Art. 1 des Übereinkommens, vor, dass jeder Staat die Staatsangehörigkeit selbst, also innerstaatlich regeln kann: "It is for each State to determine under its own law who are its nationals. This law shall be recognized by other States in so far as it is consistent with international conventions, international custom, and the principles of law generally recognised with the regard to nationality." / « Il appartient à chaque Etat de déterminer par sa législation quels sont ses nationaux. Cette législation doit être admise par les autres Etats, pourvu qu'elle soit en accord avec les conventions internationales, la coutume internationale et les principes de droit généralement reconnus en matière de nationalité. »[75] Demnach soll jeder Staat durch die Rechtseinrichtung der Staatsangehörigkeit über sein Staatsvolk verfügen können und dazu berechtigt sein, nach politischem Ermessen sein Staatsangehörigkeitsrecht zu regeln. Dazu gehört auch das Festlegen derjenigen Tatbestände, von denen der Erwerb der Staatsangehörigkeit abhängig gemacht wird. Nur Art. 1 S.2 des Haager Abkommens bestimmt eine Schranke: Das Staatsangehörigkeitsrecht der einzelnen

---

general interest of the international community to secure that all its members should recognise that every person should have a nationality and should have one nationality only; Recognising accordingly that the ideal towards which the efforts of humanity should be directed in this domain is the abolition of all cases both of statelessness and of double nationality; (...) / Convaincus qu'il est de l'intérêt général de la communauté internationale de faire admettre par tous ses membres que tout individu devrait avoir une nationalité et n'en posséder qu'une seule; Reconnaissant par suite que l'idéal vers lequel l'humanité doit s'orienter dans ce domaine consiste à supprimer tout ensemble les cas d'apatridie et ceux de double nationalité ; (...) abgedr. in: Société des Nations, Recueil des Traités; Traités et Engagement internationaux enregistrés par le Secrétariat de la Société des Nations, Volume CLXXIX 1937-1938 No. 4137 S. 92.

73 Diese Auslegungsregel stammt aus den gewohnheitsrechtlichen Regelungen des Völkervertragsrechts und ist durch das Wiener Übereinkommen über das Recht der Verträge von 1969 kodifiziert worden. Vgl. Art. 31 Abs. 2 WVK. Zu beachten ist allerdings, dass die normierten Auslegungsregelungen des WVK gemäß Art. 4 der WVK keine Rückwirkung entfalten, mithin nicht direkt auf das Haager Übereinkommen von 1930 anwendbar sind.

74 Rittstieg, NJW 1990, S. 1404.

75 Abgedr. in: Société des Nations, Recueil des Traités; Traités et Engagement internationaux enregistrés par le Secrétariat de la Société des Nations, Volume CLXXIX 1937-1938 No. 4137 S. 98.

Staaten soll von anderen Staaten insoweit anerkannt werden, als es mit internationalem Gewohnheitsrecht und den in Bezug auf die Staatsangehörigkeit allgemein anerkannten Grundsätzen vereinbar ist.[76] Das Hauptabkommen ist mithin von dem Gedanken getragen, dass die Vertragsstaaten ihre Staatsangehörigkeit insoweit nach ihrem Belieben ausgestalten können, als sie die allgemeinen völkerrechtlichen Grundsätze einhalten, insbesondere durch eigene Regelungen die Staatsangehörigkeit eines anderen Staates nicht beeinträchtigen. Der ursprüngliche Plan einer umfassenden Regelung des Staatsangehörigkeitsrechts, nicht nur der Bemühung um eine Einschränkung der Konflikte der Mehrstaatigkeit, musste aufgegeben werden. Dies geschah wegen der Unmöglichkeit, die entgegengesetzten Interessen, insbesondere solche der Auswandererstaaten auf der einen und der Einwandererstaaten auf der anderen Seite, auf einen gemeinsamen Nenner zu bringen.

Man wollte seitens der Staaten eben nicht auf die Möglichkeit autonomer Regelungen verzichten.[77] Dementsprechend umfangreich sind die Wünsche und Empfehlungen (recommandations /voeux) in der Schlussakte des Übereinkommens ausgefallen. So hält es die Konferenz einmütig für dringend erwünscht, dass sich die Staaten bei der freien Ausübung der Rechte zur Regelung ihrer Staatsangehörigkeit bemühen, die Fälle der Doppelstaatigkeit soweit als möglich zu vermindern, und dass der Völkerbund Mittel und Wege ins Auge fasse, um eine internationale Verständigung über die verschiedenen Konflikte zu erreichen, die aus der Tatsache der Doppel- oder Mehrstaatigkeit einer Person erwachsen. Daneben empfiehlt die Konferenz den Staaten, gesetzliche Maßnahmen zu treffen, um einer Person, die bei der Geburt mehrere Staatsangehörigkeiten besitzt, den Verzicht auf die Staatsangehörigkeit derjenigen Staaten zu erleichtern, in denen sie sich nicht aufhält. Darüber hinaus ist es erwünscht, dass die Staaten den Grundsatz zur Anwendung bringen, wonach der durch Einbürgerung erfolgte Erwerb einer ausländischen Staatsangehörigkeit den Verlust der bisherigen Staatsangehörigkeit nach sich zieht. Es ist ferner erwünscht, dass die Staaten, solange der vorerwähnte Grundsatz nicht allgemein zur Anwendung gelangt, vor der Verleihung ihrer Staatsangehörigkeit durch Einbürgerung bemüht sind, festzustellen, ob der Beteiligte die nach dem Rechte seines Heimatstaates für den Verlust der Staatsangehörigkeit vorgesehenen Bedingungen erfüllt hat oder zu erfüllen in der Lage ist.[78] Trotz der Empfehlung der Kodifikationskonferenz, das Prinzip der Vermeidung von Mehrstaatigkeit zu beachten, ergibt sich aus dem operativen Teil der Haager Konvention kein

---

[76] Stern, Staatsrecht Bd. 1, § 8 S. 254. Ebenfalls berücksichtig werden müssen nach Art. 1 S.2 des Haager Übereinkommens die zwischen den Vertragsstaaten abgeschlossenen internationalen Verträge.

[77] Lichter, Die Staatsangehörigkeit nach deutschem und ausländischem Recht, S. 845.

[78] Schlussakte des Haager Übereinkommens vom 12. April 1930, deutsche Übersetzung abgedr. in Lichter, Die Staatsangehörigkeit nach deutschem und ausländischem Recht, S. 859f.

völkerrechtliches Gebot der Ausschließlichkeit der Staatsangehörigkeit, welches die Vertragsstaaten zwingend befolgen müssten.

b) Mehrstaaterübereinkommen von 1963

Ein für die Regelung der mehrfachen Staatsangehörigkeit relevantes Übereinkommen ist das im Rahmen des Europarates ausgearbeitete Europäische Übereinkommen über die Verringerung der Mehrstaatigkeit und über die Wehrpflicht von Mehrstaatern vom 06. Mai 1963.[79] Ursprüngliche Unterzeichnerstaaten waren die Republik Österreich, das Königreich Belgien, die Republik Zypern, das Königreich Dänemark, die Französische Republik, die Bundesrepublik Deutschland, das Königreich Griechenland, die Republik Island, Irland, die Italienische Republik, das Großherzogtum Luxemburg, das Königreich der Niederlande, das Königreich Norwegen, das Königreich Schweden, die Republik Türkei sowie das Vereinigte Königreich Großbritannien und Nordirland.[80] Nachträglich hat auch Portugal das Abkommen unterzeichnet. Das Mehrstaaterübereinkommen ist mittlerweile von Belgien, der Bundesrepublik Deutschland, Dänemark, Frankreich, Irland, Italien, Luxemburg, den Niederlanden, Norwegen, Österreich, Schweden, Spanien und dem Vereinigten Königreich ratifiziert worden.[81] Großbritannien, Spanien und Irland haben den ersten Teil des Übereinkommens, in dem es um die Vermeidung von Mehrstaatigkeit geht, nicht akzeptiert, sondern lediglich den zweiten Teil des Übereinkommens, der sich auf die Verhinderung doppelter Wehrpflicht bezieht, ratifiziert.[82] Das Übereinkommen ist am 18. Dezember 1969 für die Bundesrepublik Deutschland in Kraft getreten.[83]

---

79 Convention on Reduction of Cases of Multiple Nationality and Military Obligations in Cases of Multiple Nationality // Convention sur la Réduction des cas de pluralité de nationalités et sur les obligations militaires en cas de pluralité de nationalités, Strasbourg, 06. Mai 1963, European Treaty Series (ETS)// Série des traités européens, No. 43, 95, 96, Council of Europe//Conseil de l'Europe ; BGBl. 1969 II S. 1954ff.

80 ETS No. 43 (No. 95, 96), p. 8ff; BGBl. 1969 II S. 1960f.

81 Marx in: GK-StAR, Kap. IV, Rdn. 393; Hailbronner in: Hailbronner/Renner, Staatsangehörigkeitsrecht-Kommentar, Teil I Einl. F Rdn. 7.

82 Hailbronner, Einbürgerung von Wanderarbeitnehmern und doppelte Staatsangehörigkeit, S. 42. Hierbei ist zu bemerken, dass seit Ende der fünfziger Jahre in dem Vereinigten Königreich (Großbritannien und Nordirland) die Wehrpflicht abgeschafft wurde. Vgl. Hansen, Doppelte Staatsangehörigkeit im Vereinigten Königreich von Großbritannien und Nordirland; in: Neue Regierung- neue Ausländerpolitik? S. 209.

83 Aufgrund der Rechtsfolge der §§ 17 Nr. 2, 25 RuStAG und dem hiervon abweichenden Inhalt des Art. 1 des Mehrstaaterübereinkommens hat die Bundesrepublik Deutschland einen Vorbehalt erklärt, um so den ursprünglichen Regelungsgehalt der innerstaatlichen Normen aufrecht erhalten zu können. Ausführlich zur Problematik dieses Vorbehalts und seiner Zurücknahme: Folz, Ein unbeabsichtigtes Problem mit dem europäischen Mehrstaaterrecht – oder: vom schwierigen Umgang mit Vorbehalten zu völkerrechtlichen Verträgen in: FS für Seidl-Hohenveldern, S. 111ff.

Die Präambel des Mehrstaaterübereinkommens beinhaltet die „Erwägung", dass sich in Fällen mehrfacher Staatsangehörigkeit Schwierigkeiten ergeben können und dass ein gemeinsames Vorgehen zur möglichst weitgehenden Verringerung dieser Fälle im Verhältnis zwischen den Mitgliedstaaten dem Ziel des Europarates entspricht.[84] Zwar begründen die in der Präambel festgelegten Überlegungen keine selbständigen Verpflichtungen. Dennoch entwickelte sich aus den in der Präambel festgehaltenen Zielen der grundlegende Gedanke, dass das Übereinkommen über die Verringerung der Mehrstaatigkeit und über die Wehrpflicht von Mehrstaatern insgesamt die Ausschließlichkeit der Staatsangehörigkeit fordert. Besonderes Augenmerk ist auf Art. 1 des Mehrstaaterübereinkommens[85] zu richten. Der Entstehung von Mehrstaatigkeit wird insoweit entgegengewirkt, als bei freiwilligem, antragsgebundenem Erwerb der Staatsangehörigkeit eines Vertragsstaates die bisherige des anderen Vertragsstaates verloren gehen soll. Jedoch kann man hieraus nicht schließen, dass das Zustandekommen von Mehrstaatigkeit schlechthin verhindert wird. Denn der in allen Mitgliedstaaten bei weitem häufigste Fall des Erwerbs der Staatsangehörigkeit mit der Geburt und damit auch der häufigste Fall der Entstehung von Mehrstaatigkeit ist im Mehrstaaterübereinkommen nicht geregelt, so dass es hier den Vertragsstaaten freisteht, innerstaatliche Regelungen zu treffen.[86] Ziel des Abkommens sollte es eben nicht sein, die mehrfache Staatsangehörigkeit, die sich insbesondere aus dem Nebeneinander der Regeln des ius soli und des ius sanguinis ergibt, zu beseitigen. Folge dessen ist, dass eine Erleichterung der Einbürgerung im Wege eines gesetzlichen Erwerbes der Staatsangehörigkeit, z.B. für einen Ausländer der dritten Generation durch das Mehrstaaterübereinkommen nicht verboten wird.[87] Darüber hinaus lässt sich nicht eindeutig feststellen, ob sich das Über-

---

84 "(...) CONSIDERING that cases of multiple nationality are liable to cause difficulties and that joint action to reduce as far as possible the number of cases of multiple nationality, as between member States, corresponds to the aims of the Council of Europe; (...)" // « CONSIDÉRANT que le cumul de nationalités est une source de difficultés, et qu'une action commune en vue de réduire autant que possible, dans les relations entre Etats membres, les cas de pluralité de nationalités, répond au but poursuivi par le Conseil de L'Europe ; (...) » ; ETS No. 43 (No. 95, 96), p. 2; BGBl. 1969 II S. 1954.

85 Article 1, 1. Nationals of the Contracting Parties who are of full age and who acquire of their own free will, by means of naturalisation, option or recovery, the nationality of another Party shall lose their former nationality. They shall not be authorised to retain their former nationality. // Article 1er 1. Les ressortissants majeurs des Parties Contractantes qui acquièrent à la suite d'une manifestation expresse de volonté, par naturalisation, option ou réintégration, la nationalité d'une autre Partie, perdent leur nationalité antérieure ; ils ne peuvent être autorisés à la conserver. ETS No. 43 (No. 95, 96), p. 2; BGBl. 1969 II S. 1954.

86 Rittstieg, NJW 1990, S. 1404; vgl. auch Quaritsch, Der Staat 27 (1988) S. 493; v. Mangoldt, JZ 1993, S. 966.

87 Hailbronner, Mehrfache Staatsangehörigkeit und Einbürgerung in der Bundesrepublik Deutschland; in: Vom Ausländer zum Bürger in: FS für Franz und Müller, S. 398f. Nach *Quaritsch* steht die Neueinführung des Territorialprinzips dem Mehrstaaterübereinkommen zwar nicht entgegen. Sie verstoße aber für einen erheblichen Bereich, insbesondere

einkommen nur mit dem Verlust der Staatsangehörigkeit oder auch mit den Voraussetzungen des Erwerbs der neuen Staatsangehörigkeit befasst.[88] Die Einbürgerungspraxis der Vertragsstaaten nimmt der Verbindlichkeit aus Art. 1 Abs. 1 des Übereinkommens den „Wind aus den Segeln": Zwar werden die Staaten der bisherigen Staatsangehörigkeit dazu aufgefordert, den Verlust ihrer Staatsangehörigkeit bei Erwerb der Staatsangehörigkeit eines anderen Vertragsstaates zu ermöglichen, eine zwingende Verpflichtung ist hierin aber nicht zu erkennen.[89] Umgekehrt werden die Vertragsstaaten des Mehrstaaterübereinkommens, demnach auch die Bundesrepublik Deutschland, durch das Abkommen nicht gehindert, ihrerseits Staatsangehörige der anderen Vertragsstaaten einzubürgern, selbst wenn diese dadurch nicht ihre Heimatstaatsangehörigkeit verlieren.[90] Bei der Grundregel des Art. 1 des Abkommens handelt es sich zudem um ein in seiner Geltung relativiertes Prinzip: Es wird durch die zahlreichen Ausnahmen, die in der Anlage I[91] des Mehrstaaterübereinkommens geregelt sind, geschwächt. Aus der Anlage I ergibt sich, dass jede Vertragspartei erklären kann, dass sie sich das Recht vorbehält, in bestimmten Fällen die Einbürgerung unter Beibehaltung der bisherigen Staatsangehörigkeit zu ermöglichen. Der Grundsatz der Vermeidung von Mehrstaatigkeit kann nach Ziffer 3 der Anlage bereits dann durchbrochen werden, wenn im Verhältnis der beiden an einer Einbürgerung beteiligten Staaten der Entstehung mehrfacher Staatsangehörigkeit keine Einwendungen entgegengesetzt werden, der Mehrstaatigkeit mithin zugestimmt wurde.[92] Diese Regelungen zeigen, dass das Gebot der Einfachstaatigkeit nicht ausnahmslos gelten soll, also einer Einschränkung unterliegt, die von den Vertragsstaaten beliebig beansprucht werden kann. Inwieweit hier die Vermeidung der Mehrstaatigkeit gewährleistet wird, liegt weitestgehend in den

---

wegen der Hinnahme von Mehrstaatigkeit, gegen den Geist des Abkommens; Quaritsch, Der Staat 27 (1988), S. 493.

88 Wollenschläger/Schraml, ZRP 1994, S. 227; Renner, Erleichterung der Einbürgerung – ein Ausweg?; in: Vom Ausländer zum Bürger in: FS für Franz und Müller S. 376; ausführliche Darstellung in: Hailbronner, Einbürgerung von Wanderarbeitnehmern und doppelte Staatsangehörigkeit, S. 43f.; für die Regelung von Erwerbstatbeständen durch das Mehrstaaterübereinkommen sind: Löwer, ZAR 1993 S. 157; Zuleeg, Doppelte Staatsangehörigkeit – ein gangbarer Weg? in: Aufenthalt – Niederlassung – Einbürgerung, S. 260; dagegen: Franz, ZAR 1993, S. 44 (Rezension: Hailbronner, Einbürgerung von Wanderarbeitnehmern und doppelte Staatsangehörigkeit); Hannappel, Staatsangehörigkeitsrecht und Völkerrecht, S. 50; Rittstieg, NJW 1990, S. 1404; Rittstieg/Rowe, Einwanderung als gesellschaftliche Herausforderung, S. 50; Silagi, StAZ 1993, S. 311.

89 Vgl. Rittstieg, NJW 1990, S. 1404.

90 Zimmermann, IPRax 2000, S. 180; vgl. auch Hannappel, Staatsangehörigkeit und Völkerrecht, S. 50.

91 ETS No. 43 (No. 95, 95) p. 13; BGBl. 1969 II S. 1962.

92 Annex: (...) 3. to allow any of its nationals to retain his previous nationality if a Contracting Party for whose nationality he applies in the manner referred to in Article 1 gives its prior consent thereto; (…) // Annexe: (…) 3. de permettre à l'un de ses ressortissants de conserver sa nationalité antérieure si la Partie Contractante dont il demande d'acquérir la nationalité, aux termes de l'article 1er, y consent au préalable. (…) ; ETS No. 43 (No. 95, 95) p. 13; BGBl. 1969 II S. 1962.

Händen der jeweils beteiligten Staaten. Zu beachten ist weiterhin, dass das Abkommen lediglich von einem Teil der Mitgliedstaaten des Europarates unterzeichnet und ratifiziert wurde. Die Vereinbarungen sind auf Staatsangehörige der aus Kapitel 1 des Vertrages verpflichteten Vertragsparteien beschränkt, so dass hinsichtlich der Beziehung zu diejenigen Staaten, die das Abkommen zwar unterzeichnet, es aber nicht ratifiziert haben, der staatsangehörigkeitsrechtliche Handlungsspielraum ausgeschöpft werden kann.[93] Dies trifft vor allem bei staatsangehörigkeitsrechtlichen Beziehungen der Bundesrepublik Deutschland zur Türkei, zu Griechenland und zu Jugoslawien bzw. dessen Nachfolgestaaten zu.[94] In der Bundesrepublik Deutschland besteht jedoch die "Gefahr" der Mehrstaatigkeit insbesondere bei den Staatsangehörigen der oben erwähnten Länder, wobei die in Deutschland geborenen (auch) türkischen Staatsangehörigen eine Mehrzahl bilden. Da die Regelung aus Art. 1 des Übereinkommens über die Verringerung von Mehrstaatigkeit und über die Wehrpflicht von Mehrstaatern für nicht ratifikationswillige Staaten keine staatsangehörigkeitsrechtliche Verpflichtung entfaltet, ist deren Wirkung hinsichtlich der Vermeidung von Mehrstaatigkeit eher gering.

Im Jahr 1993 trat mit dem zweiten Zusatzprotokoll zum Mehrstaaterübereinkommen vom 02. Februar 1993 eine Wende ein. Dieses Zusatzprotokoll besagt, dass europäische Staaten berechtigt sind, die bisherige Staatsangehörigkeit bei einer Einbürgerung zu belassen.[95] Die Beibehaltung der bisherigen Staatsangehörigkeit bei willentlichem Erwerb der Staatsangehörigkeit soll nach dem zweiten Zusatzprotokoll dann möglich sein, wenn der Einzelne die Staatsangehörigkeit des Staates erwerben möchte, in dessen Gebiet er entweder geboren wurde und noch wohnhaft ist, oder in dem er für einen bestimmten Zeitraum vor dem 18. Lebensjahr seinen gewöhnlichen Aufenthalt hatte. Mehrfache Staatsangehörigkeit soll auch dann hingenommen werden, wenn eine gemischt-nationale Ehe vorliegt, und ein Ehegatte den Erwerb der Staatsangehörigkeit des anderen Ehegatten beantragt. Die Beibehaltung der bisherigen originären Staatsangehörigkeit ist für Kinder aus gemischt-nationalen Ehen bei Erwerb der Staatsange-

93 Gleiches trifft auch bei den Staaten zu, die das Mehrstaaterübereinkommen weder unterzeichnet noch ratifiziert haben.

94 Vgl. Hailbronner, Einbürgerung von Wanderarbeitnehmern und doppelte Staatsangehörigkeit, S. 42. Die Türkei, Griechenland und (ehemals) Jugoslawien haben das Mehrstaaterübereinkommen zwar unterzeichnet, eine Ratifizierung hat aber nicht stattgefunden.

95 Second protocol amending the convention on the reduction of cases of multiple nationality and military obligations in cases of multiple nationality// Deuxième protocole portant modification à la convention sur la réduction des cas de puralité de nationalités et sur le obligations militaires en cas de puralité de nationalités, Strasbourg, 02. Februar 1993, European Treaty Series (ETS)// Série des traités européens, No.149, Council of Europe//Conseil de l'Europe ; vgl. auch Doehring, Mehrfache Staatsangehörigkeit im Völkerrecht, Europarecht und Verfassungsrecht in : FS für Quaritsch, S. 260.

hörigkeit des anderen Elternteils vorgesehen.[96] Die Bundesrepublik Deutschland hat dieses zweite Protokoll allerdings im Gegensatz zu Frankreich, Italien und den Niederlanden, die es ratifiziert haben, nicht unterzeichnet. Die rechtliche Beachtung des Mehrstaaterübereinkommens verliert letztlich deshalb an Gewicht, weil der in Art. 1 des Übereinkommens niedergelegte Grundsatz der Vermeidung von Mehrstaatigkeit alsbald nach Inkrafttreten des Übereinkommens von zahlreichen Vertragsparteien in der der Zielsetzung des Abkommens entsprechenden Bedeutung nicht mehr in hinreichender Weise beachtet wurde.[97]

Demzufolge ist der von den Vertragsstaaten des Mehrstaaterübereinkommens erhoffte Erfolg, Mehrstaatigkeit weitgehend zu vermeiden, nicht eingetreten. Trotz Inkrafttreten des Abkommens im Jahr 1963 ist die Zahl der Mehrstaater gestiegen, was insbesondere auf die in den 60er Jahren einsetzende Wanderbewegung und das Erfordernis, die Staatsangehörigkeitfragen der Ehefrauen und Kinder eingewanderter ausländischer Arbeitnehmer befriedigend zu lösen, zurückzuführen ist.[98]

Die Notwendigkeit der strengen Einhaltung des Prinzips der Vermeidung der Mehrstaatigkeit wurde bereits 1988 vom Europarat in Frage gestellt. Der Empfehlung des Europarates vom 30. Juni 1988 ist zu entnehmen, dass eine Änderung bzw. völkerrechtliche Ergänzung des Mehrstaaterübereinkommens wünschenswert wäre:

> "6. Considering that the children born from mixed marriages should also be entitled to acquire and keep the nationality of both of their parents;
> 7. Considering that the principles governing nationality laws in Council of Europe member states are often very different and that problems arise in consequence;
> 8. Considering that it is only in exceptional cases that the fact that a person has several nationalities may render difficult the application of the other Council of Europe conventions and that this can hardly be considered an argument against the multiple nationality principle;
> 9. Noting that the law on nationality has been substantially amended in many member states in recent years, particularly for the purpose of introducing the concept of equality between spouses;
> 10. Noting that in the light of recent developments the questions of multiple nationality is being actively discussed, both at national level in a number of member states and within the Council of Europe;

96 Hailbronner in: Hailbronner/Renner, Staatsangehörigkeitsrecht-Kommentar, Teil I Einl. F Rdn. 7.
97 Hailbronner, Einbürgerung von Wanderarbeitnehmern und doppelte Staatsangehörigkeit, S. 46; siehe auch Zünkler/Findeisen, InfAuslR 1991, S. 251.
98 Hailbronner, Einbürgerung von Wanderarbeitnehmern und doppelte Staatsangehörigkeit, S. 92.

> 11. Recommends that the Committee of Ministers instruct the European Committee on Legal Cooperation (CDCJ) to proceed as a matter of high priority to a thorough examination of the question of multiple nationality in mixed marriages, including the children born of such marriages, with a view to amending the Council of Europe Convention on the Reduction of Cases of Multiple Nationality and Military Obligations in Cases of Multiple Nationality, or concluding another binding legal instrument, aiming also at bringing together the principles governing nationality laws of member states."[99]

Die Bemühungen des Europarates, die Zahl der Vertragsstaaten des Mehrstaaterübereinkommens zu erhöhen, sind trotz der Lockerungen durch Zusatzprotokolle zu dem Abkommen weitgehend fehlgeschlagen. Zahlenmäßig lässt sich dieses Ergebnis daran festmachen, dass seit dem Jahr 1975 nur die Niederlande dem Übereinkommen beigetreten sind.[100]

Fest steht, dass sich an den Grundsatz, Mehrstaatigkeit bei Einbürgerung zu vermeiden, im strengen Sinne von sämtlichen Vertragsstaaten nur noch die Bundesrepublik Deutschland, Luxemburg und Österreich halten. Die übrigen Staaten haben den Grundsatz entweder von vornherein nicht bzw. nur eingeschränkt akzeptiert oder sie machen davon großzügige Ausnahmen.[101]

Rechtliche Konsequenz dieses Verhaltens ist die fehlende oder eingeschränkte Bindung der Bundesrepublik Deutschland an den Inhalt des Abkommens gegenüber der Mehrheit der Vertragsstaaten. Sofern sich aus dem Verzicht auf die Verhinderung von Mehrstaatigkeit seitens der Bundesrepublik Deutschland gegenüber anderen Vertragsstaaten dennoch ein Verstoß gegen Art. 1 des Mehrstaaterübereinkommens ergeben sollte, besteht weiterhin die Möglichkeit, das zweite Zusatzprotokoll zum Mehrstaaterübereinkommen zu ratifizieren, um diesem Problem Abhilfe zu verschaffen.

c) Europäisches Übereinkommen über Staatsangehörigkeit von 1997

Das Europäische Übereinkommen über Staatsangehörigkeit vom 06. November 1997[102] beschäftigt sich im Gegensatz zu anderen völkerrechtlichen Abkommen nicht nur mit der Regelung von Einzelfragen, sondern beinhaltet ein umfassen-

---

99 Recommendation 1081 (1988) (1), Europarat Information Sheet No. 23, 1989, p. 117; vgl. deutsche Übersetzung, abgedruckt in: Hailbronner, Einbürgerung von Wanderarbeitnehmern und doppelte Staatsangehörigkeit, S. 94, Originaltext S. 129.

100 Hannappel, Staatsangehörigkeit und Völkerrecht, S. 51.

101 Vgl. hierzu DRiZ 1993, S. 245 (o. Verf.).

102 European Convention on Nationality // Convention européenne sur la nationalité, Strasbourg, 06, November 1997, Europen Treaty Series (ETS)// Série des traités européens, No. 166, Council of Europe//Conseil de l'Europe.

des Vertragswerk mit dem Ziel der „Harmonisierung“. Neben Lösungen zur Problematik der Wehrpflicht von Mehrstaatern werden Konzepte zur Vermeidung von Staatenlosigkeit aufgestellt.[103] Nur für 3 der 40 Mitgliedstaaten des Europarates[104] ist das Abkommen am 01. März 2000 in Kraft getreten: Hierzu gehören Österreich, Moldowa und die Slowakische Republik. Gezeichnet wurde es von Bulgarien, der Tschechischen Republik, Dänemark, Finnland, Frankreich, Griechenland, Ungarn, Island, Italien, den Niederlanden, Norwegen, Polen, Portugal, Rumänien, Russland, Schweden und der ehemaligen Jugoslawischen Republik Mazedonien.

Der Präambel des Europäischen Übereinkommens über Staatsangehörigkeit ist zu entnehmen, dass es die Mitgliedstaaten des Europarates und die anderen Staaten, die dieses Übereinkommen unterzeichnen, als wünschenswert ansehen, angemessene Lösungen für die Folgen mehrfacher Staatsangehörigkeit zu finden. Besonders beachtet werden sollen hierbei die Rechte und Pflichten von Personen mit mehrfacher Staatsangehörigkeit.[105] Genaueres zur Regelung der Mehrstaatigkeit ergibt sich aus Kapitel V des Übereinkommens: Dieses befasst sich in den Art. 14 – 17 mit der Hinnahme mehrfacher Staatsangehörigkeit. Hierzu zählt nach Art. 14 Abs. 1 lit.a die durch gesetzlichen Erwerb eintretende mehrfache Staatsangehörigkeit durch Geburt oder aufgrund einer Heirat mit einem ausländischen Staatsangehörigen gemäß Art. 14 Abs. 1 lit.b des Übereinkommens. Nach Art. 15 unterliegen die Vertragsstaaten keiner Einschränkung

---

[103] Kreuzer, StAZ 1997, S. 125; Hailbronner in: Hailbronner/Renner, Staatsangehörigkeitsrecht-Kommentar, Teil I Einl. E Rdn. 15.

[104] Dem 1949 gegründeten Europarat gehören alle EG-Mitgliedstaaten, nicht aber die Gemeinschaft selber an. Gründerstaaten waren Belgien, Frankreich, Luxemburg, Niederlande, Großbritannien, Dänemark, Norwegen, Irland, Italien und Schweden.

[105] “(...) Considering that the aim of the Council of Europe is to achieve greater unity between its members; Bearing in mind the numerous international instruments relating to nationality, multiple nationality and statelessness; (...) Noting the varied approach of States to the question of multiple nationality and recognising that each State is free to decide which consequences it attaches in its international law to the fact that a national acquires or possesses another nationality; Agreeing on the desirability of finding appropriate solutions to consequences of multiple nationality and in particular as regards the rights and duties of multiple nationals; Considering it desirable that persons possessing the nationality of two or more States Parties should be required to fulfill their military obligations in relation to only one of those Parties;(...)”// « Considérant que le but du Conseil de l’Europe est de réaliser une union plus étroite entre ses membres; Considérant les nombreux instruments internationaux concernant la nationalité, la pluralité de nationalités et l’apatridie; (...) Notant que les Etats ont des positions différentes sur la question de pluralité de nationalités et reconnaissant que chaque Etat est libre de décider des conséquences qui découlent, dans son droit interne, de l’acquisition ou de la possession d’une autre nationalité par l’un de ses ressortissants; Convenant qu’il est souhaitable de trouver des solutions appropriées aux conséquences de la pluralité de nationalités, notamment en ce qui concerne les droits et devoirs des ressortissants possédant plusieurs nationalités; Considérants qu’il est souhaitable pour un individu possédant la nationalité de deux ou plusieurs Etats Parties de n’avoir à remplir ses obligations militaires qu’à l’égard d’une seule de ces Parties; (...) » ETS No. 166, p. 2; deutsche Übersetzung abgedr. in: Hailbronner/Renner, Staatsangehörigkeitsrecht-Kommentar, Anh. A II 8 (S. 1043).

durch das Übereinkommen im Hinblick auf innerstaatliche Regelungen, in denen für den Erwerb oder die Beibehaltung der eigenen Staatsangehörigkeit die Aufgabe der bisherigen Staatsangehörigkeit gefordert wird (Art. 15 lit.b), bzw. dann, wenn in nationalen Rechtsvorschriften bestimmt wird, dass der Erwerb einer anderen Staatsangehörigkeit den Verlust der bisherigen Staatsangehörigkeit nach sich zieht.[106] Art. 16 des Übereinkommens stellt eine Ausnahmeregelung dar, wonach die Vertragsstaaten den Erwerb oder die Beibehaltung der Staatsangehörigkeit nicht von der Aufgabe oder dem Verlust einer anderen Staatsangehörigkeit abhängig machen dürfen, wenn die Aufgabe oder der Verlust unmöglich oder unzumutbar ist.[107] Zu betonen ist, dass das Übereinkommen des Europarates, wie sich aus Art. 26 ergibt, keinen Einfluss auf bisherige Verträge wie das Mehrstaaterübereinkommen hat und somit keine Ersetzung, sondern vielmehr eine Ergänzung darstellt. Insgesamt kann man dem fünften Kapitel des Übereinkommens entnehmen, dass Mehrstaatigkeit grundsätzlich nicht als überragendes Problem angesehen wird, völkervertragsrechtlich also auch hier kein Gebot der Einfachstaatigkeit gegeben ist.

Die Bundesrepublik Deutschland, die seit dem Jahre 1950 dem Europarat angehört, ist dem Europäischen Übereinkommen über Staatsangehörigkeit bislang nicht beigetreten. Die Unterzeichnung des Übereinkommens soll vorbehaltlich der Ratifizierung Anfang des Jahres 2002 erfolgen.[108] Letztere ist nach den Art. 27ff. des Übereinkommens jedoch erforderlich, damit das Übereinkommen unmittelbare rechtliche Wirkungen entfaltet. Insoweit ist das Europäische Übereinkommen über Staatsangehörigkeit vom 06. November 1997 hinsichtlich der Frage, inwieweit eine Verpflichtung zur Vermeidung oder zur Hinnahme von Mehrstaatigkeit besteht, für die Bundesrepublik Deutschland derzeit von geringer Bedeutung.

---

106 Art. 14: A State Party shall allow: a) children having different nationalites acquired automatically at birth to retain these nationalities; b) its nationals to possess another nationality where this other nationality is automatically acquired by marriage. // Un Etat Partie doit permettre: a) aux enfants ayants acquis automatiquement à la naissance des nationalités différents de garder ces nationalités; b) à ses ressortissants d'avoir une autre nationalité lorsque cette autre nationalité est acquise automatiquement par mariage. ETS No. 166, p. 6. Deutsche Übersetzung von Art. 14 und 15 abgedr. in: Hailbronner/Renner, Staatsangehörigkeitsrecht-Kommentar, Anh. A II 8 (S. 1048); vgl. auch Kreutzer, StAZ 1997, S. 129.

107 Art. 16: A State Party shall not make the renunciation or loss of another nationality a condition for the acquisition or retention of its nationality where such renunciation or loss is not possible or cannot reasonably be required. // Un Etat Partie ne doit pas faire de la renonciation ou de la perte d'une autre nationalité une condition pour l'acquisition ou le maintien de sa nationalité lorsque cette renonciation ou cette perte n'est pas possible ou ne peut être raisonnablement exigée. ETS No. 166, p. 6; deutsche Übersetzung in: Hailbronner/Renner, Staatsangehörigkeitsrecht-Kommentar, Anh. A II 8 (S. 1048).

108 Auskunft des Bundesministeriums des Inneren; Stand Ende März 2002.

III. Allgemeines Völkerrecht

Wie oben gezeigt, ist die strikte Vermeidung von Mehrstaatigkeit nach dem Völkervertragsrecht nicht zwingend geboten. Jedoch könnte der Grundsatz der Einfachstaatigkeit im allgemeinen Völkerrecht verankert sein. In diesem Zusammenhang häufig zitiert wird eine Entscheidung des Bundesverfassungsgerichts, die so genannte „Übeldoktrin".[109] In dem Beschluss des Ersten Senates vom 21. Mai 1974 wird bestätigt, dass mehrfache Staatsangehörigkeit sowohl international wie auch innerstaatlich als Übel betrachtet wird und im Interesse des Staates und der betroffenen Bürger nach Möglichkeit vermieden bzw. beseitigt werden soll. Konkrete Rechtsfolgen sind mit dieser Feststellung allerdings nicht verbunden.[110] Selbst wenn sich aus dem Völkerrecht das Gebot der Einfachstaatigkeit ergäbe, wäre es jedoch entscheidend, inwieweit sich dieses Gebot auf das innerstaatliche Recht auswirkt. Dass das Völkerrecht fordert, dass seine Regeln überhaupt Beachtung im innerstaatlichen Recht finden, wird als Selbstverständlichkeit angesehen, insbesondere da die Nichtbeachtung von Geboten im innerstaatlichen Recht die Verantwortlichkeit des Staates gegenüber anderen Staaten auslöst.[111]

Das Grundgesetz räumt in Art. 25 S. 1 GG den „allgemeinen Regeln des Völkerrechts" die Stellung innerstaatlichen Rechts ein und bewirkt damit, dass sie ohne weiteren staatlichen Transformationsakt unmittelbar Eingang in die Rechtsordnung der Bundesrepublik Deutschland finden.[112] Der hierin liegende „Akt der Unterwerfung" manifestiert die nach außen offene, völkerrechtsfreundliche Grundeinstellung des Grundgesetzes.[113] Die in Art. 25 GG geregelte staatliche Anordnung ist für die Wirksamkeit von völkerrechtlichen Rechtssätzen im innerstaatlichen Recht unentbehrlich. Die Notwendigkeit dieses Regelungsgehalts ergibt sich daraus, dass das allgemeine Völkerrecht selbst keinen Rechtssatz kennt, der alle Staatsorgane sowie alle Staatsbürger und juristischen Personen des staatlichen Rechts ohne Rücksicht auf die Verfassung und die Gesetzgebung ihres Staates verpflichtet, die Rechtssätze des allgemeinen Völkerrechts zu befolgen.[114] Allerdings erfasst Art. 25 GG nicht die Gesamtheit des völkerrechtlichen Normtatbestandes. Die Rechtsquellen des Völkerrechts ergeben sich aus Art. 38 Abs. 1 des Statuts des Internationalen Gerichtshofs[115]. Unter den Terminus „allgemeine Regelungen" im Sinne des Art. 25 GG fallen allerdings nur das Völkergewohnheitsrecht in seinem jeweiligen Bestand (Art. 38

---

[109] BVerfGE 37, 217 (254). Zur Übeldoktrin siehe Kapitel 1 E.
[110] DRiZ 1998, S. 146. (o. Verf.)
[111] Doehring, Völkerrecht, § 1 Rdn. 29, S. 17.
[112] Koenig in: v. Mangoldt/Klein/Starck, Art. 25 Rdn. 3, 44; Rojahn in: v. Münch/Kunig, Art. 25, Rdn. 1; Streinz in: Sachs, Art. 25 Rdn. 8.
[113] Pernice in: Dreier, Art. 25 Rdn. 15; Herdegen, Völkerrecht § 22, Rdn. 8, S. 155; ders. in: Maunz/Dürig, Art. 25 Rdn. 6.
[114] Rojahn in: v. Münch/Kunig, Art. 25 Rdn. 1; Herdegen in: Maunz/Dürig, Art. 25 Rdn. 1.
[115] BGBl. 1973 II S. 505ff.

Abs. 1 lit. b IGH-Statut)[116] und die allgemeinen Rechtsgrundsätze der Kulturvölker (Art. 38 Abs. 1 lit. c IGH-Statut)[117]. Hinsichtlich der Verleihung einer Staatsangehörigkeit haben sich Zulässigkeitskriterien herausgebildet, die heute als Völkergewohnheitsrecht[118] anzusehen sind und nach dem oben Gesagten den Bundesgesetzgeber über Art. 25 GG binden. Anerkannt ist die Verleihung der Staatsangehörigkeit aufgrund der Geburt, wobei entweder an die Staatsangehörigkeit der Eltern (ius sanguinis) oder an den Geburtsort (ius soli) angeknüpft werden kann. Völkerrechtlich sind diese Varianten sowie eine Kombination aus beiden zulässig.[119] Weitere Vorgaben werden dem deutschen Gesetzgeber allerdings nicht über die allgemeinen Regelungen des Art. 25 GG geliefert. Das allgemeine Völkerrecht erkennt den Grundsatz an, dass es allein bei dem jeweiligen Staat liegt, darüber zu befinden, wer seine Staatsangehörigen sein sollen.[120] Die Zulassung zu den Privilegien der Staatsangehörigkeit– innerhalb der sehr weiten Grenzen, die das internationale Recht absteckt – liegen gänzlich im Ermessen des Staates. Die Entscheidungsgewalt über die Mitgliedschaft im und die Zugehörigkeit zum Staat ist ein wesentliches Attribut staatlicher Souveranität.[121] Eine völkerrechtliche Einschränkung des freien Ermessens der Staaten auf dem Gebiet der Staatsangehörigkeit dahingehend, dass ein Staat einen fremden Staatsangehörigen erst nach Entlassung aus seiner bisherigen Staatsangehörigkeit naturalisieren könne, gibt es nicht.[122] Daraus, dass jeder Staat unbeschadet einiger Völkerrechtsgrundsätze selbständig regelt, wann und unter welchen Voraussetzungen jemand seine Staatsangehörigkeit erwirbt oder verliert, lässt sich der Schluss ziehen, dass das allgemeine Völkerrecht mehrfache Staatsangehörigkeit nicht verbietet.[123]

IV. Ergebnis zum Völkervertragsrecht und allgemeinen Völkerrecht

Der Grundsatz "All persons are entitled to possess one nationality, but one nationality only" ist von dem Berichterstatter der International Law Commission (ILC) noch im Jahr 1954 als Grundprinzip für die Beratungen der ILC über die

---

116 Vgl. BVerfGE 66, 39 (64f); BVerfGE 15, 25 (32f).
117 BVerfGE 16, 27 (33).
118 Randelzhofer in: Maunz/Dürig, Art. 16 I Rdn. 10.
119 Randelzhofer in: Maunz/Dürig, Art. 16 I Rdn. 14; vgl. auch Smaluhn, StAZ 1998, S. 99f.
120 Schleser, Die deutsche Staatsangehörigkeit, S. 37; einschränkend Seidl-Hohenveldern /Stein, Völkerrecht, § 63 Rdn. 1310f, S. 236f.
121 Brubaker, Staats-Bürger, S. 223; Herdegen, Völkerrecht, § 25 Rdn. 4, S. 175.
122 Schleser, Die deutsche Staatsangehörigkeit, S. 41.
123 BVerfGE 37, 217 (218); ebenso Hailbronner in: Hailbronner/Renner, Staatsangehörigkeitsrecht-Kommentar Teil I Einl. F Rdn. 4.; *ders.*, Einbürgerung von Wanderarbeitnehmern und doppelte Staatsangehörigkeit, S. 38; *ders.*, Mehrfache Staatsangehörigkeit und Einbürgerung in der Bundesrepublik Deutschland; in: Vom Ausländer zum Bürger, S. 397; Randelzhofer in: Maunz/Dürig, Art. 16 Abs. 1 Rdn. 42; Löwer, vr 1990, S. 221; Breunig, DVBl. 1975, S. 760; Wollenschläger/Schraml, ZRP 1994, S. 226; Rittstieg, NJW 1990, S. 1403.

Vermeidung der Mehrstaatigkeit unter Hinweis auf zahlreiche völkerrechtliche Verträge, Entschließungen und Konferenzen genannt worden.[124] Innerhalb der ILC unbestritten war allerdings, dass nach geltendem Völkerrecht die Entstehung mehrfacher Staatsangehörigkeit aufgrund unterschiedlicher staatsangehörigkeitsrechtlicher Anknüpfungen (ius soli und ius sanguinis) zwar rechtspolitisch unerwünscht, aber in der völkerrechtlichen Praxis hinzunehmen ist.[125]

Das allgemeine Völkerrecht gewährt den einzelnen Staaten, ihr Staatsangehörigkeitsrecht eigenständig, also innerstaatlich zu regeln, sofern sie gewisse völkerrechtliche Regelungen, insbesondere die Verpflichtung, die Selbstbestimmung anderer Staaten zu achten, nicht verletzen. Man nennt diese gesetzgeberische Regelungsfreiheit der Staaten auf dem Gebiet des Staatsangehörigkeitsrechts „domaine réservé".[126] Gerade aufgrund der Kumulierung innerstaatlicher Regelungen verschiedener Staaten entsteht Mehrstaatigkeit. Soweit also Erwerb und Verlust der Staatsangehörigkeit den jeweiligen Staaten vorbehalten ist, bezieht sich die Regelungsbefugnis auch auf die Vermeidung oder Hinnahme von Mehrstaatigkeit. Folge dessen ist, dass aus dem allgemeinen Völkerrecht das Gebot der Vermeidung von Mehrstaatigkeit nicht hergeleitet werden kann. Dieses Ergebnis ist mit der bereits erwähnten „Übeldoktrin"[127] des Ersten Senats des Bundesverfassungsgerichts, wonach mehrfache Staatsangehörigkeit innerstaatlich und international als Übel betrachtet wird, zu vereinbaren. Missverstanden wird dieser Satz, der auf dem in der gleichen Entscheidung veröffentlichten Gutachten von *Zweigert* und *Neuhaus*[128] beruht, soweit er als Bezugnahme auf das allgemeine Völkerrecht verstanden wird.[129] Der Erste Senat des Bundesverfassungsgerichts hat zu Beginn der Begründung[130] des Beschlusses, aus der die Übeldoktrin hergeleitet wird, ausdrücklich festgestellt, dass das geltende Völkerrecht mehrfache Staatsangehörigkeit nicht verbietet. Insgesamt ist festzustellen, dass eine europäische Tendenz zur Hinnahme der Mehrstaatigkeit besteht. Innerhalb der Europäischen Gemeinschaft kann die Mehrfachstaatsangehörigkeit als Vorstufe der Staatsangehörigkeit einer Europäischen Union betrachtet werden.[131] Durch das Freizügigkeitsrecht der Arbeitnehmer und die

---

[124] Document A/CN.4/83, Yearbook of the International Law Commission 1954 Vol. II, S. 42 (48).

[125] Document A/CN.4/83, Yearbook of the International Law Commission 1954 Vol. II, S. 42 (49): "A person may have the nationality at birth of two or more States, of one or more States jure soli and of one more State jure sanguinis."; vgl. auch Hailbronner, Mehrfache Staatsangehörigkeit und Einbürgerung in der Bundesrepublik Deutschland; in: Vom Ausländer zum Bürger in: FS für Franz und Müller, S. 398.

[126] Hannappel, Staatsangehörigkeit und Völkerrecht, S. 24.

[127] BVerfGE 37, 217 (254).

[128] BVerfGE 37, 217 (233); abgedr. Zusammenfassung Gutachten Zweigert/Neuhaus: „Doppelte Staatsangehörigkeit sei ein Übel, auch für die Betroffenen, und besonders vom Standpunkt des Internationalen Privatrechts abzulehnen."

[129] Vgl. Rittstieg, NJW 1990, S. 1403.

[130] BVerfGE 37, 217 (218).

[131] de Groot, Staatsangehörigkeitsrecht im Wandel, S. 321.

Niederlassungsfreiheit der Selbständigen in wirtschaftlicher Hinsicht in einem anderen Staat wird der Integrationsprozess innerhalb der Europäischen Gemeinschaft gefördert, und es entsteht eine (weitgehende) Inländergleichbehandlung. Indizien für eine Auflösung des strengen Nationalbegriffs, zumindest im Hinblick auf Europa, bieten die Art. 23 und 24 des deutschen Grundgesetzes.[132] Diese Auflösung bringt eine Abkehr von dem strikten Grundsatz der Vermeidung von Mehrstaatigkeit mit sich. Im Gegensatz zum allgemeinen Völkerrecht, das zwar die Mehrstaatigkeit nicht verbietet, jedoch auch nicht befürwortet, zeigt sich auf europäischer Ebene eine Neigung zur Häufung mehrfacher Staatsangehörigkeit.

In Belgien, Frankreich, Großbritannien und den Niederlanden erwerben Kinder, die dort geboren sind und deren ausländische Eltern dort ihren ständigen Aufenthalt haben, also die zweite Generation, entweder durch Geburt oder nach längerem Aufenthalt automatisch oder durch einfache Erklärung die Staatsangehörigkeit des Wohnlandes der Eltern. Die Hinnahme von Mehrstaatigkeit bei der Einbürgerung von Einwanderern der ersten Generation ist in Frankreich, Großbritannien und Belgien seit Jahrzehnten unproblematisch. In dieser Hinsicht hat 1990 in der Schweiz und 1992 in Italien und in den Niederlanden eine weitgehende Liberalisierung stattgefunden. In keinem der sechs Staaten hat die bereits seit vielen Jahren praktizierte Hinnahme der Mehrstaatigkeit zu großen Problemen in der Praxis geführt.[133]

Was das Völkervertragsrecht betrifft, so wurde festgestellt, dass sich aus multilateralen Abkommen, die sich mit den Problemen der Mehrstaatigkeit beschäftigen, wie dem Haager Abkommen von 1930, dem Mehrstaaterübereinkommen von 1963 und dem Europäischen Übereinkommen über Staatsangehörigkeit von 1997, sowie aus bilateralen Verträgen wie dem Deutsch-Iranischen Niederlassungsvertrag keine Stütze ergibt für die Annahme, dass es den Staaten durch internationale Vereinbarungen auferlegt wird, Mehrstaatigkeit im eigenen Staatsgebiet zu vermeiden.

C. Staatsrechtliche Ebene

I. Einführung

Das Gesetz über die Erwerbung und den Verlust der Bundes- und Staatsangehörigkeit vom 01. Juni 1870[134] knüpfte den Erwerb der Staatsangehörigkeit wie schon die früheren Regelungen in den deutschen Staaten seit Beginn des 19.

---

[132] Doehring, Mehrfache Staatsangehörigkeit im Völkerrecht, Europarecht und Verfassungsrecht in: FS für Quaritsch, S. 263.

[133] Groenendijk in: Reform des Staatsangehörigkeitsrechts - Die parlamentarische Beratung, S. 49.

[134] BGBl. Norddt. Bund 1870, S. 355.

Jahrhunderts in erster Linie an die Abstammung an. Daneben konnte man die deutsche Staatsangehörigkeit durch Legitimation, Verheiratung, Aufnahme oder Naturalisation erwerben.[135] Der Grundsatz der Einfachstaatigkeit spielte weder bei den Erwerbs- noch bei den Verlustgründen eine Rolle.[136] Das Reichs- und Staatsangehörigkeitsgesetz von 1913[137] übernahm diese Prinzipien im Wesentlichen. Eine entscheidende Wende bahnte sich erst mit der Ratifizierung des Europäischen Übereinkommens zur Verringerung der Mehrstaatigkeit und über die Wehrpflicht von Mehrstaatern durch die Bundesregierung im Jahr 1969 an.[138] Im gleichen Jahr hatte der Deutsche Bundestag durch das Gesetz zur Änderung des Reichs- und Staatsangehörigkeitsgesetzes (RuStAGÄndG) vom 08. September 1969[139] mit Wirkung zum 01. Januar 1970 eine geänderte Fassung des § 9 des Reichs- und Staatsangehörigkeitsgesetzes (RuStAG)[140] beschlossen. Mit Einführung des § 9 RuStAG wurde zum ersten Mal in Deutschland das Prinzip der Vermeidung von Mehrstaatigkeit durch ein Gesetz fixiert. Unterstützung fand dieses Prinzip in den einheitlich erlassenen und gehandhabten Einbürgerungsrichtlinien (EbRL) von 1977[141], in denen der Grundsatz der möglichst weitgehenden Verringerung von Mehrstaatigkeit annähernd für die gesamte Einbürgerungspraxis maßgeblich geworden ist. Die jahrelange und gleichmäßige Anwendung der Richtlinien in Bund und Ländern hat zu einer ständigen Verwaltungspraxis geführt, die Normauslegung und Ermessensausübung quasiverbindlich steuert. Durch diese jahrelange Praxis ist das Prinzip der Vermeidung bzw. möglichst weitgehenden Verringerung von Mehrstaatigkeit zum festen Bestandteil des deutschen Einbürgerungsrechts geworden.[142] Im Jahre 1990 wurde der Grundsatz der Einfachstaatigkeit erneut vom Gesetzgeber

---

135 Vgl. § 2 und 3 des Gesetzes über die Erwerbung und den Verlust der Bundes- und Staatsangehörigkeit, BGBl. Norddt. Bund 1870, S. 355. Nach § 3 erwerben eheliche Kinder eines Norddeutschen durch die Geburt, auch wenn diese im Ausland erfolgt, die Staatsangehörigkeit des Vaters, uneheliche Kinder einer Norddeutschen die Staatsangehörigkeit der Mutter.

136 Renner, Erleichterung der Einbürgerung – ein Ausweg?; in: Vom Ausländer zum Bürger in: FS für Franz und Müller, S. 375; vgl. auch § 13 des Gesetzes über die Erwerbung und den Verlust der Bundes- und Staatsangehörigkeit, BGBl. Norddt. Bund 1870, S. 357.

137 RGBL. 1913 I S. 583.

138 Renner, Erleichterung der Einbürgerung – ein Ausweg?; in: Vom Ausländer zum Bürger in: FS für Franz und Müller, S. 375.

139 BGBl. 1969 I S. 1581.

140 Nach § 9 Abs. 1 RuStAG sollten Ehegatten Deutscher unter den Voraussetzungen des § 8 RuStAG eingebürgert werden, wenn sie ihre bisherige Staatsangehörigkeit verlieren oder aufgeben und gewährleistet ist, dass sie sich in die deutschen Lebensverhältnisse einfügen.

141 Ursprüngliche Fassung der Einbürgerungsrichtlinien: GMBl. 1978, S. 16ff; Änderung S. 27.

142 Vor dem Erlass der Einbürgerungsrichtlinien von 1977 existierten ähnlich weit reichende und stringente Vorschriften über Mehrstaatigkeit nicht. Vgl. Renner, Erleichterung der Einbürgerung - ein Ausweg?; in: Vom Ausländer zum Bürger in: FS für Franz und Müller, S. 377.

durch die Ausländerrechtsreform[143] bestätigt. Gleiches gilt für das Staatsangehörigkeitsgesetz (StAG), wo ebenfalls Vorschriften zu finden sind, die den Verlust bzw. die Aufgabe der ausländischen oder der deutschen Staatsangehörigkeit als Voraussetzung für den Erwerb der neuen Staatsangehörigkeit vorsehen. Das hierin verwirklichte Prinzip der Vermeidung von Mehrstaatigkeit kommt beispielsweise in den §§ 9 Abs. 1 Nr.1, 17 Nr.2 i.V.m. 25 Abs. 1 StAG zum Ausdruck. Auch die in § 29 StAG eingeführte Optionsregelung soll der Vermeidung von Mehrstaatigkeit dienen. Der Grundsatz der Einfachstaatigkeit ist demnach zum festen Bestandteil des deutschen Einbürgerungsrechts geworden.[144]

Untersuchungsgegenstand ist jedoch die Frage, ob sich das Prinzip der Vermeidung von Mehrstaatigkeit aus dem Grundgesetzes herleiten lässt: Teilweise wird auf die institutionelle Garantie des Art. 16 Abs. 1 GG abgestellt; hieraus ergebe sich die Ausschließlichkeit der Staatsangehörigkeit.[145] Andere führen die Notwendigkeit der Einfachstaatigkeit auf die zwischen Staatsangehörigem und Staat bestehenden Treuepflichten zurück.[146] Zum Teil wird versucht, das Prinzip der Vermeidung von Mehrstaatigkeit aus dem Demokratieprinzip[147], vereinzelt auch aus dem Nationalstaatsprinzip[148] abzuleiten. Das Erfordernis der Vermeidung von Mehrstaatigkeit wird weiterhin mit dem "Wesen der Staatsangehörigkeit" begründet. Anknüpfungspunkte ergeben sich ebenfalls aus Art. 116 GG. Die Staatenpraxis zielt überwiegend auf die Vermeidung von Mehrstaatigkeit ab, ohne dass von einer diesbezüglichen gewohnheitsrechtlichen Verpflichtung gesprochen werden könnte. Im Hinblick auf die einen Personalbestand zuordnende und damit zwischen den Staaten abgrenzende Wirkung der Staatsangehörigkeit gilt Mehrstaatigkeit als atypisch und regelmäßig nicht im staatlichen Interesse liegend: Die Aufgabe der Staatsangehörigkeit wird als Ausdruck der Zuordnung des (ehemaligen) Ausländers zur Bundesrepublik Deutschland verstanden.[149] Eine beständige Gleichförmigkeit im Staatenverhalten ist jedoch nicht ersichtlich, da sich zu häufig Abweichungen ergeben.[150]

II. Prinzip der Vermeidung von Mehrstaatigkeit aus der institutionellen Garantie des Art. 16 Abs. 1 GG?

Das Prinzip der Vermeidung von Mehrstaatigkeit könnte in Art. 16 Abs. 1 GG verankert sein. Als Grundrecht ist Art. 16 Abs. 1 GG in erster Linie auf die Ab-

143 In Kraft getreten am 01. Januar 1991.
144 Renner, FamRZ 1994, S. 867
145 Scholz/Uhle, NJW 1999, S. 1511; ebenso Ziemske, ZRP 1994, S. 232
146 Göbel-Zimmermann/Masuch, DÖV 2000, S. 99 mit Verweis auf Schoch, FAZ v. 08. Januar 1999.
147 Ziemske, Die deutsche Staatsangehörigkeit nach dem GG, S. 203.
148 Bleckmann, DÖV 1988, S. 443; Uhlitz, ZRP 1987, S. 191f.
149 BVerwG, NJW 1990, S. 2228.
150 Kammann, Probleme mehrfacher Staatsangehörigkeit, S. 206.

wehr staatlicher Eingriffe gerichtet. Geschützt wird die bereits erworbene Staatsangehörigkeit im Sinne eines Abwehrrechts.[151] Zum Teil wird angenommen, dass das Grundgesetz neben diesem Abwehrrecht auch eine institutionelle Garantie deutscher Staatsangehörigkeit enthält, die durch den Staat und seine Untergliederungen gewährleistet wird.[152] Darüber hinaus wird vereinzelt in der institutionellen Verbürgerung deutscher Staatsangehörigkeit das Prinzip der Einfachstaatigkeit und der Gewährleistung einer einheitlichen und gleichen Staatsangehörigkeit vermutet. Zweck der institutionellen Garantie sei die Sicherung der Staatsangehörigkeit gegen Aufhebung wie Aushöhlung und die Konservierung des Kerns der Institution in seiner Wesenhaftigkeit.[153] Begründet wird dieser Standpunkt im Wesentlichen mit der Geschichte des Staatsangehörigkeitsrechts: Das ius sanguinis hat zu Beginn des 19. Jahrhunderts Eingang in die deutsche Rechtskultur gefunden und seitdem das Staatsangehörigkeitsrecht geprägt. Daraus wird gefolgert, dass die Ablehnung des ius soli unübersehbar ist, hiermit eng verbunden die Vermeidung mehrfacher Staatsangehörigkeit. Denn das Zustandekommen mehrfacher Staatsangehörigkeit gilt als typische Folge eines neben dem ius sanguinis ergänzend geltenden ius soli. Die Prinzipien des ius sanguinis und der Vermeidung von Mehrstaatigkeit sollen das Fundament des Staatsangehörigkeitsrechts bilden und das Bild, welches der Staatsangehörigkeit des Grundgesetzes zugrunde liegt, prägen.[154] Dass der Grundsatz der Einfachstaatigkeit auf die institutionelle Garantie der Staatsangehörigkeit zurückzuführen ist, wird ferner mit der Konstruktion bzw. inhaltlichen Ausgestaltung des Art. 16 GG begründet: Da das deutsche Staatsangehörigkeitsrecht wegen Art. 16 Abs. 1 GG Entzugstatbestände nicht einführen dürfe, müssten infolgedessen an den Erwerb der Staatsangehörigkeit im Interesse der Aufrechterhaltung der staatlichen Funktionen Kriterien gestellt werden, die geeignet seien, das Konfliktpotential aus Mehrstaatigkeit zu minimieren. Die deutsche Staatsangehörigkeit solle ausschließlich bleiben, denn den Konkretisierungen des Konflikts mit anderen Staatsangehörigkeiten stehe das Grundgesetz machtlos gegenüber.[155]

Soweit man auf den durch Art. 16 Abs. 1 GG gewährleisteten Schutz gegen den Verlust der deutschen Staatsangehörigkeit abstellt und vom Bestehen bzw. vom Fortbestand einer deutschen Staatsangehörigkeit als Rechtsinstitut ausgeht, so enthält Art. 16 Abs. 1 GG eine institutionelle Garantie der Staatsangehörigkeit. Dies bedeutet allerdings nicht, dass mit der institutionellen Garantie eine Fest-

---

151 Schnapp in: v. Münch/Kunig, Art. 16 Rdn. 6; Randelzhofer in: Maunz/Dürig, Art. 16 Abs. 1 Rdn. 65.

152 Thedieck, Deutsche Staatsangehörigkeit im Bund und in den Ländern, S. 93f; Kimminich, BK Art. 16 GG Rdn. 33; Isensee/Schmidt-Jortzig, Das Ausländerwahlrecht vor dem Bundesverfassungsgericht, S. 39f.

153 Scholz/Uhle, NJW 1999, S. 1511f.

154 Scholz/Uhle, NJW 1999, S. 1512.

155 Ziemske, Das deutsche Staatsangehörigkeitsrecht nach dem GG, S. 290f.

legung auf eine bestimmte Ausgestaltung des „Rechtsinstituts" der Staatsangehörigkeit – etwa auf eine bestimmte, dem traditionellen deutschen Nationalitätsverständnis entsprechende Konzeption der Zugehörigkeit – gewährleistet wird.[156] Da Art. 16 GG die Voraussetzungen an die Staatsangehörigkeit, insbesondere an den Erwerb der Staatsangehörigkeit, nicht regelt, wird auch kein bestimmtes Bild der Staatsangehörigkeit festgeschrieben. Die Norm gibt für die Frage der mehrfachen Staatsangehörigkeit somit nichts her.[157] Vielmehr ist es dogmatisch unzulässig, aus dem Verbot des Entzugs der Staatsangehörigkeit einen Rückschluss darauf zu ziehen, dass der Erwerb der Staatsangehörigkeit nur bei engen Tatbeständen möglich sei.[158] Zudem ist der Hinweis auf die Geschichte und Tradition des ius sanguinis und des damit einhergehenden Prinzips der Vermeidung der Mehrstaatigkeit nicht überzeugend. Das Prinzip „Bekannt und Bewährt" kann hier als Argument nicht herangezogen werden, da es die Frage, welche Gestaltungsmöglichkeiten die Verfassung dem Gesetzgeber zur Regelung einer politischen Situation, bspw. der Einwanderungssituation, gewährt, nicht beantwortet.[159] Letztlich kann das Staatsangehörigkeitsrecht keine Verfassungsprinzipien begründen. Träger des Grundrechts aus Art. 16 Abs. 1 GG sind auch Mehrstaater. Das gilt schon deshalb, weil der gleichzeitige Besitz einer ausländischen Staatsangehörigkeit grundsätzlich an der deutschen Staatsangehörigkeit nichts ändert. Soweit die Institutionsgarantie des Art. 16 Abs. 1 GG besteht, findet sie auch auf Mehrstaater Anwendung, so dass kaum ein Rückschluss auf den Grundsatz der Einzelstaatigkeit gezogen werden kann.[160] Es wird deutlich, dass das Prinzip der Vermeidung von Mehrstaatigkeit

---

156 Lübbe-Wolff in: Dreier, Art. 16 GG, Rdn. 52. Zu Recht weist *Lübbe-Wolff* darauf hin, dass der rechtliche Aussagegehalt der Feststellung, dass unter Umständen eine institutionelle Garantie angenommen werden kann, kaum über das hinausgeht, was durch die Feststellung, schon begrifflich könne kein Staat auf die Unterscheidung zwischen Staatsangehörigen und Ausländern verzichten, auch bereits ohne jede institutionelle Rechtsgewähr als gesichert erscheint.

157 Zwar findet die Staatsangehörigkeit an einigen Stellen in der Verfassung Erwähnung (Art. 16, 73 Nr. 2; 116 GG), die Voraussetzungen an den Erwerb der Staatsangehörigkeit werden jedoch nicht durch das Grundgesetz, sondern vielmehr durch einfaches Recht geregelt. Dies ist unter anderem aufgrund der wechselnden Zuwanderungszahl auch sinnvoll, da einfaches Recht sich flexibler gestaltet als Verfassungsrecht. Vgl. hierzu Göbel-Zimmermann/Masuch, DÖV 2000, S. 99.

158 Sacksofsky, Mehrfache Staatsbürgerschaft- ein Irregulare? in: FS für Böckenförde, S. 321; vgl. auch Renner in Hailbronner/Renner, Staatsangehörigkeitsrecht-Kommentar, Teil II A, Art. 16 Rdn. 12: Nach *Renner* müssen sich die Erwerbsregelungen spiegelbildlich an die Verlustregelungen ausrichten. Doch verhält sich das Grundgesetz (=Verlustregeln) zur Frage nach der Vermeidung von Mehrstaatigkeit ähnlich neutral wie das Völkerrecht, so dass das Prinzip der Einfachstaatigkeit verfassungsrechtlich nicht gegen jegliche Veränderung gesichert ist.

159 Vgl. Hailbronner, NVwZ 1999, S. 1275.

160 Goes, Mehrstaatigkeit in Deutschland, S. 66; zum Schutz des Mehrstaaters vor Entziehung der deutschen Staatsangehörigkeit vgl. Randelzhofer in Maunz/Dürig, Art. 16 Abs. 1 Rdn. 54; Schnapp in: v. Münch/Kunig, Art. 16 Rdn. 12, Schätzel, Das deutsche Staatsangehörigkeitsrecht, S. 86.

in Art. 16 Abs. 1 GG, in der dort geschützten institutionellen Garantie der Staatsangehörigkeit, keine Stütze findet.

III. Die Treuepflicht als verfassungsrechtliche Anknüpfung für die Einfachstaatigkeit?

Ein zentraler Einwand gegen die Mehrstaatigkeit beruht auf dem in der Staatsangehörigkeit verkörperten Loyalitätsaspekt.[161] Das starke Interesse der meisten Staaten, mehrfache Staatsangehörigkeit zu vermeiden, hat nach dem Gutachten von *Kegel*[162] seinen Grund darin, dass die Staatsangehörigkeit den Staat in einem seiner konstituierenden Elemente berührt. Mehrfache Staatsangehörigkeit könne zu Treuekonflikten führen und Spannungen mit anderen Staaten heraufbeschwören.[163]

1. Historische Anknüpfung

Aus dem historischen Werdegang der Staatsangehörigkeit ergibt sich, dass die Vermeidung von Mehrstaatigkeit, die Ausschließlichkeit der Staatsangehörigkeit, nicht durchweg gefordert wurde. Im römischen Staatsrecht gab der gleichzeitige Besitz verschiedener Staatsangehörigkeiten Anlass zu Unzuträglichkeiten: Wer in einem anderen Gemeinwesen als dem römischen die Civität erwarb, verlor dadurch die römische. Dieser Grundsatz beschränkte sich allerdings nur auf diejenigen Länder, deren Existenz das Römische Reich anerkannte und mit denen sie in einem Vertragsverhältnis standen bzw. internationale Beziehungen pflegten.[164] Im griechischen Altertum war es hingegen nichts Ungewöhnliches, wenn jemand in mehreren Staaten zugleich das Bürgerrecht besaß.[165] Im späteren Mittelalter trat an die Stelle der Nationalität die Vasallität. Die Feudaladeligen waren nirgends Fremde, sie genossen überall die gleichen Rechte und waren in allen Staaten Bürger.[166] Im Gegensatz zum Mittelalter, das Plural-Vasallitäten kannte, soll die moderne Staatsangehörigkeit Ausschließlichkeit verlangen. Diese Ausschließlichkeit wird insbesondere mit der Gefahr begründet, dass sich der Doppelvasall im Falle eines Konfliktes zwischen mehreren „Herren" aus der Affäre ziehen konnte. Dies pflegte er dadurch zu tun, dass er

---

[161] Marx, ZAR 1997, S. 73; Löwer, ZAR 1993, S. 157; v. Mangoldt, JZ 1993, S. 967; Ziemske, ZRP 1994, S. 232.

[162] Gutachten Kegel, abgedr. in: BVerfGE 37, 217 (234-236).

[163] So Kegel, abgedr. in: BVerfGE 37, 217 (234).

[164] Freiherr von und zu Bodmann, Die Rechtsverhältnisse der „sog. Sujets mixtes", AöR Bd. 12, 1897, S. 206f.

[165] Freiherr von und zu Bodmann, Die Rechtsverhältnisse der „sog. Sujets mixtes", AöR Bd. 12, 1897, S. 207.

[166] Freiherr von und zu Bodmann, Die Rechtsverhältnisse der „sog. Sujets mixtes", AöR Bd. 12, 1897, S. 208.

bei Unvereinbarkeiten keiner Bindung folgte, also neutral blieb. Der moderne Staat soll solche Zweiheiten und die hieraus fließende Zwiespältigkeit nicht mehr dulden.[167] Die moderne Staatsangehörigkeit setzt scheinbar zwingend die Ausschließlichkeit voraus. So soll niemand zwei Herren dienen können.[168] Die Bedenken gegen das Entstehen von Mehrstaatigkeit, die sich aus der historischen Betrachtung ergeben, sind nicht mehr uneingeschränkt auf die Neuzeit übertragbar. Das Bild vom Diener und dem Herren und die hieraus abgeleitete starke Betonung des staatlichen Durchsetzungsanspruch gegenüber dem Staatsangehörigen entspricht nicht mehr dem modernen Souveranitätsverständnis:[169] In der Demokratie gibt es keinen „Herrn" über dem Bürger. Vielmehr wird alle „Staatsgewalt" von den Bürgern legitimiert.[170] Historisch, insbesondere in der Nachkriegszeit, finden sich sogar gezielte Bestrebungen, Mehrstaatigkeit zu schaffen und zu institutionalisieren: So versuchte Konrad Adenauer 1954, die Entstehung von Mehrstaatigkeit zwischen Frankreich und Deutschland als Zeichen der Versöhnung beider Staaten zu fördern.[171] Schon einige Jahre zuvor setze sich der Abgeordnete Carlo Schmidt im Parlamentarischen Rat 1949 dafür ein, dass man „dem Zug entgegenwirken sollte, der in der Gesetzgebung aller Staaten seit einigen Jahrzehnten festzustellen ist, dieser Tendenz, die darauf hinausgeht, nur noch die Einfachstaatigkeit zuzulassen. Gerade wenn man europäisch denkt, wenn man über den Nationalstaat hinaus denkt, dann sollte man die mehrfache Staatsangehörigkeit geradezu begünstigen; jedenfalls sollte man sie nicht ausschließen."[172]

Die ausschließliche Treue zu einem Staat kann mithin nicht dadurch begründet werden, dass die Geschichte hier zwingende Vorgaben macht. Das Gebot der Einfachstaatigkeit ist nicht durch historische Beständigkeit geprägt.

2. Einfachstaatigkeit und Treuepflicht aus der Natur der Staatsangehörigkeit

Gegen eine großzügige Ermöglichung der Mehrstaatigkeit wird die Natur der Staatsangehörigkeit als ein ausschließliches und unteilbares Pflichten- und Treueverhältnis angeführt. Die Homogenität des deutschen Staatsvolkes wird

---

167 Krüger, Allgemeine Staatslehre, S. 955; Grawert, Staat und Staatsangehörigkeit, S. 236.

168 *Ferdinand v. Martitz* (1839-1921) begründete 1875 den Grundsatz der ausschließlichen Staatsangehörigkeit mit den Worten: „Niemand kann zwei Herren dienen. Die Wahrheit, die dieses Wort des Heilands an uns richtet, hat auch im staatlichen Leben sich zu erfüllen." v. Martitz, Das Recht der Staatsangehörigkeit im internationalen Verkehr in: Annalen des Deutschen Reiches, 1875, S. 794; Meireis, StAZ 1994, S. 246.

169 Meireis, StAZ 1994, S. 246; Marx, ZAR 1997, S. 73; ähnl. Zünkler/Findeisen, InfAuslR 1991, S. 252.

170 Häberle, „Staatsbürgerschaft" als Thema einer europäischen Verfassungslehre in: FS für Heckel, S. 737; siehe auch Prantl, imprimatur 3/1999, S. 94f.

171 Zünkler/Findeisen, InfAuslR 1991, S. 250 mit Verweis auf FAZ v. 02. März 1954.

172 HA-Steno S. 581; 44. Sitzung v. 19. Januar 1949, abgedr. in JöR Bd.1 (1951), S. 163.

demnach nicht mehr gewährleistet, wenn mehrfache Staatsangehörigkeit als Regelfall akzeptiert wird.[173]

Daneben wird angenommen, dass der Mensch für den Staat geschaffen, ein „Staatsgeschöpf von Natur aus" sei und daher einem konkreten Staate angehören müsse. Die ausschließliche Zugehörigkeit zu einem Staat ergebe sich daraus, dass der Staat das alles beherrschende, oberste Gemeinwesen sei, welches die ganze Persönlichkeit des Menschen in Anspruch nehme, so dass die Pflicht der Treue und des Gehorsams nicht zwischen mehreren Staaten geteilt werden könne.[174] Ähnliche Gedanken wurden auch auf politischer Ebene geäußert. Nach Ansicht der ehemaligen Regierungskoalition CDU/CSU und F.D.P. wurde die generelle Hinnahme von Mehrstaatigkeit nicht dem Charakter der Staatsangehörigkeit als staatskonstitutiver Grundbeziehung gerecht. Man sah die Staatsangehörigkeit als Treueverhältnis an, infolgedessen bei der Zulassung von Mehrstaatigkeit der Loyalitätsverlust bzw. das Schwinden der ungeteilten Loyalität des Betreffenden gegenüber einem Staat befürchtet wurde.[175] Das Prinzip der einfachen Staatsangehörigkeit ergibt sich demnach aus der ordnungspolitischen Notwendigkeit, das Staatselement Volk nach außen abzugrenzen. Ausschließliche Personalhoheit als ein Element der Staatsgewalt gilt als Bedingung staatlicher Souveranität.[176] Entschieden gegen die Mehrstaatigkeit spricht sich auch *Zachariä* aus: „Niemand kann der Unterthan (der subditus perpetuus) zweier oder mehrerer Staaten zugleich seyn. Das in seiner Art Absolute duldet seinem Wesen nach nicht ein zweites neben sich. Daher gehört in das Gebiet des Staatsrechts nicht der – in der Erfahrung zuweilen eintretende – Fall, dass ein und dasselbe Individuum der Bürger zweier oder mehrerer Staaten ist. Ein solches Individuum vereinigt dann in sich mehrere Persönlichkeiten." [177] Für *Zachariä* sind diese Persönlichkeiten in keiner Weise miteinander zu vereinbaren, so dass der Mehrstaater eine Existenz an der Grenze der Schizophrenie führt.

3. Verfassungsrechtliche Manifestierung der Treuepflicht im Grundgesetz?

Zunächst ist festzuhalten, dass ein besonderes Treueverhältnis, sofern es zwischen den Staatsangehörigen und ihrem Staat besteht, in der Verfassung der

173 Göbel-Zimmermann/Masuch, DÖV 2000, S. 99 mit Verweis auf Scholz, FAZ v. 08. Januar 1999.
174 Schulze, Lehrbuch des Deutschen Staatsrechtes, Bd. 1 S. 344f.
175 BT- Plenarprotokoll 13/18, S. 1222 (Kanther); BT-Plenarprotokoll 12/225, S. 1940.
176 Meireis, StAZ 1994, S. 246; teilweise bejahend Breunig, DVBl. 1975, S. 760; kritisch Zünkler/ Findeisen, InfAuslR 1991, S. 253: „Wenn es (...) in Deutschland eine traditionelle Aversion gegen Mehrstaatigkeit gibt, so entspringt sie nicht rechtlichen Problemen (...), die ja letztlich der Mehrstaater selbst ausbaden muss, sondern einem Interesse des Staates, ungeteilt über seine Angehörigen verfügen zu können."
177 Zachariä, Vierzig Bände vom Staate, Bd. 5, S. 268f.

Bundesrepublik Deutschland weder normativ festgehalten ist noch an irgendeiner Stelle Erwähnung findet. Selbst wenn man eine Treuepflicht des Staatangehörigen zu einem Staat annimmt und sich hieraus das Prinzip der Vermeidung von Mehrstaatigkeit ergeben würde, wäre diese nicht auf verfassungsrechtlicher Ebene angesiedelt, sondern allenfalls auf einfachgesetzlicher Ebene. Ein Treueverhältnis könnte beispielsweise die Wehrpflicht oder die Pflicht zur Übernahme öffentlicher Ämter umfassen. Eine Treuepflicht besteht jedoch nur, wenn sie rechtlich messbar ist; eine Treuepflicht allgemeiner Art ist abzulehnen.[178]

Merkel hat im Jahre 1927, zwar in einem anderen Zusammenhang, aber dennoch auf diese Problematik übertragbar, darauf hingewiesen, dass es unnötig sei, „in die Ferne zu schweifen" und Ideen zu konstruieren, um für verschiedene (öffentliche) Pflichten Grundlagen zu finden, statt sich mit der Feststellung der nahe liegenden gesetzlichen Grundlagen zu bescheiden, die nach dem Legalitätsprinzip als Voraussetzung rechtlicher Pflichten erforderlich, aber auch genügend sind.[179] So gewinnt man den Eindruck, dass ein „Prinzip um des Prinzips willen zu Tode geritten wird."[180] Die Herleitung des Prinzips der Vermeidung von Mehrstaatigkeit aus dem „Wesen der Staatsangehörigkeit" und der „Treuepflicht des Staatsangehörigen zum Staat", also die Herleitung eines Prinzips aus Prinzipien, hat wohl eher rechtspolitischen Charakter, erscheint aber mangels gesetzlicher Grundlagen im Grundgesetz wenig sinnvoll. So weist *Goes* zu Recht darauf hin, dass eine moralisch-ethisch überhöhte Treuepflicht, auch seitens des Mehrstaaters, dem Grundgesetz fremd ist.[181] Vielmehr kennt die Verfassung keine Form der Loyalität im rechtlichen Sinne.[182] Gewiss sollte der Staatsbürger sich moralisch, politisch, sozial und gesellschaftlich für seinen Staat verantwortlich fühlen. Aber rechtlich gibt es in der Bundesrepublik Deutschland keinen Treueid des Staatsangehörigen auf seinen Heimatstaat, ja nicht einmal eine rechtlich sanktionierte Treuepflicht des „normalen Bürgers" gegenüber dem Staat.[183]

---

178 Bernsdorff, Probleme der Ausländerintegration, S. 169; a.A. Köhler, Das Problem der natürlichen Mehrstaatigkeit, S. 40ff.: „Richtig ist, dass man von der Treuepflicht des Staatsangehörigen als einer Rechtspflicht sprechen und sie (...) nach einer negativen Pflicht, jede Handlung zu unterlassen, die die Existenz seines Heimatstaates als eines Staates, als eines selbständigen Gliedes der völkerrechtlichen Gemeinschaft unmittelbar zu gefährden vermöchte und einer positiven Pflicht, durch konkrete Dienstleistungen für den Bestand und die Wohlfahrt des Staates aufzukommen, insbesondere to aid in its supports, bestimmen kann."

179 Merkel, Allgemeines Verwaltungsrecht, S. 131f.

180 Siehe Sturm, JZ 1972, S. 735 Zit. in Fn. 16.

181 Goes, Mehrstaatigkeit in Deutschland, S. 80.

182 Schrötter/Möhlig, ZRP 1995, S. 377.

183 v. Münch, NJW 1994, S. 1200; ähnlich Sacksofsky, Mehrfache Staatsangehörigkeit – ein Irregulare? in: FS für Böckenförde, S. 326.

IV. Einfachstaatigkeit aufgrund des Demokratieprinzips?

Staatsangehörigkeit bedeutet Mitgliedschaft im Staatsvolk als Trägerverbund des Staates. Sie befähigt zur Teilnahme an Wahlen und Abstimmungen und ist damit eine wesentliche Voraussetzung des demokratisch verfassten Staates, von fundamentaler Demokratierelevanz. Als Konsequenz der spezifisch demokratischen Ausformung der Staatsangehörigkeit – mit ihrem Recht auf Mitwirkung an der staatlichen Willensbildung – könnte man die Vermeidung von Mehrstaatigkeit fordern.[184] Zu überprüfen ist, ob Art. 20 Abs. 2 GG das Erfordernis der Einfachstaatigkeit beinhaltet. Anzuknüpfen ist zunächst an den Wortlaut der Norm, wobei dem Begriff „Volk" die wesentliche Bedeutung zukommt.

1. Begriff „Volk" im Sinne des Art. 20 Abs. 2 GG

Art. 20 Abs. 2 S.1 GG formuliert den tragenden Grundgedanken des demokratischen Prinzips, wonach alle staatliche Gewalt auf die Legitimation des Volkswillens zurückführbar sein muss.[185] Der Zurechnungszusammenhang zwischen Volk und staatlicher Herrschaft wird vor allem durch die Wahl des Parlaments, durch die von ihm beschlossenen Gesetze als Maßstab der vollziehenden Gewalt, durch den parlamentarischen Einfluss auf die Politik der Regierung und durch die grundsätzliche Weisungsgebung der Verwaltung gegenüber der Regierung hergestellt.[186] Da Art. 20 Abs. 2 GG ohne nähere Spezifizierung vom „Volke" spricht, geht man überwiegend davon aus, dass unter den Begriff Volk nicht die wechselhafte Summe der von der Staatsgewalt „Betroffenen" oder aller im Staatsgebiet lebender Personen, sondern ausschließlich deutsche Staatsangehörige subsumiert werden.[187] Vornehmlich in der Rechtsprechung des Bundesverfassungsgerichts wird das systematische Argument angeführt, dass Art. 20 Abs. 2 GG im Bezugsfeld zu anderen Vorschriften des Grundgesetzes stehe, die ausdrücklich vom deutschen Volk sprechen. Herangezogen wird insbesondere die Präambel des Grundgesetzes, nach der es das „Deutsche Volk" ist, welches sich kraft seiner verfassungsgebenden Gewalt das Grundgesetz ge-

---

184 Sacksofsky, Mehrfache Staatsbürgerschaft- ein Irregulare? in: FS für Böckenförde, S. 322. *Sacksofsky* greift den Gedanken der Ausschließlichkeit der Staatsangehörigkeit als Voraussetzung für verantwortliches Handeln des Bürgers auf, geht aber letztlich nicht von der Notwendigkeit der Vermeidung von Mehrstaatigkeit aus, zumindest nicht vor dem Hintergrund des Art. 20 Abs. 2 GG.

185 Schnapp in: v. Münch/Kunig, Art. 20 Rdn. 30; Dreier in: Dreier, Art. 20 (Demokratie) Rdn. 76 mit Verweis auf Badura, Staatsrecht, S. 230.

186 BVerfGE 83, 60 (72).

187 BVerfGE 83, 37 (50f.); BVerfGE 83, 60 (71, 81); vgl. auch Grawert, HbStR Bd. 1, § 14 Rdn. 11, 23; Quaritsch, DÖV 1983, S. 4; Böckenförde, HbStR Bd. 1, § 22 Rdn. 26f; ausführlich zum Volksbegriff des Grundgesetzes: Schink, DVBl. 1988, S. 421. Im Parlamentarischen Rat definierte nur der Abgeordnete Schmidt den Begriff „Volk", in dem er ausführte, dass die letzte irdische Quelle der Gewalt im Staate das konkret lebende Volk, die Summe der jeweils lebenden einzelnen Deutschen sei." JöR Bd. 1 (n.F.) 1951, S. 199.

geben hat. Auch die Regelungen in Art. 33 Abs. 1 und 2 GG, Art. 56 und Art. 64 Abs. 2 GG sowie Art. 146 GG sollen darauf hinweisen, dass „Staatsvolk" das deutsche Volk ist.[188] Geht man von einem einheitlichen Volksbegriff in der Verfassung aus, so müsste wohl auch in Art. 20 Abs. 2 GG ausschließlich das deutsche Volk gemeint sein.

Nach *Isensee* ist es sogar grotesk, dass am Anfang und am Ende der staatlichen Verfassung des Grundgesetzes das deutsche Volk steht, also in der Präambel und in Art. 146 GG, während „zwischendrin" das verfasste Staatsvolk damit nicht identisch sein soll.[189]

2. Wesentliche Kritikpunkte an dem Volksbegriff des Bundesverfassungsgerichts

Fraglich ist, ob man die Annahme, dass mit dem Begriff Volk stets ausschließlich das deutsche Volk gemeint ist, da diese Verbindung in einigen Artikeln des Grundgesetzes genannt wird, unterstützen kann. So ist es zumindest nicht unbedenklich, den Volksbegriff aus der Präambel auf den Volksbegriff aus Art. 20 Abs. 2 GG zu übertragen, da die deutsche Nation in der Präambel als Subjekt der Verfassungsgebung angesprochen wird, während in Art. 20 Abs. 2 GG das Volk als Organ des verfassten demokratischen Staates bezeichnet wird.[190] Ob aus dem herangezogenen Art. 56 GG unbedingt der Schluss gezogen werden kann, dass mit dem Begriff „Volk" das deutsche Volk gemeint sein muss, ist ebenfalls zweifelhaft, da Art. 56 GG lediglich die Eidesformel für den Bundespräsidenten festlegt, jedoch keinen eigenständigen, verfassungsrechtlich erheblichen Inhalt hat.[191] Die vom Zweiten Senat des Bundesverfassungsgerichts[192] im Maastricht-Urteil verwendete Formulierung von der verfassungsrechtlich vom Demokratieprinzip vorausgesetzten „geistigen, sozialen und politischen Homogenität, ohne die eine Demokratie nicht funktionsfähig sei", muss nicht zwingend als Festschreibung einer ethnisch-kulturellen Homogenität verstanden werden. Die Formulierung kann vielmehr mit der Frage des Überganges der

---

188 BVerfGE 83, 37 (51); zum Begriff des Volkes im Verständnis der Präambel siehe Maunz in: Maunz/Dürig, Präambel Rdn. 25; nach *Maunz* wird das „Deutsche Volk" im Sinne der Präambel durch die Gesamtheit der Wahl- und Stimmberechtigten im räumlichen Bereich der durch das Grundgesetz geordneten Bundesrepublik Deutschland einschließlich der minderjährigen Angehörigen gebildet.

189 Isensee/Schmidt-Jortzig , Das Ausländerwahlrecht vor dem Bundesverfassungsgericht, S. 19.

190 Breer, Die Mitwirkung von Ausländern an der politischen Willensbildung in der Bundesrepublik Deutschland durch Gewährung des Wahlrechts, insbesondere des Kommunalwahlrechts, S. 67.

191 Hemmrich in: v. Münch/Kunig, Art. 56 Rdn. 2 und 5; Breer, Die Mitwirkung von Ausländern an der politischen Willensbildung in der Bundesrepublik Deutschland durch Gewährung des Wahlrechts, insbesondere des Kommunalwahlrechts, S. 67.

192 BVerfGE 89, 155 (186).

Staatsgewalt von den Staatsvölkern der Union auf eine gemeinschaftsrechtlich legitimierte Staatsgewalt verbunden werden.[193] Doch selbst wenn man unter Zugrundelegung dieses staatsrechtlichen Volksbegriffs bis zum Jahr 1992 und auch heutzutage davon ausging bzw. ausgeht, dass mit dem „Volk“ in Art. 20 Abs. 2 GG die Gesamtheit aller deutschen Staatsangehörigen zu verstehen ist, könnte dieser Volksbegriff nach dem Vertrag über die Europäische Union (Maastrichter Unionsvertrag) und der darauf folgenden Verfassungsänderung an Bedeutung verloren haben.

3. Wandel des Volksbegriffs durch den Maastrichter Unionsvertrag?

Der Europarat hat am 5. Februar 1992 die “Convention on the Participation of Foreigners in Public Life at Local Level, Council of Europe, Strasbourg, ETS No. 144“ über die Beteiligung von Ausländern auf lokaler Ebene verabschiedet, in deren Art. 6 Ausländern “the right to vote and to stand for elections in local authority elections“ eingeräumt wird. Bei den Verhandlungen zum Vertrag von Maastricht war die deutsche Delegation der damaligen Regierung stetig dagegen, dass die so genannten „Ausländer“ ein kommunales Wahlrecht bekommen. Sie mussten dieses „kleinere Übel“ aber aufgrund der notwendigen einstimmigen Beschlussfassung des Maastrichter Vertrags in Kauf nehmen.[194] Durch den Maastrichter Unionsvertrag ist für die Bundesrepublik Deutschland eine neue Situation entstanden: Mit Inkrafttreten des Unionsvertrages ist das auf der Rechtsgrundlage des Art. 19 Abs. 1 EGV (Art. 8, 8b EGV a.F.) basierende kommunale Ausländerwahlrecht eingeführt worden. Um den Vorgaben aus Art. 19 Abs. 1 EGV gerecht zu werden, bedurfte es einer Änderung des Grundgesetzes. Nach dem Grundgesetzänderungsgesetz vom 21. Dezember 1992 wurde in Art. 28 Abs. 1 S.3 GG das Wahlrecht für Personen eingeführt, die die Staatsangehörigkeit eines Mitgliedstaates der Europäischen Gemeinschaft besitzen.

4. Wandel des Volksbegriffs durch die Verfassungsänderung?

Die derzeitige Rechtslage sieht in Art. 28 Abs. 1 S.3 GG das Wahlrecht für Ausländer auf kommunaler Ebene vor, soweit es sich um Staatsangehörige eines Mitgliedstaates der Europäischen Gemeinschaft handelt. Dadurch, dass nunmehr nicht nur Personen mit deutscher Staatsangehörigkeit solche aktivbürgerlichen Rechte wie das Wahlrecht zustehen, die als typischer Kernbestand des Staatsangehörigkeitsrechts zu werten sind, hat sich der Staatsvolksbegriff zu-

---

193 Vgl. Hailbronner in: Hailbronner/Renner, Staatsangehörigkeitsrecht-Kommentar Teil I Einl. F Rdn. 75.

194 Vgl. Kiliç, Touristen oder Migranten; in: Neue Regierung- neue Ausländerpolitik? S. 41.

mindest in einem eingeschränkten Rahmen europäisiert.[195] Der Grundsatz, dass der Ausdruck „Volk“ im Sinne des Art. 20 Abs. 2 GG nur die deutschen Staatsangehörigen umfasst, kann nur eingeschränkt aufrechterhalten werden: Erweitern werden muss diese Aussage dahingehend, dass der Staatsvolksbegriff nach dem Grundgesetz a priori zumindest nicht den ausschließlichen Besitz der deutschen Staatsangehörigkeit verlangt.[196]

5. Unentrinnbarkeit aus der Staatsangehörigkeit und Zugehörigkeit zur „Schicksalsgemeinschaft“

Eng verbunden mit dem Demokratieprinzip wird der Aspekt der Unentrinnbarkeit aus der Staatsangehörigkeit genannt. Aufgrund dieser Unentrinnbarkeit bestehe eine so genannte Schicksalsgemeinschaft zwischen den (ausschließlich) deutschen Staatsangehörigen, da sie ihre politische und kulturelle Bestimmung gemeinsam tragen müssten und dieser nicht entrinnen könnten.[197] Soweit man eine Unentrinnbarkeit aus der Staatsangehörigkeit, und wegen dieser Unentrinnbarkeit eine Schicksalsgemeinschaft aller „Nur-Deutschen" annimmt, könnte sich hieraus das Prinzip der Vermeidung von Mehrstaatigkeit herleiten lassen. Nach *Geil* rüttelt die mehrfache Staatsangehörigkeit sogar an den fundamentalen Grundfesten des Staates und am substantiellen Gehalt des Demokratieprinzips. Dies zeige schon die Tatsache, dass die Staatsangehörigkeit kennzeichnend für den Begriff des Staatsvolkes sei, der wiederum einen essentiellen Bestandteil des Staatsbegriffes darstelle. Es sei der demokratische Gedanke selbst, der es gebiete, dass die aktive politische Gestaltung der Gemeinschaft denjenigen verbleiben müsse, die durch das enge Band der Staatsangehörigkeit ohne Wenn und Aber mit ihr verbunden seien.[198] Eine ähnliche Position vertritt *Ziemske*, nach dessen Ansicht das demokratische Prinzip bei der Hinnahme genereller Mehrstaatigkeit Gefahr laufe, das in ihm angelegte Verantwortungsprinzip auszuhebeln. Demokratie setze den verantwortungsfähigen und – willigen Staatsbürger voraus. Mehrstaatigkeit verleite hingegen dazu, sich der gebotenen Verantwortung für die mitinitiierten politischen Entscheidungen zu entziehen und damit die Demokratie in eine Privilegiengesellschaft der Fremdverantwortung zu überführen.[199] Unterstützend wird angeführt, dass Ausländer aufgrund der ihnen zustehenden statusrechtlichen Rückkehrmöglichkeiten in das Heimatland nicht rechtlich in die staatliche Schicksalsgemeinschaft einbezogen seien. Dies gelte selbst dann, wenn der effektive Interessen- und Lebens-

---

195 Hobe, JZ 1994, S. 193; Löwer in: v. Münch/Kunig, Art. 28 Rdn. 31: „Art. 28 I 3 öffnet den Volksbegriff für die EU-Bürger für die kommunale Entscheidungsebene (...).“; a.A. Dreier in: Dreier, Art. 28 Rdn. 75.

196 Ebenso im Ergebnis Goes, Mehrstaatigkeit in Deutschland, S. 71.

197 Isensee, VVDStRL 32, S. 91ff.; ausführlich hierzu Schink, DVBl. 1988, S. 422f.

198 Geil, ZPR 1995, S. 371.

199 Ziemske, Die deutsche Staatsangehörigkeit nach dem GG S. 303.

schwerpunkt im Inland liege, denn das Schicksal des Volkes müsse von Staats wegen nicht geteilt werden, wenn es dem betreffenden Ausländer aus privaten oder politischen Gründen nicht genehm ist.[200] Nach *Isensee* rechtfertigt sich das demokratische System aus der Souveranität des Volkes, das als Einheit vorausgesetzt wird. Das Volk als Träger der Staatsgewalt werde durch die personale Dauerbeziehung der Staatsangehörigkeit, nicht durch die fluktuierende Gebietszugehörigkeit konstituiert. So sei die Teilhabe des Staatsangehörigen an der Selbstbestimmung des Staatsverbandes der Ausgleich für seine lebenslange, unentrinnbare Angewiesenheit auf den Verband.[201]

Die Auffassung, dass die Staatsangehörigkeit ein solch „fesselndes Band" ist, so dass eine Entrinnbarkeit nicht möglich erscheint, vermag nicht zu überzeugen. Sofern davon ausgegangen wird, dass Mehrfachstaatsangehörigkeiten nicht systemgerecht seien oder zumindest (zwingend) der Kollisionslösung bedürften, da die Staatsangehörigkeit letztlich „eine Frage auf Leben und Tod"[202] und das Angehörigkeitsverhältnis somit einzig und konkurrenzlos sei[203], ist darauf hinzuweisen, dass bereits aus dem geltenden Staatsangehörigkeitsrecht die deutsche Staatsangehörigkeit weder ausnahmslos „einzig"[204], noch ihr Inhaber „unentrinnbar"[205] mit ihr verhaftet ist. So setzt auch die Herrschaftsfähigkeit des Staatsvolkes im Sinne des Art. 20 Abs. 2 GG weder die Ausschließlichkeit der Staatsangehörigkeit noch deren Unentziehbarkeit und Unentrinnbarkeit voraus.[206] Insbesondere das prinzipielle Recht auf Auswanderung, das innerstaatlich zur allgemeinen Handlungsfreiheit des Art. 2 Abs. 1 GG gehört, steht der „Unentrinnbarkeit" entgegen.[207] Weiteres Indiz für die Entrinnbarkeit aus der deutschen Staatsangehörigkeit ist der vom Gesetzgeber vorgesehene Verlust der

---

200 Isensee/Schmidt-Jortzig, Das Ausländerwahlrecht vor dem Bundesverfassungsgericht, S. 16; v. Katte, Die Mitgliedschaft von Fremden in politischern Parteien der Bundesrepublik Deutschland, S. 91: „Der Ausländer ist, wenn er will, auf Gedeih dem Gastland verbunden, nicht aber auf Verderb."; ebenso Schink, DVBl. 1988, S. 422.

201 Isensee, VVDStRL 32, S. 92f.

202 v. Salomon, Der Fragebogen, S. 60: „Die Frage nach der Staatsangehörigkeit ist eine Frage auf Leben und Tod. Durch sie wird ja nicht nur eine gewisse rechtliche Kommunikation des Einzelnen geregelt, es ist mit ihr auch die Übernahme sehr bestimmter Pflichten verbunden."

203 Grawert, Der Deutschen supranationale Staat in: FS für Böckenförde, S. 137.

204 Nach § 9 Abs. 1 Nr. 1 StAG i.V.m. § 87 AuslG kann ein ausländischer Ehegatte eines Deutschen bei der Einbürgerung die ausländische Staatsangehörigkeit neben der deutschen behalten, soweit ein Grund für die Hinnahme der Mehrstaatigkeit vorliegt. § 25 Abs. 2 StAG sieht die Möglichkeit der Erteilung einer Beibehaltungsgenehmigung vor. Die deutsche Staatsangehörigkeit geht dann bei Erwerb einer ausländischen Staatsangehörigkeit nicht verloren. Nach § 4 Abs. 3 StAG entsteht zumindest temporär Mehrstaatigkeit.

205 Nach § 18 StAG wird ein Deutscher auf seinen Antrag aus der Staatsangehörigkeit entlassen, wenn er den Erwerb einer ausländischen Staatsangehörigkeit beantragt und ihm die zuständige Stelle die Verleihung zugesichert hat.

206 So auch Goes, Mehrstaatigkeit in Deutschland, S. 27.

207 Rittstieg, NJW 1990, S. 1402; vgl. auch Wallrabenstein, Das Verfassungsrecht der Staatsangehörigkeit, S. 117 mit Verweis auf die *Elfes-Entscheidung*, BVerfGE 6, 32.

deutsche Staatsangehörigkeit bei Erwerb einer ausländischen Staatsangehörigkeit, durch Verzicht, durch Annahme als Kind durch einen Ausländer, durch Eintritt in die Streitkräfte oder einen vergleichbaren bewaffneten Verband eines ausländischen Staates sowie durch Erklärung.[208] Festgestellt werden kann darüber hinaus, dass man selbst als deutscher Staatsangehöriger mit der Berechtigung der Beteiligung am politischen Leben nicht unbedingt die Folgen der Wahl tragen muss. Gemeinden und Länder sind nicht unentrinnbar - man kann mitwählen und bei Unzufriedenheit des Wahlergebnisses in ein anderes Gebiet umziehen. Dieses Recht ist sogar durch Art. 11 GG garantiert. Entkräftet wird das Argument der personalen Unentrinnbarkeit zudem mit der Entwicklung des modernen Staates zum Territorialstaat und dem Schwinden der personal an die Staatsangehörigkeit anknüpfenden Rechtsfolgen.[209] Geht man davon aus, dass der Mehrstaater in der Bundesrepublik Deutschland geboren wurde oder hier bereits seit einer längeren Zeit seinen Aufenthalt verbringt, mithin ansässig ist, so stellt sich der Gedanke der Entrinnbarkeit als ein leeres Recht, nicht aber als soziale Realität dar: Der Mehrstaater hat vielfach keinen ausländischen Heimatstaat mehr, in den er bei Gefallen ohne weiteres zurückkehren könnte. Es gibt kein zweites „Zuhause" mehr. Ebenso wenig kann das Prinzip der Vermeidung von Mehrstaatigkeit mit dem Bestehen einer Schicksalsgemeinschaft nur unter ausschließlich deutschen Staatsangehörigen begründet werden. Hier wird auf den natürlich-soziologischen (sozialen) Volksbegriff abgestellt, nach dem das Volk als Gesamtheit von Menschen bezeichnet wird, die durch ein nationales Zusammengehörigkeitsgefühl verbunden sind, welches auf gemeinsamer Abstammung und Sprache, gemeinsamem kulturellen Erbe oder politischer Schicksalsgemeinschaft beruhen kann.[210] Die Anknüpfung an Größen wie die „Zugehörigkeit zu einer Schicksalsgemeinschaft" mögen politisch zweckmäßig sein, entziehen sich jedoch jeglicher juristisch normierter Grundlage und sind nicht erkennbar aus Art. 20 Abs. 2 GG zu entnehmen. Das Prinzip der Vermeidung der Mehrstaatigkeit mag ordnungspolitisch damit begründet werden, dass das Staatsvolk als ein Element des modernen Nationenbegriffs nach außen abgegrenzt werden muss. Ein Ordnungsprinzip der ausschließlichen Personalhoheit als Bedingung nationalstaatlicher Souveranität ist indes ein Fremdkörper in einem globalen ökonomischen System, das Mobilität voraussetzt.[211]

Die These, wonach sich aus dem Grundgesetz ein Gebot der Einfachstaatigkeit ergebe, das nur bei Vorliegen besonderer traditioneller Legitimationskriterien ausnahmsweise durchbrochen werden dürfe, lässt sich weder mit der Funktion

---

208 Vgl. § 17 StAG.

209 Wallrabenstein, Das Verfassungsrecht der Staatsangehörigkeit, S. 117.

210 Breer, Die Mitwirkung von Ausländern an der politischen Willensbildung der Bundesrepublik Deutschland durch die Gewährung des Wahlrechts, insbesondere des Kommunalrechts, S. 62; Stern, Staatsrecht II, § 25 I 2a, S. 6f.

211 Marx, ZAR 1997, S. 73.

der Staatsangehörigkeit noch mit dem Demokratieprinzip erhärten:[212] Festzuhalten ist, dass das Prinzip der Vermeidung von Mehrstaatigkeit sich nicht aus der Regelung des Art. 20 Abs. 2 GG herleiten lässt. Darüber hinaus ist es nicht demokratieverträglich, einen wachsenden Anteil der Bevölkerung in der Bundesrepublik Deutschland in einem politisch unmündigen Status zu halten. Hier ist fraglich, ob die Mehrstaatigkeit sich als ein so großes Übel darstellt oder nicht doch unter Umständen hinzunehmen ist.[213]

V. Ausschließlichkeit der Staatsangehörigkeit aus dem Nationalstaatsprinzip?

Der Grundsatz der Vermeidung von Mehrstaatigkeit könnte sich aus dem Nationalstaatsprinzip ergeben. Zunächst ist darauf einzugehen, ob und gegebenenfalls an welcher Stelle das Nationalstaatsprinzip in der Verfassung verankert ist.

1. Grundlage des Nationalstaatsprinzips in der Verfassung

Vereinzelt wird angenommen, dass das Nationalstaatsprinzip seit der Französischen Revolution von 1789 untrennbar mit dem Demokratieprinzip verkoppelt, demnach auch in Art. 20 GG verankert ist.[214] Darüber hinaus wird das Nationalstaatsprinzip in weiteren Normen des Grundgesetzes vermutet, wie beispielsweise in Art. 56 GG und Art. 64 Abs. 2 GG, wonach der Bundespräsident, der Bundeskanzler und die Bundesminister schwören, ihre ganze Kraft dem Wohl des deutschen Volkes zu widmen.[215] Dass sich das Nationalstaatsprinzip aus dem Grundgesetz ergibt, wird ferner aus der Tatsache hergeleitet, dass nach Art. 22 GG die Bundesflagge schwarz-rot-gold ist. Denn die Festlegung solcher Staatssymbole im Grundgesetz habe zum Ziel, die Integration des deutschen Volkes zu fördern. Der Rückgriff auf die Farben der Märzrevolution von 1848 zeige, dass dem Grundgesetz durchaus ein kultureller Nationsbegriff zugrunde liegt.[216] Näher liegend ist es, das Nationalstaatsprinzip aus der ursprünglichen Fassung der Präambel des Grundgesetzes herauszulesen und abzuleiten. Dort hieß es, dass das deutsche Volk von dem Willen beseelt ist, seine nationale und staatliche Einheit zu wahren.[217] Aus dem Wortlaut wird gefolgert, dass, sofern die Hervorhebung der nationalen neben der staatlichen Einheit dem effet-utile-

---

[212] Hailbronner in: Hailbronner/Renner, Staatsangehörigkeitsrecht-Kommentar, Teil I Einl. F Rdn. 78; im Ergebnis auch Sacksofsky, Mehrfache Staatsbürgerschaft - ein Irregulare? in: FS für Böckenförde, S. 334.

[213] Vgl. Kürşat-Ahlers/Waldhoff, Reform des Staatsangehörigkeitsrechts- Die parlamentarische Beratung, S. 319.

[214] Bleckmann, DÖV 1988, S. 438.

[215] Bleckmann, DÖV 1988, S. 440.

[216] Bleckmann, DÖV 1988, S. 441.

[217] Abgedr. in JöR Bd. 1, (n.F.) 1951, S. 20 m.w. Erklärungen zur Entstehungsgeschichte.

Prinzip entsprechend einen eigenen Sinn haben soll, dieser in der Verankerung des Nationalstaatsprinzips bestehen müsse.[218]

Zu beachten ist jedoch, dass die derzeit geltende Präambel der Verfassung der Bundesrepublik Deutschland nicht mehr von nationaler und staatlicher Einheit spricht. Vielmehr wurde nur noch die „Einheit Deutschlands" in den Text der Präambel aufgenommen. Zudem wird an keiner anderen Stelle im Grundgesetz das Nationalstaatsprinzip ausdrücklich erwähnt oder gar normiert. Mit einem gewissen Hauch von Ironie lässt sich feststellen, dass der Begriff „Nationalstaatsprinzip" nicht einmal in Staatsrechtslexika[219] auftaucht bzw. definiert wird. Auch in gängigen Grundgesetzkommentaren[220] wird dem Nationalstaatsprinzip keine Beachtung geschenkt. Nimmt man trotz der aufgeführten Bedenken an, dass das Nationalstaatsprinzip eine verfassungsrechtliche Grundlage aufweisen kann, so ist zu überprüfen, ob sich aus diesem Prinzip der Grundsatz der Einfachstaatigkeit ergibt.

2. Inhalt des Nationalstaatsprinzips

a) Ansätze des Nationalstaatsprinzips vor der Wiedervereinigung Deutschlands

Vereinzelt wird argumentiert, dass sich bereits aus dem ersten Satz der (ursprünglichen) Präambel des Grundgesetzes das Verfassungsgebot der Wahrung der nationalen und staatlichen Einheit des deutschen Volkes ergibt. Wenn das deutsche Volk durch ein multikulturelles Volk ersetzt und die deutsche Staatsangehörigkeit auch nicht assimilierten Staatsangehörigen fremder Völker verliehen würde, entstünde eine Rechtslage, von der aus die Bundesrepublik nicht mehr „in Richtung der Verwirklichung der Wiedervereinigung und der Selbstbestimmung" im Sinne der Rechtsprechung des Bundesverfassungsgerichtes[221] wirken könnte.[222] Alle Pläne, die deutsche Staatsangehörigkeit auch Ange-

---

218 Bleckmann, NJW 1990, S. 1398.

219 Handwörterbuch der Staatswissenschaften Bd. VI, Hrsg. Conrad, Lexis, Elster, Loening, 3. Aufl. Jena 1910; Wörterbuch des Deutschen Staats- und Verwaltungsrechts Bd. II, Hrsg. Fleischmann, 2. Aufl. Tübingen 1913; Staatslexikon (Recht/Wirtschaft /Gesellschaft) Bd. V, Hrsg. Görres-Gesellschaft, 6. Aufl. Freiburg 1960; Evangelisches Staatslexikon, Hrsg. Kunst, Grundmann, Stuttgart, Berlin 1966.

220 v. Münch/Kunig, Bd. 1, 5. Aufl. 2000; Bd. 2, 5. Aufl. 2001: *Rojahn* verweist zwar auf die Abkehr von der Idee des geschlossenen Nationalstaates, vgl. Kommentierung zu Art. 24 Rdn. 1, das Nationalstaatsprinzip findet hingegen keine Erwähnung; Bd. 3. Aufl. 3, 1996; v. Mangoldt/Klein/Starck, Bd. 1, 2; Dreier, Bd. 1, 1996; Bd. 2, 1998; Bd. 3, 2000; Schmidt-Bleibtreu, 9. Aufl. 1999; Jarass/Pieroth, 4. Aufl. 1997; Sachs, 2. Aufl. 1999.

221 BVerfGE 36, 1 (15ff.); BVerfG, NJW 1973, S. 1539.

222 Uhlitz, ZRP 1987, S. 191f.; kritisch Zuleeg, ZRP 1987, S. 188; *Zuleeg* nimmt ebenfalls an, dass sich das Grundgesetz zum Nationalstaatsprinzip erkennt. Bis zur Wiedervereinigung sei die Nationalstaatlichkeit jedoch ein Grundsatz unter mehreren, der mit anderen Verfassungsgrundsätzen zu verweben und auf den Gehalt der Solidarität des Volkes einzugrenzen sei. Aus dieser Sicht entpuppe sich das Verfassungsverständnis von *Uhlitz* als

hörigen fremder Völker zu verleihen, die nicht daran dächten, ihrer bisherigen nationalen und kulturellen Identität abzuschwören und sich nicht nur in guten, sondern auch in schlechten Tagen zum deutschen Volk als der Gemeinschaft der deutschen Volkszugehörigkeit zu bekennen, für die das als fortbestehend gedachte Deutsche Reich "ihr Staat" ist, seien daher verfassungswidrig.[223] Nach einer Ansicht fordert das Nationalstaatsprinzip eine bestimmte Ausländerpolitik: Die Bundesrepublik Deutschland als Kulturnation ist einerseits vor einer Überfremdung zu sichern, andererseits gehört es zu den Pflichten des Staates, eine Ausländerintegration vorzunehmen.[224] Mit der Gleichsetzung des Nationalstaatsprinzips mit dem Verständnis der Kulturnation wurde die Doktrin des materiellen Staatsangehörigkeitsbegriffs entwickelt.

b) Doktrin des materiellen Staatsangehörigkeitsbegriffs

Die Doktrin der materiellen Staatsangehörigkeit bezieht sich auf die Entscheidung des Bundesverfassungsgerichts, in der aus dem verfassungsrechtlichen Wiedervereinigungsgebot die Pflicht zur Wahrung der „Identität des deutschen Staatsvolkes" hergeleitet wird:[225] Aus verfassungsrechtlichen Gründen müsse die nationale Homogenität des deutschen Staatsvolkes erhalten bleiben.[226] Folge dessen ist, dass eine Staatsangehörigkeit ohne materielle Substanz, ohne geistig-seelisches Beziehungsgeflecht des Staatsangehörigen zum Staat nicht vorstellbar ist. Demgegenüber könnte man davon ausgehen, dass zwar ein Bindeglied zwischen dem Bürger und dem deutschen Staat vorhanden sein muss. Dies verlange nicht nur die Präambel des Grundgesetzes, sondern auch das Völkerrecht. Bei einem hier aufgewachsenen Ausländer läge ein solches Bindeglied aber bereits dann vor, wenn man ihm kraft Gesetz die deutsche Staatsangehörigkeit gewähre; insoweit sei auf dem Boden des Grundgesetzes die erforderliche Grundbeziehung zur Bundesrepublik vorhanden.[227] Gleichwohl gehen die unbedingten Befürworter der Doktrin des materiellen Staatsangehörigkeitsbegriffs davon aus, dass mehrfache Staatsangehörigkeit und die hiermit einhergehende Abkehr vom Prinzip der Vermeidung von Mehrfachstaatigkeit die Identität und Homogenität des deutschen Staatsvolkes, die Einheit der Kulturnation, bedrohen, die als definitiver Bestandteil der Verfassungsordnung der Bundesrepublik

---

übersteigerter Nationalismus, der wesentlich problematischer sei als die Anwesenheit von Ausländern in der Bundesrepublik Deutschland.

223 Uhlitz, RuP 1986, S. 150.

224 Bleckmann, DÖV 1988, S. 443.

225 BVerfGE 77, 137 (150f); vgl. auch Klein, NJW 1983, S. 2290.

226 Marx in: GK-StAR, Kap. IV, Rdn. 287 mit Verweis auf Quaritsch, Der Staat 27, S. 496; vgl. auch Uhlitz, RuP 1986, S. 147; kritisch Röper, KJ 1999, S. 543f.

227 Zuleeg, ZRP 1987, S. 190; Predeik, DVBl. 1991, S. 630.

Deutschland gilt.[228] Notwendige Voraussetzung der materiellen Staatsangehörigkeit, der Anwartschaft auf die deutsche Staatsangehörigkeit, ist demnach die Integration in die deutsche Kulturnation. Erforderlich ist ferner ein Antrag auf Einbürgerung sowie die Entlassung aus der bisherigen, der fremden Staatsangehörigkeit.[229]

c) Abkehr vom materiellen Begriff der Staatsangehörigkeit

Der materielle Begriff der Staatsangehörigkeit ist nach der Wiedervereinigung Deutschlands von der Rechtsprechung des Bundesverfassungsgerichts nicht mehr bestätigt worden, vielmehr ist der rechtliche Begriff des deutschen Staatsvolkes wieder „offen". Ebenso lässt sich der historische Begriff der „deutschen Kulturnation" nicht mehr unbedingt mit dem deutschen Staatsvolk und der Staatsangehörigkeit verbinden.[230] Weil die frühere Präambel des Grundgesetzes sich zur nationalen und staatlichen Einheit bekannte, wurde dies als verfassungsrechtliche Entscheidung für die Kulturnation verstanden. Der Verfassungstext enthält nach dem Einigungsvertrag und dem Wegfall dieses Bekenntnisses keinen Anhaltspunkt mehr für die verfassungsrechtliche Verankerung der Kulturnation und die Ableitung der Staatsangehörigkeit aus dem Konzept der Kulturnation.[231] Dies zeigt, dass der verfassungsändernde Gesetzgeber aus der Formulierung „nationale und staatliche Einheit" einzig das Wiedervereinigungsgebot herausgelesen hat. Hieraus folgt, dass der Gesetzgeber bei der Regelung der Staatsangehörigkeit nicht mehr auf den Erhalt der übereinkommenden deutschen Kulturnation achten muss. Das Grundgesetz verlangt mithin keine Identifizierung der Staatsnation mit der Kulturnation.[232] Verfassungsrechtlich bleibt der materiellen Doktrin nach der Vereinigung Deutschlands nur noch Art. 20 Abs. 2 S.1 GG, demzufolge die Staatsgewalt vom Volke ausgeht. Hatte die Judikatur, vornehmlich der Zweite Senat des Bundesverfassungsgerichts vor der Vereinigung aus dem Wiedervereinigungsgebot die Identität des deutschen Staatsvolkes in das Zentrum seiner Rechtsprechung[233] gerückt, so dass dies als eine Bestätigung der materiellen Doktrin gewertet werden konnte, fehlt im Ur

---

[228] Scholz, DRiZ 1999, S. 175; Scholz/Uhle, NJW 1999, S. 1512. Nach *Blumewitz* bedeutet „materielle Staatsangehörigkeit" die Zugehörigkeit zur deutschen Kulturnation und die Integration in den deutschen Nationalverband; Blumewitz, ZAR 1993, S. 153.

[229] Bleckmann, NJW 1990, S. 1400; bejahend Blumewitz, ZAR 1993, S. 153.

[230] Marx in: GK-StAR, Kap. IV, Rdn. 300, 302.

[231] Marx in: Gk-StAR, Kap. IV, Rdn. 362; vgl. Kapitel 2 C V 1, 2 a).

[232] Smaluhn, StAZ 1998, S. 103; Geos, Mehrfache Staatsangehörigkeit, S. 72f.; ebenso Sacksofsky, Mehrfache Staatsangehörigkeit – ein Irregulare? in: FS für Böckenförde, S. 335.

[233] Vgl. BVerfGE 77, 137 (150): „Aus dem Wahrungsgebot folgt insbesondere die verfassungsrechtliche Pflicht, die Identität des deutschen Staatsvolkes zu erhalten."

teil zum Kommunalwahlrecht ein derartiger, an der deutschen Identität ausgerichteter Begriff des deutschen Volkes.[234]

3. Würdigung

Der Nationsbegriff bzw. die Kulturnation scheiden als Anknüpfungspunkte für eine Zugehörigkeit zu einem Staat aus, weil sie in der gegenwärtigen Sozialordnung der Staaten kein für einen Staat eindeutiges, spezifisches Abgrenzungskriterium abgeben.[235] Dem Grundgesetz ist nicht zu entnehmen, dass die Staatsangehörigkeit nur von Angehörigen der „deutschen Kulturnation" erworben werden kann. Ebenso wenig gibt es Anhaltspunkte in Wortlaut oder Entstehungsgeschichte des Grundgesetzes dafür, dass zum Wesen der deutschen Staatsangehörigkeit die vorbehaltslose, objektiv nachweisbare Hinwendung zum deutschen Volk gehört.[236]

Die Vermeidung von Mehrstaatigkeit wurde auch deshalb unterstützt, um die so genannte Multi-Kultur abzuwenden. Kulturelle Homogenität im Sinne fugenloser, konfliktfreier Übereinstimmung kultureller Werte hat es aber nie und nirgendwo gegeben: Durch Gewaltenteilung, Rechtsstaatlichkeit und Grundrechte schützt der moderne Verfassungsstaat die individuelle Freiheit der Kultur, damit aber zugleich die kulturelle gesellschaftliche Vielfalt und Dynamik. Der moderne Verfassungsstaat ist damit nicht nur de facto, sondern auch de lege multikulturell und pluralistisch, was sich insbesondere in der individuellen Freiheit der Religion und Weltanschauung zeigt.[237] Aus der individuellen Freiheit der Kultur im modernen Verfassungsstaat folgt, dass die Kultur keine verbindlich vorgegebene kollektive Orientierungsgröße sein kann. Die in der Bundesrepublik Deutschland herrschende Kultur kann immer nur der gesamte und in sich sehr vielfältige Güterkorb der kulturellen Werte aller Bürger sein.[238] Demnach erscheint die Idee der Vermeidung einer Multi-Kultur zur Erhaltung einer einheitlichen „Leitkultur"[239] abwegig, da eine Multi-Kultur bereits besteht und verfas-

---

234 Vgl. BVerfGE 83, 37 (50).

235 Grawert, Staat und Staatsangehörigkeit, § 19, S. 224f; nach *Grawert* können hingegen Religion, Nation, Kultur oder politische Konkordanz zur Aufnahmebedingung erklärt werden, um die Staatsnation zu homogenisieren, den inneren Frieden zu sichern, die Bindung des einzelnen an den Staat zu verstärken oder um verstreuten Minderheiten als „Schutzmacht" zu erscheinen.

236 Renner in: Hailbronner/Renner, Staatsangehörigkeitsrecht-Kommentar, Teil II A Art. 16 Rdn. 16. Durch einfaches Recht (Einbürgerungsrichtlinien) wird allerdings die freiwillige und dauernde Hinwendung zu Deutschland, Grundkenntnisse der deutschen staatlichen Ordnung und ein Bekenntnis zur freiheitlichen demokratischen Grundordnung gefordert; vgl. Zuleeg, ZRP 1987, S. 190.

237 Oberndörfer, Grundgesetz für eine multikulturelle Gesellschaft, S. 121f.

238 Oberndörfer, Grundgesetz für eine multikulturelle Gesellschaft, S. 123.

239 Der Ausdruck „deutsche Leitkultur", welcher von dem Unionsfraktionschef Friedrich Merz in die Zuwanderungsdebatte eingebracht wurde, erfuhr von allen politischen Seiten viel Kritik, so dass er nicht in das CDU-Grundlagenpapier der CDU-Zuwanderungs-

sungsrechtlich zulässig ist. Verfolgt man den Gedanken, dass es eine Bundesrepublik ohne Zuwanderung, ohne Einbürgerung, ohne Zulassung mehrfacher Staatsangehörigkeit geben würde, stellte man fest, dass dadurch keine Monokultur entsteht. Kultur als eher unbestimmter und beinahe „schwammiger“ Begriff, mag er nun Geschichte, Musik, Lebensgewohnheiten, etc. umfassen, unterscheidet sich bereits von Bundesland zu Bundesland, selbst innerhalb verschiedener Gesellschaftsschichten. Folge dessen ist, dass es bereits unter dem deutschen Volk eine „Multi-Kultur“ gibt. Was macht also eine „deutsche Leitkultur“ aus? Denknotwendig kann hierunter nur das reine Bekenntnis zum Staat verstanden werden, hingegen keine weitergehende Einbindung in den „National“-Staat. Soweit der Begriff der Nation mit kulturellen Überlieferungen und Werten verbunden wird, geschieht dies immer nur als selektive individuelle Entscheidung und Aneignung, die für die übrigen Bürger nicht zwingend verbindlich ist. Es ist durchaus legitim, wenn sich Bürger oder bestimmte (politische) Gruppen engagiert für die Erhaltung von Überlieferungen einsetzen, die ihnen lieb und teuer sind. Diese Überlieferungen dürfen jedoch nicht mit der Kultur der Republik verwechselt werden. Diese umfasst die Gesamtheit der kulturellen Güter und Präferenzen aller ihrer Bürger, nicht nur der deutschen Staatsangehörigen.[240] So stellt sich die mit der Verfassung begründete ethnische Homogenität des deutschen Volkes als semantisches Irrlicht dar. Ein solches verfassungsrechtlich zementiertes, historisches Bild der Staatsangehörigkeit lässt sich aus dem Grundgesetz nicht herleiten. Vielmehr ist die Ausgestaltung des „Bildes“ der Staatsangehörigkeit Aufgabe des einfachen Gesetzgebers, des einfachen Rechts. Dass sich die ethnische Homogenität nicht durchsetzen kann, zeigt bereits das geltende Staatsangehörigkeitsrecht. Durch die Einbürgerung auf Antrag ist eine ethnische Homogenität nicht mehr gewährleistet. Festzuhalten bleibt lediglich, dass, selbst wenn man von dem Bestehen einer verfassungsrechtlichen Grundlage des Nationalstaatsprinzip ausgeht, hieraus jedenfalls nicht das Gebot der Einfachstaatigkeit hergeleitet werden.

VI. Prinzip der Vermeidung von Mehrstaatigkeit aus Art. 116 GG?

Neben Art. 16 Abs. 1 GG, der sich mit dem Entzug und Verlust der Staatsangehörigkeit befasst, beschäftigt sich die Verfassung auch in Art. 116 GG mit der deutschen Staatsangehörigkeit. Nach Art. 116 Abs. 1 GG ist Deutscher im Sinne des Grundgesetzes, wer die deutsche Staatsangehörigkeit besitzt oder als Flüchtling oder Vertriebener deutscher Volkszugehörigkeit oder als dessen Ehegatte oder Abkömmling in dem Gebiete des Deutschen Reiches nach dem Stande vom 31. Dezember 1937 Aufnahme gefunden hat. Der Begriff „Deut-

---

kommission mit aufgenommen wurde. Vgl. Die Welt v. 26. November 2000, Der Spiegel vom 02. November 2000.

240 Oberndörfer, Grundgesetz für eine multikulturelle Gesellschaft, S. 125.

scher Volkszugehöriger“ ist in § 6 Abs. 1 BVFG definiert, wonach derjenige deutscher Volkszugehöriger ist, der sich in seiner Heimat zum deutschen Volkstum bekannt hat, sofern dieses Bekenntnis durch bestimmte Merkmale wie Abstammung, Sprache, Erziehung und Kultur bestätigt wird.

Die Rechtsprechung des Bundesverwaltungsgerichts hat ein Bekenntnis zu ausschließlicher Zugehörigkeit zum deutschen Volkstum gefordert: Vorausgesetzt wird das Bewusstsein und der Wille, selbst Deutscher zu sein und keinem anderen Volk anzugehören. Wesentlich sei das Begehren, ausschließlich als Angehöriger des deutschen Volkes einer national geprägten Kulturgemeinschaft angesehen zu werden und sich dieser Gemeinschaft vor jeder anderen nationalen Kultur verbunden zu fühlen. Eine deutschfreundliche Einstellung und Betätigung reiche für dieses Bekenntnis nicht aus.[241] Zu Recht weist *Lübbe-Wolff* darauf hin, dass eine verfassungsrechtliche Grundlage für dieses Postulat nicht erkennbar ist. Zwar erhält die Flüchtlings- oder Vertriebeneneigenschaft nach Art. 116 Abs. 1 GG nur eine besondere Bedeutung, soweit sie durch deutsche und nicht durch irgendeine andere Volkszugehörigkeit bedingt ist. Art. 116 Abs. 1 GG verlangt aber weder ausdrücklich, dass die vorausgesetzte deutsche Volkszugehörigkeit eine ausschließliche ist, noch liegt dies im Begriff der Volkszugehörigkeit.[242] Eine über die Funktion der Schaffung eines besonderen Deutschenstatus hinausgehende allgemeine Bedeutung für das Staatsangehörigkeitsrecht im engeren Sinne hat Art. 116 Abs. 1 GG nicht. Insbesondere schreibt er keine bestimmte staatsangehörigkeitsrechtliche Zugehörigkeitskonzeption fest, aus der sich Vorgaben für die Ausgestaltung des Staatsangehörigkeitsrechts im engeren Sinne ableiten ließen.[243] Der Regelungsgehalt des Art. 116 Abs. 1 GG bezieht sich auf die staatsangehörigkeitsrechtlichen Verhältnisse der Deutschen ohne deutsche Staatsangehörigkeit und trägt damit zur Lösung typischer Nachkriegsschicksale bei. Ihm kann weder ein fest umrissener Begriff des Deutschen im ethnischen Sinne noch eine Beschränkung des Staatsvolkes der Bundesrepublik Deutschland auf Angehörige einer Gemeinschaft von Volksdeutschen entnommen werden.[244] Da zu den Deutschen auch Personen, die Ehegatten und Abkömmlinge, gehören können, die nicht der deutschen Kulturnation angehö-

---

241 Vgl. BVerwGE 98, 367 (368); BVerwG DÖV 1960, S. 804; ausführlich zu den Voraussetzungen des Bekenntnisses zum deutschen Volkstum: Maunz in: Maunz/Dürig, Art. 116 Rdn. 13.

242 Lübbe-Wolff in: Dreier, Art. 116 Rdn. 33; siehe auch Kokott in: Sachs, Art. 116 Rdn. 3, 6 m.w.N.; Vedder in: v. Münch/Kunig, Art. 116, Rdn. 44 mit der Einschränkung, dass die Annahme einer fremden Staatsangehörigkeit der deutschen Volkszugehörigkeit nur insoweit nicht entgegen steht, als sie nicht eine Abkehr von der deutschen Volkszugehörigkeit mit sich bringt. Vgl. auch Masing in: v. Mangoldt/Klein/Starck, Art. 116 Abs. 1 Rd. 114f. mit dem Verweis, dass die Anknüpfung an die deutsche Volkszugehörigkeit angesichts der geschichtlichen Entwicklung ihre Berechtigung verloren haben dürfte.

243 Lübbe-Wolff in: Dreier, Art. 116 Rdn. 13.

244 Renner, Erste Anmerkungen zur Reform des Staatsangehörigkeitsrechts; in: Neue Regierung- neues Ausländerrecht? S. 86f.; Göbel-Zimmermann/Masuch, DÖV 2000, S. 100.

ren, kann aus Art. 116 GG nicht hergeleitet werden, dass die Verfassung eine Identifizierung der Staatsnation mit der Kulturnation verlangt.[245] Der Zweite Senat des Bundesverfassungsgerichts hat in seiner Entscheidung vom 31.Oktober 1990 zum Kommunalwahlrecht von Ausländern ausdrücklich festgestellt:

> „So überlässt das Grundgesetz, wie Art. 73 Nr. 2 GG und Art. 116 GG belegen, die Regelung der Voraussetzungen für Erwerb und Verlust der Staatsangehörigkeit und damit auch der Kriterien, nach denen sich die Zugehörigkeit zum Staatsvolk des näheren bestimmt, dem Gesetzgeber. Das Staatsangehörigkeitsrecht ist daher auch der Ort, an dem der Gesetzgeber Veränderungen in der Zusammensetzung der Einwohnerschaft der Bundesrepublik Deutschland im Blick auf die Ausübung politischer Rechte Rechnung tragen kann. (...) Es bleibt unter diesen Umständen nach geltendem Verfassungsrecht nur die Möglichkeit, auf eine derartige Lage mit entsprechenden staatsangehörigkeitsrechtlichen Regelungen zu reagieren, etwa dadurch, dass denjenigen Ausländern, die sich auf Dauer in der Bundesrepublik Deutschland niedergelassen haben, sich hier rechtens aufhalten und der deutschen Staatsgewalt mithin in einer den Deutschen vergleichbaren Weise unterworfen sind, der Erwerb der deutschen Staatsangehörigkeit erleichtert wird."[246]

Vom Grundgesetz ausgelöst und hingenommen wird Mehrstaatigkeit beim Erwerb der Statusdeutscheneigenschaft gemäß Art. 116 Abs. 1 GG für deutsche Flüchtlinge, Vertriebene und ihre Angehörigen, wenn sie trotz der Aufnahme die bisherige Staatsangehörigkeit behalten. Der Eintritt mehrfacher Staatsangehörigkeit, der allerdings auch in diesen Fällen als Übel begriffen wird, beruht auf der Entscheidung des Grundgesetzgebers, der deutschen Verantwortung für den Angriffskrieg gerecht zu werden und die dadurch ausgelösten Vertreibungs- und Verfolgungsmaßnahmen gegenüber deutschen Volkszugehörigen nicht einfach auf sich beruhen zu lassen.[247] Der Auftrag, Vertriebene deutscher Volkszugehörigkeit aufzunehmen, wird demnach höher bewertet als die Verfolgung des Prinzips der einfachen Staatsangehörigkeit. Nach Art. 116 Abs. 2 GG haben im Ausland wohnende Ausgebürgerte einen Rechtsanspruch darauf, dass ihnen die deutsche Staatsangehörigkeit wieder verliehen wird, wobei der Anspruch nicht dadurch gehindert wird, dass zwischen Ausbürgerung und Inkrafttreten des Grundgesetzes eine fremde Staatsangehörigkeit erworben wurde: Das Grundge-

---

245 Smaluhn, StAZ 1998, S. 102; ähnlich Renner in: Hailbronner/Renner, Staatsangehörigkeitsrecht-Kommentar, Teil II A Art. 16 Rdn. 17.

246 BVerfGE 83, 37 (52).

247 v. Mangoldt, JZ 1993, S. 971.

setz nimmt auch hier Mehrstaatigkeit in Kauf.[248] Gegen die Annahme, dass Art. 116 GG das Prinzip der Vermeidung von Mehrstaatigkeit stützt, spricht zudem die systematische Stellung der Norm in der Verfassung. Art. 116 GG befindet sich in dem als Übergangs- und Schlussbestimmungen bezeichneten Teil XI des Grundgesetzes. Hätte der Verfassungsgeber in Art. 116 GG ein allgemeines Prinzip des Grundgesetzes, wie den ausschließlichen Staatsangehörigkeitserwerb kraft ius sanguinis und die Vermeidung von Mehrstaatigkeit, zum Ausdruck bringen wollen, hätte es nahe gelegen, die Norm im Grundrechtsbereich, etwa in der Nähe des Art. 16 GG, zu verankern.[249] Sämtlichen Überlegungen ist im Ergebnis zu entnehmen, dass sich aus der Regelung des Art. 116 GG das Prinzip der Vermeidung der Mehrstaatigkeit nicht ableiten lässt.

D. Folgerungen

Das Ziel der Vermeidung von Mehrstaatigkeit, vornehmlich bei der Einbürgerung, ist nur für einige Fallgruppen und zudem erst seit dem Jahr 1969 im Staatsangehörigkeitsrecht gesetzlich festgelegt – ein für das Recht der Staatsangehörigkeit sehr kurzer Zeitraum.[250] Festgestellt werden konnte, dass dem Prinzip der Einfachstaatigkeit das Manko anhaftet, sich neben der in der europäischen und teilweise auch in der deutschen Einbürgerungspraxis längst im Schwinden befindlichen Tradition auf keine stützenden Prinzipien des Grundgesetzes berufen zu können. Traditionen für sich können allerdings keine rechtliche Grundlage schaffen: Zwar haben lange bestehende Praktiken sehr wohl normative Kraft, aber nur dann, wenn sie auch einen gewissen materiellen oder symbolischen Wert und eine Bedeutung haben, die sich nicht auf ihre Langlebigkeit allein reduzieren lassen. Allein die Zählebigkeit einer Praxis beweist noch nicht ihre tradierte Qualität. Tradition ist eine konstruierte, keine rein objektive Eigenschaft; an sie zu appellieren, ist eine elementare Form politischer Rhetorik.[251]

Dass der Grundsatz der Vermeidung mehrfacher Staatsangehörigkeit zwar ein Grundsatz des deutschen Staatsangehörigkeitsrechts, jedoch keiner des Grundgesetzes selbst ist, liegt nicht fern, denn der Parlamentarische Rat (1948-1949) beabsichtigte, wichtige Fragen wie den Ausschluss von Mehrstaatigkeit dem einfachen Gesetz zu überlassen, um die Verfassung nicht zu belasten.[252] Ein Mehrstaatigkeit ausschließendes striktes Verdikt der Verfassung wäre zudem

248 Vedder in: v. Münch/Kunig, Art. 116, Rdn. 77, 80; Kokott in: Sachs, Art. 116 Rdn. 28; Maunz in: Maunz /Dürig, Art. 116 Rdn. 28; Masing in: v. Mangoldt/Klein/Starck, Art. 116 Abs. 1 Rdn. 158.

249 Zimmermann, IPRax 2000, S. 182.

250 Vgl. Renner, Erleichterung der Einbürgerung – ein Ausweg?; in: Vom Ausländer zum Bürger in: FS für Franz und Müller, S. 377; Siehe auch Kapitel C I.

251 Brubaker, Staats-Bürger, S. 240f.

252 v. Mangoldt, ZAR 1999, S. 247.

nicht zu vereinbaren mit der gleichzeitigen Anerkennung des Ius-sanguinis- und des Ius-soli-Systems durch das Völkerrecht. Denn bei dem Aufeinandertreffen beider Erwerbsprinzipien wird in aller Regel unweigerlich Mehrstaatigkeit verursacht.[253] Die auf einfachem Recht gegründete Theorie, Mehrstaatigkeit sei grundsätzlich zu vermeiden, fußt auf einer Ideologie der „Heiligkeit“ des Staates und der Staatsangehörigkeit, deren Konsequenz die „Aufopferung“, die „totale persönliche Unterwürfigkeit“ des Einzelnen war. Das Grundgesetz hat eine andere Sicht auf Staat und Individuum. Nicht die Einfach- oder Mehrstaatigkeit, sondern die Funktion der Staatsangehörigkeit, durch Mitwirkung am politischen Prozess die verfassungsrechtliche Ordnung zu gewährleisten, ist entscheidend.[254]

Kapitel 3: Streitfragen der Mehrstaatigkeit

Mehrfache Staatsangehörigkeit kann für denjenigen, der die Mehrstaatigkeit anstrebt, nicht nur Vorteile, sondern auch Nachteile mit sich bringen. Denkbar sind Probleme bei der Wehrpflicht oder der Wahlberechtigung. Weiterhin könnten Konflikte entstehen, sollte die Loyalitätsbindung des Mehrstaaters zu einem Staat in Frage gestellt werden. Fraglich ist ferner, ob diplomatischer Schutz ausreichend gewährleistet werden kann. Komplikationen verschiedenster Art können zudem innerhalb der Familie des Betroffenen entstehen. Daneben sind Kompetenzkonflikte vorstellbar, die zwischen Heimat- und Aufenthaltsstaat entstehen können. Von vornherein nicht auszuschließen ist das Auftreten eben dieser Konflikte bei Entscheidungen der Gerichte und Behörden von Drittstaaten hinsichtlich der Frage, welcher Staatsangehörigkeit der Vorzug zu geben ist. Bei der Bewertung der Argumente, die für oder gegen mehrfache Staatsangehörigkeit sprechen, ist darauf zu achten, dass es nicht um die Existenz von Mehrstaatigkeit überhaupt geht, sondern um deren vermehrte Zulassung.

A. Wehrpflicht

Gewisse Risiken ergeben sich aus der mit der Mehrfachstaatigkeit verbundenen potentiellen Inanspruchnahme des Mehrstaaters für staatsbürgerliche Pflichten, worunter auch die Wehrpflicht fällt. Machen die beteiligten Staaten gegenüber dem betroffenen Mehrstaater die Verpflichtung zur Ableistung des Wehrdienstes uneingeschränkt geltend, führt dies zu einer erheblichen Belastung. Bei gleichzeitiger Inanspruchnahme durch mehrere Staaten wäre dem Mehrstaater die Erfüllung der Pflicht physisch unmöglich.

---

253 Renner, Erste Anmerkungen zur Reform des Staatsangehörigkeitsrechts; in: Neue Regierung- neues Ausländerrecht? S. 88; *ders.* Erleichterung der Einbürgerung – ein Ausweg?; in: Vom Ausländer zum Bürger in: FS für Franz und Müller, S. 376.

254 Schlüter, ZAR 2000, S. 217; Hailbronner, NVwZ 1999, S. 1276.

I. Problemlösung auf völkerrechtlicher Ebene

Grundsätzlich ist im Bereich der Europastaaten, soweit sie Vertragsstaaten des Übereinkommens über die Verringerung von Mehrstaatigkeit und über die Wehrpflicht von Mehrstaatern sind, die Gefahr einer mehrfachen Inanspruchnahme für die Wehrpflicht ausgeschlossen:[255] Nach Art. 5 Abs. 1 dieses Übereinkommens braucht derjenige Staatsangehörige, der die Staatsangehörigkeit von zwei oder mehreren Vertragsparteien des Übereinkommens besitzt, seine Wehrpflicht nur gegenüber einer der Vertragsparteien zu erfüllen.[256] Für diejenigen Mehrstaater, die keine Staatsangehörigen von Vertragsstaaten des Mehrstaaterübereinkommens sind, ist die Gefahr, dass sie aufgrund ihres Besitzes mehrerer Staatsangehörigkeiten mehrfach für den Wehrdienst in Anspruch genommen werden, nicht ausgeschlossen. Allerdings gibt es neben dem Übereinkommen über die Verringerung von Mehrstaatigkeit und über die Wehrpflicht von Mehrstaatern weitere multilaterale Abkommen, die völkerrechtlichen Schutz gegen mehrfache Wehrdienstinanspruchnahme zu leisten versuchen. So etwa die Haager Konvention: Zwar ergibt sich aus Art. 3 dieser Konvention, dass jeder der beteiligten Staaten den Mehrstaater als seinen Bürger betrachten darf, ohne auf die fremde Staatsangehörigkeit Rücksicht nehmen zu müssen.[257] Daher kann jeder Staat auf Erfüllung der Wehrpflicht bestehen, selbst wenn der Mehrstaater auf dem Gebiet des anderen Staates ansässig ist.[258] Zu beachten ist jedoch auch das dem Haager Abkommen von 1930 angeschlossene zweite Protokoll über die militärischen Pflichten in gewissen Fällen der Doppelstaatsangehörigkeit. Es regelt die Wehrpflicht nach dem Grundsatz der effektiven Lebensbeziehung. Gemäß Art. 1 dieses zweiten Protokolls unterliegt derjenige, der zwei oder mehr Staaten angehört, im Gebiet eines dieser Staaten seinen gewöhnlichen Aufenthalt hat und mit diesem Staat tatsächlich am meisten verbun-

---

255 Hailbronner, ZAR 1999, S. 55; vgl. auch Schrötter/Möhlig, ZRP 1995, S. 377; Wollenschläger /Schraml, ZRP 1994, S. 227.

256 Article 5, 1. "Persons possessing the nationality of two or more Contracting Parties shall be required to fulfill their military obligations in relation to one of those Parties only." // Article 5, 1. «Tout individu qui possède la nationalité de deux ou plusieurs Parties Contractantes n'est tenu de remplir ses obligations militaires qu'à l'égard d'une seule de ces Parties. » ETS No. 43 (No. 95, 96), p. 4; BGBl. 1969 II S. 1956.

257 Article 3, Convention on certain questions relating to the conflict of nationality laws: "Subject to the provisions of the present Convention, a person having two or more nationalities may be regarded as its national by each of the States whose nationality he possesses." // Article 3, Convention concernant certaines questions relatives aux conflits de lois sur la nationalité: « Sous réserve des dispositions de la présente convention, un individu possédant deux ou plusieurs nationalités pourra être considéré, par chacun des Etats dont il a la nationalité, comme son ressortissant. » Société des Nations, Recueil des Traités ; Traités et Engagement internationaux enregistrés par le Secrétariat de la Société des Nations, Volume CLXXIX 1937-1938, No. 4137 S. 100f. ; siehe auch Dahm, Völkerrecht Bd. 1, S. 489.

258 Hailbronner in: Hailbronner/Renner, Staatsangehörigkeitsrecht-Kommentar, Teil I Einl. F Fn. 11.

den ist, keinerlei militärischen Pflichten in einem anderen Heimatstaat.[259] Insofern stellt das zweite Protokoll über militärische Pflichten in gewissen Fällen von Doppelstaatigkeit eine Milderung des Grundsatzes aus Art. 3 des Hauptabkommens, des Haager Abkommens von 1930 dar. Zahlreiche bilaterale völkerrechtliche Verträge sehen ähnliche Regelungen vor, die einen Loyalitätskonflikt im Hinblick auf die Wehrpflicht nicht entstehen lassen[260] oder eine Lösung des Problems der mehrfachen Ableistung des Wehrdienstes bieten, wie beispielsweise die Verträge zwischen Deutschland und Spanien vom 23. April 1970, zwischen Deutschland und Argentinien vom 18. September 1985 sowie zwischen Deutschland und Dänemark vom 10. Oktober 1985.[261]

Auch die Türkei geht seit 1992 im Grundsatz davon aus, dass die Wehrpflicht eines deutsch-türkischen Mehrstaaters auf Antrag auch dann als erfüllt gilt, wenn er seiner Wehrpflicht in der Bundeswehr nachkommt. Einschränkungen werden allerdings dahingehend vorgenommen, dass es sich um einen Mehrstaater handeln muss, der entweder in Deutschland geboren ist oder aber seinen Lebensmittelpunkt vor Vollendung des 18. Lebensjahres in Deutschland begründet hat.[262] Für diejenigen, die sowohl die deutsche als auch die schweizerische Staatsangehörigkeit besitzen, gilt, dass die Wehrpflicht in dem Staat zu erfüllen ist, in dem sich der Wehrpflichtige dauernd aufhält, wobei es hier Ausnahmeregelungen für Wehrpflichtige in den Grenzgebieten gibt. Der von dem Mehrstaater geleistete Wehrdienst wird sowohl in der Schweiz als auch in der Bundesre-

---

259 Article I., Protocol relating to military obligations in certain cases of double nationality: "A person possessing two or more nationalities who habitually resides in one of the countries whose nationality he possesses, and who is in fact most closely connected with that country, shall be exempt from all military obligations in the other country or countries."// Article premier., Protocole relatif aux obligations militaires dans certains cas de double nationalité : « L'individu possédant la nationalité de deux ou de plusieurs pays, qui réside habituellement sur le territoire de l'un d'eux et se rattache en fait le plus à ce pays, sera exempté de toutes obligations militaires dans tout autre de ces pays. » Société des Nations, Recueil des Traités; Traités et Engagement internationaux enregistrés par le Secrétariat de la Société des Nations, Volume CLXXVIII 1937, No. 4117 S. 228f. // Zweite Protokoll über militärische Pflichten in gewissen Fällen von Doppelstaatigkeit, deutsche Übersetzung abgedr. in Lichter, Die Staatsangehörigkeit nach deutschem und ausländischem Recht, S. 855.

260 Wollenschläger/Schraml, ZRP 1994, S. 227; Wollenschläger/Kreßel, NVwZ 1989, S. 725.

261 Goes, Mehrstaatigkeit in Deutschland, S. 81; Hecker, Staatsangehörigkeitsfragen in zweiseitigen Verträgen der Bundesrepublik Deutschland, S. 28f: Der Vertrag zwischen Argentinien und der Bundesrepublik Deutschland beinhaltet, dass der Mehrstaater seine Wehrpflicht allein in dem Staat zu leisten hat, in welchem er seinen dauernden Aufenthalt und seine Lebensgrundlage hat. Der Vertrag zwischen Dänemark und der Bundesrepublik Deutschland verweist auf das Mehrstaaterübereinkommen und beruft sich in der Präambel auf die besondere Lage im deutsch-dänischen Grenzgebiet. Es findet keine automatische Anknüpfung an den Aufenthalt des Wehrpflichtigen statt, vielmehr kann dieser vor seinem 19. Lebensjahr auch Wehrdienst im anderen Vertragsstaat frei wählen.

262 Askerlik Kanunu, Resmi Gazete No. 631 – 635 v. 12 –17. Juli 1927, Art. 2 geändert mit Gesetz Nr. 3802 v. 21. Mai 1992; vgl. auch Ansay, InfAuslR 1994, S. 297.

publik Deutschland anerkannt.[263] Insgesamt ist das Problem der mehrfachen Inanspruchnahme des Mehrstaaters hinsichtlich seiner Wehrpflicht durch völkerrechtliche Vereinbarungen weitgehend zufrieden stellend gelöst worden.

II. Besondere Konfliktsituation im Kriegsfall

Trotz der zahlreichen Ansätze, die Problematik der Wehrpflicht von Mehrstaatern auf völkerrechtlicher Ebene einzudämmen, gibt es dennoch Fälle, in denen Mehrstaater sowohl im Heimatstaat als auch im Aufenthaltsstaat zum Wehrdienst verpflichtet werden. Es besteht dann die Gefahr, dass der wehrpflichtige Mehrstaater nach Ausbruch des Krieges zwischen zwei Staaten von beiden „zu den Fahnen einberufen" und, wenn er dem Rufe des einen Staates folgt, von dem anderen als Vaterlandsverräter behandelt und des Hoch- oder Landesverrats beschuldigt wird.[264] Ebenfalls denkbar ist der Vorwurf der Desertion oder Spionage. Der Mehrstaater wird hierdurch in vielfach unlösbare Gewissenskonflikte gestürzt.[265] Ferner ist es möglich, dass Personen mit mehrfacher Staatsangehörigkeit im Kriegszustand für einen Staat als feindliche Ausländer gelten. Sie könnten interniert und ihr Vermögen könnte sequestriert werden. Als prägendes Beispiel für eine Internierung von Mehrstaatern dient die Situation der US-Japaner, die kraft ius-soli Amerikaner und kraft Abstammung Japaner waren. Ihre Loyalität wurde angezweifelt, so dass ihnen die Internierung nicht erspart blieb.[266]

Allerdings scheint die Gefahr unlösbarer Loyalitätskonflikte, entstehend aus der mehrfachen Inanspruchnahme von Staatsangehörigen, wie sie noch 1812 zu einem Krieg zwischen den USA und Großbritannien geführt hat[267], derzeit insbesondere im europäischen Rahmen eher fern liegend.[268] Fraglich ist mithin, ob die mit der Wehrpflicht einhergehenden Probleme des Mehrstaaters derart gewichtig sind, dass sie nur mit der Vermeidung mehrfacher Staatsangehörigkeit

---

[263] Hailbronner in: Hailbronner/Renner, Staatsangehörigkeitsrecht-Kommentar, Teil I Einl. F, Rdn. 19.

[264] Isay, JW 1924 (Bd. II), S. 1482; vgl. auch Bar-Yaacov, Dual Nationality, S. 4, 54; Neuman, KJ 1995, S. 446: *Neuman* weist darauf hin, dass Mehrstaatigkeit zu juristischen Komplikationen führen und der Grund für tragische Konflikte im unwahrscheinlichen Fall eines Krieges sein kann.

[265] Breunig, DVBl. 1975, S. 761.

[266] Doehring, Mehrfache Staatsangehörigkeit im Völkerrecht, Europarecht und Verfassungsrecht in: FS für Quaritsch, S. 258; Löwer, ZAR 1993, S. 158.

[267] Triepel, Internationale Regelung der Staatsangehörigkeit, ZaöRV Bd. 1.1, S. 190. Der Krieg, der im Jahre 1812 zwischen den Vereinigten Staaten und England ausbrach, wurde unter anderem dadurch veranlasst, dass die Engländer das System des „ Matrosenpressens" auf englische Untertanen anwandten, die in den Vereinigten Staaten naturalisiert worden waren, also eine mehrfache Staatsangehörigkeit besaßen. Vgl. auch Bar-Yaacov, Dual Nationality, S. 4.

[268] Hailbronner, ZAR 1999, S. 55; ders., Doppelte Staatsangehörigkeit; in: Neue Regierung-neue Ausländerpolitik? S. 105f.

gelöst werden können. Zwar kann im Kriegsfall die mehrfache Loyalitätsbindung des Mehrfachbürgers sinnvoller Weise nur mit der Zuerkennung von Neutralität respektiert werden.[269] Folge der Zuerkennung von Neutralität ist, dass der Staat in unlösbaren Konfliktsituationen wohl auf einen Teil seiner Bürger, die mit Loyalitätskonflikten belasteten Mehrstaater, verzichten muss. Zu beachten ist jedoch, dass es damit nur eine weitere Gruppe von Staatsbürgern gibt, die im Kriegsfall für die Armee nicht zur Verfügung stehen. Auch Alte, Kinder, Frauen und Kranke können im Kriegsfall zum Dienst an der Waffe nicht herangezogen werden. Zudem sind bewaffnete Konflikte zwischen Staaten eher selten geworden. Häufiger gibt es Bürgerkriege, in denen die Staatsangehörigkeit keine Rolle spielt.[270]

B. Loyalität

Ein zentraler Einwand gegen Mehrstaatigkeit beruht auf dem in der Staatsangehörigkeit begründeten Loyalitätsaspekt. Befürchtet wird eine eingeschränkte Loyalität des Mehrstaaters gegenüber seinem Heimat- und seinem Aufenthaltsstaat aufgrund eines geminderten Pflichtenstatus und geminderter persönlicher Beziehungen zu mindestens einem dieser Staaten. Dadurch könnten wesentliche Entscheidungen, an denen der Mehrstaater als Bürger mitzuwirken berufen ist, aus stärkerer Loyalität zu dem jeweils anderen Staat, dessen Staatsangehörigkeit der Mehrstaater ebenfalls besitzt, unter Gesichtspunkten getroffen werden, die den Interessen des anderen Staates schädlich sind.[271] Im Konfliktfall zwischen denjenigen Staaten, deren Staatsangehörigkeit der Mehrstaater besitzt, könnte das Problem entstehen, dass keiner der Staaten seiner vollen Autorität bei der Durchsetzung der eigenen Rechtsordnung aufgrund möglicherweise eingeschränkter Loyalität des Mehrstaaters gewiss ist.[272] Historisch interessant ist in diesem Zusammenhang, dass es bereits durch Erlass von 1965 in Baden-Württemberg eine Loyalitätserklärung zur Bundesrepublik Deutschland gab, die jeder Einbürgerungsbewerber schriftlich abzugeben hatte. Diese Regelung trat jedoch 1977 wieder außer Kraft.[273] Etwas zurückhaltender fordert der rheinland-pfälzische Landesgesetzgeber in Art. 20 der Landesverfassung von Rheinland-Pfalz die Erfüllung der Treuepflicht des Staatsbürgers gegenüber seinem

---

269 Schnapp, RUBIN 1/2000, S. 32. Nach *Schnapp* steht das Innehaben einer Staatsangehörigkeit der Neutralitätszuerkennung nicht entgegen, da die Staatsangehörigkeit nicht die Verfügbarkeit im Kriegsfall zur Voraussetzung hat.

270 Sacksofsky, Mehrfache Staatsbürgerschaft - ein Irregulare? in: FS für Böckenförde, S. 334.

271 Löwer, ZAR 1993, S. 157; v. Mangoldt, JZ 1993, S. 967; Ziemske, ZRP 1994, S. 232.

272 Marx, ZAR 1997, S. 73; Renner, FamRZ 1994, S. 871.

273 Koller, Auswirkungen des Entwurfs zur Reform des Staatsangehörigkeitsrechts auf das Einbürgerungsverfahren; in: Neue Regierung- neue Ausländerpolitik? S. 118.

Staat.[274] Fraglich ist jedoch, ob man den Gedanken der ungeteilten Loyalität auf die heutige Zeit beziehen kann. Die Unvereinbarkeit mehrerer Staatsangehörigkeiten entsprang dem Herrschaftsanspruch des absolutistischen Staats. Diejenigen, die die Einfachstaatigkeit aufgrund zwingender Loyalität zu nur einem Staat fordern, können sich ausschließlich auf die aus der Epoche des Obrigkeitsstaates herrührenden moralisch-ethischen Bedenken stützen. Aus heutiger Sicht kann die grundsätzliche Verwerfung mehrfacher Staatsangehörigkeit nicht mehr mit der zwingend ungeteilten Treuepflicht und Loyalität des Staatsangehörigen zu nur einem Staat gerechtfertigen werden.[275] Zwar existiert auch in einem modernen republikanischen Staatswesen eine gewisse Loyalität zum Staat. Sie hat die Bedeutung als Element dauernder Verbundenheit mit einem Personenverband behalten, der sich durch gemeinsame Geschichte, Kultur und Sprache verbunden weiß. Jedoch hat sich diese Verbundenheit aufgrund der veränderten Zuwanderungssituation einem Wandlungsprozess unterworfen. Staatsangehörigkeit wird nunmehr weniger als Ausdruck einer Abgrenzung gegenüber anderen Völkern, sondern vielmehr als Band der Zugehörigkeit zu einer politischen und sozialen Gemeinschaft verstanden.[276]

Mehrfache Staatsangehörigkeit macht es möglich, sich mit dem Staat, in dem man dauerhaft lebt, zu identifizieren, ohne die überkommenen Bindungen zu dem Heimatstaat aufzugeben.[277] Das Schwinden loyalitätsbezogener Interessengegensätze hat bereits die europäische Einigung erwirkt und so die Gefahr von Loyalitätskonflikten vermindert. Auch vor diesem Hintergrund erscheint mehrfache Staatsangehörigkeit immer weniger als problematisch.[278]

C. Diplomatischer Schutz

Ein Staatsangehöriger erfährt grundsätzlich von seinem Heimatstaat[279] diplomatischen Schutz im Ausland gegen einen fremden Staat, wenn dieser den Staatsangehörigen völkerrechtswidrig behandelt, weil er zum Beispiel völkervertraglich eingegangene Verpflichtungen gegenüber dem Staatsangehörigen missachtet oder den nach allgemeinem Völkerrecht gebotenen fremdenrechtlichen Mindeststandard unterschreitet.[280] Das Recht des Heimatstaates zur Ausübung dip-

274 Verfassung von Rheinland-Pfalz vom 18. Mai 1947; Art. 20: „Jeder Staatsbürger hat seine Treuepflichten gegenüber Staat und Verfassung zu erfüllen (...)."
275 Vgl. Marx, ZAR 1997, S. 73; v. Mangoldt, JZ 1993, S. 967.
276 Hailbronner, Mehrfache Staatsangehörigkeit und Einbürgerung in der Bundesrepublik Deutschland; in: Vom Ausländer zum Bürger in: FS für Franz und Müller, S. 402.
277 Hailbronner, Doppelte Staatsangehörigkeit; in: Neue Regierung- neue Ausländerpolitik? S. 104f.
278 v. Mangoldt, JZ 1993, S. 967; vgl. auch Hailbronner, ZAR 1999, S. 55.
279 Mit Heimatstaat ist bei Personen mit einer Staatsangehörigkeit derjenige Staat gemeint, des Staatsangehörigkeit die Person besitzt.
280 Löwer, vr, 1990 S. 222; Verdross/Simma, Universelles Völkerrecht, §§ 1226-1228, S. 817f.

lomatischen Schutzes entsteht aber erst dann, wenn innerstaatliche Rechtsmittel gegen die Verletzung der Rechte des betroffenen Staatsangehörigen nicht zur Verfügung stehen oder der Rechtsverletzung nicht abgeholfen werden kann (sog. local remedies rule).[281] Eine zweite Form des diplomatischen Schutzes manifestiert sich auf der Primärebene und wirkt in erster Linie präventiv. Es handelt sich um den Schutz von im Ausland befindlichen Staatsangehörigen durch diplomatische Missionen eines Staates.[282] Der Umfang der einzelnen Rechte des Ausländers sowie die Verpflichtung des Heimatstaates zur Durchsetzung dieser Rechte durch Gewährung diplomatischen Schutzes richtet sich außer nach dem allgemeinen Völkerrecht insbesondere nach speziellen Verträgen über konsularische und diplomatische Beziehungen zwischen dem Heimatstaat des Ausländers und dem Gaststaat.[283] Damit einer Person der gewünschte Schutz zukommen kann, muss sie nach der so genannten "nationality rule" die Staatsangehörigkeit desjenigen Staates innehaben, der den Schutz gewähren soll.[284] Die Staatsangehörigkeit des schutzbedürftigen Individuums ist somit ein formales Wirksamkeitselement für die staatliche Schutzausübungsberechtigung, weil sie ein Individuum völkerrechtlich als Angehörigen eines bestimmten Staates festzulegen vermag und es damit seiner Personalhoheit und seinem generellen Schutz unterstellt.[285]

Als Grund für die Unerwünschtheit von Mehrstaatigkeit wird die Verkürzung des diplomatischen Schutzes genannt. Problematisch ist einerseits die Gewährung des diplomatischen Schutzes durch einen Staat gegenüber einem anderen Staat, wenn der Schutzbegehrende gleichzeitig auch die Staatsangehörigkeit des Staates besitzt, dem gegenüber der Schutz begehrt wird. Weiterhin ist ungewiss,

281 Herdegen, Völkerrecht, § 27 Rdn. 11, S. 193; Doehring, Völkerrecht, § 18 III Rdn. 858, S. 365.

282 Ruffert, AVR 1997, S. 461.

283 Dahm, Völkerrecht Bd. I/1, § 34 , S. 270. Die wesentlichen Übereinkommen stellen das Wiener Übereinkommen über diplomatische Beziehungen vom 18. April 1961 und Wiener Übereinkommen über konsularische Beziehungen vom 24. April 1963 dar. Das Wiener Übereinkommen über diplomatische Beziehungen, BGBl. 1964 II, S. 958ff., ist von der Bundesrepublik Deutschland am 18. April 1961 unterzeichnet worden. In Art. 3 Abs. 1 lit.a und b des Übereinkommens werden Aufgaben einer diplomatischen Mission aufgezeigt: Aufgabe einer diplomatischen Mission ist es unter anderem, den Entsendestaat zu vertreten (lit.a) sowie die Interessen des Entsendestaates und seiner Angehörigen im Empfangsstaat innerhalb der völkerrechtlich zulässigen Grenzen zu schützen (lit.b). Das Wiener Übereinkommen über konsularische Beziehungen, BGBl. 1969 II, S. 1587ff., welches von der Bundesrepublik Deutschland am 31. Oktober 1963 unterzeichnet wurde, bestimmt in Art. 5 lit.a , ähnlich wie Art. 3 des Wiener Übereinkommens über diplomatische Beziehungen, dass die konsularischen Aufgaben darin bestehen, die Interessen der Angehörigen des Entsendestaates im Empfangsstaat innerhalb der völkerrechtlichen Grenzen zu schützen, wobei sich der Schutz sowohl auf natürliche als auch auf juristische Personen bezieht.

284 Doehring, Völkerrecht, § 18, Rdn. 869, S. 371, Seidl-Hohenveldern/Stein, Völkerrecht, Rdn. 1299, S. 234.

285 Jürgens, Diplomatischer Schutz und Staatenlose, S. 41.

welchen diplomatischen Schutz von mehren Heimatstaaten ein dritter Staat akzeptiert. Demnach sind grundsätzlich zwei Haupt-Konstellationen denkbar. Entweder ist der Verletzerstaat zugleich einer der Heimatstaaten des Verletzten oder das Individuum hat zwei Staatsangehörigkeiten, von denen keine die des Verletzerstaates ist. Im zweiten Fall ist fraglich, welcher Staat im Verhältnis der Heimatstaaten untereinander zur Ausübung des diplomatischen Schutzes berechtigt ist und wessen Schutzgewährung der Verletzerstaat anzuerkennen verpflichtet ist.[286] Als allgemein anerkannt und gewohnheitsrechtlich verfestigt gilt, dass ein Verletzerstaat nur einmal im Wege der Ausübung diplomatischen Schutzes in Anspruch genommen werden kann und dass zur Schutzausübung in erster Linie der Staat berechtigt ist, mit dem sich der Verletzte aufgrund einer effektiven Staatsangehörigkeit verbunden fühlt.[287] Unterschiedlich beantwortet und rechtlich gewürdigt wird hingegen die Frage nach der Gewährung diplomatischen Schutzes für den Mehrstaater durch einen Staat gegenüber einem anderen Staat, wenn der Mehrstaater die Staatsangehörigkeit beider betroffener Staaten besitzt. Zwar gibt es in der neueren völkerrechtlichen Praxis und Literatur Tendenzen, bei Mehrstaatern in stärkerem Maße das Prinzip der effektiven Staatsangehörigkeit auch im Verhältnis zwischen den Staaten des um Schutz Bittenden anzuwenden.[288] Die überwiegende Mehrheit der Staaten hält aber immer noch an dem Grundsatz fest, dass diplomatischer Schutz zugunsten eines Mehrstaaters gegenüber dem Staat, dessen Staatsangehörigkeit der Mehrstaater ebenfalls besitzt, allenfalls unter außergewöhnlichen Umständen zulässig ist.[289] Auch in Art. 4 der Haager Konvention ist der Grundsatz aufgestellt, dass ein Staat seinem Staatsangehörigen den diplomatischen Schutz nicht gegenüber einem Staat gewähren kann, dem der Beteiligte gleichfalls angehört.[290] Der Aus-

---

[286] Kammann, Probleme mehrfacher Staatsbürgerschaft, S. 77, 103; v. Münch, NJW 1994, S. 1199.

[287] Kammann, Probleme mehrfacher Staatsbürgerschaft, S. 112; vgl. auch Doehring, Völkerrecht § 18 Rdn. 869 S. 371: Nach *Doehring* soll die geforderte Staatsangehörigkeit nicht nur in rein formalem Sinn bestehen, sondern es muss zu demjenigen Staat ein „genuine link" hergestellt sein, der den diplomatischen Schutz ausüben will.

[288] Herdegen, Völkerrecht, § 27 Rdn. 10, S. 192f. mit Verweis auf Iran-United States Claimes Tribunal, Case No. A/18, Iran-U.S. Claims Tribunal Reports 5 (1984) S. 251 (265f.); Kammann, Probleme mehrfacher Staatsangehörigkeit, S. 92.

[289] Vgl. Ipsen, Völkerrecht, Kap. 5 § 24 Rdn. 34, S. 302. Einer der Leitfälle hinsichtlich des Problems, ob ein Heimatstaat gegenüber einem anderen Heimatstaat eines Mehrstaaters diplomatischen Schutz ausüben kann, stellt die Entscheidung „Strunsky-Mergé", Commissione di Conciliazione Italo-Americano v. 01.06. 1955, Caso Florence Strunsky-Mergé, Riv. Dir. Int. 39 (1956) 77-90 dar.

[290] Article 4, Convention on certain questions relating to the conflict of nationality laws:" A state may not afford diplomatic protection to one of its nationals against a State whose nationality such person also possesses." // Article 4, Convention concernant certaines questions relatives aux conflits de lois sur la nationalité: « Un Etat ne peut exercer sa protection diplomatique au profit d'un de ses nationaux à l'encontre d'un Etat dont celui-ci est aussi le national. » Société des Nations, Recueil des Traités ; Traités et Engagement internationaux enregistrés par le Secrétariat de la Société des Nations, Volume CLXXIX 1937-1938, No. 4137 S. 100f.

schluss der diplomatischen Schutzausübung gegenüber dem Heimatstaat eines Mehrstaaters ist auf den Grundsatz der souveränen Gleichheit der Staaten zurückzuführen, wobei der Grundsatz der Staatengleichheit zugunsten des Prinzips der effektiven Staatsangehörigkeit angesichts der zunehmenden Migrationsbewegung immer weiter in den Hintergrund gerückt wird.[291] Auch die Staatenpraxis folgt im wesentlichen der Rechtsauffassung, dass die Ausübung diplomatischen Schutzes gegenüber dem zweiten „Heimatstaat" unzulässig ist, da im öffentlichen Recht überwiegend noch die inländische Staatsangehörigkeit als für einen beteiligten Staat allein maßgeblich betrachtet wird.[292] Positiv zu bemerken ist hingegen, dass die völkerrechtliche Entwicklung dahin geht, die Schutzausübung im Bereich der Gewährleistung der Menschenrechte nicht mehr an die Staatsangehörigkeit anzuknüpfen. Auch der internationale Schutz der Menschenrechte[293] steht jeder Person ohne Rücksicht auf Staatsangehörigkeit zu. Folge dessen ist, dass sich der Mehrstaater gegenüber einem Staat, dessen Staatsangehörigkeit er besitzt, auf die Schutzausübung im Bereich der Gewährleistung der Menschenrechte berufen kann.[294] Für den Fall, dass es um die Behandlung durch einen Drittstaat geht, will Art. 5 des Haager Abkommens die relevante Staatsangehörigkeit entweder nach dem gewöhnlichen Aufenthaltsort bestimmen oder als Kriterium zugrunde legen, mit welchem Staat der Staatsangehörige am meisten verbunden zu sein scheint.[295] Ein dritter Staat hat die Aus-

---

291 Hailbronner in: Hailbronner/Renner, Staatsangehörigkeitsrecht-Kommentar, Teil I Einl. F, Rdn. 20f.; für die Anwendung des Effektivitätsprinzip: Mansel, Personalstatut, Staatsangehörigkeit und Effektivität, S. 154; Verdross/Simma, Universelles Völkerrecht, § 1197 S. 791;Seidl-Hohenveldern/Stein, Völkerrecht, § 63 Rdn. 1338ff. S. 242.

292 BGHZ 75, 32 (41): „Darüber hinaus entspricht sie (die Anknüpfung an die Inlandsstaatsangehörigkeit) den im öffentlichen Recht geltenden Grundsätzen und wird auch im Ausland wegen der dort weitgehend entsprechenden Praxis hingenommen." Mit Bezug auf diese Entscheidung vgl. auch Kammann, Probleme mehrfacher Staatsangehörigkeit, S. 94.

293 Dieser Schutz wird unter anderem durch die Beschwerde an den Europäischen Gerichtshof für Menschenrechte gewährleistet. Die Achtung elementarer Menschenrechte gehört zu den Grundwerten der gegenwärtigen Völkerrechtsordnung. Weitere vertraglich gesicherte Standards ergeben sich etwa aus den UN-Menschenrechtspakten von 1966 oder regionalen Menschenrechtsverträgen (Europäische Menschenrechtskonvention; Amerikanische Menschenrechtskonvention; Afrikanische Charta der Menschenrechte und der Rechte der Völker). Vgl. Herdegen, Völkerrecht, § 4 Rdn. 15, S. 43.

294 Vgl. Hailbronner, ZAR 1999, S. 55; ders., Doppelte Staatsangehörigkeit; in: Neue Regierung- neue Ausländerpolitik? S. 106f.

295 Löwer, vr 1990, S. 223. Hinsichtlich des Verhältnisses zu Drittstaaten bestimmt Art. 5 der Haager Konvention (deutsche Übersetzung abgedr. in Schätzel, Das deutsche Staatsangehörigkeitsrecht, S. 67): „Wer mehreren Staaten angehört, ist in einem dritten Staate so zu behandeln, als besäße er nur eine Staatsangehörigkeit. Der dritte Staat braucht auf seinem Gebiet, unbeschadet der Rechtsnormen, die dort hinsichtlich des Personalstatuts gelten, und unter Vorbehalt bestehender Staatsverträge, von den Staatsangehörigkeiten der Beteiligten ausschließlich diejenigen des Staates anzuerkennen, in dessen Gebiet der Beteiligte seinen gewöhnlichen und hauptsächlichen Aufenthalt hat, oder die Staatsangehörigkeit des Staates, mit dem der Beteiligte den Umständen nach tatsächlich am meisten verbunden zu sein scheint." Article 5, Convention on certain questions relating to the conflict of nationality laws: "Within a third State, a person having more than one nationality shall be

übung diplomatischen Schutzes nur zu dulden, wenn der Einzelne zu dem ausübenden Staat über die effektive Staatsangehörigkeit („genuine link") verbunden ist. Dieser völkerrechtliche Grundsatz, der zunächst in Art. 5 der Haager Konvention vom 12. April 1930 enthalten war, wurde durch die Entscheidung des Internationalen Gerichtshofes im Fall *Nottebohm*[296] bestätigt.[297] Bei Mehrstaatern ist daher zu prüfen, zu welchem Staat sie unter Berücksichtigung des gewöhnlichen Aufenthaltes, des Mittelpunktes der Lebensführung und der privaten, wirtschaftlichen und politischen Interessen die engere Beziehung aufweisen, denn nur dieser Staat kann diplomatischen Schutz ausüben.[298]

D. Familiäre Konflikte

I. Sozialpsychologische Aspekte

Uneinheitlich wird die Frage beantwortet, ob und inwieweit mehrfache Staatsangehörigkeit zu familiären Konflikten führt. Während für die erste Generation der Einwanderer die Einbürgerung in die Bundesrepublik Deutschland aufgrund der zwingenden Aufgabe der bisherigen Staatsangehörigkeit und der damit verbundenen Aufgabe der emotionalen Bindung zum Heimatstaat nicht erstrebenswert war, fällt es der zweiten Generation aufgrund mangelnder Verwurzelung im so genannten Heimatland zumeist leichter, sich zumindest auch für die

---

treated as if he had only one. Without prejudice to the application of its law in matters of personal status and of any conventions in force, a third State shall, of the nationalities which any such person possesses, recognise exclusively in its territory either the nationality of the country in which he is habitually and principally resident, or the nationality of the country with which in the circumstances he appears to be in fact most closely connected." // Article 5, Convention concernant certaines questions relatives aux conflits de lois sur la nationalité: « Dans un Etat tiers, l'individu possédant plusieurs nationalités devra être traité comme s'il n'en avait qu'une. Sans préjudice des règles de droits appliquées dans l'Etat tiers en matière de statut personnel et sous réserve des conventions en vigueur, cet Etat pourra, sur son territoire, reconnaître exclusivement, parmi les nationalités que possède un tel individu, soit la nationalité du pays dans lequel il a sa résidence habituelle et principale, soit la nationalité de celui auquel, d'après les circonstances, il apparaît comme se rattachant le plus en fait. » Société des Nations, Recueil des Traités ; Traités et Engagement internationaux enregistrés par le Secrétariat de la Société des Nations, Volume CLXXIX 1937-1938, No. 4137 S. 100f.

296 ICJ Reports, 1955, p. 4. Im Fall *Nottebohm* hat sich der Internationale Gerichtshof (International Court of Justice) auf die anerkannte Staatenpraxis in Fällen der mehrfachen Staatsangehörigkeit bezogen, die der effektiven Staatsangehörigkeit bei der Ausübung des diplomatischen Schutzes den Vorzug gewährt. "They (international arbitrators) have given their preferences to the real and effective nationality, that which accorded with the facts, that based on stronger factual ties between the person concerned and one of the State whose nationality is involved." I.C.J. Reports, 1955, p. 22. Vgl. Weis, Nationality and Statelessness, S. 199.

297 Hailbronner in: Graf Vitzthum, Völkerrecht , 3.Abschn. II, 2 b) Rdn. 94, S. 213; siehe auch Mansel, Personalstatut, Staatsangehörigkeit und Effektivität, S. 148.

298 Hailbronner in: Graf Vitzthum, Völkerrecht , 3. Abschn. II, 2 b) Rdn. 95, S. 214.

Staatsangehörigkeit des Aufenthaltsstaates zu entscheiden.[299] Innerhalb der Familie sind zwei konfliktträchtige Situationen denkbar: Entweder das Kind ausländischer Eltern entscheidet sich dafür, mindestens zwei Staatsangehörigkeiten zu behalten, sofern dies innerstaatlich zulässig ist. Problematisch könnte dann sein, dass eine einheitliche Staatsangehörigkeit innerhalb der Familie nicht mehr gewahrt und hierdurch die Familieneinheit gestört wird. Andererseits könnte das Kind sich gegen die Staatsangehörigkeit beider Eltern und für die Staatsangehörigkeit des Aufenthaltsstaates entscheiden. Auch in diesem Fall sind familiäre Konflikte vorstellbar. Vor diesem Hintergrund stellt sich die Frage, ob der einheitlichen Staatsangehörigkeit innerhalb der Familie ein erhöhtes Maß an Bedeutung beigemessen werden sollte. Zu beachten ist, dass der familiäre Zusammenhalt nicht primär von dem Staatsangehörigkeitserwerb als externem, rein formalem Akt geprägt wird, sondern von der Integration in den Familienverband, der regelmäßig unabhängig von der Staatsangehörigkeit sein wird. Auch realisieren sich die aus den unterschiedlichen Staatsangehörigkeiten entspringenden rechtlichen Folgen nicht bereits durch die Geburt, sondern überwiegend erst durch die Vollendung des 18. Lebensjahres, so dass gerade das Eltern-Kind-Verhältnis frei von Problemen sein wird, die aus den verschiedenen Nationalitäten entstehen könnten.[300] Bis zur Volljährigkeit der Kinder können die Eltern die Familienbeziehungen im Hinblick auf die Staatsangehörigkeit auf eine einheitliche Grundlage stellen, so dass nicht zwingend eine Konfliktlage entstehen muss.[301] Zu berücksichtigen ist zudem, dass im Falle des Erwerbs der deutschen Staatsangehörigkeit durch Geburt im Inland in der darauf folgenden Generation die staatsangehörigkeitsrechtliche Familieneinheit wieder gesichert ist, da diese Kinder dann nach dem Abstammungsgrundsatz die gleiche Staatsangehörigkeit wie ihre Eltern erwerben.

II. Rechtliche Aspekte

Neben sozialpsychologischen Aspekten gibt es rechtliche Aspekte, die auf die Notwendigkeit einer Familieneinheit hindeuten: Die gemeinsame Staatsangehörigkeit stellt die Familienbeziehung auf eine einheitliche rechtliche Grundlage, so dass für Rechtsverhältnisse entweder deutsches oder ausländisches Recht gilt. Konflikte in der Familie können damit einheitlich und nach einer Rechtsordnung gelöst werden, was insbesondere der Beseitigung der Gefahr der Rechtsunsicherheit im Internationalen Privatrecht dient.[302] Zwar ist das Staats-

---

[299] Marx in: GK-StAR, Kap. IV-2, Einführung, Rdn. 377f.; vgl. auch Groenendijk, ZAR 1985, S. 77, der dieses Ergebnis für Frankreich, Belgien und die Niederlande bestätigt.

[300] Schrötter/Möhlig, ZRP 1995, S. 376; unter rechtlichen Folgen sind unter anderem die Wehrpflicht und die Wahlberechtigung zu verstehen.

[301] Predeick, DVBl. 1991, S. 627; ebenso Schrötter/Möhlig, ZRP 1995, S. 376.

[302] Bernsdorff, Probleme der Ausländerintegration in verfassungsrechtlicher Sicht, S. 231; vgl. auch BGHZ 75, 32 (41): „Für die Anknüpfung an die Inlandsstaatsangehörigkeit des

angehörigkeitsprinzip durch die jüngsten Reformen des Internationalen Privatrechts in den wichtigsten Bereichen des Familienrechts und im Kindschaftsrecht durch die Anknüpfung an den gewöhnlichen Aufenthalt verdrängt worden. Dennoch knüpft das autonome Internationale Privatrecht vor allem auf den Gebieten des Personen-, Ehe-, und Erbrechts in erster Linie an die Staatsangehörigkeit an.[303] Besonders beim Namensrecht fällt auf, dass die rechtliche Anwendung bei einer einheitlichen Staatsangehörigkeit in der Familie erheblich erleichtert wird.

Uneinheitlich[304] wird das Problem der rechtlichen Stellung des Mehrstaaters gelöst, wenn die Rechtsordnung im Aufenthaltsstaat von der des Heimatstaates abweicht und es keine einheitliche Regelung darüber gibt, welches Recht Anwendung finden soll. Hier stellt sich die Frage nach dem Vorrang einer der Staatsangehörigkeiten des Mehrstaaters, damit im Zusammenhang stehend die Frage nach der bevorzugt anzuwendenden Rechtsordnung. Mögliche Anknüpfungspunkte sind: Der Vorrang der Staatsangehörigkeit des Wohnsitzes; der Vorrang der zuletzt erworbenen Staatsangehörigkeit; der Vorrang der zuerst erworbenen Staatsangehörigkeit; der Vorrang der durch Abstammung erworbenen Staatsangehörigkeit; der Vorrang der im Vergleich zur lex fori nach ähnlichen Grundsätzen erworbenen Staatsangehörigkeit oder der Vorrang der effektiven Staatsangehörigkeit. Ferner könnte man sich an den Willen der Parteien halten oder eine alternative bzw. kumulative Anknüpfung wählen.

Die Gerichte der meisten Staaten tendieren dazu, ihr Heimatrecht anzuwenden, was dazu führt, dass für die Anwendung des Rechts maßgeblich ist, wo die Klage erhoben wurde. Folge hiervon ist, dass deutsche Gerichte etwa einen Scheidungsfall im Sinne des Art. 17 Abs. 1 EGBGB[305] nach deutschem, ausländische Gerichte denselben Scheidungsfall häufig nach ihrem ausländischen Recht beurteilen werden.[306] Demnach können Ehegatten mit mehrfacher Staatsangehö-

---

Mehrstaaters können allerdings gewichtige Gründe angeführt werden. Sie schafft von vornherein Klarheit über das im Einzelfall anzuwendende Recht, erleichtert dem inländischen Gericht die Rechtsfindung (...).“

303 Hausmann, Doppelte Staatsbürgerschaft für Ausländer: Auswirkungen im Internationalen Privat- und Verfahrensrecht; in: Neue Regierung- neue Ausländerpolitik? S. 164f.

304 Ausführliche Systematisierung der vielschichtigen Möglichkeiten in: Mansel, Personalstatut, Staatsangehörigkeit und Effektivität, S. 98ff; Kegel/Schurig, Internationales Privatrecht, § 13, S. 397.

305 Nach Art 17 Abs. 1 EGBGB unterliegt die Scheidung dem Recht, das im Zeitpunkt des Eintritts der Rechtshängigkeit des Scheidungsantrags für die allgemeine Wirkung der Ehe maßgebend ist. Kann die Ehe hiernach nicht geschieden werden, so unterliegt die Scheidung dem deutschen Recht, wenn der die Scheidung begehrende Ehegatte in diesem Zeitpunkt Deutscher ist oder dies bei der Eheschließung war.

306 Gruber, IPRax 1999, S. 428; Gusy, Reform des Staatsangehörigkeitsrechts - Die parlamentarische Beratung, S. 82.

rigkeit zumeist wählen, in welchem Staat sie ihren Scheidungsantrag stellen.[307] Soweit die jeweils betroffenen Staaten unterschiedliche, die Scheidung regelnde Vorschriften haben, schafft es für die scheidungswilligen Mehrstaater einen Anreiz zum so genannten forum shopping, dass heißt, man sucht sich denjenigen Staat mit dem scheidungsfreundlicheren Recht aus, in dem die Scheidung dann eingereicht wird.[308] Eine einheitliche Staatsangehörigkeit bzw. eine ausschließliche Staatsangehörigkeit würde die Möglichkeit des forum shopping und die Anwendung von Rechtsordnungen verschiedener Staaten auf einen Rechtsfall unterbinden oder zumindest verringern. Die aufgeführten Probleme lassen sich allerdings wesentlich effektiver mit völkerrechtlichen Verträgen regeln. Dieser Lösungsansatz ist unter anderem durch das Haager Übereinkommen über das auf Unterhaltspflichten anzuwendende Recht von 1973[309] bestätigt worden. Ebenfalls Abhilfe schaffen würde eine Reduzierung der konkurrierenden Zuständigkeiten der Gerichte, verbunden mit einer erweiterten Anerkennung ausländischer Urteile. Eine weitere Möglichkeit der Konfliktbewältigung auf dem Gebiet der Vermeidung der gleichzeitigen Anwendung von Rechtsordnungen mehrerer Staaten bietet eine Kollisionsrechtsvereinheitlichung.[310] Auf dem Gebiet des Zivilverfahrensrechts finden sich staatsvertragliche Regelungen der internationalen Entscheidungszuständigkeit in der EU-Verordnung Nr. 44/2001 über die gerichtliche Zuständigkeit und die Anerkennung und Vollstreckung von Entscheidungen in Zivil- und Handelssachen[311] vom 22. Dezember 2000 sowie im Übereinkommen über die gerichtliche Zuständigkeit und die Vollstreckung gerichtlicher Entscheidungen in Zivil- und Handelssachen (LugÜ), geschlossen in Lugano am 16. September 1988[312]. Anknüpfungskriterium der Verordnung und des Übereinkommens ist der Wohnsitz der Parteien. Nur soweit ergänzend

---

307 Nach Art. 14 Abs. 2 i.V.m. Art. 17 EGBGB können Ehegatten, die mehreren Staaten angehören, das auf Ehewirkungen und Ehescheidungen anzuwendende Recht eines dieser Staaten wählen, soweit ihm auch der andere Ehegatte angehört.

308 Dethloff, JZ 1995, S. 68. Das so genannte forum shopping liegt immer dann vor, wenn sich die Beteiligten aufgrund internationaler Zuständigkeit in mindestens zwei Ländern über den Prozessort das materielle Ergebnis aussuchen können. Dies sollte vermieden werden, denn sonst entschiede über das Ergebnis Zufall oder Cleverness anstelle der internationalprivatrechtlichen Gerechtigkeit. Vgl. Kegel/Schurig, Internationales Privatrecht, § 10, S. 344.

309 Convention on the Law Applicable to Maintenance Obligations // Convention sur la loi applicable aux obligations alimentaires, BGBl. 1986 II, S. 837; deutsche Übersetzung abgedr. bei Jayme/Hausmann, Internationales Privat- und Verfahrensrecht, Nr. 41.

310 Dethloff, JZ 1995, S. 73.

311 Amtsblatt der EG, Nr. L 12, 200. Gemäß Art. 75 tritt die Verordnung am 01. Mai 2002 in Kraft. Sie tritt gemäß Art. 68 Abs. 1 der Verordnung an die Stelle des Europäischen Gerichtsstands- und Vollstreckungsübereinkommen von 1968 (EuGVÜ/Brüsseler Übereinkommen; Fassung des 1. Beitrittsübereinkommens: BGBl. 1972 II, S. 774; Fassung des 4. Beitrittsübereinkommens abgedr. bei Jayme /Hausmann, Internationales Privat- und Verfahrensrecht, Nr. 150).

312 BGBl. 1994 II, S. 2660.

auf nationales Prozessrecht verwiesen wird, kann auf die Staatsangehörigkeit abgestellt werden.[313]

Mehrfache Staatsangehörigkeit stellt sich folglich als ein geringes Problem auf dem Gebiet des Verfahrensrechts dar, welches durch Staatsverträge zufrieden stellend gelöst werden kann. Darüber hinaus ist allein aus deutscher Sicht die rechtliche Lage zumindest auf dem Gebiet des Internationalen Privatrechts hinsichtlich derjenigen Mehrstaater, die auch die deutsche Staatsangehörigkeit besitzen, nicht durchweg kompliziert. Nach Art. 5 Abs. 1 S.2 EGBGB setzt sich die deutsche Staatsangehörigkeit bei mehreren konkurrierenden Staatsangehörigkeiten grundsätzlich durch. Der Gesetzgeber hat sich dabei von „Gründen der Rechtsklarheit und Praktikabilität" leiten lassen.[314] Nach der Gesetzesbegründung besteht darüber hinaus ein staatliches Interesse an der Durchsetzung der eigenen Staatsangehörigkeit.[315] Schließlich beruft man sich darauf, dass auch die meisten anderen ausländischen Kollisionsrechte von einem Vorrang der eigenen Staatsangehörigkeit ausgehen.

Neben der deutschen knüpft auch das österreichische, das italienische, das spanische, das portugiesische, das griechische und das türkische Internationale Privatrecht bei Mehrstaatern an die eigenen Staatsangehörigkeit an.[316] Dennoch können trotz der eindeutigen Regelung des Vorrangs der deutschen Staatsangehörigkeit bei Mehrstaatern mit deutscher Staatsangehörigkeit in einigen Bereichen, beispielsweise im Namensrecht, familienrechtliche Schwierigkeiten auftreten. Nach Art. 10 Abs. 1 EGBGB unterliegt der Name einer Person dem Recht des Staates, dem die Person angehört. Nun gehört der Mehrstaater aber nicht nur einem, sondern mindestens zwei Staaten an, so dass hier eine Regelung gefunden werden muss. Wegen Art. 5 Abs. 1 S. 2 EGBGB, welcher im Rahmen des Art. 10 Abs.1 EGBGB stets zu berücksichtigen ist, setzt sich die deutsche Staatsangehörigkeit gegenüber weiteren Staatsangehörigkeiten als die

---

313 Dies trifft unter anderem für Unterhaltsklagen zu, die mit einem Statusverfahren verbunden sind. Vgl. hierzu in einer übersichtlichen Gesamtdarstellung des Problems: Hausmann, Doppelte Staatsbürgerschaft für Ausländer: Auswirkungen im Internationalen Privat- und Verfahrensrecht; in: Neue Regierung – neue Ausländerpolitik? S. 173.

314 Löwer, vr 1990, S. 227. Bereits das Reichsgericht hat in einem obiter dictum vom 24. Januar 1908 festgestellt: „Der Auffassung wäre aber der Vorzug zu geben, dass der deutsche Richter, nachdem er ein einheitliches nationales Bürgerliches Recht hat, bei solchen Kollisionen (gemeint sind Kollisionen zwischen deutscher und ausländischer Staatsangehörigkeit; Anm. der Verf.) der deutschen Staatsangehörigkeit den Vorzug einräumt vor dem Anknüpfungspunkt des Wohnsitzes oder dauernden Aufenthalts im ausländischen Heimatstaate und sein nationales Recht anwendet." RG, ZIR 18 (1908), S. 539.

315 BT-Drs. 10/504 S. 40.

316 Hausmann, Doppelte Staatsbürgerschaft für Ausländer: Auswirkungen im Internationalen Privat- und Verfahrensrecht; in: Neue Regierung – neue Ausländerpolitik? S. 167; Vgl. § 9 Abs. 1 S.2 öst. IPRG v. 15.6.1978; Art. 19 Abs. 2 ital. IPRG v. 31.5.1995; Art. 9 lit. 9 Abs. 2 S. 1 span. Código civil; Art. 27 portug. StaatsangehörigkeitsG v. 03.10.1981; Art. 31 S.1 griech. ZGB; Art. 4 lit. b türk. IPRG v. 20.5.1982.

effektive durch.[317] Namensrechtliche Schwierigkeiten entstehen beispielsweise dann, wenn ein Mädchen verheirateter türkischer Eltern einen einzigen türkischen Vornamen erhalten soll, der sowohl für ein Mädchen als auch für einen Jungen verwendet werden kann. In diesem Fall kommt es auf das über Art. 10 Abs. 1 EGBGB maßgebliche Personalstatut des Kindes an; denn hat das Mädchen neben der türkischen auch die deutsche Staatsangehörigkeit, so kann von den Eltern gefordert werden, dass sie einen zweiten, die Zweifel ausschließenden Vornamen wählen.[318]

Ein weiteres Beispiel verdeutlicht die Kollision verschiedener Rechtsordnungen innerhalb der Europäischen Gemeinschaft: Ein französisches Ehepaar bekommt nach dem 01. Januar 2000 auf dem Staatsgebiet der Bundesrepublik Deutschland ein Kind. Das Kind erwirbt kraft ius soli gemäß § 4 Abs. 3 StAG die deutsche Staatsangehörigkeit und kraft ius sanguinis die französische.[319] Die Eltern entschließen sich nun, aufgrund des effektiven deutschen Heimatrechtes, dem Kind gemäß § 1617 Abs. 1 BGB den Namen der Mutter zum Geburtsnamen zu geben. Verliert das Kind gem. § 29 Abs. 2 StAG die deutsche Staatsangehörigkeit, so tritt hinsichtlich der Namensführung ein Wechsel des Personalstatuts ein. Wie das Kind künftig heißt, richtet sich ausschließlich nach französischem Recht. Problematisch ist hierbei, dass es danach aber den Namen des Vaters trägt bzw. tragen müsste.[320]

Im Verhältnis des deutschen zum türkischen Namensrecht tauchten bislang ähnliche Kollisionen auf, wenn ein nicht-eheliches Kind beide Staatsangehörigkeiten besitzt. Denn aus deutscher Sicht trägt das Kind gemäß Art. 10 Abs. 1, Art. 5 Abs. 1 S.2 EGBGB, § 1617a Abs.1 BGB den Familiennamen des allein sorgeberechtigten Elternteils. Aus türkischer Sicht trug das Kind bislang gemäß Art. 19, 17, 4 lit. b türk. IPR-Gesetz, Art. 259 türk. ZGB nach Annerkennung der Vaterschaft oder richterlicher Vaterschaftsfeststellung mit Standesfolge zwingend den Namen seines Vaters. Unter Umstände konnte es ebenfalls zu einer „hinkenden" Namensführung kommen. Zu Beginn des Jahres 2002 hat sich das türkische Namensrecht geändert. Den Motiven zu Art. 321 türk. ZGB kann man entnehmen, dass das außerehelich geborene Kind nunmehr den Namen der Mutter erhalten soll.

Der Wechsel der Staatsangehörigkeit aufgrund der Optionspflicht von der ursprünglich deutschen zur ausschließlich ausländischen Staatsangehörigkeit[321]

---

317 Krömer, StAZ 2000, S. 367. Im Zusammenhang mit dem Namensrecht ist zu beachten, dass es hier eine Ausnahme vom Vorrang der deutschen Staatsangehörigkeit gibt. Bei dem Ehenamen ist nach Art. 10 Abs. 2 Nr. 1 EGBGB eine Rechtswahl erlaubt.

318 Krömer, StAZ 2000, S. 368.

319 Weitere Erklärungen zum Erwerb der deutschen Staatsangehörigkeit kraft ius soli und ius sanguinis folgen im Kapitel 4 A III 1 und 2.

320 Krömer, StAZ 2000, S. 368.

321 Vgl. § 29 StAG; weitere Erläuterungen befinden sich in den Kapiteln 1 B und 4 A III.

kann auch zu Unvereinbarkeiten im Güter- und Erbrecht führen. Heiraten zwei Personen mit ausländischer und deutscher Staatsangehörigkeit, die der Optionspflicht nach § 29 StAG unterworfen sind, vor Vollendung des 23. Lebensjahres, so gilt für den Güterstand gemäß Art. 15 Abs.1 i.V.m. Art. 5 Abs. 1 S.2 EGBGB[322] das deutsche Recht. Dieser Güterstand bleibt auch dann bestehen, wenn die deutsche Staatsangehörigkeit nach Vollendung des 23. Lebensjahres verloren geht. Die erbrechtliche Situation sieht jedoch anders aus, sollte einer der Ehegatten nach Vollendung des 23. Lebensjahres sterben. Gemäß Art. 25 Abs. 1 EGBGB unterliegt die Rechtsnachfolge von Todes wegen dem Recht des Staates, dem der Erblasser im Zeitpunkt seines Todes angehörte. Der überlebende Ehegatten muss demnach güterrechtliche Ansprüche nach der deutschen Rechtsordnung, erbrechtliche Ansprüche hingegen nach der ausländischen Rechtsordnung geltend machen. Bei Kollisionen der verschiedenen Rechtsordnungen kann dies zu einer Schlechterstellung des Ehegatten führen, soweit ein Normenmangel besteht, aber auch zu einer Besserstellung, soweit eine Normenhäufung auftritt.[323]

Vorbildlich geht die Türkei mit dem Problem mehrfacher Staatsangehörigkeit innerhalb der Familie um: Nach der Änderung des türkischen Staatsangehörigkeitsrechts vom 07. Juni 1995 wirkt dieses den Problemen der unterschiedlichen Staatsangehörigkeiten innerhalb der Familie entgegen. Bisher konnten Türken nach dem Verlust ihrer Staatsangehörigkeit nur die Rechte ausüben, die in türkischen Gesetzen den Ausländern in Angelegenheiten wie des Aufenthaltes, des Erwerbs und der Veräußerung von Grundbesitz, der Erbschaft und der Beschäftigung zugestanden wurden. Derartige Nachteile, vor allem die für Ausländer geltenden Beschränkungen des Grunderwerbs in der Türkei, haben neben psychologischen Gründen viele hier lebende Türken davon abgehalten, ihre bisherige Staatsangehörigkeit zum Zwecke des Erwerbs der deutschen Staatsangehörigkeit aufzugeben. Nach dem neuen Art. 29 S.2 türk. StAG (Vatk)[324] können

322 Nach Art. 15 Abs. 1 EGBGB unterliegen die güterrechtlichen Wirkungen der Ehe dem bei der Eheschließung für die allgemeinen Wirkungen der Ehe maßgebenden Recht. Art. 5 Abs. 1 S.2 EBGBG bestimmt, dass bei denjenigen Mehrstaatern, die unter anderem die deutsche Staatsangehörigkeit besitzen, diese Rechtsstellung vorgeht.

323 Gruber, IPRax 1999, S. 429; Voraussetzung für die Anwendung des ausländischen Erbrechts ist allerdings, dass die maßgebliche ausländische Kollisionsnorm ebenfalls auf die Staatsangehörigkeit abstellt, also die durch das deutsche Recht ausgesprochene Weisung annimmt.

324 Vatk=Türk Vatandasligi Kanunu; Gesetz- Nr. 403 v. 11. Februar 1964; Resmi Gazete (Amtsblatt) Nr. 11638 v. 22. Februar 1964. Letzte Änderung des Art. 29 am 07. Juni 1995 durch Gesetz Nr. 4412, Art. 2. Deutsche Übersetzung des Art. 29 türk. StAngG (Vatk): „ Personen, die aufgrund dieses Gesetzes die türkische Staatsangehörigkeit verlieren, werden vom Zeitpunkt des Verlustes an wie Ausländer behandelt. Die Personen jedoch, die von Geburt türkische Staatsangehörige waren und mit Zustimmung des Ministerrats aus der Staatsangehörigkeit ausgeschieden sind und die Staatsangehörigkeit eines ausländischen Staates angenommen haben sowie deren gesetzliche Erben genießen vorbehaltlich der Bestimmungen über die nationale Sicherheit und die öffentliche Ordnung weiterhin

Personen, die durch Geburt die türkische Staatsangehörigkeit erwerben, sowie deren gesetzliche Erben, vorbehaltlich der Bestimmungen über die nationale Sicherheit und öffentliche Ordnung der Republik Türkei, unverändert die Rechte weiter ausüben, die den türkischen Staatsangehörigen in Angelegenheiten wie der Niederlassung im Inland, der Reisefreiheit, der Ausübung einer Beschäftigung, der Erbschaft und des Erwerbs und der Veräußerung von beweglichen und unbeweglichen Sachen zugestanden werden.[325] Bei Personen mit mehrfacher Staatsangehörigkeit, von denen eine die türkische ist, ist aus Sicht des türkischen (Internationalen) Privatrechts das Auftreten von Problemen nicht zu erwarten.[326]

Strikt gegen eine mehrfache Staatsangehörigkeit innerhalb der Familie, entstehend durch den Erwerb der Staatsangehörigkeit kraft ius soli, spricht sich *Bernsdorff* aus. Das einschneidendste Argument ist die Möglichkeit der Trennung der Familie, das heißt der Trennung der Eltern von den Kindern aufgrund der verschiedenen Staatsangehörigkeiten. Diese Trennung ziehe die Anwendung des deutschen wie des ausländischen Rechts innerhalb einer Familie mit sich. Es bestehe die Gefahr der Ausweisung der Eltern oder der Kinder aufgrund der Unterwerfung unter das Ausländerrecht.[327] Nach der Ausgestaltung des neuen Staatsangehörigkeitsrechts sind diese Überlegungen nicht mehr zeitgemäß. Die Kinder, welche die deutsche Staatsangehörigkeit kraft ius soli erwerben, werden von ausländischen Müttern in der Bundesrepublik Deutschland geboren, deren Aufenthaltsstatus weitgehend geklärt und gefestigt ist.[328] Die Gefahr der Trennung der Familie besteht grundsätzlich nicht mehr.[329] Die familiären Konflikte, die durch die Zerstörung der Einheitlichkeit der Staatsangehörigkeit innerhalb der Familie entstehen, sind gering im Vergleich zu dem Gewinn, den die Integrationsmöglichkeit der „auch-deutschen" Jugendlichen mit sich bringt. Selbst die rechtlichen Schwierigkeiten sind weitestgehend zufrieden stellend zu lösen. Da der Gesetzgeber Mehrstaater vor deutschen Gerichten als deutsche Staatsangehörige behandelt, mithin eine Abkehr von dem Grundsatz der effektiven Staatsangehörigkeit stattgefunden hat, wirft die Rechtsanwendung im Fall der Mehrstaater kein Problem für die gerichtliche Praxis mehr auf. Aspekte der Rechtssicherheit sind in der Praxis zahlreicher Europastaaten nicht

---

wie die türkischen Staatsangehörigen diejenigen Rechte, die mit Aufenthalt, Reise, Arbeit und Erwerb von beweglichen und unbeweglichen Gütern bzw. dem Verzicht hierauf zusammenhängen. (..)." Abgedr. bei Rumpf, IPRax 1996, S. 438.

325 Cebecioğlu, InfAuslR 1995, S. 297. Vgl. auch Rumpf, IPRax 1996, S. 438f.

326 Nomer, JZ 1993, S. 1144f.

327 Bernsdorff, Probleme der Ausländerintegration in verfassungsrechtlicher Sicht, S. 346.

328 Vgl. § 4 Abs. 3 S.1 Nr.2 StAG.

329 Eine Ausweisung ist allerdings auch bei Ausländern mit Aufenthaltsberechtigung oder unbefristeter Aufenthaltserlaubnis möglich, sofern die Voraussetzungen des § 48 AuslG erfüllt sind. Hiernach kann nur aus schwerwiegenden Gründen der öffentlichen Sicherheit und Ordnung ausgewiesen werden. Vgl. § 47 Abs. 1 AuslG.

für so schwerwiegend erachtet worden, um den Integrationsgedanken für die Einhaltung des Prinzips der Vermeidung der Mehrstaatigkeit zurückzustellen.[330]

E. Integrationshemmnis aufgrund der Mehrstaatigkeit?

Die Auseinandersetzung um eine wirkungsvolle Integration der in der Bundesrepublik Deutschland lebenden Ausländer reicht bis in die 70er Jahre zurück.[331] Uneinheitlich wird die deutlich politisch geprägte Frage beantwortet, ob die Zuerkennung der deutschen Staatsangehörigkeit den Integrationsprozess abschließt oder diesen „nur" fördern soll.[332] Fraglich ist, ob sich Mehrstaatigkeit als ein Integrationshemmnis darstellt. Zu beachten ist hierbei, dass der Mehrstaater neben der ausländischen „immerhin" die deutsche Staatsangehörigkeit besitzt, es sich hier also nicht um eine Person mit einer ausschließlich ausländischen Staatsangehörigkeit handelt. Vor diesem Hintergrund wird dem Streit um die Integrationsproblematik von Mehrstaatern mehr Bedeutung beigemessen, als es unter rechtlichen und politischen Aspekten notwendig wäre. Zum Teil wird es begrüßt, dass im Hinblick auf die Integrationsfrage am Grundsatz der Vermeidung von Mehrstaatigkeit festgehalten wird. Die generelle Zulassung mehrfacher Staatsangehörigkeit erweise sich eher als Integrationshemmnis, da eine jederzeitige Rückversicherung und Rückkehr in den nichtdeutschen Heimatstaat möglich sei.[333] Eine für rechtspolitische Erwägungen brauchbare Bedeutung erlange die Integration erst dann, wenn diese die freiwillige und dauernde Hinwendung zu Deutschland, den Erwerb von Grundkenntnissen der staatlichen Ordnung und das Bekenntnis zur freiheitlichen Grundordnung der Bundesrepublik Deutschland als Ergebnis erziele.[334] Für die Gegner der mehrfachen Staatsangehörigkeit ist diese integrationsfeindlich, weil sie Ausländer (!) davon abhalte, sich voll der deutschen Gesellschaft zuzuwenden.[335] Hierin kann man die Forderung erkennen, dass der Erwerb der deutschen Staatsangehörigkeit im Anschluss an eine vollzogene Integration stattfinden muss. Soweit ein Ausländer nicht bereit ist, sich aus den Bindungen seines bisherigen Heimatstaates zu lösen, kann demnach keine Integration stattfinden.

---

330 Hailbronner, Einbürgerung von Wanderarbeitnehmern und doppelte Staatsangehörigkeit, S. 111; im Ergebnis auch Zuleeg, Doppelte Staatsangehörigkeit – ein gangbarer Weg?; in: Aufenthalt – Niederlassung – Einbürgerung, S. 262f.

331 Huber/Butzke, NJW 1999, S. 2769.

332 Zum Streitstand: Schrötter/Möhlig, ZRP 1995, S. 375; Badura in: Reform des Staatsangehörigkeitsrechts- Die parlamentarische Beratung, S. 165f.

333 Stellungnahme der Bundesvereinigung der Kommunalen Spitzenverbände /Dt. Städtetag, Dt. Landkreistag, Dt. Städte- und Gemeindeverbund zu den Gesetzentwürfen BT-Drs. 14/533, 14/535, 14/532, 14/534; in: Reform des Staatsangehörigkeitsrechts – Die parlamentarische Beratung, S. 335.

334 Badura in: Reform des Staatsangehörigkeitsrechts- Die parlamentarische Beratung, S. 166.

335 Vgl. Hailbronner, ZAR 1999, S. 5; *Hailbronner* selbst stellt jedoch bereits die Bedeutung der Staatsangehörigkeit und der Mehrstaatigkeit für die Integration in Frage.

Befürchtet wird darüber hinaus, dass eine gesetzlich vorgesehene Staatsangehörigkeitsverleihung, welche die Staatsangehörigkeit nach rein formalen Kriterien anbietet, tendenziell den Integrationswillen ausländischer Mitbürger schwächt. Denn eine solche Verleihung der Staatsangehörigkeit interessiere sich nicht für jedwede Integrationsvoraussetzungen, da sie keine Integrationsbereitschaft der ausländischen Mitbürger erwarte.[336]

Um diese Stellungnahmen rechtlich würdigen zu können, stellt sich zunächst die Frage: Was versteht man unter Integration? Die oberste Stufe der rechtlichen Integration von Ausländern stellt der Erwerb der deutschen Staatsangehörigkeit dar. Mit ihm entfallen alle ausländerspezifischen Sonderregelungen, so dass die Person die uneingeschränkten Rechte eines Deutschen erlangt.[337] Davon strikt zu trennen ist die gesellschaftliche, soziale und kulturelle Integration eines Ausländers. Gesellschaftliche Integration bedeutet, dass der Integrationswillige die Lebensformen des „Aufnahmelandes" annimmt. Soziale und ökonomische Integration ins Staatsvolk heißt, sich sichtbar mit Leistungen im Staatswesen zu behaupten, seine Arbeits- und Aufwandsnormen zu übernehmen. Kulturelle Integration (Akkulturation) bedeutet den vollendeten Integrationswandel des einzelnen, die Übernahme der geistigen Kultur, eines Geschichtsbewusstseins, eines Wir-Gefühls innerhalb der Aufnahmenation.[338] Bei allen Integrationsformen, bei der Eingliederung in die hiesigen Lebens- und Rechtsverhältnisse, wird die Bereitschaft des Ausländers vorausgesetzt, sich in die neue Lebenswelt unter Akzeptierung ihrer Grundwerte und Grundvorstellungen, die in der Verfassung ihren Niederschlag gefunden haben, einzufügen. Unentbehrlich ist aber auch die Bereitschaft der Gesellschaft, den Ausländer aufzunehmen, ohne von ihm die völlige Anpassung zu fordern.[339] Dass sich bei der rechtlichen Integration der Mehrstaater erhebliche Schwierigkeiten ergeben, ist zu bezweifeln. Der Erwerb der deutschen Staatsangehörigkeit „am Ende eines vollständigen Integrationsprozesses" ist bei deutschen Mehrstaatern gegeben. Die Mehrheit der Mehrstaater, die durch Geburt die deutsche Staatsangehörigkeit erlangen, sei es aufgrund der Geburt im Inland oder aufgrund des Abstammungsprinzips, besitzen bereits einen deutschen Pass, eine deutsche Staatsangehörigkeit, bevor überhaupt eine Beziehung zur Bundesrepublik Deutschland aufgebaut werden kann. „Integrationsversuche", soweit sie überhaupt erforderlich sind, haben noch gar nicht stattgefunden. Folge des Erwerbs der deutschen Staatsangehörigkeit ist, dass der Mehrstaater sämtliche Rechte erlangt, die auch den Staatsangehörigen mit ausschließlich deutscher Staatsangehörigkeit zustehen. Ausländerspezifische Regelungen entfallen schon deshalb,

336 Löwer, ZAR 1993, S. 159.
337 Wollenschläger/Schraml, ZRP 1994, S. 228.
338 Schmid in: Reform des Staatsangehörigkeitsrechts – Die parlamentarische Beratung, S. 232.
339 Vgl. Wollenschläger/Schraml, ZRP 1994, S. 228.

da die Bundesrepublik Deutschland deutsche Mehrstaater als ihre Staatsangehörige ansieht und so auch die deutsche Rechtsordnung[340] Anwendung findet. Die rechtliche Integration von Mehrstaatern mit deutscher Staatsangehörigkeit ist mithin unbedenklich. In den Fällen, in denen Mehrstaatigkeit nicht durch Geburt erlangt wurde, sondern durch Einbürgerung, ist zwischen Integration und Assimilation zu unterscheiden. Die Einbürgerung kann nicht auf die Formel verkürzt werden, dass Einbürgerung das Ende eines „erfolgreichen" Integrationsprozesses bedeutet. Vielmehr wird ein bereits eingeleiteter Integrationsprozess durch den Erwerb der deutschen Staatsangehörigkeit und die hieraus resultierenden Rechtssicherheiten gefördert.[341]

Dass Mehrstaatigkeit auch auf der Ebene der gesellschaftlichen Integration kein wesentliches Hindernis darstellt, zeigen die fünf EU-Mitgliedstaaten Belgien, Frankreich, Großbritannien, Italien und die Niederlande, in denen in den letzten Jahren eine erhebliche Einwanderung stattgefunden hat. In Belgien, Frankreich und Großbritannien wird mehrfache Staatsangehörigkeit bereits seit einiger Zeit hingenommen oder es hat in dieser Hinsicht während der letzten zehn Jahre eine weitgehende Liberalisierung des nationalen Staatsangehörigkeitsrechts stattgefunden, wie etwa in Italien und in den Niederlanden. Letzteres trifft seit 1990 auch für die Schweiz zu. Positiv herausgestellt hat sich, dass in keinem der sechs Staaten die liberale Haltung zur Mehrstaatigkeit zu großen Problemen in der Praxis geführt hat. Dementsprechend wird mehrfache Staatsangehörigkeit im wissenschaftlichen Schrifttum zur Integration ausländischer Einwanderer in Frankreich, Großbritannien, Belgien und den Niederlanden nicht als Erschwerung des Integrationsprozesses aufgefasst.[342] Insbesondere in den Niederlanden ist die Staatsangehörigkeit als Voraussetzung, nicht aber nicht als Abschluss der Integration verstanden worden. Folge dessen war ein erheblicher Motivationsschub für die praktische Integrationspolitik. So wird die Staatsangehörigkeit als ist ein Element im Zuge eines fortschreitenden Integrationsprozesses und nicht als Ergebnis desselben angesehen.[343] Über die Grenzen der oben erwähnten westeuropäischen Integrationsländer hinaus sind Mehrstaater in den USA nicht zuletzt deshalb unter Beibehaltung einiger kultureller Symbole erfolgreich integriert, weil man an ihrer anfänglichen Andersartigkeit, an Versuchen zur kul-

---

340 Dies gilt beispielsweise im Rahmen des Internationalen Privatrechts, Art. 5 Abs. 1 S.2 EGBGB.

341 Göbel-Zimmermann, Plädoyer für eine Gesamtkonzeption der Migrationspolitik; in: Vom Ausländer zum Bürger in: FS für Franz und Müller, S. 84.

342 Groenendijk in: Reform des Staatsangehörigkeitsrechts- Die parlamentarische Beratung, S. 182; Renner in: Reform des Staatsangehörigkeitsrechts – Die parlamentarische Beratung, S. 271.

343 Weber, DVBl. 2000, S. 376.

turellen Selbstorganisation und an mehrfachen Zugehörigkeitsgefühlen wenig Anstoß nahm.[344]

Bedenklich erscheint es, Mehrstaatigkeit als Integrationshemmnis allein deshalb anzusehen, weil eine jederzeitige Rückkehr in den Heimatstaat möglich ist. Für viele derjenigen deutschen Mehrstaater, welche die deutsche Staatsangehörigkeit durch Geburt im Inland erworben haben, ist die Bundesrepublik Deutschland sowohl der Aufenthalts- als auch der Heimatstaat. Es ist auch nicht ersichtlich, warum diejenigen deutschen Mehrstaater, die bereits seit einiger Zeit in Deutschland leben und bei denen der gesellschaftliche Integrationsprozess begonnen oder bereits fortgeschritten ist, die Bundesrepublik Deutschland gerade dann verlassen sollten, wenn sie sich eine Existenz aufgebaut haben. Eine Untersuchung über die Rückkehrabsicht und Heimatverbundenheit von in Deutschland lebenden türkischen Staatsangehörigen hat ergeben, daß die hier geborenen türkischen Jugendlichen, obgleich sie nicht die deutsche Staatsangehörigkeit besitzen[345], kaum noch ein Interesse an einer Rückkehr in die Türkei zeigen. Herausgefunden werden konnte, daß sich die Rückkehrabsichten mit zunehmender Aufenthaltsdauer in Deutschland verringern. Zudem gilt: Bei ausländischen Jugendlichen ist die Heimatverbundenheit zu beiden Staaten vergleichbar hoch einzuschätzen, wenn der Geburts- und Aufenthaltsort in der Bundesrepublik Deutschland liegt.[346] Pauschalisierend zu behaupten, dass sich Staatsangehörige mit mehrfacher Staatsangehörigkeit weniger assimilieren als Staatsangehörige mit nur einer Staatsangehörigkeit, ist höchst zweifelhaft. So wurde bereits in früheren Jahrzehnten die Mehrfachstaatsangehörigkeit angestrebt, um die zwischenstaatliche Integration zu unterstützen oder herzustellen.[347] Im Gesetzentwurf zur Reform des Staatsangehörigkeitsrechts[348] der Fraktionen SPD-Bündnis90/Die Grünen und F.D.P wurde das Problem der Integration der dauerhaft in der Bundesrepublik Deutschland lebenden Ausländer und ihrer hier geborenen Kinder gewürdigt. Als rechtliche Lösung dieses Problems wurde unter anderem die Einführung des Erwerbs der deutschen Staatsangehö-

---

344 Vgl. hierzu Kürşat-Ahlers/ Waldhoff in: Reform des Staatsangehörigkeitsrechts- Die parlamentarische Beratung, S.286f. Die Autoren verweisen zudem auf eine ähnliche, scheinbar paradoxe Beziehungsdynamik, die bei polnischen Einwanderern in Deutschland zu Anfang des Jahrhunderts zu beobachten war.

345 Die Untersuchung bezieht sich auf türkische Jugendliche, die vor dem 01. Januar 2000 geboren wurden.

346 Vgl. Tabelle 5: Rückkehrabsicht und Heimatverbundenheit nach sozialdemographischen Merkmalen, Anhang, S. 200.

347 Breunig, DVBl. 1975, S. 763; Grawert, Staat und Staatsangehörigkeitsrecht, S. 242: „Preußen und Österreich bieten insoweit Anschauungsmaterial bis in die nähere Gegenwart. 1926 taucht nämlich in Österreich der Gedanke auf, die in den Verträgen von St. Germain und Versailles ausgeschlossene Vereinigung von Österreich mit dem Deutschen Reich ersatzweise durch eine gemeinsame, d.h. gedoppelte Staatsangehörigkeit einzuleiten, um von dort aus zur Rechtsvereinheitlichung als Vorstufe der Staatseinheit vorzudringen, ein Gedanke, der von renommierten Juristen protegiert wird."

348 BT-Drs. 14/ 533, S. 2.

rigkeit durch Geburt im Inland angeboten. Es ist davon auszugehen, dass bei dem in § 4 Abs. 3 StAG gewählten Aufenthaltszeitraum der ausländischen Eltern von acht Jahren, zusätzlich zum Besitz eines gesicherten Daueraufenthaltsrechts, eine ausreichende Integration des Elternteils in die hiesigen Lebensverhältnisse, insbesondere die Anerkennung und Beachtung der erforderlichen Fähigkeiten zur Teilnahme am politischen, sozialen und kulturellen Leben vorliegt. Für eine bereits gelungene Integration der Eltern spricht neben dem langjährigen Aufenthalt, dass das Interesse der ausländischen Bevölkerung an einem Kontakt zu den deutschen Mitbürgern wächst. So gilt für den wohl größten ausländischen Bevölkerungsanteil in Deutschland, die türkischstämmigen Migranten, dass im Jahr 2000 mehr als 30 % Kontakt zu Personen deutscher Herkunft innerhalb der Familie oder Verwandtschaft hatten. Im Freundeskreis lag die Begegnungsquote bei 74,6%, auf der Arbeit bei 77,6 % und in der Nachbarschaft bei 81,1%.[349] Der langjährige Aufenthalt[350] und der Kontakt zu Personen deutscher Herkunft bieten eine verlässliche Grundlage für eine angemessene integrative Erziehung des Kindes und lassen auch dessen erfolgreiche Integration in die deutsche Gesellschaft erwarten.[351] In Großbritannien und Nordirland wird mehrfache Staatsangehörigkeit als ein Mittel zur Integration angesehen. Der Erwerb der Staatsangehörigkeit fördert die Identifizierung mit dem Vereinigten Königreich und die Integration in die britische Gesellschaft. Darüber hinaus verbessert es die Beziehungen, die so genannten race relations, zwischen den verschiedenen Volksgruppen. Im Weißbuch von 1980, das die Grundlage für die derzeitige Staatsangehörigkeitspolitik in dem Vereinigten Königreich bildet, heißt es: „ (...) Wenn die Beibehaltung der ursprünglichen Staatsangehörigkeit bei Erwerb der britischen ihnen hilft, sich in diesem Land heimisch zu fühlen, dann ist dies ein guter Grund, keine Aufgabe der ersteren von ihnen zu verlangen.“[352] Mehrfache Staatsangehörigkeit stellt sich demnach nicht als Integrationshemmnis dar.

F. Kompetenzkonflikte zwischen Heimat- und Aufenthaltsstaat

Gegen das Bestehen von Mehrstaatigkeit werden neben den Schwierigkeiten bei der Regelung der Wehrpflicht und dem diplomatischen Schutz Kompetenzkonflikte zwischen Heimat- und Aufenthaltsstaat bei der Auslieferung von

---

349 Abbildung 2: Kontakt türkischstämmiger Migranten zu Personen deutscher Herkunft, Anhang S. 200.

350 Vergleiche hierzu Tabelle 4: Ausländische Bevölkerung nach ausgewählten Staatsangehörigkeiten und Aufenthaltsdauer in Deutschland, S. 199.

351 Vgl. hierzu Renner, Mehr Integration durch Option gegen Mehrstaatigkeit; in: Neue Regierung- neue Ausländerpolitik? S. 142.

352 Zit. in Hansen, Doppelte Staatsangehörigkeit im Vereinigten Königreich von Großbritannien und Nordirland; in: Neue Regierung – neue Ausländerpolitik? S. 215 mit Verweis auf: British Nationality Law: Outline of Proposed Legislation, London: HMSO, 1980 Cmnd. 7987, Abschnitt 89.

Mehrstaatern sowie bei der gerichtlichen Verfolgung von Mehrstaatern vorgebracht. Weiterhin befürchtet man, dass die mehrfache Wahlberechtigung des Mehrstaaters zu einem politischen Ungleichgewicht und zu einer rechtlichen Ungleichheit der Wahl führt. Darüber hinaus könnte auch die Besteuerung der Mehrstaater rechtliche Probleme aufweisen, wobei das Augenmerk auf die Einkommens- und Erbschaftssteuer zu richten ist.

I. Gerichtliche Verfolgung /Auslieferung

Mit der Personalhoheit ist die Befugnis des Staates verknüpft, grundsätzlich eine Vielzahl von Lebensbeziehungen seiner Staatsangehörigen, auch im Ausland, zu regeln, sie insbesondere dem eigenen Strafrecht, den dort sanktionierten Verhaltenspflichten zu unterwerfen.[353] Das Verfahren der Auslieferung[354] außerhalb von völkerrechtlichen Verträgen regelt die nationale Gesetzgebung. Zu beachten ist, dass das Völkergewohnheitsrecht keine Auslieferungspflicht kennt.[355]

Hat man es mit einem Mehrstaater zu tun und ist der Betroffene auch Staatsangehöriger des Aufenthaltsstaates, kann sich letzterer auf seine eigene Personalhoheit berufen. Folge dessen ist, dass der straffällig gewordene Mehrstaater regelmäßig[356] nicht ausgewiesen werden darf, der andere Staat kein Rückrufrecht hat und so ein begangenes Unrecht möglicherweise nicht gesühnt werden kann. Wenn ein Täter nicht ausgeliefert wird, ist der Staat, in dem sich der Täter befindet, verpflichtet, ihn zu bestrafen. Dabei hat der Staat sein eigenes Strafrecht anzuwenden, wobei es nicht ausgeschlossen ist, dass die staatliche Strafjustiz zugunsten des Täters Entschuldigungs- oder Rechtfertigungsgründe gelten lässt.[357] Die Privilegierung des Mehrstaaters aufgrund konkurrierender Perso-

353 v. Mangoldt, JZ 1993, S. 967f. Die Berechtigung eines Staates, das Verhalten der eigenen Staatsangehörigen auch im Ausland zu regeln, ist auf die aktive Personalhoheit zurückzuführen. Vgl. Seidl-Hohenveldern /Stein, Völkerrecht, § 66 Rdn. 1370, S. 249.

354 Unter Auslieferung ist die zwangsweise Entfernung einer Person aus dem Hoheitsgebiet des Staates und die Überführung in den Bereich einer ausländischen Hoheitsgewalt auf Ersuchen des ausländischen Staates zu verstehen, wobei sich die Rechtshilfe nicht auf ausländische Strafverfahren beschränkt, sondern sich auf umfassende gerichtliche und verwaltungsbehördliche Verfahren bezieht. Siehe hierzu Schnapp in: v.Münch/Kunig, Art. 16 Rdn. 18 mit Verweis auf BVerfGE 10, 136 (139).

355 Kimminich in: BK Art. 16 Rdn. 72. Nach *Kimminich* kann eine Auslieferungspflicht nur durch einen Auslieferungsvertrag begründet werden. Siehe auch Badura, Staatsrecht, S. 122 mit dem Beispiel des Europäischen Auslieferungsabkommens.

356 Nach Art. 16 Abs. 2 S.2 GG ist eine Auslieferung an einen Mitgliedstaat der EU oder an einen internationalen Gerichtshof nicht grundsätzlich ausgeschlossen.

357 Doehring, Völkerrecht, § 23 I Rdn. 1151, S. 491. Über dem Netz bilateraler Auslieferungsverträge, die zum Teil Klauseln von der Nichtauslieferung eigener Staatsangehöriger enthalten, gibt es kaum multilaterale Verträge. Das Europäische Auslieferungsabkommen vom 13. Dezember 1957 (BGBl. 1964 II S. 1371) bestimmt in Art. 6 Abs. 1 lit. a: „Jede Vertragspartei ist berechtigt, die Auslieferung ihrer Staatsangehörigen abzulehnen.“ (Article 6, 1 a) "A Contradicting Party shall have the right to refuse extradition of its nation-

nalhoheiten der Heimat- und Aufenthaltsstaaten liegt hier nahe. Mehrfache Staatsangehörigkeit kann für jeden der Staaten, deren Staatsangehörige betroffen sind, ein Risiko von Kompetenzkonflikten mit sich bringen, wobei insbesondere die Gefahr besteht, dass die Durchsetzung eigener Ordnungsvorstellungen scheitert.[358] Das deutsche Recht könnte grundsätzlich auf eine solche Privilegierung des Mehrstaaters reagieren: Gemäß Art. 16 Abs. 2 S.2 GG kann, abweichend vom Grundsatz des Art. 16 Abs. 2 S. 1 GG, wonach ein deutscher Staatsangehöriger nicht ans Ausland ausgeliefert werden darf, eine Regelungen für Auslieferungen an einen Mitgliedstaat der Europäischen Union oder an einen internationalen Gerichtshof getroffen werden, soweit rechtsstaatliche Grundsätze gewahrt sind. Abweichende Regelungen für Auslieferungen, die ausschließlich Mehrstaater betreffen, sind allerdings mangels praktischer Probleme aus der Sicht der Bundesrepublik Deutschland nicht erforderlich: Ist eine Staatsangehörigkeit die deutsche, darf sie, soweit keine abweichenden Regelungen im Sinne des Art. 16 Abs. 2 S.2 GG getroffen wurden, nicht dazu beitragen, dass ein deutscher Staatsangehöriger der Gerichtsbarkeit eines fremden Staates unterworfen wird.[359] Dies gilt auch, wenn der Täter neben der deutschen Staatsangehörigkeit noch eine andere Staatsangehörigkeit, etwa die des um Auslieferung ersuchten Staates oder eines dritten Staates besitzt, gleichgültig, welche von ihnen die effektive ist.[360]

Die Bundesrepublik Deutschland regelt das Sachgebiet der Auslieferung, subsidiär zu den entsprechenden völkerrechtlichen Verträgen, durch das Gesetz über die internationale Rechtshilfe in Strafsachen (IRG) vom 23. Dezember 1982, in Kraft getreten am 01. Juli 1983.[361] Die Aussage, mehrfache Staatsangehörigkeit gefährde die Rechtssicherheit, erweist sich auf dem Gebiet des Strafrechts bzw. der Problematik der Auslieferung als unbegründet: Aus deutscher Sicht ist das Problem der Mehrstaatigkeit rechtssicher gelöst, soweit die deutsche Staatsgewalt als handelndes Subjekt angesprochen wird.[362]

---

als." // « Toute Partie Contractante aura la faculté de refuser l'extradition de ses ressortissants. » ; BGBl. 1964 II S. 1373.) Art. 6 Abs. 2 des Auslieferungsabkommens besagt etwas über die Bestrafung des nicht ausgelieferten Staatsangehörigen: „Liefert der ersuchte Staat seinen Staatsangehörigen nicht aus, so hat er auf Begehren des ersuchenden Staates die Angelegenheit den zuständigen Behörden zu unterbreiten, damit gegebenenfalls eine gerichtliche Verfolgung durchgeführt werden kann. (...) Dem ersuchenden Staat ist mitzuteilen, inwieweit seinem Begehren Folge geleistet worden ist." BGBl. 1964 II S. 1374; vgl. auch Wiessner, Die Funktion der Staatsangehörigkeit, S. 210f.

358 v. Mangoldt, JZ 1993, S. 968.

359 Löwer, vr 1990, S. 225.

360 Hecker, Staatsangehörigkeitsfragen in zweiseitigen Verträgen der Bundesrepublik Deutschland, S. 30.

361 BGBl. 1982 I S. 2071; geändert durch Gesetz vom 30. August 1990, BGBl. 1990 I S. 1853.

362 Löwer, vr 1990, S. 227; nach *Löwer* spielt mehrfache Staatsangehörigkeit überhaupt nur dann eine Rolle, wenn beide Staaten, dessen Staatsangehörigkeiten der Mehrstaater besitzt, einen Strafanspruch kraft Personalhoheit über den eigenen Staatsangehörigen ge-

II. Wahlberechtigung von Mehrstaatern

Die Erzeugung von Mehrstaatigkeit könnte auch bei der Mitbestimmung der politischen Richtung einer Regierung (durch Wahlen) Schwierigkeiten mit sich bringen. So stellt sich die Frage, ob die Berechtigung für Mehrstaater bestehen soll, in mehreren Staaten das Wahlrecht auszuüben. Dies erscheint bedenklich, denn das aktive und passive Wahlrecht wird als Kernbestand von öffentlichen Rechten und Pflichten angesehen, die jeder Staat auf seine eigenen Staatsangehörigen beschränken sollte, um seine Identität nicht zu verlieren.[363] Zum Teil wird die Gefahr gesehen, dass der Mehrstaater bei der Stimmabgabe im Aufenthaltsstaat auch die Interessen des anderen Staates, des Heimatstaates, berücksichtigt.[364] Zwar kann man angesichts des Wahlgeheimnisses die Wählermotivation nicht belegen. Wie das Beispiel der US-Wahlen jedoch zeigt, können Bindung zu einem anderen Staat vor der Wahl eine Rolle spielen: Wählergruppen blieben ihrem Herkunftsland gegenüber loyal und setzten ihre Stimme als Druckmittel zugunsten ihrer Heimat oder der dortigen Opposition ein.[365] Der Gefahr der Berücksichtigung der Interessen fremder Staaten wird jedoch in der Regel dadurch ein Riegel vorgeschoben, indem die wahlberechtigten Mehrstaater in den meisten Staaten bei ihrem Wegzug in die Bundesrepublik Deutschland ihr Stimmrecht im Heimatstaat verlieren, da dieses regelmäßig an den Wohnsitz in der jeweiligen Gemeinde geknüpft ist. Soweit keine Anknüpfung an den Wohnsitz stattfindet, muss man dies wohl dem Herkunftsland zuschreiben; dieses, nicht aber der Aufenthaltsstaat des Mehrstaaters hat dafür Sorge zu tragen, dass ihr ausgewanderter Staatsbürger nicht länger von einem ihm nur noch formal zustehenden Wahlrecht Gebrauch machen kann.[366] Mehrfache Wahlberechtigung liegt jedenfalls dann vor, wenn der Heimatstaat, in welchem der Mehrstaater keinen Wohnsitz hat, das Wahlrecht nicht an die tatsächliche Innehabung des Wohnsitzes anknüpft und wenn er die Möglichkeit der Briefwahl eröffnet, und solange eine Regelung wie in § 6 EuropawahlG[367] für die Wahlberechtigung eines Mehrstaaters zu den nationalen Parlamenten fehlt. Aufgrund der hierdurch ermöglichten mehrfachen Wahlberechtigung wird zu-

---

genüber dem ersuchten Staat geltend machen. Der ersuchte Staat hat es mit zwei Auslieferungsersuchen kraft Staatsangehörigkeit zu tun und wird sich im Zweifel nach dem gewöhnlichen Aufenthaltsort des Auszuliefernden oder nach dem Effektivitätsprinzip entscheiden.

363 Kimminich in: BK, Art. 16 Rdn. 9.

364 Quaritsch, Die Einbürgerung der „Gastarbeiter“ in: FS für Doehring, S. 738.

365 Mit Verweis auf die US-Wahlen, vgl. Quaritsch, Die Einbürgerung der „Gastarbeiter“ in: FS für Doehring, S. 738.

366 Breer, Die Mitwirkung von Ausländern an der politischen Willensbildung in der Bundesrepublik Deutschland durch Gewährung des Wahlrechts, insbesondere des Kommunalwahlrechts, S. 124.

367 Nach § 6 Abs. 4 EuropaWahlG darf das Wahlrecht nur einmal und nur persönlich ausgeübt werden. Das gilt auch für Wahlberechtigte, die zugleich in einem anderen Mitgliedstaat der Europäischen Gemeinschaft zum Europäischen Parlament wahlberechtigt sind.

dem die Gleichheit der Wahl in Frage gestellt, da der Mehrstaater im Gegensatz zu anderen Bürgern grundsätzlich die Möglichkeit der mehrfachen politischen Repräsentation hat.[368]

Mehrfache politische Repräsentation wird aber nicht nur bei den in der Bundesrepublik Deutschland lebenden Mehrstaatern beklagt. Nach dem deutschen Bundeswahlrecht behalten auch diejenigen Deutschen, die im Ausland leben, ihr Wahlrecht in der Bundesrepublik Deutschland.

Das deutsche Wahlrecht bestimmt in § 12 Abs. 2 S.1 BWG (Bundeswahlgesetz):

> Wahlberechtigt sind bei Vorliegen der sonstigen Voraussetzungen auch diejenigen Deutschen im Sinne des Art. 116 Abs. 1 des Grundgesetzes, die am Wahltage (...)
>
> > Nr. 2: in den Gebieten der übrigen Mitgliedstaaten des Europarates leben, sofern sie nach dem 23. Mai 1949 und vor ihrem Fortzug mindestens drei Monate ununterbrochen in der Bundesrepublik Deutschland eine Wohnung innegehabt oder sich sonst gewöhnlich aufgehalten haben,
> >
> > Nr. 3: in anderen Gebieten außerhalb der Bundesrepublik Deutschland leben, sofern sie vor ihrem Fortzug mindestens drei Monate ununterbrochen in der Bundesrepublik Deutschland eine Wohnung innegehabt haben oder sich sonst gewöhnlich aufgehalten haben und seit dem Fortzug nicht mehr als 25 Jahre verstrichen sind.

Die im Ausland lebenden Volljährigen, die unter anderem die deutsche Staatsangehörigkeit besitzen, kommen in den Genuss vermehrter politischer Mitwirkungsrechte, sofern die entsprechenden ausländischen Wahlrechte ebenso großzügig verfahren wie das deutsche Wahlrecht. Festgestellt werden kann, dass, solange Wahlakte ausschließlich nationale Bedeutung behalten, die Wahlrechtshäufung für Mehrstaater zwar möglicherweise ein politisches Problem, aber zumindest kein ersichtliches Problem der Wahlrechtsgleichheit darstellt.[369] Im Rahmen der Wahlen internationaler Gremien hat sich das Europawahlgesetz mit dem Problem der Wahlberechtigung von Mehrstaater beschäftigt und zumindest ansatzweise Lösungen für die Gewährleistung der Gleichheit der Wahl gefunden.[370]

---

[368] v. Münch, NJW 1994, S. 1200.

[369] Ziemske, Die deutsche Staatsangehörigkeit nach dem Grundgesetz, S. 278.

[370] Vgl. § 6 EuropaWahlG.

III. Steuerpflicht des Mehrstaaters

Ein nicht erschöpfend zu behandelndes, dennoch zu berücksichtigendes Problem stellt die Steuerpflicht des Mehrstaaters dar. Die Folgen mehrfacher Staatsangehörigkeit sollen anhand zweier Beispiele der Besteuerung, der Einkommenssteuer und der Erbschafts- und Schenkungssteuer, erläutert werden. Die Staatsangehörigkeit ist ein im Steuerrecht international anerkanntes Anknüpfungsmerkmal für die Besteuerung des Einkommens. Eine Begrenzung durch allgemeine völkerrechtliche Vorgaben darüber, ob und inwieweit ein Staat an die Staatsangehörigkeit anknüpft, um seine Besteuerungsgewalt über das eigene Staatsgebiet hinaus auszudehnen, gibt es nicht, so dass die Frage nach der doppelten Besteuerung des Mehrstaaters im jeweiligen nationalen Steuerrecht liegt.[371]

Das deutsche Einkommenssteuerrecht[372] knüpft regelmäßig an den Wohnsitz oder den Aufenthalt im Inland an und lässt dabei die Staatsangehörigkeit grundsätzlich unberücksichtigt. Da die Einkommenssteuerpflicht in den meisten Staaten ähnlich geregelt ist[373], lässt sich für das deutsche Einkommenssteuerrecht festhalten, dass die Gefahr einer durch Mehrstaatigkeit verursachten Doppelbesteuerung für in Deutschland ansässige Mehrstaater in der Regel nicht besteht, zumal zusätzlich auch mit den meisten Staaten Doppelbesteuerungsabkommen Schutz vor mehrfacher Besteuerung bieten.[374] Die erbschaftssteuerliche Belastung des Mehrstaaters sieht hingegen nicht so unproblematisch aus. Die unbeschränkte Steuerpflicht für die Erbschaftssteuer wird von den meisten Staaten

---

371 Jochum, UVR 2000, S. 416; v. Mangoldt, JZ 1993, S. 973.

372 Nach § 1 Abs. 1 EStG sind natürliche Personen, die im Inland einen Wohnsitz oder ihren gewöhnlichen Aufenthalt haben, unbeschränkt einkommenssteuerpflichtig. An die Staatsangehörigkeit wird nur in § 1 Abs. 2 EStG angeknüpft, wonach diejenigen deutschen Staatsangehörigen unbeschränkt einkommenssteuerpflichtig sind, die im Inland weder einen Wohnsitz noch ihren gewöhnlichen Aufenthalt haben und zu einer inländischen juristischen Person des öffentlichen Rechts in einem Dienstverhältnis stehen und dafür Arbeitslohn aus einer inländischen öffentlichen Kasse beziehen, sowie zu ihrem Haushalt gehörende Angehörige, die die deutsche Staatsangehörigkeit besitzen oder keine Einkünfte oder nur Einkünfte beziehen, die ausschließlich im Inland steuerpflichtig sind. Gemäß § 1 Abs. 2 S.2 EStG gilt die Steuerpflicht nach § 1 Abs. 2 S.1 EStG jedoch nur für natürliche Personen, die in dem Staat, in dem sie ihren Wohnsitz oder ihren gewöhnlichen Aufenthalt haben, lediglich in einem der beschränkten Einkommenssteuerpflicht ähnlichen Umfang zu einer Steuer vom Einkommen herangezogen werden.

373 Ausnahme von dem Grundsatz der Anknüpfung an die Ansässigkeit bilden beispielsweise die Vereinigten Staaten, die die unbeschränkte Steuerpflicht für die Einkommenssteuer mit der Staatsangehörigkeit verbinden.

374 Jochum, UVR 2000, S. 415. Die meisten Doppelbesteuerungseinkommen schränken den sachlichen Umfang der Besteuerung durch Zuweisung des Besteuerungsrechts an einen Staat nach Art der Einkünfte und Ort der Einkünfteerzielung ein. Die Einkünfte sind nach dem Doppelbesteuerungsabkommen in dem anderen Staat steuerfrei, egal, ob das vereinbarte Besteuerungsrecht im Einzelfall ausgeübt wird oder nicht. Doppelbesteuerungsabkommen gehen wie andere internationale Abkommen den (nationalen) Steuergesetzen vor, soweit ihr Regelungsinhalt reicht. Vgl. hierzu Heinicke in: Schmidt, EStG § 1 Rdn. 90.

an die jeweilige Staatsangehörigkeit geknüpft. Darüber hinaus existieren auf dem Gebiet der Erbschaftssteuer nur wenige völkerrechtliche Abkommen zur Vermeidung der Doppelbesteuerung.[375] Gemäß § 2 Abs. 1 S.1 ErbStG ist der Erwerber unbeschränkt steuerpflichtig, wenn entweder der Erblasser zum Zeitpunkt des Todes, der Schenker zur Zeit der Ausführung der Schenkung oder der Erwerber zur Zeit der Entstehung der Steuer ein Inländer ist. Nach § 2 Abs. 1 S.2 Nr.1b ErbStG gelten als Inländer neben Personen, die im Inland einen Wohnsitz oder ihren gewöhnlichen Aufenthalt haben (§ 2 Abs.1 S.2 Nr.1a ErbStG) auch deutsche Staatsangehörige, die sich nicht länger als fünf Jahre dauernd im Ausland aufgehalten haben, ohne im Inland einen Wohnsitz zu haben. Verbindet nun der Staat, dessen Staatsangehörigkeit der Mehrstaater ebenfalls besitzt, die Erbschafts- und gegebenenfalls die Schenkungssteuer mit dem Besitz der eigenen Staatsangehörigkeit, wird also der derselbe Erwerb derselben Person von zwei Staaten besteuert, so entsteht eine Doppelbesteuerung. Als Beispiel dient hier das türkische Erbschafts- und Schenkungssteuerrecht. Dieses sieht in Art. 1 Erbschafts- und Schenkungssteuergesetz[376] vor, dass eine unbeschränkte Steuerpflicht besteht, wenn der Erblasser oder der Schenker türkischer Staatsangehöriger war oder ist, es sei denn, die Übertragung folgt zugunsten eines nicht gebietsansässigen Ausländers. Dadurch, dass das türkische Steuerrecht allein an die Staatsangehörigkeit anknüpft, besteht für den deutsch-türkischen Mehrstaater in der Regel die Gefahr, einer doppelten bzw. höheren Erbschaftssteuer zu unterliegen.[377] Dies gilt gleichfalls für alle Mehrstaater, deren Staaten, wie die Türkei, bei der Erhebung der Erbschaftssteuer als Anknüpfungspunkt die Staatsangehörigkeit wählen.

Allerdings spielen neben der Staatsangehörigkeit auch weitere Faktoren eine Rolle: Die deutsche Steuerpflicht greift ein, wenn der Erblasser oder Schenker Inländer ist, wenn der Erwerber zum Kreis der Inländer gehört oder wenn der Erwerb aus Inlandsvermögen besteht. Da andere Staaten ihre Steuerhoheit ähnlich abgrenzen, kann ein einziger Erbfall eine Steuerpflicht in drei Staaten aus-

375 Jochum, UVR 2000, S. 416. Die Bundesrepublik Deutschland hat zur Vermeidung einer internationalen Doppelbesteuerung bei Erwerben von Todes wegen Doppelbesteuerungsabkommen mit Dänemark (v. 22. November 1995), mit Griechenland (v. 18. November und 01. Dezember 1910), mit Schweden (v. 14. Juli 1992), mit Österreich (v. 04. Oktober 1954), mit der Schweiz (v. 30. November 1978), mit den USA (v. 03. Dezember 1980) und mit Israel (v. 29. Mai 1980) abgeschlossen, wobei das Abkommen mit Griechenland kein umfassendes ErbSt- Doppelbesteuerungsabkommen darstellt und das Abkommen mit Israel nur rückwirkende Geltung erlangt, da Israel die Erbschaftssteuer mit Wirkung vom 01. April 1981 abgeschafft hat. Vgl. hierzu mit näheren Angaben Meincke, ErbStG, § 2 Rdn. 15.

376 Veraset Ve Intikal Vergisi Kanunu, Gesetz-Nr. 7338 v. 08. Juni 1959; Resmi Gazete (Amtsblatt) Nr. 10231 v. 15. Juni 1959.

377 Vgl. hierzu Jochum, UVR 2000, S. 419. Zwar wird die türkische Steuer gemäß § 21 ErbStG auf die deutsche Steuer angerechnet, so dass die Gesamtbelastung des Mehrstaaters etwas verringert wird. Allerdings sieht § 21 ErbStG einen maximalen Anrechnungsbetrag vor.

lösen, ohne dass der Erwerber ein Mehrstaater zu sein braucht. Ausreichend ist, dass der Erblasser dem Staat A angehört, der Erbe hingegen dem Staat B, und sich das Vermögen im Staat C befindet.[378] Dieses Fallbeispiel zeigt, dass die Probleme der Doppelbesteuerung nicht ausschließlich mit der mehrfachen Staatsangehörigkeit zusammenhängen, die Mehrstaatigkeit demnach nur ein unterstützender Faktor für eine doppelte Belastung ist. Infolge der Bemühungen im zwischenstaatlichen Verkehr, Doppelbesteuerung durch Doppelbesteuerungsabkommen zu vermeiden, stellen sich die Probleme des Mehrstaaters hinsichtlich einer Doppelbesteuerung als weniger gewichtig dar.[379]

G. Stellungnahme und Ansätze zur Lösung des Problems der Mehrstaatigkeit

Aus der Mehrstaatigkeit ergeben sich Vor- und Nachteile für den einzelnen, wobei jedoch für das Individuum kein Übermaß an Nachteilen feststellbar ist. Das staatliche Interesse an der Vermeidung von Mehrstaatigkeit ist gespalten. Einerseits dient die Reduzierung von Mehrstaatigkeit dazu, eine klare Abgrenzung des Staatsvolkes zu schaffen, andererseits wird mehrfache Staatsangehörigkeit als Mittel zur Integration angesehen. Aufgezeigt wurden Lösungsansätze für spezielle Themengebiete, in denen aufgrund der Vermehrung von Mehrstaatigkeit vereinzelt rechtliche Probleme erzeugt werden. Gebietsübergreifend könnte sich die Entscheidung für oder gegen die Zulassung mehrfacher Staatsangehörigkeit durch eine Kombination von ruhender und herrschender Staatsangehörigkeit[380] erübrigen. Dabei wäre der Ort der ständigen Niederlassung ausschlaggebend für die Rangfolge beider Staatsangehörigkeiten. Allerdings birgt dieses System, das mit völkerrechtlichen Abkommen durchsetzbar wäre, die Gefahr der Rechtsunsicherheit: Es ist nicht gewährleistet, dass ein Drittstaat das Verhältnis zwischen ruhender und effektiver Staatsangehörigkeit ebenso sieht wie die Vertragsstaaten.[381] Denkbar ist es hingegen, die mit der Mehrstaatigkeit einhergehenden konkreten Gefahren für den Betroffenen durch Absprachen zwischen dem Heimat- und Aufenthaltsstaat bestmöglich abzuwenden: Dies zeigt sich besonders deutlich am Beispiel der drohenden mehrfachen Inanspruchnahme eines Mehrstaaters für den Wehrdienst. Hierbei ist zu beachten, dass das Problem der mehrfachen Ableistung des Wehrdienstes nur einen gerin-

---

[378] Vgl. hierzu Meincke, ErbStG, § 2 Rdn. 14.

[379] So im Ergebnis auch v. Mangoldt, JZ 1993, S. 973; Renner, ZAR 1993, S. 25; Breunig, DVBl. 1975, S. 762.

[380] Ausführlich zur Anknüpfung an die effektive Staatsangehörigkeit bei Mehrstaatern: Mansel, Personalstatut, Staatsangehörigkeit und Effektivität, S. 84ff. Zur Darstellung eines in Spanien entwickelten Modells einer doppelten Staatsangehörigkeit mit ruhendem und aktivem Teil siehe: Rau, Doppelstaatsangehörigkeit mit aktivem und ruhendem Teil – eine Perspektive?; in; Aufenthalt – Niederlassung – Einbürgerung, S. 233ff.

[381] Renner, Erleichterung der Einbürgerung – ein Ausweg?; in: Vom Ausländer zum Bürger in: FS für Franz und Müller, S. 385.

gen Teil der Staatsangehörigen, deren Staaten die Wehrpflicht eingeführt haben, betrifft.

Eingegrenzt wird die Problematik um die Wehrpflicht auch dadurch, dass zahlreiche Staaten nur einen Wehrdienst für Männer vorsehen, wobei hinsichtlich der männlichen Staatsangehörigen wiederum nur diejenigen im wehrpflichtigen Alter betroffen sind. Soweit die Gefahr der mehrfachen Ableistung des Wehrdienstes jedoch besteht, sollte sie durch völkerrechtliche Verträge reduziert werden, zum Beispiel durch Anknüpfung der Wehrpflicht an den gewöhnlichen Aufenthalt der Wehrpflichtigen oder durch Einräumung eines Wahlrechts, in welchem seiner Heimatstaaten der Betroffene den Wehrdienst ableisten möchte, so dass sich aufgrund der Wehrpflicht keine sicherheitspolitischen Einwände gegen eine mehrfache Staatsangehörigkeit ergeben.[382] Der Mehrstaater müsste über die Gefahr der mehrfachen Inanspruchnahme zum Wehrdienst aufgeklärt werden. Das Risiko wird dadurch kalkulierbarer für den Betroffenen, so dass er selbst entscheiden kann, ob er sich dieser Gefahr aussetzen will. Mehrfache Staatsangehörigkeit jedoch aufgrund der Probleme des Wehrdienstes einzuschränken, ist nicht erforderlich. Es ist weiterhin nicht einsehbar, wenn Mehrstaatigkeit grundsätzlich „verdammt", sie als „Übel" dargestellt wird mit der Begründung, dass Loyalitätskonflikte den Mehrstaater innerlich zerreißen. Auch muss es als äußerst zweifelhaftes Argument angesehen werden, dass jene Konflikte des Mehrstaaters, entstehend aufgrund der „fehlenden Treue des Betroffenen zum Staat", die staatliche Sicherheit gefährden. Bei den modernen Mehrstaatern, den Betroffenen der so genannten 3. Generation, deren Eltern bereits seit Jahren in der Bundesrepublik Deutschland verweilen[383], ist das Zugehörigkeitsgefühl zum Aufenthaltsstaat, der Bundesrepublik Deutschland, durch die Geburt, die schulische Laufbahn und auch durch den Freundeskreis gewachsen. Es ist anzunehmen, dass bei einem Großteil derjenigen Mehrstaater, die in Deutschland geboren werden und auch hier aufwachsen, die Loyalität zu dem Staat, dessen ausländische Staatsangehörigkeit sie ebenfalls besitzen, zumindest nicht dominiert.

Festgestellt werden kann darüber hinaus, dass es auch einer Person mit einem rechtmäßigem und dauerhaftem Wohnsitz sowie mit einer durch Abstammung erworbenen ausschließlich deutschen Staatsangehörigkeit an der Loyalität zum deutschen Staat fehlen kann. Dieser Fall wird weder politisch noch rechtlich sanktioniert, soweit die Person nicht durch ordnungswidriges oder strafrechtlich zu würdigendes Verhalten, beispielsweise durch Verunglimpfung des Staates im Sinne des § 90a StGB, in Erscheinung tritt. Allenfalls bei Länderspielen, beispielsweise im Fußballsport, kann ein Loyalitätskonflikt ausbrechen, der aber

382 Im Ergebnis v. Münch, NJW 1994, S. 1200; Schlüter, ZAR 2000, S. 214f.
383 Zu der Aufenthaltsdauer der Eltern vgl. Tabelle 4, Ausländische Bevölkerung nach ausgewählten Staatsangehörigkeiten und Aufenthaltsdauer in Deutschland, Anhang S. 199.

den Grundsatz der Vermeidung von Mehrstaatigkeit kaum rechtfertigen kann. Bei der Gewährung diplomatischen Schutzes des Mehrstaaters im Ausland können jedoch rechtliche Schwierigkeiten auftreten. Während das Verhältnis des Heimat- und des Aufenthaltsstaates des Mehrstaaters zueinander weitgehend rechtlich geklärt ist, bestehen zum Teil Schwierigkeiten dann, wenn ein dritter Staat, dessen Staatsangehörigkeit der Mehrstaater nicht besitzt, in das Geschehen eintritt. So ist es häufig ungewiss, welcher der Staaten, dessen Staatsangehörigkeit der Mehrstaater erworben hat, seinem Staatsangehörigen diplomatischen Schutz gewähren darf, gegebenenfalls auch muss. Es stellt sich ferner die Frage, welcher der Staaten auf sekundärer Ebene rechtliche Ansprüche gegen den Verletzerstaat geltend machen kann. Die Haager Konvention von 1930 bietet verschiedene Lösungsansätze, wobei sich diese allerdings nur auf Streitigkeiten hinsichtlich der Gewährung des diplomatischen Schutzes zwischen Unterzeichnerstaaten beziehen. Nicht übersehen werden sollte darüber hinaus, dass nur die allerwenigsten Menschen in ihrem Leben überhaupt in die Situation geraten, diplomatischen Schutz in Anspruch nehmen zu müssen. Die Verkürzung des diplomatischen Schutzes für Mehrstaater ist also mehr ein rechtstheoretisches als ein praktisches Problem[384], so dass sich allein aus der Problematik um den diplomatischen Schutz die Ausschließlichkeit der Staatsangehörigkeit nicht herleiten lässt. Häufig wird gegen die Mehrstaatigkeit allgemein vorgebracht, diese bedeute eine Privilegierung für die Staatsangehörigen mit zwei oder mehreren Staatsangehörigkeiten. Als Beispiel wurde die Möglichkeit der mehrfachen Ausübung des Wahlrechts angeführt. Dabei wird jedoch verkannt, dass der deutsche Mehrstaater alle mit der deutschen und mit der ausländischen Staatsangehörigkeit verbundenen Rechte besitzt, aber auch die Pflichten in gleicher Weise zu erfüllen hat. Zugunsten des Mehrstaaters sollte man annehmen: „Wer den sauren Tropfen trinkt, in der Welt hin- und hergerissen zu werden, und dabei mancherlei Nachteile in Kauf nehmen muss, dem sollten wir den süßen nicht vorenthalten."[385] Die von den Gegnern der Mehrstaatigkeit vorgebrachten Einwände, insbesondere die fehlende Loyalität zum Aufenthaltsstaat, die Probleme mehrfacher Wahlberechtigung bzw. die mehrfache politische Einflussnahme sowie die Beeinfußung der betroffenen Mehrstaater durch die ausländische Regierung haben sich in den Niederlanden nach Einführung des Territorialitätsprinzips und der damit verbundenen Hinnahme von Mehrstaatigkeit als nicht richtig erwiesen. Festgestellt wurde, dass Einwanderer die etablierten niederländischen Parteien wählen. Gründungen eigener Parteien hingegen sind eher selten, was wohl darauf zurückzuführen ist, dass diese Parteien bei Wahlen bisher keinen Erfolg hatten. Auch die Versuche ausländischer Regierungen, die in

---

384 v. Münch, NJW 1994, S. 1200; ebenso Schrötter/Möhlig, ZRP 1995, S. 377.

385 Raape/Sturm, Internationales Privatrecht, Bd. I S. 135.

der Bundesrepublik Deutschland lebenden Mehrstaater politisch zu beeinflussen, sind wohl eher selten und fallen kaum ins Gewicht.[386]

Es ist nicht ersichtlich, dass die Hinnahme mehrfacher Staatsangehörigkeit in der Bundesrepublik zu den oben angesprochenen Schwierigkeiten führen soll, während die Praxis in den Niederlanden in vergleichbarer Lage das Gegenteil bewiesen hat. Ein weiteres Beispiel für eine liberale, beinahe gleichgültige Haltung zur mehrfachen Staatsangehörigkeit ist die gegenwärtige Politik des Vereinigten Königreichs von Großbritannien und Nordirland. Es werden keine Anforderungen an Einbürgerungswillige gestellt, selbst symbolische Handlungen zur Aufgabe ihrer früheren Staatsangehörigkeit(en) zu unternehmen, da man davon ausgeht, dass mehrfache Staatsangehörigkeit keine sichtbaren Probleme hervorruft.[387] Hinsichtlich des Problems der inneren Sicherheit wird zu Recht angenommen, dass es schlicht nicht ursächlich mit dem Phänomen der Mehrstaatigkeit zusammenhängt, und der Besitz mehrerer Staatsangehörigkeiten dementsprechend auch auf diesen Gebieten keine politisch und rechtlich problematischen Folgen mit sich bringt. Insbesondere der Vorwurf der vermehrten Spionagetätigkeit bei Mehrstaatern erscheint abwegig. In gleichem Maße wie Mehrstaater können auch Personen mit nur einer Staatsangehörigkeit in derartige Tätigkeiten verwickelt sein. Zu Recht wird in diesem Zusammenhang darauf hingewiesen, dass es Mehrstaatern aufgrund der Mehrstaatigkeit nicht anzuraten ist, sich der Spionagetätigkeit hinzugeben, da sie eher die Aufmerksamkeit der zuständigen Behörden auf sich lenken, als es bei Monostaatlern der Fall ist.[388]

Trotz des Bestehens einiger Konfliktsituationen gilt, dass sich mehrfache Staatsangehörigkeit nicht durchweg als „Übel" darstellt. Soweit rechtliche und tatsächliche Probleme entstehen, die in unmittelbarem Zusammenhang mit dem Besitz mehrerer Staatsangehörigkeiten gebracht werden, sind diese weitestgehend lösbar. Dies bedeutet allerdings nicht, dass nun allen Menschen gleich mehrere Staatsangehörigkeiten verliehen werden sollten, mithin eine unübersichtliche „Multi-Kultur" entsteht.

Einerseits ist das Interesse des Staates an einer Reduzierung mehrfacher Staatsangehörigkeit durchaus legitim: Betrachtet man das Staatensystem mit seinen prinzipiell territorialen und personalen Hoheitsbereichen, so könnte eine Ver-

---

[386] Groenendijk, Doppelte Staatsangehörigkeit und Einbürgerung in den Niederlanden: Pragmatismus und soziale Stabilität; in: Neue Regierung – neue Ausländerpolitik? S. 196.

[387] Hansen, Doppelte Staatsangehörigkeit im Vereinigten Königreich von Großbritannien und Nordirland; in: Neue Regierung- neue Ausländerpolitik? S. 208. Zu beachten ist allerdings, dass sich Großbritannien und Nordirland nicht dem Problem mehrfacher Inanspruchnahme bei der Wehrpflicht ausgesetzt sehen, da sie diese seit Ende der fünfziger Jahre in dem Vereinigten Königreich abgeschafft haben.

[388] Hansen, Doppelte Staatsangehörigkeit im Vereinigten Königreich von Großbritannien und Nordirland; in: Neue Regierung- neue Ausländerpolitik? S. 218.

mehrung von Mehrstaatigkeit womöglich zur Verwirrung führen.[389] Andererseits kann das Bestehen mehrfacher Staatsangehörigkeit damit gerechtfertigt werden, dass einem wachsenden Anteil der Bevölkerung der Bundesrepublik Deutschland die Gleichbehandlung bei politischen Rechten eingeräumt und ihnen damit politische Verantwortung übertragen werden sollte.[390] Insgesamt ist festzustellen, dass die Zulassung mehrfacher Staatsangehörigkeit, solange sie zahlenmäßig und in ihren Auswirkungen kontrollierbar ist, keine staatsrechtliche Fehlerscheinung darstellt.

Kapitel 4: Optionsregelung aus § 29 StAG

A. Einführung in die Problematik der Optionsregelung

I. Entstehungsgeschichte der Optionslösung und politische Motive der Parteien

Bei Betrachtung der vormals geltenden Staatsangehörigkeitsregelungen, insbesondere der Vorschriften des Reichs- und Staatsangehörigkeitsgesetzes, fällt auf, dass es eine Optionsregelung, wie sie mit dem neuen Staatsangehörigkeitsgesetz mit Wirkung zum 01. Januar 2000 eingeführt wurde, noch nicht gegeben hat.

Die Idee einer Optionslösung zur Vermeidung von Mehrstaatigkeit ist allerdings nicht neu. Bereits im Jahre 1924 wurde ein Optionsmodell von *Isay* befürwortet: „Ich glaube, dass sich die mehrfache Staatsangehörigkeit und alle ihre Unzuträglichkeiten durch ein sehr einfaches Mittel beseitigen lassen: Man gewähre dem Mehrstaatigen ein Optionsrecht. Möge immerhin die Verschiedenheit der staatlichen Gesetzgebungen und also der Duell der Mehrstaatigkeit bestehen bleiben, aber der Mehrstaatige sei in der Lage, die Mehrstaatigkeit zu beendigen. Er bestimme, wenn er mündig ist, (...) selbst, welchem Staate er angehören will. Er wähle unter den mehreren Heimatstaaten durch eine Erklärung (als welche auch eine konkludente Handlung, wie z.B. häufig, obgleich nicht immer, die Wohnsitznahme in einem Staate gelten kann) den Staat aus, dem er den Vorzug gibt. Nach der Erklärung gehöre er nur dem Staate seiner Wahl an, sei aber aus dem anderen Staate entlassen. Für diesen ist der Verlust eines ihm widerwillig Angehörenden leicht zu verschmerzen: ne quis invitus Romanus sit! Der erwählte Staat aber wird dem Bürger, der für ihn optiert hat, beruhigt alle bürgerlichen Pflichten auferlegen und alle bürgerlichen Rechte gewähren können."[391] Ähnliche Gedanken wurden ebenfalls in der Begründung eines Gesetz-

389 Breunig, DVBl. 1975, S. 764.
390 Vgl. Hailbronner, Doppelte Staatsangehörigkeit; in: Neue Regierung- neue Ausländerpolitik? S. 105; *ders.* Mehrfache Staatsangehörigkeit und Einbürgerung in der Bundesrepublik Deutschland; in: Vom Ausländer zum Bürger in: FS für Franz und Müller, S. 403.
391 Isay, JW 1924 (Bd. II), S. 1483.

entwurfs zur Änderung des RuStAG von 1974 erläutert. Zielsetzung des Entwurfs des Änderungsgesetzes war die Gleichstellung des ehelichen Kindes eines ausländischen Vaters und einer deutschen Mutter mit dem ehelichen Kind von zwei deutschen Elternteilen beim Erwerb der deutschen Staatsangehörigkeit. Folge hiervon ist die Förderung von Mehrstaatigkeit. Um eine umfassende Beseitigung von Mehrstaatigkeit zu erreichen, wurde die Möglichkeit eines Entscheidungszwangs und einer Verzichtspflicht des Mehrstaater bezüglich mindestens einer seiner Staatsangehörigkeiten angesprochen. Hiervon ist in dem Entwurf jedoch aus folgenden Gründen abgesehen worden: Eine internationale Regelung, die eine umfassende Anwendung des Grundsatzes der Vermeidung von Mehrstaatigkeit durch Entscheidungszwang (z.B. durch Verzichtserklärung oder automatisches Erlöschen einer der Staatsangehörigkeiten) sicherstellt, bestehe nicht. Der deutsche Gesetzgeber könne daher nicht an entsprechende internationale Regelungen anknüpfen. Wenn er bei Einführung einer Verzichtspflicht das Ziel, Mehrstaatigkeit zu verringern, mit dem Mittel gesetzlichen Zwanges erreichen wolle, könne er nur den Verlust der deutschen Staatsangehörigkeit vorsehen. Da sich das Ausscheiden aus der fremden Staatsangehörigkeit allein nach dem Recht des anderen Heimatstaates richtet, könne an den Willen des Betroffenen zur Aufrechterhaltung nur der deutschen Staatsangehörigkeit dann nicht angeknüpft werden, wenn die Aufgabe der anderen Staatsangehörigkeit rechtlich überhaupt nicht möglich sei oder willkürlich verweigert werde. Diese Abhängigkeit vom fremden Staatsangehörigkeitsrecht werde also häufig zu Lasten der deutschen Staatsangehörigkeit gehen. Ausnahmeregelungen wiederum würden zu Rechtsunsicherheiten führen, weil oftmals nicht nachgeprüft werden könne, woran die Aufgabe der fremden Staatsangehörigkeit scheitert.[392] Mit diesen Argumenten ist ein Optionsmodell zur Vermeidung von Mehrstaatigkeit abgelehnt worden.

Neben der nunmehr in das Staatsangehörigkeitsrecht eingeführten Optionslösung besteht die wesentliche Änderung des Staatsangehörigkeitsgesetzes in der Ergänzung des Abstammungsprinzips um das Territorialitätsprinzip. Dieser Gedanke ist schon im März 1993 von der damals in der Opposition stehenden SPD-Fraktion[393] über den Bundesrat sowie von der Ausländerbeauftragten vorgeschlagen worden, ist jedoch aufgrund des erheblichen Widerstandes der früheren Bundesregierung nicht in das Staatsangehörigkeitsrecht eingegangen. Vier Jahre später scheiterte der Versuch der F.D.P., ein Optionsmodell in der damaligen Regierungskoalition mit der CDU/CSU durchzusetzen, an der Ablehnung der Reform seitens des großen Koalitionspartners.[394] Auch im März

392 BT-Drs. 7/2175, S. 9.
393 BT-Drs. 12/4533.
394 Zum Inhalt des Reformvorhabens siehe Gerhardt, ZAR 1997, S. 109; zur Position der Parteien vgl. Wallrabenstein in: Huber, Handbuch des Ausländer- und Asylrechts Bd. II,

1998 wurden mehrere Vorlagen zur Änderung des Staatsangehörigkeitsrechts, die unter anderem die Einführung bzw. die Hinnahme der mehrfachen Staatsangehörigkeit beinhalteten, vom Bundestag[395] abgelehnt.[396] Anfang des Jahres 1999 kam es erneut zu Versuchen, das Staatsangehörigkeitsrecht grundlegend zu reformieren. Diesmal sah der Arbeitsentwurf[397] der Koalition SPD und Bündnis90/Die Grünen zur Reform des Staatsangehörigkeitsgesetzes vor, dass Kinder ausländischer Eltern mit der Geburt in der Bundesrepublik Deutschland die deutsche Staatsangehörigkeit erhalten sollten, wenn ein Elternteil bereits hier geboren wurde oder als Minderjähriger bis zum 14. Lebensjahr nach Deutschland eingereist war und über eine Aufenthaltserlaubnis verfügte. Der Erwerb der deutschen Staatsangehörigkeit des Kindes sollte nicht von der Aufgabe der bisherigen, der ausländischen Staatsangehörigkeit, abhängig gemacht werden.[398] Entsprechendes ergab sich bereits aus der Koalitionsvereinbarung zwischen der SPD und dem Bündnis90/Die Grünen vom 20. Oktober 1998.[399] Die SPD-Position, wonach die ausländischen Eltern für ihre Kinder ein Ausschlagungsrecht beim Geburtserwerb der Staatsanghörigkeit haben sollten, konnte sich aufgrund der entgegengesetzten Position der Bündnis90/Die Grünen nicht durchsetzten. Diese wollten es nicht in die Macht der Eltern stellen, ob die Kinder die Chance haben sollten, neben der Staatsangehörigkeit der Eltern auch die deutsche Staatsangehörigkeit zu erwerben.[400] Das Vorhaben der Koalition drohte jedoch aufgrund der fehlenden absoluten Mehrheit im Bundesrat nach dem Verlust der hessischen Landtagswahl[401] der SPD - Bündnis 90/Die

Kap. B 130 § 29 Rdn. 2; Hailbronner in: Hailbronner /Renner, Staatsangehörigkeitsrecht-Kommentar, Teil I Einl. F Rdn. 62.

395 BT-Plenarprot.13/225; der Bundestag folgte mit dieser Entscheidung der Empfehlung seines Innenausschusses, BT-Drs. 13/10013. Vgl. auch ZAR 1998, S. 98.

396 Zu den zahlreichen Reformversuchen der Fraktionen siehe Renner, ZAR 1999, S. 155f.

397 Nach dem Stand vom 13. Januar 1999.

398 Vgl. hierzu in ausführlicher Darstellung Schnapauff, Zur Reform des deutschen Staatsangehörigkeitsrechts in: Neue Regierung - neue Ausländerpolitik? S. 69f.

399 Teile der Koalitionsvereinbarung, unter anderem die Vorschläge zur Integration (Pkt.7) sind abgedr. in: Neue Regierung- neue Ausländerpolitik, S. 590.

400 Vgl. hierzu Saathoff/Taneja, Von der „doppelten" zur „optionalen" Staatsbürgerschaft – Werdegang und Ergebnis des Gesetzgebungsprozesses; in: Neue Regierung - Neues Ausländerrecht, S. 123.

401 Die hessische Landtagswahl fand am 14. Februar 1999 statt und ging zugunsten der CDU-Fraktion aus. Zehn Tage vor dem Urnengang warb die CDU auf Plakaten mit dem Spruch: „Sie haben es in der Hand: Ja zur Integration- nein zur doppelten Staatsbürgerschaft." Unterstützung erfuhr die CDU bei ihrer Kampagne durch die NPD und die Republikaner. Der damalige NPD-Vorsitzende Voigt erklärte einem NDR-Fernsehbericht zufolge, die NPD begrüße die Unterschriftensammlung der CDU gegen die Einführung der doppelten Staatsbürgerschaft. Der damalige Vorsitzende der Republikaner, Rolf Schlierer äußerte sich ebenfalls zu dem Reformvorhaben: „Wer wie die Bonner Multi-Kulti-Strategen den deutschen Pass mit der Gießkanne verteilt, importiert ausländischen Terror und Bürgerkriege und gibt potentiellen Verbrechern eine gesicherte Rechtsposition. Dagegen muss mit allen rechtsstaatlichen Mitteln Widerstand geleistet werden." Ähnlich drückte sich der bayerische Ministerpräsident Edmund Stoiber aus, der unter anderem gegenüber der Zeitung DIE WELT (v. 5. Januar 1999) erklärte, die doppelte Staatsbürgerschaft würde die

Grünen-Koalition zu scheitern. Das geplante zustimmungsbedürftige Reformvorhaben wäre nicht zustande gekommen, so dass an eine direkte Umsetzung der ursprünglich von der Bundestagsmehrheit geplanten Gesetzgebung auch im Bundesrat nicht mehr zu denken war. Um zumindest einige politische Ideen der geplanten Staatsangehörigkeitsrechtsreform verwirklichen zu können, musste ein neues Bundesland als Bündnispartner gefunden werden. In Betracht kam das von der SPD/F.D.P.- Landesregierung geführte Bundesland Rheinland-Pfalz. Die Regierungskoalitionen aus SPD und Bündnis 90/Die Grünen gingen nunmehr mit der F.D.P. einen Kompromiss ein, um die Zustimmung des SPD-F.D.P.- regierten Bundeslandes Rheinland-Pfalz im Bundesrat zu sichern. Aus diesem Kompromiss ist das mit der Staatsangehörigkeitsrechtsreform eingeführte „Optionsmodell", die in § 29 StAG normierte Optionspflicht, entstanden. Am 16. März 1999 haben Abgeordnete aus den Fraktionen SPD, Bündnis 90/Die Grünen und F.D.P. mit einem Gruppenantrag den Entwurf eines Gesetzes zur Reform des Staatsangehörigkeitsrechts[402] in den Bundestag eingebracht, der die Ergänzung des Abstammungsprinzips um Elemente des Territorialitätsprinzips vorsieht. Darüber hinaus beinhaltet der Entwurf die Pflicht für die in Deutschland geborenen Kinder ausländischer Eltern, sich innerhalb eines gesetzlich vorgeschriebenen Zeitrahmens für eine Staatsangehörigkeit zu entscheiden.[403] Die politische Motivation der F.D.P. zur Einbringung der Optionslösung in das Staatsangehörigkeitsrecht war folgende: Grundgedanke des Optionsmodells ist es, dass die Entscheidung zwischen der kraft ius soli erworbenen deutschen Staatsangehörigkeit und der fortbestehenden Staatsangehörigkeit der Eltern auf den Zeitpunkt der Volljährigkeit verschoben wird. So wird einerseits am Prinzip der Vermeidung von Mehrstaatigkeit festgehalten, da auf Dauer eine Beibehaltung beider Staatsangehörigkeiten bis auf einige Ausnahmen nicht ermöglicht werden soll.[404] Andererseits wird mit dem Erwerb der deutschen Staatsangehörigkeit eine volle rechtliche Gleichstellung des im Inland geborenen Kindes ausländischer Eltern in Kindergärten, Kindertagesstätten, Schulen und sonstigen sozialen Einrichtungen erreicht. Am 13. April 1999 hat der Innenausschuss des Bundestages im Rahmen einer öffentlichen Anhörung zu dem Gruppengesetzentwurf und zu den Alternativvorlagen der CDU/CSU 15 Sachverständige gehört, die sich unter anderem mit der Frage der Verfassungsmäßigkeit der Optionsregelung auseinanderzusetzen hatten. Das neue Staatsangehörigkeitsgesetz (StAG) wurde am 07. Mai 1999 vom Plenum des Bundesta-

---

Sicherheitslage in Deutschland mehr gefährden als die Terroranschläge der Rote-Armee-Fraktion (RAF) in den siebziger und achtziger Jahren. Vgl. hierzu Burkhardt, Die Koalitionsvereinbarung; in: Neue Regierung- neue Ausländerpolitik, S. 53f.

402 BT-Drs. 14/533.

403 BT-Drs. 14/533, S. 11. Ebenfalls von der Entscheidungspflicht betroffen sind die Kinder, die im Rahmen der Altfallregelung des § 40b StAG eingebürgert wurden. Genaueres in Kapitel 4 A III 3 und 4.

404 Vgl. hierzu Kapitel 4 A IIII.

ges[405] verabschiedet, am 21. Mai 1999 fand die Bundesrats-Debatte statt.[406] Eine Mehrheit von 365 Abgeordneten stimmte dem Reformwerk zu. 184 Abgeordnete, darunter die gesamte CSU-Landesgruppe, votierten dagegen, 39 Abgeordnete enthielten sich der Stimme. Die CSU beschloss an ihrem Parteitag am 16. Januar 1999, dass „das von Rotgrün bewusst gewollte millionenfache Entstehen doppelter Staatsangehörigkeit eine radikale Abkehr von bewährten Grundsätzen (ist) und (...) tief greifend das Verhältnis von Bürger und Staat (verändert).“[407] Zu bemerken ist, dass diese Bedenken gegen Mehrstaatigkeit jedoch nicht allzu sehr ins Gewicht zu fallen scheinen, wenn es um einen ihrer eigenen Parteigenossen, den langjährigen CSU-Europaabgeordneten Otto von Habsburg geht, der mehrere Staatsangehörigkeiten besitzen darf. Ungeachtet der erheblichen Kritik seitens der Opposition ist das Gesetz nach Verkündung im Bundesgesetzblatt am 01. Januar 2000 in Kraft getreten (Art. 5 StARG).

II. Alternativvorlagen zum Optionsmodell

1. Modell der Kinderstaatszugehörigkeit

Die damalige Regierungskoalition von CDU, CSU und F.D.P. hatte im Herbst 1994 zum Ausländer- und Staatsangehörigkeitsrecht für die 13. Legislaturperiode Koalitionsvereinbarungen getroffen, in denen es im wesentlichen um die Notwendigkeit der Öffnung des Staatsangehörigkeitsrechts für die in Deutschland geborenen Kinder ausländischer Eltern und um erleichterte Einbürgerungsbedingungen für dauerhaft in Deutschland lebende Ausländer ging. Erarbeitet wurde das „Modell der Kinderstaatszugehörigkeit“ für die in Deutschland geborenen Kinder der dritten Generation. Dieses Modell sieht vor, dass ein Kind mit der Geburt die deutsche Kinderstaatszugehörigkeit zu seiner elterlichen Staatsangehörigkeit hinzu erwirbt, soweit ein Elternteil in Deutschland geboren ist, beide Elternteile sich die letzten zehn Jahre vor der Geburt rechtmäßig in Deutschland aufgehalten haben und im Besitz einer Aufenthaltsgenehmigung sind. Die Feststellung der Kinderstaatszugehörigkeit erfolgt auf Antrag beider Eltern bis zur Vollendung des 12. Lebensjahres des Kindes durch die zuständige Behörde. Die deutsche Kinderstaatszugehörigkeit erlischt kraft Gesetzes, wenn nicht binnen eines Jahres nach Vollendung des 18. Lebensjahres des Kindes das Erlöschen der weiteren Staatsbürgerschaft nachgewiesen wird. Als Vorteil der Kinderstaatszugehörigkeit wurde hervorgehoben, dass Ausländer mit deutscher Kinderstaatszugehörigkeit die gleichen Ausweispapiere wie Deutsche erhalten und dadurch den nicht-volljährigen Deutschen gleichgestellt sind.[408]

---

405 BT-Plenarprotokoll. 14/40, S. 3415ff.

406 BR-Drs. 296/99.

407 Röper, KJ 1999, S. 544 mit Verweis auf den Beschluss des Parteitags am 16. Januar 1999 in: Das Parlament, Bonn 29. Januar 1999, S. 21.

408 Eylmann, ZRP 1995, S. 163; Leutheusser-Schnarrenberger, ZAR 1995, S. 85.

Ungeachtet der detaillierten Koalitionsvereinbarungen konnten sich die aus CDU/CSU und F.D.P. gebildete Bundesregierung nicht über ein Konzept zur staatsangehörigkeitsrechtlichen Einbeziehung der in Deutschland geborenen Kinder ausländischer Eltern einigen.[409] In einer Bundestagsdebatte über die Reform des Staatsangehörigkeitsrechts im Februar 1995 wies die Abgeordnete Schmalz-Jacobsen aus der F.D.P. darauf hin, dass die Kinderstaatszugehörigkeit kein „Kind der F.D.P." sei. Von Seiten der Opposition (Bündnis 90/Die Grünen, Abgeordnete Müller) wurde das Modell der Kinderstaatszugehörigkeit sogar als „Schnupperstaatsbürgerschaft für die dritte Generation" bezeichnet.[410] Kritik wurde dahingehend geäußert, dass das Modell der Kinderstaatszugehörigkeit nicht mit der Verfassung in Einklang stünde. So hieß es, dass die Variante der Staatsangehörigkeit, die durch die Kinderstaatszugehörigkeit konzipiert würde, keine Staatsangehörigkeit im Sinne der Art. 16 Abs. 1 GG, Art. 116 GG sei.[411] Dem Modell der Kinderstaatszugehörigkeit wurde ferner vorgeworfen, dass dieses auf der einen Seite einen Teil der Rechte vermitteln sollte, die sonst im Verhältnis zu anderen Staaten und im Inneren ausschließlich Deutschen zustehen. Auf der anderen Seite wurde es als Problem angesehen, dass die Kinderstaatszugehörigkeit aufgrund ihrer Konzeption nicht den besonderen Verlustregelungen des Art. 16 Abs. 1 GG unterworfen sein sollte.[412] Hierin könnte eine unzulässige Umgehung der verfassungsrechtlichen Regelungen liegen. Der Überprüfung der Verfassungskonformität des Modells der Kinderstaatszugehörigkeit ist jedoch nicht allzu viel Bedeutung zuzumessen, da sich dieses Modell bereits in der vorangegangenen Legislaturperiode nicht hatte durchsetzen können.

2. Modell der Einbürgerungszusicherung

Der CDU/CSU- Entwurf zur Neuregelung des Staatsangehörigkeitsrechts vom 16. März 1999[413] basiert auf dem Modell der Einbürgerungszusicherung. „Vater" dieses Modells ist Manfred Kanther von den Christdemokraten. Das Institut der Einbürgerungszusicherung soll zur Erleichterung des Hineinwachsens in die deutsche Staatsangehörigkeit und zur Verbesserung der Rechtsstellung der hier geborenen Kinder derjenigen Ausländer, die seit langem in Deutschland ansässig geworden, jedoch noch nicht eingebürgert worden sind, dienen.[414] Von der Einbürgerungszusicherung begünstigt werden nach diesem Modell nur diejeni-

---

409 Hailbronner, NVwZ 1999, S. 1273; ZAR 1995, S. 2 (o. Verf.).

410 BT-Plenarprotokoll 13/18, S. 1217 C; vgl. auch ZAR 1995, S. 96.

411 Lübbe-Wolff, Jura 1996, S. 59; ausführlich zu den Bedenken gegen die Kinderstaatszugehörigkeit: Hailbronner in: Hailbronner/Renner, Staatsangehörigkeitsrecht-Kommentar, Teil I Einl. F Rdn. 63.

412 Renner in: Hailbronner/Renner, Staatsangehörigkeitsrecht-Kommentar, Teil II A Art. 16 Rdn. 23; kritisch ebenfalls Ziemske, ZRP 1995, S. 380f.

413 BT-Drs. 14/535.

414 BT-Drs. 14/535, S. 15.

gen im Bundesgebiet geborenen ausländischen Kinder, deren Eltern vor Vollendung des siebten Lebensjahres ihren rechtmäßigen Aufenthalt im Bundesgebiet genommen haben, bei Geburt des Kindes eine unbefristete Aufenthaltserlaubnis oder Aufenthaltsberechtigung besitzen und in den zehn der Geburt unmittelbar vorausgehenden Jahren rechtmäßig ihren Aufenthalt im Bundesgebiet gehabt haben.[415] Der Erwerb der deutschen Staatsangehörigkeit aufgrund der Zusicherung des Erwerbs tritt automatisch dann ein, wenn der Zusicherungsbegünstigte aus der ausländischen Staatsangehörigkeit ausscheidet, frühestens jedoch mit der Vollendung des achtzehnten Lebensjahres. Die Einbürgerungszusicherung erlischt mit Vollendung des einundzwanzigsten Lebensjahres sowie unter weiteren Voraussetzungen, etwa im Fall der Ausweisung.[416] Im Gegensatz zur Optionslösung[417], bei der zumindest zeitweise eine mehrfache Staatsangehörigkeit in Kauf genommen wird, bleibt es bei dem Modell der Einbürgerungszusicherung zumeist bei einer Staatsangehörigkeit. Zudem ist der Erwerb der deutschen Staatsangehörigkeit an den Verlust der ausländischen Staatsangehörigkeit gekoppelt, so dass das Prinzip der Vermeidung der Mehrstaatigkeit weitestgehend eingehalten wird. Befürworter des Modells der Einbürgerungszusicherung sehen in diesem Institut weit reichende Möglichkeiten, die Integrationschancen von Ausländerkindern zu verbessern, da ihnen deutsche Kinderausweise ausgestellt werden sollen und sie mit dem 16. Lebensjahr einen deutschen Personalausweis erhalten, der die Einbürgerungszusicherung beinhaltet. Diese Einbürgerungszusicherung soll erhebliche ausländerrechtliche und beamtenrechtliche Vorteile mit sich bringen. Begünstigt werden sollen die Kinder der zweiten und dritten Generation, deren Eltern selbst ihre Schulausbildung in Deutschland erhalten haben. Begründet wird die geplante Begünstigung damit, dass bei den Kindern der in Deutschland aufgewachsenen Eltern eine Integrationsvermutung angenommen wird, die es angemessen erscheinen lässt, die Kinder von vornherein soweit wie möglich mit den gleichen Rechten wie ihre deutschen Spiel- und Klassenkameraden aufwachsen zu lassen.[418] An diesem Modell ist zu Recht viel Kritik geübt worden: „Es ist im Prinzip ein alter Wein in neuen Schläuchen, den die Union anbietet." Der SPD-Bundestagsabgeordnete Michael Bürsch brachte in seiner Rede zur zweiten und dritten Lesung der Reform des Staatsangehörigkeitsrechts am 07. Mai 1999 im Deutschen Bundestag an, dass die Einbürgerungszusicherung bei Betrachtung der bereits bestehenden Regelungen im Ausländerrecht, insbesondere der Regelung aus § 85 AuslG a.F., keine nennenswerten Verbesserungen für die aus-

---

415 BT-Drs. 14/535,S. 4: Art. 1 Erster Abschn. § 6 Abs. 1 des Entwurfes des Gesetzes zur Neuregelung des Staatsangehörigkeitsrechts. Vgl. auch DRiZ 1998, S. 145 (o. Verf.).

416 BT-Drs. 14/535, S. 4: Art.1 Erster Abschn. § 6 Abs. 2 und 3 des Entwurfes des Gesetzes zur Neuregelung des Staatsangehörigkeitsrechts; Scholz/Uhle, NJW 1999, S. 1516.

417 Vgl. Kapitel 4 A III 3.

418 BT-Drs. 14/535; Begründung zum Entwurf der Neuregelung des Staatsangehörigkeitsrechts, S. 15.

ländischen Kinder darstellt. Aufgrund der strengen und zahlreichen Voraussetzungen für den Erhalt der Einbürgerungszusicherung sei eine Integrationswirkung des Gesetzes eher fern liegend. Auch gehe man aufgrund der Fülle der Voraussetzungen davon aus, dass weniger als 10 % der in Deutschland geborenen ausländischen Kinder in den Genuss der Einbürgerungszusicherung kommen.[419] Auch Cem Özdemir (Bündnis 90/Die Grünen) erklärte in einer Pressemitteilung vom 19. März 1999 zum Staatsangehörigkeitsrechtsreformvorschlag der Fraktionen CDU und CSU, er sehe keine besonderen Rechte, die den ausländischen Kindern und Jugendlichen aus der Einbürgerungszusicherung erwachsen könnten. Das Kind bleibe nach dem Entwurf der CDU/CSU mindestens bis zur Volljährigkeit Ausländer und könne sich lediglich auf Antrag eine Bescheinigung über den Einbürgerungsanspruch ausstellen lassen. Eine derartige Regelung führe bloß zu mehr Bürokratie, bringe dem Betroffenen jedoch nichts.[420] Das Modell der Einbürgerungszusicherung hat sich bei der Neuregelung des Staatsangehörigkeitsrechts nicht durchsetzen können.

III. Zustandekommen mehrfacher Staatsangehörigkeit, Inhalt der Optionsregelung und Anwendung derselben auf Mehrstaater

1. Das Ius-sanguinis-Prinzip und das Ius-soli-Prinzip

Die Bestimmung der Staatsangehörigkeit bemisst sich nach zwei Prinzipien, die aber in der Regel nicht rein, sondern meist unterschiedlich kombiniert zur Geltung kommen: Das Ius-sanguinis-Prinzip und das Ius-soli-Prinzip.[421] Versteht sich ein Staat in erster Linie als Personenverband, während das Staatsgebiet lediglich als notwendiger äußerer Lebensbereich erscheint, so ist auch die Staatsangehörigkeit des einzelnen vorwiegend von dem persönlichen Verhältnis zu anderen Staatsangehörigen abhängig, also von Abstammung, Geschlechts- und Familienzugehörigkeit.[422] Dieser Idee entspricht das Ius-sanguinis-Prinzip, welches den Geburtserwerb der Staatsangehörigkeit mit der rechtlichen Abstammung verknüpft, wie sie sich nach dem (internationalen) Familienrecht darstellt: Mit der Geburt erwirbt das Kind die Staatsangehörigkeit eines seiner Elternteile.[423] Nach dem Ius-soli-Prinzip, dem Territorialitätsprinzip, ist allein die Geburt im Staatsgebiet entscheidend für den Erwerb der Staatsangehörigkeit. Es wird die Staatsangehörigkeit des Staates erworben, in dem das Kind geboren wird. Die Staatsangehörigkeit der Eltern ist hierbei grundsätzlich irrelevant.[424]

---

419 http://www.michael-buersch.de/pages/themen/staatsb1.html.
420 Pressemitteilung Nr. 0121/99 der Bundestagsfraktion Bündnis 90/Die Grünen.
421 Stern, Staatsrecht Bd. I, § 8 I 3 S. 206f.; Grawert, HbStR Bd. I, § 14, Rdn. 35 S. 679; Maunz/Zippelius, Deutsches Staatsrecht, S. 24; Kokott in: Sachs, Art. 16 Rdn. 1a.
422 Moosmayer, Der Gebietsgrundsatz im Staatsangehörigkeitsrecht (jus soli) unter besonderer Berücksichtigung der südamerikanischen Staaten, S. 16.
423 v. Mangoldt, ZAR 1999, S. 244; vgl. auch Grawert, Staat und Staatsangehörigkeit, S. 148.
424 Predeick, DVBl. 1991, S. 624; Stern, Staatsrecht Bd. I, § 8 I 3 S. 207.

Zumeist wird die Entscheidung, welches Erwerbsprinzip man dem Staatsangehörigkeitsrecht zugrunde legen soll, allerdings weniger von ethnischen als von rein politischen Überlegungen beeinflusst.[425] Einziges grundlegendes Prinzip ist, dass jeder Staat in der Wahl der Merkmale, an die er seine Staatsangehörigkeit knüpft, grundsätzlich frei ist.[426] Das Ius-soli-Prinzip wurde seit Beginn des 19. Jahrhunderts durch das Abstammungsprinzip abgelöst, welches die Erwerbsgründe des deutschen Staatsangehörigkeitsrechts vor dessen Neuregelung maßgeblich bestimmte.[427] Das Abstammungsprinzip hat im Laufe seiner Entwicklung, insbesondere durch die Herstellung der Gleichberechtigung seit dem 01. April 1953 und der rechtlichen Gleichstellung nichtehelicher Kinder seit dem 01. Januar 1975, gewisse Modifikationen erfahren, blieb aber wesentliche Grundlage des deutschen Staatsangehörigkeitsrechts. Es galt ursprünglich nur für das eheliche Kind eines deutschen Vaters und das uneheliche Kind einer deutschen Mutter[428], später auch für das eheliche Kind einer Deutschen, nämlich seit Ende 1963 für den Fall der sonst eintretenden Staatenlosigkeit[429], und seit Anfang 1975 für das eheliche Kind eines deutschen Elternteils und das nichteheliche Kind einer deutschen Mutter.[430] Erst seit Mitte 1993 kommt auch das nichteheliche Kind des deutschen Vaters in den Genuss der deutschen Staatsangehörigkeit durch Geburt.[431] Eine Öffnung zu Ius-soli-Gedanken hat sich aufgrund des Beitritts der Bundesrepublik Deutschland zum Übereinkommen zur Verminderung der Staatenlosigkeit vom 30. August 1961[432] ergeben.[433]

---

425 Feer, Die mehrfache Staatsangehörigkeit natürlicher Personen, S. 19.

426 Moosmayer, Der Gebietsgrundsatz im Staatsangehörigkeitsrecht (jus soli) unter besonderer Berücksichtigung der südamerikanischen Staaten, S. 1; vgl. auch Feer, Die mehrfache Staatsangehörigkeit natürlicher Personen, S. 17. Nach *Feer* gehören Bürgerrechtsfragen zu dem „domaine réservé" des Staates, unbeschadet der Tatsache, dass es gewisse weitgesteckte Schranken völkerrechtlicher Natur gibt, die diese Kompetenzen einengen.

427 Renner in: Hailbronner/Renner, Staatsangehörigkeitsrecht-Kommentar, Teil II A. Art. 16 Rdn. 18; siehe auch Kapitel 2 C I.

428 Ursprüngliche Fassung des § 4 S.1 RuStAG v. 22. Juli 1913 (RGBl. S. 583): „Durch die Geburt er wirbt das eheliche Kind eines Deutschen die Staatsangehörigkeit des Vaters, das uneheliche Kind einer Deutschen die Staatsangehörigkeit der Mutter."

429 Durch das Gesetz zur Änderung des Reichs- und Staatsangehörigkeitsgesetzes vom 19. Dezember 1963 (BGBl. I S. 982) wurde § 4 Abs. 1 RuStAG ergänzt: „Das eheliche Kind einer Deutschen erwirbt durch die Geburt die Staatsangehörigkeit der Mutter, wenn es sonst staatenlos sein würde."

430 Durch das Gesetz zur Änderung des Reichs- und Staatsangehörigkeitsgesetzes vom 20. Dezember 1974 (BGBl. I. S. 3714) erhielt § 4 Abs. 1 RuStAG folgende Fassung: „Durch die Geburt erwirbt die deutsche Staatsangehörigkeit 1. das eheliche Kind, wenn ein Elternteil Deutscher ist, 2. das nicht eheliche Kind, wenn seine Mutter Deutsche ist."

431 Durch das Gesetz zur Änderung asylverfahrens-, ausländer- und staatsangehörigkeitsrechtlicher Vorschriften vom 30. Juni 1993 ist § 4 Abs. 1 RuStAG erneut geändert worden: „Durch die Geburt erwirbt ein Kind die deutsche Staatsangehörigkeit, wenn ein Elternteil die deutsche Staatsangehörigkeit besitzt. Ist bei der Geburt eines nichtehelichen Kindes nur der Vater deutscher Staatsangehöriger, bedarf es zur Geltendmachung des Erwerbs einer nach den deutschen Gesetzen wirksamen Feststellung der Vaterschaft; (...)."

432 BGBl. 1977 II S. 597.

433 v. Mangoldt, ZAR 1999, S. 247.

Art. 1 Abs. 1 S.1 dieses Übereinkommens bestimmt, dass jeder Vertragsstaat „einer in seinem Hoheitsgebiet geborenen Person, die sonst staatenlos wäre, seine Staatsangehörigkeit“ verleiht. Nach Art. 1 Abs. 1 S.2 lit. a wird die Staatsangehörigkeit bei der Geburt kraft Gesetzes verliehen, was im Grundsatz dem Ius-soli-Prinzip entspricht. Alternativ ist ein Einbürgerungsanspruch vorgesehen, dessen Voraussetzungen in Art. 1 Abs. 1 S.2 lit.b des Übereinkommens geregelt sind.[434] Da das Ausführungsgesetz zu dem „Übereinkommen vom 30. August 1961 zur Verminderung der Staatenlosigkeit“ vom 29. Juni 1977[435] jedoch in den Fällen drohender Staatenlosigkeit und zur Beseitigung bestehender Staatenlosigkeit gemäß Art. 1 S.2 des Ausführungsgesetzes einen Einbürgerungsanspruch vorsieht, hat es keine besondere Hinwendung zum Ius-soli-Prinzip gegeben, welches das bereits angewendete Ius-sanguinis-Prinzip hätte ersetzen könnte. Die Verbindung des Abstammungsprinzips mit Elementen des Territorialitätsprinzips ist erstmals mit dem Gesetz zur Reform des Staatsangehörigkeitsrechts vom 23. Juli 1999 eingeführt worden. Nunmehr werden Kinder durch Geburt im Inland gemäß § 4 Abs. 3 StAG deutsche Staatsangehörige, wenn ein Elternteil seit acht Jahren rechtmäßig seinen gewöhnlichen Aufenthalt in der Bundesrepublik Deutschland hat und eine Aufenthaltsberechtigung bzw. seit drei Jahren eine unbefristete Aufenthaltserlaubnis besitzt. Damit die Ius-soli-Regelung greift, müssen beide Elternteile des Kindes Ausländer sein, sie dürfen also weder die deutsche Staatsangehörigkeit besitzen noch Deutsche ohne deutsche Staatsangehörigkeit sein. Denn das Kind eines deutschen Staatsangehörigen erwirbt bei Geburt im Inland gemäß § 4 Abs. 1 StAG immer die deutsche Staatsangehörigkeit kraft Abstammung, gleiches gilt für die Kinder der so genannten „Statusdeutschen.“[436]

2. Zustandekommen mehrfacher Staatsangehörigkeit

Mehrfache Staatsangehörigkeit entsteht aufgrund der Nichtübereinstimmung gesetzlicher Vorschriften über den Erwerb und den Verlust des Staatsangehörigkeitsstatuts in den einzelnen Staaten.[437] Das Aufeinandertreffen von ius sanguinis und ius soli bei der Geburt eines Kindes führt in aller Regel zur Mehrstaatigkeit: Das in einem Ius-soli-Staat geborene Kind des Angehörigen eines Ius-sanguinis-Staates erhält im Augenblick der Geburt neben der Staats-

---

434 Deutsche Übersetzung des Art. 1 des Übereinkommens zur Verminderung der Staatenlosigkeit abgedr. in BGBl. 1977 II S. 598.

435 BGBl. 1977 I S. 1101.

436 Der Erwerb der deutschen Staatsangehörigkeit kraft ius sanguinis geht dem Ius-soli-Erwerb vor. Unbeachtlich ist, ob die Eltern bei der Geburt miteinander verheiratet sind. Es kommt nur darauf an, dass sie irgendeine ausländische Staatsangehörigkeit besitzen bzw. staatenlos sind. Vgl. Renner in: Hailbronner/Renner, Staatsangehörigkeitsrecht-Kommentar, Teil II § 4 StAG Rdn. 73.

437 Makarov, Allgemeine Lehren des Staatsangehörigkeitsrechts, S. 292.

angehörigkeit des Heimatlandes seines Vaters oder seiner Mutter die des Geburtslandes, wird also zunächst mehrstaatig.[438] Ob Mehrstaatigkeit eintritt und fortbesteht, richtet sich demnach nicht nur nach der deutschen, sondern auch nach der anderen beteiligten Rechtsordnung.[439]

Mit der staatsangehörigkeitsrechtlichen Gleichstellung von Mann und Frau erwerben ehelich geborene Kinder gemischtnationaler Ehen neben der deutschen häufig eine ausländische Staatsangehörigkeit.[440] Seit dem 01. Januar 1975 kann die deutsche Staatsangehörigkeit auch von der deutschen Mutter erworben werden.[441] Zuvor erwarb das ehelich geborene Kind die deutsche Staatsangehörigkeit nur von seinem deutschen Vater. Die verfassungsrechtliche Abwägung hat ergeben, dass Gleichberechtigung und Mutterrecht den Erwerb der deutschen Staatsangehörigkeit für das Kind notwendig machen, auch wenn hierdurch eine mehrfache Staatsangehörigkeit entsteht. So werden Kinder aus gemischtnationalen Ehen mit einem deutschen Elternteil mit der Geburt Mehrstaater, wenn das Heimatrecht des nichtdeutschen Elternteils dem Abstammungsprinzip folgt.[442] Mehrstaatigkeit entsteht auch dann, wenn die Eltern mit deutscher Staatsangehörigkeit im Ausland leben, das Kind dort geboren wird und die ausländische Staatsangehörigkeit kraft ius soli erwirbt.[443] Ebenfalls denkbar ist, dass ein Elternteil selbst bereits mehrere Staatsangehörigkeiten besitzt und diese nach dem jeweiligen nationalen Recht kraft ius sanguinis an sein Kind weitergibt.[444] Die Mehrstaatigkeit, die mit der Geburt des Kindes aufgrund der Vermischung von Abstammungs- und Territorialitätsprinzip entsteht, nennt man ori-

---

438 Renner, Ausländerrecht, Vorb. § 85 Rdn. 34; Lichter, Die Staatsangehörigkeit nach dem deutschen und dem ausländischen Recht, S. 827f.; vgl. auch Hailbronner in: Hailbronner/Renner, Staatsangehörigkeitsrecht-Kommentar, Teil I Einl. F, Rd. 2; Makarov/ v. Mangoldt, Deutsches Staatsangehörigkeitsrecht, Einl. II Rd. 1.

439 Renner, ZAR 1999, S. 155; Beispiele: Irland: ius soli; Belgien: grds. ius sanguinis, ausnahmsweise ius soli; Dänemark: ius sanguinis; Frankreich: ius sanguinis und Ius-soli-Elemente; Niederlande: ius sanguinis, ergänzt durch Ius-soli-Elemente; Griechenland: grds. ius sanguinis, ausnahmsweise ius soli.

440 Hailbronner, Einbürgerung von Wanderarbeitnehmern und doppelte Staatsangehörigkeit, S. 29; vgl. Art. 1, Art. 2 Abs. 1 S.1 RuStAÄndG (1963); Art. 3 Abs. 1 S.1 RuStAÄndG (1974); § 4 Abs. 1 S.1 StAG.

441 Vgl. Kapitel 4 A III 1.

442 Meireis, StAZ 1994, S. 246. In § 4 Abs. 1 StAG ist normiert, dass es für den Erwerb der deutschen Staatsangehörigkeit ausreicht, wenn bei einem ehelich geborenen Kind ein Elternteil die deutsche Staatsangehörigkeit besitzt. Zum Gleichberechtigungsgedanken vgl. BVerfGE 37, 217, 244.

443 Vgl. aber § 4 Abs. 4 S.1 StAG. Hiernach wird die deutsche Staatsangehörigkeit nicht mehr nach dem Abstammungsprinzip von den Eltern an die im Ausland geborenen Kinder weitergegeben, wenn auch der deutsche Elternteil nach dem 31. Dezember 1999 im Ausland geboren wurde und dort seinen gewöhnlichen Aufenthalt hat. Dies gilt allerdings nicht, wenn das Kind dadurch staatenlos werden würde oder der deutsche Elternteil die Geburt innerhalb eines Jahres gemäß § 4 Abs. 4 S.2 StAG der zuständigen Auslandsvertretung anzeigt.

444 Wallrabenstein in: Huber, Handbuch des Ausländer- und Asylrechts Bd. II, Kap. B 130 § 29 Rdn. 6.

ginären Erwerb der mehrfachen Staatsangehörigkeit. Neben diesen Fällen des originären Erwerbs kann es auch zu nachträglicher Mehrstaatigkeit kommen. Diese tritt unter anderem in den besonderen Fällen des § 87 AuslG ein, wenn eine Einbürgerung nicht mit dem Verlust der bisherigen Staatsangehörigkeit verbunden ist.[445] Hauptquelle der nachträglich eintretenden Mehrstaatigkeit, des Erwerbs mehrfacher Staatsangehörigkeit durch Einbürgerung, sind die Fälle der so genannten Statusdeutschen im Sinne des Art. 116 Abs. 1 GG. Sie stellen den höchsten Anteil an denen, die sich unter Beibehaltung der anderen Staatsangehörigkeit einbürgern lassen können, dar.[446]

Keine Form mehrfacher Staatsangehörigkeit ist die mit dem Vertrag von Maastricht[447] eingeführte europäische Unionsbürgerschaft. Gemäß Art. 17 Abs. 1 S.2 EGV ist Unionsbürger, wer die Staatsangehörigkeit eines Mitgliedsstaates besitzt. Die EU-Bürgerschaft entsteht nicht originär, da sie durch die Staatsangehörigkeit in einem der Mitgliedstaaten vermittelt wird. Die Europäische Gemeinschaft stellt weder einen Bundesstaat noch eine andere Staatsorganisation mit eigener Staatsangehörigkeit dar, und sie verfügt über keine Kompetenz zur Regelung der Staatsangehörigkeiten der Mitgliedsstaaten. Die Unionsbürgerschaft ist also keine Staatsangehörigkeit im üblichen Sinne.[448] Nach Art. 17 Abs. 1 S. 3 EGV ergänzt die Unionsbürgerschaft die nationale Staatsbürgerschaft, ersetzt diese aber nicht. Die Frage der Mehrstaatigkeit stellt sich bei der Unionsbürgerschaft somit nicht.

3. Inhalt der Optionsregelung des § 29 StAG

Die Optionspflichtigen müssen sich, sofern die Voraussetzungen des § 29 Abs. 1 StAG vorliegen, für eine Staatsangehörigkeit entscheiden. Das Optionsmodell enthält vier Fallkonstellationen: Wählt der deutsche Mehrstaater die ausländische Staatsangehörigkeit, so geht gemäß § 29 Abs. 2 S.1 StAG die deutsche Staatsangehörigkeit mit dem Zugang der Erklärung des Betroffenen bei der örtlich und sachlich zuständigen Ordnungsbehörde verloren. Auch wenn der Optionspflichtige keine Erklärung bezüglich der bevorzugten Staatsangehörigkeit abgibt, verliert er gemäß § 29 Abs. 2 S.2 StAG die deutsche Staatsangehörigkeit mit Vollendung des 23. Lebensjahres. Der Mehrstaater hat ferner die Möglichkeit, sich für die deutsche Staatsangehörigkeit zu entscheiden. Für den von der Optionspflicht Betroffenen besteht dann gemäß § 29 Abs. 3 S.1 StAG

---

445 Vgl. hierzu Tabelle 1: Eingebürgerte Personen nach fortbestehender und nicht fortbestehender Staatsangehörigkeit aus dem Jahr 2001, Anhang S. 193ff.

446 Goes, Mehrstaatigkeit in Deutschland, S. 20. Nach dem Stand von 1997 waren es bereits 1,3 Mio. Statusdeutsche, die eine mehrfache Staatsbürgerschaft erworben haben.

447 Gesetz vom 07. Februar 1992 zum Vertrag über die Europäische Union, abgedr. in BGBl. II 1992, S. 1251ff.

448 Renner, FamRZ 1994, S. 868; Geiger, EUV/EGV-Kommentar, Art. 17 Rdn. 2.

die Verpflichtung, den Nachweis der Aufgabe oder des Verlustes der ausländischen Staatsangehörigkeit zu erbringen. Gelingt dem Mehrstaater dieser Nachweis bis zur Vollendung des 23. Lebensjahres nicht und stellt er bis zur Vollendung des 21. Lebensjahres keinen (vorsorglichen) Antrag auf Beibehaltung der deutschen Staatsangehörigkeit bei der zuständigen Behörde, so geht die deutsche Staatsangehörigkeit gemäß § 29 Abs. 3 S. 2 und 3 StAG verloren.

4. Anwendung der Optionsregelung auf Mehrstaater

Nicht jeder Mehrstaater fällt per se unter den Regelungsgehalt des § 29 StAG. Nur ein Teil derjenigen, die originär oder nachträglich die mehrfache Staatsangehörigkeit erworben haben, muss sich später für eine der Staatsangehörigkeiten entscheiden. Wer der Optionspflicht unterliegt, wird durch das Gesetz bestimmt: Nach § 29 Abs. 1 StAG muss der Betroffene die deutsche Staatsangehörigkeit nach dem 31. Dezember 1999 kraft ius soli gemäß § 4 Abs. 3 StAG erworben haben (originärer Erwerb) oder aufgrund der Übergangsbestimmung, der so genannten „Altfallregelung" nach § 40b StAG eingebürgert worden sein (nachträglicher Erwerb). Zudem geht aus § 29 Abs. 1 StAG hervor, dass der Betroffene mindestens eine ausländische Staatsangehörigkeit besitzen muss. Die Optionspflicht tritt mit Volljährigkeit des Mehrstaaters und einem Hinweis der zuständigen Ordnungsbehörde hinsichtlich der Entstehung der Optionspflicht ein.[449] Diejenigen Mehrstaater, die ihre Staatsangehörigkeiten nicht oder nicht ausschließlich aufgrund der Geburt in der Bundesrepublik Deutschland erworben haben, sind von der Optionsregelung nicht betroffen. Die Erklärungspflicht nach § 29 Abs. 1 StAG entfällt demnach bei Kindern aus gemischt-nationalen Ehen und bei Kindern, die nach der Geburt aus einem anderen Grund mehrere Staatsangehörigkeiten besitzen. Zudem muss, wie sich aus der Entstehungsgeschichte sowie dem Sinn und Zweck des § 29 Abs. 1 StAG ergibt, die bei Erreichen der Volljährigkeit neben der deutschen Staatsangehörigkeit bestehende weitere Staatsangehörigkeit mit der durch Geburt erworbenen ausländischen Staatsangehörigkeit identisch sein. Unter die Erklärungspflicht fällt ebenfalls nicht, wer die deutsche Staatsangehörigkeit zwischenzeitlich verloren und später wiedererlangt hat oder wer erst nach der Geburt zu der deutschen noch eine andere Staatsangehörigkeit hinzuerworben hat.[450]

---

[449] Vgl. § 29 Abs. 1 StAG.

[450] Renner in: Hailbronner/Renner, Staatsangehörigkeitsrecht-Kommentar, Teil II § 29 Rdn. 13f; a.A. v. Mangoldt, ZAR 1999, S. 250. *v. Mangoldt* weist darauf hin, dass es im Gesetzeswortlaut des § 29 StAG „eine ausländische" statt „eine durch Geburt erworbene ausländische Staatsangehörigkeit" heißt.

5. Das Optionsverfahren

Das Optionsverfahren wird gemäß § 29 Abs. 5 StAG mit behördlichem Hinweis eingeleitet. In der Belehrung müssen Inhalt, Form und Frist der notwendigen Erklärung und die jeweiligen Folgen der Erklärung bzw. der Nichterklärung beschrieben werden. Angaben über die zuständige Behörde und ein Hinweis auf den möglichen Rechtsschutz und den Aufschub der Verlustfolgen im Falle des Rechtsbehelfsverfahrens sind ebenfalls erforderlich, wobei die bloße Wiedergabe des Gesetzestextes nicht genügt, sondern dessen Inhalt allgemeinverständlich dargestellt werden muss. Diese über die Gesetzeslage belehrenden Hinweise sind wegen ihrer Wichtigkeit formell zuzustellen, bei unbekanntem Aufenthalt durch öffentliche Zustellung und bei Aufenthalt im Ausland nach den jeweils gültigen vertraglichen oder gesetzlichen Formen.[451] Die Zustellung hat gemäß § 29 Abs. 5 S.3 StAG unverzüglich nach der Vollendung des 18. Lebensjahres[452] des Erklärungspflichtigen zu erfolgen. Aus der schriftlichen und bei der zuständigen Ordnungsbehörde abzugebenden Erklärung des Optionspflichtigen muss sich eindeutig ergeben, ob der Betroffene sich für die deutsche oder die ausländische Staatsangehörigkeit entschieden hat. Ferner kann die Erklärung erst nach dem Hinweis der Behörde erfolgen, um etwaige Missverständnisse zu vermeiden.[453] Das Optionsverfahren endet mit der behördlichen Feststellung des Fortbestehens oder des Verlustes der deutschen Staatsangehörigkeit im Sinne des § 29 Abs. 6 StAG.

6. Folgen der Optionslösung

Aus der Neuregelung des § 29 StAG ergeben sich unmittelbar Rechte und Pflichten für den Optionspflichtigen. Hierbei geht es im Wesentlichen um den Verlust bzw. die Möglichkeit der Beibehaltung einer der Staatsangehörigkeiten. Doch was bedeutet die Gesetzesänderung für den Staat, die Bundesrepublik Deutschland? Neben verwaltungstechnischen Problemen entsteht mit der Einführung der Optionsregelung eine vermehrte „Hinnahme“ von Mehrstaatigkeit. Die Häufung der Fälle eintretender Mehrstaatigkeit ist auf die Ausnahmetatbestände des § 29 Abs. 3 und 4 StAG i.V.m. § 87 AuslG zurückzuführen. Mehrfache Staatsangehörigkeit wird dauerhaft hingenommen, wenn die Aufgabe oder der Verlust der ausländischen Staatsangehörigkeit gemäß § 29 Abs. 4 StAG nicht möglich oder nicht zumutbar ist, oder wenn einer der Ausnahmetatbestände des § 87 AuslG eingreift. Diese liegen insbesondere dann vor, wenn die Ge-

451 Renner in: Reform des Staatsangehörigkeitsrechts - Die parlamentarische Beratung, S. 262; Renner in: Hailbronner/Renner, Staatsangehörigkeitsrecht-Kommentar, Teil II § 29 Rdn. 17.

452 § 37 StAG i.V.m. § 68 Abs. 3 AuslG, § 2 BGB.

453 Renner in: Hailbronner/Renner, Staatsangehörigkeitsrecht-Kommentar, Teil II § 29 Rdn. 21.

setze eines Staates das Ausscheiden eines seiner Staatsangehörigen aus der eigenen Staatsangehörigkeit nicht vorsehen (rechtliche Unmöglichkeit) oder ein Staat die Entlassung aus der Staatsangehörigkeit regelmäßig verweigert (faktische Unmöglichkeit): § 87 Abs. 1 S. 2 Nr.1 und 2 AuslG. Der Nachweis einer Praxis der Verweigerung der Entlassung ist dann geführt, wenn die zuständige Behörde des Heimatstaates nicht nur bei besonderen Kategorien von Staatsangehörigen die Entlassung verweigert. Die Entlassungen darf nie oder fast nie genehmigt werden.[454] Regelmäßig verweigert werden Entlassungen aus der (eigenen) Staatsangehörigkeit insbesondere von bestimmten arabischen und nordafrikanischen Staaten wie Syrien, Algerien, Marokko und Tunesien.[455] Das Ausländergesetz sieht weiterhin in § 87 Abs. 1 S.2 Nr. 3 AuslG die Hinnahme der Mehrstaatigkeit in den Fällen vor, in denen die Aufgabe der ausländischen Staatsangehörigkeit unter unzumutbaren Entlassungsbedingungen stattfinden würde. Gleiches gilt, wenn der ausländische Staat die Entlassung aus der Staatsangehörigkeit aus Gründen versagt hat, die der Ausländer nicht zu vertreten hat, wobei ein Vertretenmüssen jedenfalls dann angenommen werden kann, wenn der Betroffene sich nicht ernsthaft und nachhaltig um die Entlassung bemüht oder die Hindernisse für die Entlassung aus seiner bisherigen Staatsangehörigkeit durch Nichterfüllung zumutbarer Pflichten gegenüber seinem Heimatstaat selbst verursacht hat.[456] In der bisherigen Einbürgerungspraxis wurde unter anderem von der Unzumutbarkeit von Entlassungsbemühungen ausgegangen bei Angehörigen bestimmter Personengruppen, wie zum Beispiel bei Iranern, die Heilberufen nachgehen, oder Ehegatten iranischer Staatsangehöriger, die im allgemeinen nur aus der iranischen Staatsangehörigkeit entlassen werden, wenn alle Familienangehörige in das Entlassungsverfahren miteinbezogen sind.[457] Mit Wirkung zum 01. Januar 2000 neu in das Ausländerrecht eingeführt worden ist die Regelung aus § 87 Abs. 1 S.2 Nr. 5 AuslG, wonach bei erheblichen wirtschaftlichen oder vermögensrechtlichen Nachteilen, die über den Verlust der staatsbürgerlichen Rechte hinausgehen, auf die Aufgabe der bisherigen Staatsangehörigkeit verzichtet wird. Unter erheblichen Nachteilen versteht man aus-

---

[454] Vgl. zu den Fällen der Unmöglichkeit des Ausscheidens aus der ausländischen Staatsangehörigkeit Nr. 87.1.2. der Allgemeinen Verwaltungsvorschrift zum Staatsangehörigkeitsrecht (StAR-VwV), BR-Drs. 749/99, S. 69.

[455] Vgl. Tabelle 1: Eingebürgerte Personen nach fortbestehender und nicht fortbestehender bisheriger Staatsangehörigkeit aus dem Jahr 2001, Anhang S. 193ff.; ebenso Hailbronner, Ausländerrecht-Kommentar, Bd. 1, Kap. A 1 § 87 Rdn. 11.

[456] Hailbronner, Ausländerrecht-Kommentar Bd. 1 Kap. A 1 § 87 Rdn. 14,15; Nr. 87.1.2.3.1 der Allgemeinen Verwaltungsvorschrift zum Staatsangehörigkeitsrecht (StAR-VwV), BR-Drs. 749/99, S. 70.

[457] Göbel-Zimmermann/Masuch, DÖV 2000, S. 96f.; Nd. OVG, InfAuslR 1999, S. 242ff. Im Jahr 2000 sind insgesamt 14.410 iranische Staatsangehörige in die Bundesrepublik Deutschland eingebürgert worden. Davon durften 14.368 Personen die bisherige Staatsangehörigkeit beibehalten, nur 42 iranische Bürger wurden ausschließlich deutsche Staatsangehörige; vgl. Tabelle 1: Eingebürgerte Personen nach fortbestehender und nicht fortbestehender bisheriger Staatsangehörigkeit aus dem Jahr 2001, Anhang S. 193ff.

schließlich objektive Nachteile, die deutlich über das zumutbare Maß hinausreichen. Wirtschaftliche oder vermögensrechtliche Nachteile sind in der Regel erheblich, wenn sie ein durchschnittliches Bruttojahreseinkommen des Einbürgerungsbewerbers übersteigen, wobei wirtschaftliche Nachteile unter 20.000 Deutsche Mark stets unerheblich sind.[458] Nach § 87 Abs. 2 AuslG wird Mehrstaatigkeit ferner zugelassen, wenn der Ausländer die Staatsangehörigkeit eines anderen Mitgliedstaates der Europäischen Union besitzt und Gegenseitigkeit besteht. Gegenseitigkeit besteht, wenn das Staatsangehörigkeitsrecht des Herkunftsstaates, eines Mitgliedstaates der Europäischen Union, generell oder nur für andere Staatsangehörige von Mitgliedstaaten der Europäischen Union Mehrstaatigkeit bei der Einbürgerung hinnimmt.[459] EU-Bürger werden demnach unter Hinnahme der Mehrstaatigkeit in die Bundesrepublik Deutschland eingebürgert, wenn der Mitgliedstaat, dem sie angehören, ebenfalls Deutsche unter Hinnahme von Mehrstaatigkeit einbürgert. Die Ausnahmetatbestände von dem Grundsatz der Aufgabe der ausländischen bei Beibehaltung der deutschen Staatsangehörigkeit sind in § 87 Abs. 1 S.2 Nr.1 bis 6 AuslG abschließend geregelt. Dass es sich nicht um eine beispielhafte Aufzählung von Ausnahmetatbeständen handelt, kann man dem vom Gesetzgeber in § 87 Abs. 1 S.2 AuslG gewählten Wortlaut entnehmen, in den die für beispielhafte Aufzählungen gängige Formulierung „Insbesondere" nicht eingefügt wurde.[460] Mehrstaater, die von dem Abwahlzwang des § 29 Abs. 1 StAG betroffen sind, werden, soweit sie in dem Besitz mehrerer Staatsangehörigkeiten einen Vorteil sehen, von der Möglichkeit der Antragstellung auf Erteilung einer Beibehaltungsgenehmigung im Sinne des § 29 Abs. 2 S. 2 und 3 StAG Gebrauch machen. Aufgrund der Ausweitung der Ausnahmetatbestände des § 87 AuslG ist davon auszugehen, dass die Erfolgschancen, die ausländische neben der deutschen Staatsangehörigkeit beibehalten zu können, beträchtlich sind. Insbesondere die Fälle, in denen die Aufgabe der ausländischen Staatsangehörigkeit unzumutbar ist oder in denen wirtschaftliche Nachteile bestehen, führen zu einer vermehrten Hinnahme der Mehrstaatigkeit.

---

458 Nr. 87.1.2.5.2 der Allgemeinen Verwaltungsvorschrift zum Staatsangehörigkeitsrecht (StAR-VwV), BR-Drs. 749/99, S. 72f.

459 Nr. 87.2 der Allgemeinen Verwaltungsvorschrift zum Staatsangehörigkeitsrecht (StAR-VwV), BR-Drs. 749/99, S. 73.

460 Hailbronner, Ausländerrecht-Kommentar, Bd. 1 Kap. A 1 § 87 Rdn. 4; anderes galt noch in § 87 Abs. 1 S.1 AuslG a.F., der als Generalklausel für Ausnahmetatbestände angesehen wurde.

B. Vereinbarkeit der Optionsregelung mit dem Völkervertragsrecht und dem allgemeinen Völkerrecht

I. Völkervertragsrecht

Der in § 29 StAG geregelte Zwang, sich für eine Staatsangehörigkeit zu entscheiden, muss mit den von der Bundesrepublik Deutschland durch Vertragsschluss eingegangenen völkerrechtlichen Verpflichtungen konform gehen. Hinsichtlich der bereits angesprochenen bilateralen Abkommen, den Bancroft-Verträgen und dem Deutsch-Iranischen Niederlassungsvertrag, gibt es keine inhaltlichen Differenzen. Zu untersuchen ist, ob die Optionsregelung mit der Haager Konvention, dem Europäischen Übereinkommen über die Verringerung der Mehrstaatigkeit und über die Wehrpflicht von Mehrstaatern sowie dem Europäischen Übereinkommen über Staatsangehörigkeit zu vereinbaren ist.

1. Vereinbarkeit der Optionsregelung mit der Haager Konvention von 1930

Das Haager Übereinkommen über gewisse Fragen der Kollision von Staatsangehörigkeitsgesetzen (Hauptabkommen) erwähnt in seiner Präambel, dass es im Interesse der internationalen Gemeinschaft liegt, die Ausschließlichkeit der Staatsangehörigkeit zu wahren. Die Optionsregelung aus § 29 StAG könnte mit diesem Interesse dann nicht zu vereinbaren sein, wenn der Optionspflichtige trotz des Optionszwanges die Beibehaltung mehrerer Staatsangehörigkeiten erwirkt.[461] Festgestellt[462] wurde aber, dass die Haager Konvention ihren Vertragsstaaten die Gestaltungsfreiheit hinsichtlich des Staatsangehörigkeitsrechts weitgehend überlässt, soweit die allgemeinen völkerrechtlichen Grundsätze eingehalten werden. Weiterhin ist die Einfachstaatigkeit kein zwingendes Gebot der Konvention, so dass der im innerstaatlichen Recht geregelte Optionszwang mit den aus diesem Übereinkommen erwachsenen völkerrechtlichen Verpflichtungen konform geht.

2. Vereinbarkeit der Optionsregelung mit dem Mehrstaaterübereinkommen von 1963

Würde durch die Reform des Staatsangehörigkeitsrechts eine unbegrenzte Mehrstaatigkeit eingeführt, so müsste die Bundesrepublik Deutschland mit dem Vorwurf rechnen, gegen den „Geist" des Europäischen Übereinkommens über die Verringerung der Mehrstaatigkeit und über die Wehrpflicht von Mehrstaatern verstoßen zu haben. In dem reformierten Staatsangehörigkeitsgesetz vom 15. Juli 1999 ist die grundsätzliche Zulassung dauerhafter Mehrstaatigkeit je-

---

[461] Ein solcher Fall liegt dann vor, wenn sich der Optionspflichtige auf einen der Ausnahmetatbestände des § 87 AuslG berufen kann.

[462] Vgl. hierzu Kapitel 2 B II 2 a).

doch nicht vorgesehen. Vielmehr ist der Besitz von zwei oder mehreren Staatsangehörigkeiten in der Regel auf eine gewisse Zeit beschränkt. Durch die Verpflichtung, sich ab einem bestimmten Alter für eine Staatsangehörigkeit zu entscheiden, wird das Ziel des Mehrstaaterübereinkommens letztlich erreicht. Als unvereinbar mit dem Inhalt des Mehrstaaterübereinkommens könnten sich die Erweiterungen der Ausnahmetatbestände des § 87 AuslG erweisen, auf die sich der Optierende bei Vorliegen der normierten Voraussetzungen berufen kann. Folge dessen ist die Beibehaltung der deutschen neben der ausländischen Staatsangehörigkeit, mithin der dauerhafte Besitz mindestens zweier Staatsangehörigkeiten. Hier erscheint ein Verstoß gegen Art. 1 des Abkommens nicht abwegig. Zu beachten ist jedoch, dass diese Form der Mehrstaatigkeit durch Geburt zustande gekommen ist und gemäß §§ 4 Abs. 3, 29 Abs. 1 StAG nur derjenige Mehrstaater unter die Optionsregelung fällt, der die deutsche Staatsangehörigkeit kraft ius soli erworben hat. Da das Abkommen ausschließlich dann Anwendung findet, wenn der Erwerb der Staatsangehörigkeit infolge einer ausdrücklichen Willenserklärung, also gerade nicht durch die Geburt, des Betroffenen erfolgt, können Unvereinbarkeiten zwischen den aufgeführten Neuregelungen des Staatsangehörigkeitsgesetzes und dem Mehrstaaterübereinkommen nicht auftreten. Dies gilt selbst dann, wenn sich der Mehrstaater gemäß § 29 Abs. 4 StAG i.V.m. § 87 AuslG auf Ausnahmetatbestände berufen kann, welche die Mehrstaatigkeit fördern. Doch selbst dem Vorwurf, gegen die Ziele des Mehrstaaterübereinkommens durch die Änderungen des Staatsangehörigkeits- und Ausländergesetzes verstoßen zu haben, könnte die Bundesrepublik Deutschland dadurch entgegen treten, dass sie das zweite Protokoll zum Mehrstaaterübereinkommen vom 02. Februar 1993 ratifiziert.[463] Am 19. September 2001 hat die Bundesregierung in einer Kabinettssitzung beschlossen, das Europäische Übereinkommen über die Verringerung der Mehrstaatigkeit und über die Wehrpflicht von Mehrstaatern zu kündigen. Die Notwendigkeit der Kündigung folgt nach Ansicht der Bundesregierung aus der Modernisierung des Staatsangehörigkeitsrechts. Insbesondere beruht der Entschluss auf der neu gefassten Regelung des § 87 Abs. 2 AuslG, der nun nicht mehr in Einklang mit dem Übereinkommen stehen soll. Gemäß § 87 Abs. 2 AuslG wird Mehrstaatigkeit dann hingenommen, wenn der Ausländer die Staatsangehörigkeit eines anderen Mitgliedstaates der Europäischen Union besitzt und Gegenseitigkeit besteht. Gegenseitigkeit besteht derzeit nur bei Griechenland, Großbritannien, Portugal und Irland, zukünftig auch bei Schweden. Hinsichtlich der benachbarten Staaten Frankreich und Belgien steht bislang noch die Regelung des Art. 1 des Mehrstaaterübereinkommens entgegen. Mit der Kündigungsabsicht folgt die Bundesrepublik Deutschland dem Beispiel Schwedens, das im Zuge der eigenen Staatsangehörigkeitsrechtsreform am 28. Juni 2001 beschlossen hat, das Euro-

[463] Vgl. hierzu Kapitel 2 B II 2 b).

päische Übereinkommen über die Verringerung der Mehrstaatigkeit und über die Wehrpflicht von Mehrstaatern mit Wirkung zum 29. Juni 2002 zu kündigen. Die Vertragsparteien können das Übereinkommen durch eine an den Generalsekretär des Europarats gerichtete Notifikation kündigen. Die Kündigung wird ein Jahr nach dem Eingang dieser Notifikation beim Generalsekretär wirksam.[464] Eine Teilkündigung, die nur den ersten Teil des Abkommens bzw. den ersten Artikel des Übereinkommens betrifft, ist nicht vorgesehen.[465] Um den Mehrstaatern hinsichtlich der Wehrpflicht keine Nachteile zuzumuten, ist geplant, in der Übergangszeit zwischen dem Beitritt der Bundesrepublik Deutschland zu dem Europäischen Übereinkommen über Staatsangehörigkeit von 1997 und der Kündigung des Mehrstaaterübereinkommens Kontakt mit Italien, Norwegen, Österreich und Schweden aufzunehmen. Angefragt werden soll, ob die wehrpflichtigen Regelungen des Europäischen Übereinkommens über Staatsangehörigkeit, in Abhängigkeit von dem jeweils einschlägigen innerstaatlichen Recht, bereits in der Übergangszeit wechselseitig angenommen werden können.[466]

3. Vereinbarkeit der Optionsregelung mit dem Europäischen Übereinkommen über Staatsangehörigkeit von 1997

Unbeschadet des Inhalts des Europäischen Übereinkommens über Staatsangehörigkeit von 1997 ist ein Verstoß des im deutschen Staatsangehörigkeitsrechts geregelten Optionszwanges gegen das Übereinkommen nur insoweit möglich, als dieses Übereinkommen für die Bundesrepublik Deutschland in Kraft getreten ist. Wie bereits im oberen Teil der Bearbeitung festgestellt[467], ist die Bun-

---

464 Article 12: 2. “Any Contracting Party may, in so far as it is concerned, denounce this Convention by means of a notification addressed to the Secretary-General of the Council of Europe. 3. Such denunciation shall take effect one year after the date of receipt by the Secretary-General of such notification.” // Article 12: 2. «Toute Partie Contractante pourra, en ce qui la concerne, dénoncer la présente Convention en adressant une notification au Secrétaire Général du Conseil de l'Europe. 3. La dénonciation prendra effet une année après la date de la réception de la notification par le Secrétaire Général.» ETS No. 43 (No. 95, 96) p. 7; BGBl. 1969 II S. 1959.

465 Vgl. Art. 44 Abs. 1 der Wiener Vertragsrechtskonvention: „Das in einem Vertrag vorgesehene (...) Recht einer Vertragspartei, zu kündigen, (...) kann nur hinsichtlich des gesamten Vertrages ausgeübt werden, sofern der Vertrag nichts anderes vorsieht oder die Vertragsparteien nichts anderes vereinbaren.“ BGBl. 1985 II S. 943. Das Europäische Übereinkommen über die Verringerung der Mehrstaatigkeit und über die Wehrpflicht von Mehrstaatern sieht keine Trennbarkeit von Vertragsbestimmungen durch Kündigung vor. Zu beachten ist, dass die Wiener Vertragsrechtskonvention nicht rückwirkend auf das Mehrstaaterübereinkommen anwendbar ist (Art. 4 WVK); auszugehen ist von einem inhaltlich verwandten Grundgedanken aus dem völkerrechtlichen Gewohnheitsrecht.

466 Auskunft vom Bundesministerium des Inneren (auf eine schriftliche Anfrage) zu dem Fortbestehen der Verpflichtungen aus dem Europäischen Übereinkommen über die Verringerung der Mehrstaatigkeit und über die Wehrpflicht von Mehrstaatern sowie über den geplanten Beitritt zu dem Europäischen Übereinkommen über Staatsangehörigkeit.

467 Vgl. hierzu Kapitel 2 B II 2 c).

desrepublik Deutschland dem Übereinkommen bislang nicht beigetreten. Die Unterzeichnung des Übereinkommens steht ebenfalls noch aus.[468] Eine völkerrechtliche Verpflichtung, den Inhalt des Abkommens in innerstaatliches Recht umzusetzen, ergibt sich für Deutschland bislang nicht. Die Bundesregierung hat allerdings in der bereits erwähnten Kabinettssitzung am 19. September 2001 beschlossen, dem Europäischen Übereinkommen über Staatsangehörigkeit von 1997 beizutreten. Mit dem geplanten Beitritt will die Bundesrepublik Deutschland zum Ausdruck bringen, dass sie eine europaweite Angleichung grundlegender staatsangehörigkeitsrechtlicher Prinzipien und Regelungen für wünschenswert erachtet. Der Beitritt Deutschlands zu dem Übereinkommen hängt von der Zustimmung des Bundestags ab, die bislang noch nicht erfolgt ist.[469] Soweit allerdings die Zustimmung erteilt wird, könnte eine Unvereinbarkeit der Verpflichtungen aus dem Übereinkommen mit den innerstaatlichen Staatsangehörigkeitsregelungen vorliegen. Die Verpflichtung, Ziel und Zweck eines völkerrechtlichen Vertrages vor seinem Inkrafttreten nicht zu vereiteln, besteht nach Art. 18 des Wiener Übereinkommens über das Recht der Verträge bereits für Unterzeichnerstaaten. Genau genommen, ist ein Staat verpflichtet, sich aller Handlungen zu enthalten, die Ziel und Zweck eines Vertrages vereiteln würden, wenn er unter Vorbehalt der Ratifikation, Annahme oder Genehmigung den Vertrag unterzeichnet. Dies gilt zumindest solange, bis er seine Absicht klar zu erkennen gegeben hat, nicht Vertragspartei zu werden.[470] Damit keine Unvereinbarkeit mit dem Ziel des Europäischen Übereinkommens über Staatsangehörigkeit entsteht und der Beitritt ermöglicht werden kann, hat die Bundesregierung bei der Unterzeichnung des Übereinkommens Vorbehalte zu einzelnen Bestimmungen bzw. zwei interpretierende Erklärungen angekündigt.[471]

---

[468] Stand Mai 2003 nach Auskunft des Bundesministeriums des Inneren.

[469] Stand Mai 2003. Gemäß Art. 59 Abs. 2 S.1 GG bedürfen (völkerrechtliche) Verträge der Bundesrepublik Deutschland mit ausländischen Staaten der Zustimmung bzw. Mitwirkung der jeweils für die Bundesgesetzgebung zuständigen Körperschaft in Form eines Bundesgesetzes. Dadurch soll verhindert werden, dass durch Vertrag eine völkerrechtliche Bindung entsteht, die das Parlament in einen nicht von ihm gebilligten Zugzwang als Gesetzgeber bringt oder dass in einer politisch gewichtigen Frage durch eine vertragliche Bindung die parlamentarischen Kontrollrechte unterlaufen werden. Vgl. Maunz/Zippelius, Deutsches Staatsrecht, § 46 II S. 433f.; BVerfGE 90, 286 (357).

[470] Vgl. BGBl. 1985 II S. 933f.

[471] Bei mehrseitigen Verträgen kann die Ratifikation auch unter Vorbehalt erfolgen. Durch einen Vorbehalt erklärt der Staat, eine oder mehrere Vertragsbestimmungen entweder überhaupt nicht oder nur in einer bestimmten Auslegung anzunehmen. Im letzten Fall spricht man von einer interpretativen Erklärung. Ein Vorbehalt kann grundsätzlich entweder bei Unterzeichnung des Vertragstextes oder anlässlich der Ratifikation angemeldet werden. Vgl. Verdross, Völkerrecht, S. 165f. So auch Art. 19 der Wiener Vertragsrechtskonvention: „Ein Staat kann bei der Unterzeichnung, Ratifikation, Annahme oder Genehmigung eines Vertrages oder beim Beitritt einen Vorbehalt anbringen, sofern nicht a) der Vertrag den Vorbehalt verbietet; b) der Vertrag vorsieht, dass nur bestimmte Vorbehalte gemacht werden dürfen, zu denen der betreffende Vorbehalt nicht gehört, oder c) in

Diese beziehen sich im Wesentlichen auf den in § 29 StAG vorgesehenen Verlust der deutschen Staatsangehörigkeit.[472] Eine Vereinbarkeit der Verlusttatbestände des § 29 StAG mit Art. 7 des Europäischen Übereinkommens über Staatsangehörigkeit, der den Verlust der Staatsangehörigkeit kraft Gesetzes oder auf Veranlassung eines Vertragsstaates regelt, ist nicht gegeben: Nach Art. 7 Abs. 1 des Übereinkommens darf ein Vertragsstaat in seinem innerstaatlichen Recht den Verlust der Staatsangehörigkeit kraft Gesetz oder auf Veranlassung des Vertragsstaates nur in bestimmten Fällen vorsehen: Ein solcher Fall liegt dann vor, wenn der Betreffende eine andere Staatsangehörigkeit freiwillig erwirbt. Der Verlust der Staatsangehörigkeit kann darüber hinaus durch innerstaatliches Recht geregelt werden, wenn der Erwerb der Staatsangehörigkeit des Vertragsstaates auf arglistigem Verhalten beruht, weiterhin durch falsche Angaben oder die Verschleierung erheblicher Tatsachen, wenn diese dem Antragsteller zuzurechnen sind. Weitere Verlusttatbestände liegen in dem freiwilligen Dienst in einer fremden Armee oder im Fehlen einer echten Beziehung zwischen dem Vertragsstaat und einem Staatsangehörigen, der seinen gewöhnlichen Aufenthalt im Ausland hat. Auch wenn ein Staatsangehöriger ein Verhalten aufweist, das den lebenswichtigen Interessen des Vertragsstaates abträglich ist, kann dieser die Staatsangehörigkeit des jeweils betroffenen Staates verlieren. Für die Fälle, in denen während der Minderjährigkeit des Kindes festgestellt wird, dass die durch innerstaatliches Recht bestimmten Voraussetzungen, die zum Erwerb der Staatsangehörigkeit des Vertragsstaates kraft Gesetz führen, nicht mehr erfüllt sind oder wenn ein Kind adoptiert wird, welches die ausländische Staatsangehörigkeit von einem oder beiden der adoptierenden Elternteile erwirbt oder besitzt, kann der jeweilige Vertragsstaat ebenfalls innerstaatliche Verlusttatbestände vorsehen.[473] Nicht vorgesehen ist der Verlust der Staats-

---

den unter Buchstabe a oder b nicht bezeichneten Fällen der Vorbehalt mit Ziel und Zweck des Vertrages unvereinbar ist." BGBl. 1985 II S. 934.

472 Weitere Vorbehalte ergeben sich daraus, dass das Staatsangehörigkeitsrecht den Verlust der deutschen Staatsangehörigkeit durch Adoption vorsieht; dass das Aufnahmeverfahren für Spätaussiedler sowie deren Ehegatten oder Abkömmlinge nicht auf den Erwerb der deutschen Staatsangehörigkeit gerichtet ist oder Bestandteil eines solchen Verfahrens ist; dass von dem Verlust der deutschen Staatsangehörigkeit durch Entlassung unabhängig von ihrem Aufenthalt folgende Personen ausgeschlossen sind: Beamte, Richter, Soldaten der Bundeswehr und sonstige Personen, die in einem öffentlich-rechtlichen Dienst- oder Arbeitsverhältnis stehen, solange ihre Dienst- oder Arbeitszeit nicht beendet ist, wobei ehrenamtliche Personen von dieser Regelung ausgenommen sind, ferner Wehrpflichtige, solange nicht das Bundesministerium der Verteidigung oder eine von ihm bezeichnete Stelle erklärt hat, dass gegen die Entlassung keine Bedenken bestehen.

473 Article 7: A State may not provide in its international law for the loss of its nationality ex lege or at the initiative of the State Party except in the following cases: a) voluntary acquisition of another nationality; b) acquisition of the nationality of the State Party by means of fraudulent conduct, false information or concealment of any relevant fact attributable to the applicant; c) voluntary service in a foreign military force; d) conduct seriously prejudicial to the vital interests of the State Party; e) lack of a genuine link between the State Party and a national habitually residing abroad; f) where it is established during the mi-

angehörigkeit des Vertragsstaates durch Option bzw. Abwahlzwang, wie er in § 29 StAG geregelt ist. Ein diesbezüglicher Vorbehalt[474] seitens der Bundesregierung ist mithin notwendig, um bei einem Beitritt keinen Verstoß gegen das Europäische Übereinkommen über Staatsangehörigkeit zu riskieren.

II. Allgemeines Völkerrecht

Das allgemeine Völkerrecht sieht vor, dass jeder Staat grundsätzlich berechtigt ist, über seine Staatsangehörigen frei zu entscheiden, insbesondere seine Staatsangehörigkeitsregelungen nach eigenem Willen auszugestalten. Hierzu gehört der Erwerb der Staatsangehörigkeit ebenso wie der Verlust derselben. Die Optionspflicht aus § 29 StAG, die sich mit dem Verlust bzw. dem Beibehalten der deutschen sowie der Aufgabe der ausländischen Staatsangehörigkeit beschäftigt, verstößt nicht gegen die weit gehaltenen Grenzen, die das allgemeine Völkerrecht den Staaten bei der Gestaltung des Staatsangehörigkeitsrechts vorgibt. Insbesondere wird die Regelungsfreiheit eines anderen Staates nicht verletzt, selbst wenn es um die Aufgabe der ausländischen Staatsangehörigkeit im Sinne des § 29 Abs. 3 StAG geht. Geregelt werden ausschließlich die Voraussetzungen, die der betroffene Mehrstaater erfüllen muss, um im Besitz der deutschen Staatsangehörigkeit zu bleiben.

C. Vereinbarkeit des Optionszwanges mit dem Grundgesetz

Die Frage der Verfassungskonformität der Optionsregelung wurde in der Anhörung der Sachverständigen vor dem Innenausschuss des Bundestag am 13. April 1999 ausführlich und höchst kontrovers diskutiert. Auch die schriftlichen Stel-

---

nority of a child that the preconditions laid down by international law which led to the ex lege acquisition of the nationality of the State Party are no longer fulfilled; g) adoption of a child if the child acquires or possesses the foreign nationality of one or both of the adopting parents. // Un Etat Partie ne peut prévoir dans son droit interne la perte de sa nationalité de plein droit ou à son initiative, sauf dans les cas suivants: a) acquisition volontaire d'une autre nationalité; b) acquisition de la nationalité de l'Etat Partie à la suite d'une conduite frauduleuse, par fausse information ou par dissimulation d'un fait pertinent de la part requérant; c) engagement volontaire dans des forces militaires étrangères; d) comportement portant un préjudice grave aux intérêts essentiels de l'Etat Partie; e) absence de tout lien effectif entre l'Etat Partie et un ressortissant qui réside habituellement à l'étranger; f) lorsqu'il est établi pendant la minorité d'un enfant, que les conditions prévues par le droit interne ayant entraîné l'acquisition de plein droit de la nationalité de l'Etat Parie ne sont plus remplies; f) adoption d'un enfant lorsque celui-ci acquiert ou possède la nationalité étrangère de l'un ou de ses deux parents adoptifs. ETS No. 166, p.4f. Vgl. auch deutsche Übersetzung, abgedr. in: Hailbronner/Renner, Staatsangehörigkeitsrecht-Kommentar, Anh. A II 8 S. 1046.

474 Nach Art. 29 des Übereinkommens darf kein Vorbehalt zu den Bestimmungen der Kapitel I, II und VI des Übereinkommens eingelegt werden. Der Vorbehalt der Bundesregierung bezieht sich auf Art. 7, der im dritten Kapitel des Übereinkommens niedergeschrieben ist, so dass er grundsätzlich möglich ist. Siehe ETS No. 166, S. 11.

lungnahmen der Sachverständigen zur Vorbereitung der öffentlichen Anhörung[475] enthielten unterschiedliche Aussagen hinsichtlich der Verfassungsmäßigkeit der in § 29 StAG normierten Optionsklausel. Gegner des Gesetzentwurfs sehen in der Optionsregelung eine Verletzung des Entzugsverbotes der Staatsangehörigkeit aus Art. 16 Abs. 1 S.1 GG. Ebenfalls denkbar ist eine Unvereinbarkeit der Optionslösung mit Art. 3 Abs. 1 und 3 GG. Teilweise wird ein Verstoß gegen Art. 6 Abs. 1 GG angenommen. Weder von den Befürwortern noch von den Gegnern des Optionsmodells wird die Verfassungskonformität der Optionsregelung anhand des Art. 2 GG überprüft. Der Vollständigkeit halber wird auch diese Verfassungsnorm in die Bearbeitung mit einbezogen.

I. Optionslösung und Vereinbarkeit mit Art. 16 Abs. 1 GG

Ein wesentlicher Gegenstand dieser Untersuchung ist die Überprüfung der Verfassungskonformität der Optionsregelung anhand des Entzugsverbotes aus Art. 16 Abs. 1 S.1 GG. Allem voran ist anzumerken, dass auch ein Mehrstaater mit deutscher Staatsangehörigkeit vom persönlichen Schutzbereich des Art. 16 Abs. 1 GG umfasst und somit vor dem Entzug der deutschen Staatsangehörigkeit geschützt ist.

1. Regelung des § 29 StAG: Entzug oder Verlust der Staatsangehörigkeit im Sinne des Art. 16 Abs. 1 GG?

Während sich aus Art. 16 Abs. 1 S.1 GG ergibt, dass die deutsche Staatsangehörigkeit nicht entzogen werden darf, regelt Art. 16 Abs. 1 S.2 G den Verlust der deutschen Staatsangehörigkeit, der auf Grund eines Gesetzes und gegen den Willen des Betroffenen eintreten kann, soweit dieser dadurch nicht staatenlos wird. Nunmehr ist fraglich, ob es sich bei der Optionsklausel um einen Entzugstatbestand im Sinne des Art. 16 Abs. 1 S.1 GG handelt mit der Folge, dass diese Regelung verfassungswidrig wäre, oder ob § 29 StAG in den Absätzen 2 und 3 Fälle des zulässigen Verlusttatbestandes des Art. 16 Abs. 1 S.2 GG vorsieht.

a) Entzugstatbestand des Art. 16 Abs. 1 S.1 GG

Art. 16 Abs. 1 S.1 GG soll nach der Entstehungsgeschichte, dem Wortlaut und Sinnzusammenhang verhindern, dass einem deutschen Staatsangehörigen durch hoheitliche Gewalt die deutsche Staatsangehörigkeit entzogen wird.[476] Der Entziehungsbegriff aus Art. 16 Abs. 1 S.1 GG wird in der Verfassung nicht näher erläutert. So ist es nicht überraschend, dass die Deutung des Begriffes "Entzie-

---

[475] Abgedruckt in: Reform des Staatsangehörigkeitsrechts – Die parlamentarische Beratung.

[476] Schmidt-Bleibtreu in: Schmidt-Bleibtreu/Klein, Art. 16 Rdn. 6; vgl. auch v. Mangoldt, HbStR Bd. V, § 119 Rdn. 79 und 82, S. 647f.

hung“ und seines Verhältnisses zum Begriff Verlust im Sinne des Art. 16 Abs. 1 S.2 GG nach wie vor umstritten ist.

aa) Theorien zur Bestimmung des Entziehungsbegriffes

Es haben sich verschiedene Theorien entwickelt, um den Begriff Entziehung zu erläutern. Nach der Verwaltungsakttheorie umfasst die Entziehung im Sinne des Art. 16 Abs. 1 S.1 GG ausschließlich die Wegnahme der Staatsangehörigkeit einer Einzelperson durch einseitigen Verwaltungsakt des Staates.[477] Etwas weiter gefasst, werden unter Entziehung alle „individuellen, einzelaktmäßigen oder allgemein verfügungsartigen Zwangsausbürgerungen“ verstanden, gleichgültig, ob durch Verwaltungsakt, Richterakt oder Sonder- oder Maßnahmegesetz.[478] Die Vertreter der Traditionstheorie sehen in der Entziehung jede über die traditionellen Verlusttatbestände hinausgehende Verlustregelung.[479] Andere wiederum stellen ausschließlich auf den Willen des Betroffenen ab (sog. Willenstheorie). Die Staatsangehörigkeit wird danach entzogen, wenn jemand gegen oder ohne seinen Willen die Staatsangehörigkeit verliert.[480] Zumeist wird auf die Vermeidbarkeit des Verlustes der Staatsangehörigkeit und auf den Willen des Betroffenen verwiesen. Die Entziehung der Staatsangehörigkeit wird als ein Staatsakt verstanden, bei welchem der Betroffene den Wegfall der Staatsangehörigkeit nicht beeinflussen kann, der für ihn also unvermeidbar ist. Dies ist dann anzunehmen, wenn der Betroffene die Handlung, die den Wegfall der Staatsangehörigkeit bedingt, nicht aufgrund eines selbstverantwortlichen und freien Willensentschlusses vorgenommen hat.[481] Auch nach diesem Ansatz richtet sich das Verbot des Entzuges an alle drei Staatsfunktionen, wobei als wichtigster Adressat ebenfalls der Gesetzgeber gilt, da wegen des Grundsatzes des Vorbehalts des Gesetzes nach Art. 20 Abs. 3 GG, Art. 79 Abs.1 GG Einzelakte der Exekutive und der Rechtsprechung ohne gesetzliche Ermächtigung ohnehin rechtswidrig wären.[482]

---

477 Schätzel, AöR Bd. 81 (1956), S. 268. *Schätzel* hat diese Auffassung später jedoch aufgegeben, vgl. Schätzel, Staatsangehörigkeitsrecht, S. 84. Insbesondere der Abgeordnete Zinn vertrat im Hauptausschuss des Parlamentarischen Rates die Verwaltungsakttheorie, vgl. v. Doemming/Füsslein/Matz, Entstehungsgeschichte der Artikel des Grundgesetzes, JöR Bd. 1 (n. Folge) 1951, S. 164.

478 v. Mangoldt, HbStR Bd. V, § 119 Rdn. 88, S. 650; Makarov/v. Mangoldt, Deutsches Staatsangehörigkeitsrecht, Art. 16 Rdn. 12.

479 Pieroth/Schlink, Grundrechte Staatsrecht II, Rdn. 1034, S. 266.

480 Vgl. Kimminich in: BK, Art. 16 Rdn. 34.

481 Schnapp in: v. Münch/Kunig, Art. 16 Rdn. 12; Hailbronner, ZAR 1999, S. 58; Scholz/Uhle, NJW 1999, S. 1511; ebenso die 3. Kammer des 2. Senats des BVerfG in: NJW 1990, S. 2193: BVerfG Beschl. v. 22. 06. 1990 – 2 BvR 116/90: „(...) Entziehung ist der Verlust der deutsche Staatsangehörigkeit, den der Betroffene nicht beeinflussen kann.“

482 Schnapp in: v. Münch/Kunig, Art. 16 Rdn. 12.

Aus einer Kombination sämtlicher Theorien zur Bestimmung des Begriffs Entziehung entwickelte sich folgende, weit gehaltene Definition: Als Entziehung im Sinne des Art. 16 Abs. 1 S.1 GG ist jeder Wegfall der Staatsangehörigkeit gegen oder ohne den Willen des Betroffenen oder des für ihn rechtmäßig Handelnden anzusehen, der durch Einzelakt der Exekutive oder der Rechtsprechung erfolgt oder den der Betroffene nicht beeinflussen kann oder der auf einem nicht in der Staatenpraxis aktuell üblichen und als mit Art. 15 Abs. 2 AEMR anerkannten Verlustgründen beruht.[483]

bb) Kritische Würdigung

Die Verwaltungsakttheorie wird heute nicht mehr vertreten. Eine Einengung des Entzugsbegriffes auf Akte der Exekutive ist mit dem Regelungsgehalt des Art. 1 Abs. 3 GG nicht zu vereinbaren, denn hiernach sind neben der vollziehenden Gewalt auch die Gesetzgebung und die Rechtsprechung an die Grundrechte gebunden. Dass gerade auch die Bindung des Gesetzgebers gewollt ist, ergibt sich zudem aus der Entstehungsgeschichte: Art. 16 Abs. 1 S.1 GG ist als Reaktion auf die unter nationalsozialistischer Herrschaft erlassenen Ausbürgerungsgesetze formuliert worden.[484] Auch die Auffassung, außer der Aberkennung der Staatsangehörigkeit durch behördlichen Einzelakt oder Richterakt sei nur die durch Sondergesetze vorgenommene untersagt, ist als zu eng abzulehnen, weil sie die legislative Entziehung entgegen der Entstehungsgeschichte auf den Fall des Sonder- und Maßnahmegesetzes beschränkt, die generell-abstrakten Regelungen des Gesetzgebers mithin aus dem Anwendungsbereich des Art. 16 Abs. 1 S.1 GG herausnimmt.[485] Die Unterscheidung zwischen Entziehung und Verlust ausschließlich anhand der traditionellen Verlusttatbestände vorzunehmen, vermag ebenfalls nicht zu überzeugen, da nicht das Grundgesetz sich am einfachen Gesetz, sondern umgekehrt das einfache Gesetz sich an der Verfassung zu messen lassen hat.[486] Gegen die Berücksichtigung des Willens als alleiniges Abgrenzungsinstrument spricht, dass dies zu einem Widerspruch mit Art. 16 Abs. 1 S.2 GG führen könnte, wonach der Verlust gegen den Willen des Betroffenen ausdrücklich bei Vorliegen weiterer Voraussetzungen erlaubt ist.[487] Kaum eine Norm des geltenden wie auch des bisherigen Staatsangehörigkeitsrechts, die sich mit Verlusttatbeständen beschäftigt, macht den Eintritt der Rechtsfolge

---

483 Lübbe-Wolff, JURA 1996, S. 62. Nach Art. 15 Abs. 2 der Allgemeinen Menschenrechtserklärung (AEMR) darf niemandem seine Staatsangehörigkeit willkürlich entzogen noch das Recht versagt werden, seine Staatsangehörigkeit zu wechseln.

484 Randelzhofer in: Maunz/Dürig, Art. 16 Abs. 1 Rdn. 51; ähnlich Becker in v. Mangoldt/Klein/Starck, Art. 16 Abs. 1 Rdn. 32.

485 Ziemske, Die deutsche Staatsangehörigkeit nach dem Grundgesetz, S. 163.

486 Renner in: Hailbronner/Renner, Staatsangehörigkeitsrecht-Kommentar, Teil II A Art. 16 Rdn. 33; kritisch auch Lübbe-Wolff, Jura 1996, S. 61.

487 Becker in: v. Mangoldt/Klein/Starck Bd. 1, Art. 16 Rdn. 33.

davon abhängig, ob der Betroffene den Willen zum Verlust der Staatsangehörigkeit hat. Würde man auf das Einverständnis des Betroffenen abstellen, so käme in den meisten Fällen nur der Verzicht auf die Staatsangehörigkeit als Verlusttatbestand in Betracht. Stellt man ausschließlich auf das Kriterium Vermeidbarkeit ab, so könnte diese Definition das Ziel des Verfassungsgebers dahingehend vereiteln, dass die Aberkennung der Staatsangehörigkeit gerade aus politischen Gründen verhindert werden sollte. Denn es ist dem Betroffenen möglich, sein politisches Verhalten anzupassen und somit einer Ausbürgerung zu entgehen; der Vermeidbarkeitsaspekt wäre dann gegeben.[488] Der Rückgriff auf die Staatenpraxis und die Verlustgründe aus Art. 15 AEMR, der von der Kombinationslehre zur Begriffsbestimmung der Entziehung im Sinne des Art. 16 Abs. 1 S.1 GG getätigt wird, ist nicht erforderlich, da das Grundgesetz selbst dem Gesetzgeber durch Regelungen wie dem Willkür- und Diskriminierungsverbot des Art. 3 GG oder den Schutzbestimmungen des Art. 6 GG in anderer Weise Grenzen zieht.[489] Eine Kombination der verschiedenen Elemente, die sich zur Begriffsbestimmung der „Entziehung" entwickelt haben, erscheint neben der Heranziehung der Entstehungsgeschichte des Art. 16 GG am Geeignetsten, eine kritikfeste Definition zu erstellen. Abzustellen ist sowohl auf das Element des Willens als auch auf die Vermeidbarkeit. Damit ist die Gefahr gebannt, dass die Bundesrepublik Deutschland bzw. einer ihrer Träger hoheitlicher Gewalt einem deutschen Staatsangehörigen aus politischen, religiösen, rassischen oder sonst willkürlich gewählten Gründen die deutsche Staatsangehörigkeit nimmt.

b) Verlusttatbestand im Sinne des Art. 16 Abs. 1 S.2 GG

Um den Unterschied zwischen Entziehung und Verlust der deutschen Staatsangehörigkeit aus Art. 16 Abs. 1 GG verdeutlichen zu können, muss auch der Begriff des Verlustes im Sinne des Art. 16 Abs. 1 S.2 GG erläutert werden. Nach herrschender Auffassung versteht man unter „Verlust" die vom Willen des betroffenen Staatsangehörigen getragene, von ihm veranlasste und für ihn beeinflussbare Aufgabe der Staatsangehörigkeit. Den „Verlust" der Staatsangehörigkeit könnte man dementsprechend als „Selbstausbürgerung" bezeichnen.[490]

---

488 Smaluhn, StAZ 1998, S. 98 mit Verweis auf Lübbe-Wolff, JURA 1996, S. 61.

489 Renner in: Hailbronner/Renner, Staatsangehörigkeitsrecht-Kommentar, Teil II A Art. 16 Rdn. 32; weitere Einschränkungen des Gesetzgebers durch das Grundgesetz liegen in dem Vorrang der allgemeinen Regeln des Völkerrechts nach Art. 25 GG sowie in dem rechtsstaatlichen Grundsatz der Verhältnismäßigkeit.

490 Ziemske, Die deutsche Staatsangehörigkeit nach dem Grundgesetz, S. 172; vgl. Beschl. der 3. Kammer des Zweiten Senats des BVerfG in: NJW 1990, S. 2193, Beschl. v. 22. 06. 1990 - 2 BvR 116/90- : „(...) Der Verlust der deutschen Staatsangehörigkeit ist nicht die Folge eines allein auf dem Willen des Staates zur Wegnahme der deutschen Staatsangehörigkeit beruhenden Aktes, sondern er tritt aufgrund von Handlungen des Betroffenen ein, die auf einem selbstverantwortlichen und freien Willensentschluss gegründet sind. Der

Insoweit fällt unter den Begriff Verlust jeder Wegfall der deutschen Staatsangehörigkeit, der nicht Entziehung im Sinne des Art. 16 Abs. 1 S.1 GG ist. Diesbezüglich ist Satz 1 lex specialis gegenüber Satz 2. Im Gegensatz zur Entziehung der Staatsangehörigkeit nach Art. 16 Abs. 1 S.1 GG ist der Verlust der deutschen Staatsangehörigkeit nicht absolut verboten: Nach Art. 16 Abs. 1 S.2 GG darf der Verlust der Staatsangehörigkeit auf Grund eines Gesetzes erfolgen. Der Verlust durch ein Gesetz ist zwar in dem Wortlaut des Art. 16 Abs. 1 S.2 GG nicht enthalten. Es ist aber davon auszugehen, dass der Verlust durch ein Gesetz von dem Regelungsgehalt ebenfalls umfasst sein sollte. Um dem Gesetzesvorbehalt zu genügen, bedarf es somit eines formellen oder materiellen Gesetzes, wobei es sich auch um ein Vertragsgesetz im Sinne des Art. 59 Abs. 2 GG handeln kann.[491]

c) Optionsregelung: Entzug oder Verlust im Sinne des Art. 16 Abs. 1 GG?

Die Neuregelung des Staatsangehörigkeitsrechts sieht in § 29 Abs. 2 und 3 StAG den „Verlust" der Staatsangehörigkeit vor. Fraglich ist nunmehr, ob es sich bei diesem Verlust um eine Entziehung im Sinne des Art. 16 Abs. 1 S.1 GG oder um einen Verlust im Sinne des Art. 16 Abs. 1 S.2 GG handelt.

aa) Stellungnahmen der Sachverständigen vor dem Innenausschuss des Deutschen Bundestages

Die Auswertung der Befragung und der Stellungnahmen der Sachverständigen vor dem Innenausschusses des Deutschen Bundestages zu dem Gesetzentwurf von Abgeordneten aus den Fraktionen der SPD, Bündnis90/Die Grünen und der F.D.P. ergibt, dass die Mehrheit der Sachverständigen den in § 29 Abs. 2 und 3 StAG vorgesehenen Verlust der Staatsangehörigkeit, der aufgrund der Optionspflicht eintritt, als einen zulässigen Verlust der Staatsangehörigkeit im Sinne des Art. 16 Abs. 1 S.2 GG ansehen. Der Sachverständige *Hailbronner* ist der Auffassung, dass es sich bei dem vorgesehenen Verlust der deutschen Staatsangehörigkeit des von der Optionspflicht Betroffenen nicht um eine Entziehung im Sinne des Art. 16 Abs. 1 S.1 GG handele. Ein Verlust liege vor, wenn er auf einem freien Willensentschluss beruhe und, im Sinne der Rechtsprechung des Zweiten Senats des Bundesverfassungsgerichts[492], zudem vermeidbar sei. Durch die Optionsregelung sei es dem Betroffenen freigestellt, die ausländische Staatsangehörigkeit – soweit es möglich und zumutbar ist - aufzugeben, so dass

Betroffene hat es selbst in der Hand, die deutsche Staatsangehörigkeit zu behalten, sei es, dass er auf den Erwerb der ausländischen Staatsangehörigkeit verzichtet, (...)."

491 v. Mangoldt, HbStR Bd. V, § 119 Rdn. 93f, S. 652.; Becker in: v. Mangoldt/Klein/Starck, Art. 16 Abs. 1 Rdn. 42f.; Kokott in: Sachs, Art. 16 Rdn. 18.

492 BVerfG, NJW 1990, S. 2193.

der Verlust der deutschen Staatsangehörigkeit nicht eintreten müsse.[493] Auch der Sachverständige *Gusy* sieht in dem Verlust der deutschen Staatsangehörigkeit aufgrund der ausdrücklichen oder konkludenten Ausübung des Optionsrechtes keine Entziehung im Sinne des Art. 16 Abs. 1 S.1 GG. Bei Heranziehen der Entstehungsgeschichte des Art. 16 Abs. 1 GG werde deutlich, dass die Norm eine Reaktion auf die Praxis des nationalsozialistischen Regimes, politisch missbilligten Deutschen insbesondere dann die Staatsangehörigkeit zu entziehen, wenn sie sich im Ausland aufhielten, sei[494]: Im Parlamentarischen Rat war als Anhaltspunkt die willkürliche Entziehung der Staatsangehörigkeit, besonders nach den Ausbürgerungen und Aberkennungen aus politischen Gründen, genannt worden.[495] Lege man diese Beschreibung und die Historie des Art. 16 Abs. 1 GG bei der Bestimmung des Begriffes Entziehung zugrunde, sei das Optionsmodell keinesfalls eine Entziehung, folglich vereinbar mit Art. 16 Abs. 1 S.1 GG.[496] Der Sachverständige *Huber* sieht die Bedenken des Optionsmodells insbesondere in der Regelung des § 29 Abs. 3 StAG. Ein verbotener Entzug könne dann vorliegen, wenn es dem Mehrstaater nicht gelinge, die Entlassung aus der fremden Staatsangehörigkeit nachzuweisen. Ziehe man die auf den Willen des Betroffenen abstellende Definition des Entzuges heran, dann sei es schwierig, im Falle des § 29 Abs. 3 StAG den Tatbestand des Art. 16 Abs. 1 S.1 GG zu verneinen.[497] Stelle man allerdings auf den Wortlaut und die Systematik des Art. 16 Abs. 1 GG ab, erscheine es vorzugswürdig, unter „Entzug" der Staatsangehörigkeit nur die individuelle, einzelaktsmäßige oder allgemeinverfügungsartige Zwangsausbürgerung zu begreifen. Auf diese Weise trage man nicht nur dem Regelungsgehalt der Verfassung besser Rechnung, man vermeide auch eine allzu extensive, letztlich rein fiktive Auslegung des Willens des Betroffenen und gelange zu einer größeren Gestaltungsfreiheit des Gesetzgebers bei der Regelung des Staatsangehörigkeitsrechts. Bei Anwendung dieser Definition handele es sich bei der Optionslösung des § 29 Abs. 3 StAG nicht um eine verfassungswidrige Norm.[498] Hingegen könne man den Fall der Nichtausübung des Optionsrechts im Sinne des § 29 Abs. 2 S.2 GG, bei dem der Verlust formal ohne den Willen des Optionspflichtigen eintritt, als verfassungsrechtlich un-

493 Hailbronner in: Reform des Staatsangehörigkeitsrechts – Die parlamentarische Beratung, S. 38.
494 Gusy in: Reform des Staatsangehörigkeitsrechts – Die parlamentarische Beratung, S. 277f.
495 Der Vorsitzende des Grundsatzausschusses Hermann v. Mangoldt wies in der 26. Sitzung vom 30. 11. 1948 darauf hin, dass jedes Staatsangehörigkeitsrecht den Verlust der Staatsangehörigkeit für bestimmte Fälle vorsehe und vorsehen müsse, nicht aber dürfe eine „willkürliche", sachlich nicht gerechtfertigte Entziehung zugelassen werden. Vgl. v. Doemming/Füsslein/Matz, JöR Bd. 1 (n.F.)1951, S. 160.
496 Gusy in: Reform des Staatsangehörigkeitsrechts – Die parlamentarische Beratung, S. 277f.
497 Huber in: Reform des Staatsangehörigkeitsrechts – Die parlamentarische Beratung, S. 46.
498 Huber in: Reform des Staatsangehörigkeitsrechts – Die parlamentarische Beratung, S. 224 mit dem Hinweis darauf, dass die von ihm verwendete Definition der Entziehung nicht mit derjenigen der „herrschenden" Meinung übereinstimmt.

problematisch einstufen, soweit man in der Untätigkeit eine Willensbekundung gegen die deutsche Staatsangehörigkeit sehe.[499] Das Element der Freiwilligkeit und Vermeidbarkeit wäre hier gegeben, so dass es sich bei der Regelung des § 29 Abs. 2 S.2 StAG demnach um einen zulässigen Verlust der Staatsangehörigkeit im Sinne des Art. 16 Abs. 1 S.2 GG handelt. Die Vereinbarkeit der Optionsregelung aus § 29 StAG mit Art. 16 Abs. 1 GG wird jedoch auch bezweifelt: So stellt sich die Situation für den Sachverständigen *Isensee* jedenfalls dann als juristisch problematisch dar, wenn der von der Optionsregelung Betroffene die Wahl im Sinne des § 29 Abs. 1 StAG nicht treffen will, mithin nicht bereit ist, mindestens eine der Staatsangehörigkeiten aufzugeben. Verliert er dennoch gemäß § 29 Abs. 2 S. 2 StAG die deutsche Staatsangehörigkeit, so könne dies als ein Verlust gesehen werden, der gegen den Willen des Betroffenen geschehe. Ein solcher Verlust, sei er durch den Gesetzgeber, die Verwaltung oder die Rechtsprechung verfügt worden, kollidiere mit dem Grundgesetz, dem Entzugsverbot aus Art. 16 Abs. 1 S.1 GG.[500]

bb) Diskussion im Schrifttum

Auch im Schrifttum wird die Verfassungsmäßigkeit der Optionsregelung im Hinblick auf Art. 16 Abs. 1 S.1 GG diskutiert. Für die Annahme, dass es sich bei der Optionsregelung um einen zulässigen Verlusttatbestand im Sinne des Art. 16 Abs. 1 S.2 GG handelt, sprechen insbesondere die im Gesetz (§ 29 Abs. 4 StAG i.V.m. § 87 AuslG) großzügig vorgesehenen Ausnahmetatbestände, die das Innehaben mehrerer Staatsangehörigkeiten bei Vorliegen bestimmter Voraussetzungen bewilligen und hinnehmen. Zu beachten ist, dass in diesen Fällen ein Rechtsanspruch auf Erteilung der Beibehaltungsgenehmigung gemäß § 29 Abs. 4 StAG i.V.m. § 87 AuslG besteht. Hieraus wird gefolgert, dass der Betroffene die Aberkennung beeinflussen kann, es mithin an ihm liegt, ob er Deutscher bleibt oder nicht. Demnach handelt es sich um einen bloßen Verlust, der gesetzlich geregelt werden kann.[501] Zusätzlich geschützt ist der Optionspflichtige durch die Hinweispflicht der zuständigen Ordnungsbehörde gemäß § 29 Abs. 5 StAG und die fortbestehende Möglichkeit des einstweiligen Rechtsschutzes nach § 29 Abs. 3 S.5 StAG. Die Aspekte des Schutzes des vom Abwahlzwang Betroffenen und die Möglichkeit der Beantragung einer Beibehaltungsgenehmigung dienen dazu, etwaig bestehende Zweifel an der Vermeidbarkeit oder der Beeinflussbarkeit des staatlichen Aktes der Verlustfeststellung nahezu auszu-

---

[499] Huber in: Reform des Staatsangehörigkeitsrechts – Die parlamentarische Beratung, S. 222f.

[500] Isensee in: Reform des Staatsangehörigkeitsrechts – Die parlamentarische Beratung, S. 65.

[501] Vgl. Scholz/Uhle, NJW 1999, S. 1515; Hailbronner, NVwZ 1999, S. 1274.

räumen.[502] Andererseits wird oftmals bemängelt, dass der optionspflichtige Mehrstaater zu einer Entscheidung genötigt wird, eine wirkliche Option also gar nicht vorliegt. So liegt es nahe, den Zwang zur Aufgabe der ausländischen Staatsangehörigkeit nach § 29 Abs. 3 StAG nicht mit einer Situation gleichzusetzen, in der eine freie Entscheidung zwischen Alternativen möglich ist: Denn der Verlust der deutschen Staatsangehörigkeit tritt gegen den Willen des Betroffenen ein, wenn dieser gleichzeitig die andere Staatsangehörigkeit behalten will. Demzufolge handelt es sich bei dem in § 29 StAG vorgesehenen Verlust der deutschen Staatsangehörigkeit um eine Entziehung im Sinne des Art. 16 Abs. 1 S.1 GG, falls nicht die Erfüllung der von der Konstruktion der Optionsregelung her von Anfang an immanenten Verpflichtung zur Aufgabe der anderen Staatsangehörigkeit als Element der Freiwilligkeit angesehen werden kann. Die Ausnahmetatbestände des § 87 AuslG beinhalten die Vorstellung, dass der Mehrstaater freiwillig handelt, sofern er die Möglichkeit der Aufgabe der anderen Staatsangehörigkeit nicht nutzt, es sei denn, er ist dazu nicht oder nur unter besonders schwierigen Bedingungen imstande.[503] Legt man diesen Gedanken bei der Überprüfung der Vereinbarkeit der Optionsregelung mit Art. 16 Abs. 1 GG zugrunde, handelt es sich bei dem Verlust der Staatsangehörigkeit aufgrund der Optionspflicht bzw. des Nichtoptierens des Optionspflichtigen um einen zulässigen Verlust im Sinne des Art. 16 Abs. 1 S.2 GG.

cc) Folgerungen:

aaa) Anwendung der Ausnahmetatbestände des § 87 AuslG auf Mehrstaater

Da die reformierten Ausnahmetatbestände des § 87 AuslG vermehrt zur Begründung der Verfassungsmäßigkeit der Optionsregelung herangezogen werden, liegt es nahe zu überlegen, ob diese überhaupt uneingeschränkt auf die Situation eines Mehrstaaters übertragbar sind. Bedenken entstehen deshalb, weil die Ausnahmeregelungen des § 87 AuslG grundsätzlich auf denjenigen Ausländer zugeschnitten sind, der die deutsche Staatsangehörigkeit zu erwerben beabsichtigt und vor die Wahl zwischen dieser und der bisherigen Staatsangehörigkeit gestellt wird. Der von dem Regelungsgehalt des § 29 StAG betroffene Mehrstaater besitzt neben der ausländischen bereits die deutsche Staatsangehörigkeit. Er will die ausländische Staatsangehörigkeit also nicht aufgeben, um die deutsche Staatsangehörigkeit zu erwerben, sondern, um diese beibehalten zu dürfen. Das Maß der dem deutschen Mehrstaater zumutbaren Entlassungsbemühungen müsste demnach anders zu definieren sein als bei einem Ausländer,

502 Weber, DVBl. 2000, S. 373; ebenso Scholz, DRiZ 1999, S. 175f.; Hailbronner, NVwZ 1999, S. 1277; Göbel-Zimmermann/Masuch, DÖV 2000, S. 98.

503 Renner, Ausländerrecht, Vorb. § 85 Rdn. 47f.

der noch über keine staatsangehörigkeitsrechtliche Beziehung zu Deutschland verfügt.[504] Ein Indiz dafür, dass die Anwendung der gesetzlichen Normierung aus § 87 AuslG auf einen Mehrstaater nicht per se ausgeschlossen ist, kann man der Ausgestaltung der Vorschrift entnehmen: Die Ausnahmetatbestände sind nicht so eng gefasst, dass sie nur Ausländer, nicht aber Mehrstaater, die unter anderem die deutsche Staatsangehörigkeit besitzen, betreffen könnten. Die Gründe zur Hinnahme von Mehrstaatigkeit, die in § 87 Abs. 1 S.2 Nr. 1, 2, 3 und 5 AuslG sowie in § 87 Abs. 2, 3 und 4 AuslG aufgeführt sind, erfassen auch den Problembereich des Ius-soli-Deutschen. So können unzumutbare Bedingungen im Sinne des § 87 AuslG, die eine Hinnahme von Mehrstaatigkeit rechtfertigen, sowohl bei einer Person mit zunächst ausschließlich ausländischer Staatsangehörigkeit vorliegen als auch bei einem Mehrstaater mit deutscher Staatsangehörigkeit. Unzumutbare Bedingungen im Sinne des § 87 Abs. 1 S.2 Nr.3 Var.2 AuslG liegen zum Beispiel vor, wenn die Entlassung von überhöhten Gebühren abhängig gemacht wird. In diesem Fall kann kein Unterschied zwischen einem einbürgerungswilligen Ausländer und einem deutschen Mehrstaater gemacht werden. Der Ausländer, der grundsätzlich bereit wäre, die ausländische Staatsangehörigkeit zugunsten der deutschen aufzugeben, tut dies wegen des finanziellen Aufwands nicht. Ebenso handelt der Mehrstaater, der bereits die deutsche Staatsangehörigkeiten besitzt und wahrscheinlich auch beide behalten möchte. Die Regelung des § 87 AuslG ist auf den Mehrstaater also trotz der im Vergleich zum Ausländer unterschiedlichen Interessenlage anwendbar.

Weiteres tragfähiges Indiz für die (uneingeschränkte) Anwendbarkeit der Ausnahmetatbestände des § 87 AuslG auf deutsche Mehrstaater ist die Verweisvorschrift aus § 29 Abs. 4 StAG: Diese Norm aus dem Staatsangehörigkeitsgesetz betrifft ausschließlich Mehrstaater, die in der Bundesrepublik Deutschland geboren sind. Zudem ergibt sich aus der Begründung zum Gesetzentwurf des reformierten Staatsangehörigkeits- und Ausländergesetzes kein Anhaltspunkt für die Annahme, dass § 87 AuslG nicht für deutsche Mehrstaater gelten soll. Demzufolge können die Ausnahmetatbestände des § 87 AuslG als ein Argument dafür herangezogen werden können, dass es sich bei dem in § 29 StAG geregelten Optionszwang und dem damit verbundenen Verlust einer der Staatsangehörigkeiten um einen Verlust im Sinne des Art. 16 Abs. 1 S.2 GG handelt. Die Ausgestaltung der Optionsregelung bewirkt deshalb keinen mittelbaren oder unmittelbaren Zwang, die deutsche Staatsangehörigkeit aufgeben zu müssen, so dass auch der Ius-soli-Deutsche vor einer Entziehung der deutschen Staatsangehö-

[504] Vgl. hierzu die ausführliche Gesamtdarstellung des Problems in: Renner, Ausländerrecht, Vorb. § 85 Rdn. 49.

rigkeit im Sinne des Art. 16 Abs. 1 S.1 GG umfassend geschützt ist.[505] Insgesamt sollte die gesetzliche Neuregelung als eine Besserstellung für die betroffenen Personen gesehen werden, da sie durch die Geburt im Inland zunächst mindestens zwei Staatsangehörigkeiten erhalten.[506]

bbb) Auswertung der von politischer und rechtswissenschaftlicher Seite geäußerten Kritik am Optionsmodell

Nicht überzeugend ist die Ansicht, dass die deutsche Staatsangehörigkeit eines Mehrstaaters jedenfalls dann im Sinne des Art. 16 Abs. 1 S.1 GG entzogen wird, sollte dieser an beiden Staatsangehörigkeiten festhalten, die deutsche aber mit Vollendung des 23. Lebensjahres gemäß § 29 Abs. 2 S.2 StAG verlieren.[507] Kritisch vermerken kann man hier, dass der Aspekt der Unvermeidbarkeit des Verlustes, der zumindest im Jahr 1990 von der Rechtsprechung des Bundesverfassungsgerichts[508] hinsichtlich der Begriffsbestimmung des Entzuges im Sinne des Art. 16 Abs. 1 S.1 GG für unerlässlich angesehen wurde, keine Berücksichtigung findet. Ein weiteres Argument dafür, dass nicht allein auf den Willen des Betroffenen abzustellen ist, könnte sich aus dem Regelungsgehalt der §§ 17 Nr.2, 25 StAG ergeben, wonach bei dem Erwerb einer ausländischen Staatsangehörigkeit die deutsche Staatsangehörigkeit verloren geht, selbst wenn der Betroffene sie behalten will. Diese Vorschriften wären dann ebenfalls als Entzugstatbestände im Sinne des Art. 16 Abs. 1 S.1 GG zu qualifizieren und demnach verfassungswidrig. Dies ist bislang zu Recht nicht bemängelt worden. Allerdings können die Verlusttatbestände aus §§ 17 Nr.2, 25 StAG im Vergleich zu § 29 StAG nur eingeschränkt herangezogen werden, da deren Regelungsgehalt dem Sinn und Zweck nach nicht mit dem des § 29 StAG übereinstimmt. Während es in § 25 StAG um den Erwerb einer neuen, ausländischen Staatsangehörigkeit geht, hat der deutsche Staatsangehörige nach der Optionsregelung mindestens zwei Staatsangehörigkeiten und muss auf eine von beiden nach spätestens 23 Jahren verzichten.[509] Die Optionsregelung beinhaltet einen unvermeidbaren Abwahlzwang für den einzelnen, sobald die deutsche Staatsangehörigkeit kraft ius soli neben der ausländischen Staatsangehörigkeit einmal erworben wird. Dieser Fall ist nicht mit der Situation zu vergleichen, in dem es um den Erwerb einer ausländischen Staatsangehörigkeit geht, obwohl auch hier der

---

505 Hailbronner in: Hailbronner/Renner, Staatsangehörigkeitsrecht-Kommentar, Teil I Einl. F Rdn. 80; Hailbronner, Ausländerrecht-Kommentar Bd. I Kap. A I § 87 Rdn. 4 (26. Erg.-Lfg. November 2000)

506 Schnapp, Rubin 1/2000, S. 31.

507 Vgl. Kapitel 4 C I 1 c aa), Stellungnahme des Sachverständigen *Isensee*.

508 BVerfG, NJW 1990, S. 2193; siehe auch Kapitel 4 C I 1 a aa).

509 Vgl. zur Gesamtdarstellung des Problems: Stellungnahme des Kommissariats der Deutschen Bischöfe, Katholisches Büro Bonn in: Reform des Staatsangehörigkeitsrechts - Die parlamentarische Beratung S. 199.

Verlust der deutschen Staatsangehörigkeit vorgesehen ist. Unter diesem Aspekt wird zum Teil vermutet, dass im Zusammenhang mit dem Abwahlzwang ein Entzug im Sinne des Art. 16 Abs. 1 S.1 GG vorliegt.[510] Dem kann man entgegnen, dass einerseits dem Optionspflichtigen aufgegeben wird, die ausländische Staatsangehörigkeit aufzugeben, damit er die deutsche Staatsangehörigkeit behalten kann; insofern kann ein „Zwang" angenommen werden. Zwang besteht jedoch andererseits nicht hinsichtlich der Aufgabe der deutschen Staatsangehörigkeit, soweit die ausländische Staatsangehörigkeit nicht aufgegeben werden kann, sei es aus Unzumutbarkeitsgründen oder sei es aufgrund schlichter Unmöglichkeit des Verlustes. Schließlich schützt Art. 16 Abs. 1 S.1 GG den deutschen Mehrstaater nur vor der Entziehung der deutschen Staatsangehörigkeit; der Verlust oder die Aufgabe der ausländischen Staatsangehörigkeit ist durch die deutsche Verfassung nicht geregelt. Insofern handelt es sich auch bei dem in § 29 Abs. 2 S.2 StAG vorgesehenen Verlusttatbestand nicht um einen Entzug der deutschen Staatsangehörigkeit im Sinne des Art. 16 Abs. 1 S.1 GG.

Bei der Anhörung der Sachverständigen hat ein wesentlicher Aspekt des so genannten Optionsmodells kaum Beachtung gefunden: Die Verbindung der Optionspflicht mit einem bestimmten Zeitpunkt. Die Entscheidungspflicht des Mehrstaaters für eine der Staatsangehörigkeiten knüpft gemäß § 29 Abs. 1 und 3 StAG an das Erreichen eines bestimmten Alters an. Die Vollendung des 23. Lebensjahres ist eine Bedingung dafür, dass bei Ausbleiben der Option die deutsche Staatsangehörigkeit wegfällt. Sollte das Erreichen eines bestimmten Lebensalters, das durch den Betroffenen in der Regel nicht beeinflusst werden kann, letzter Anknüpfungspunkt für die Regelung eines automatischen Wegfalls der deutschen Staatsangehörigkeit sein, läge hierin eine Entziehung im Sinne des Art. 16 Abs. 1 S.1 GG. Dem kann man jedoch entgegen halten, dass der Optionspflichtige zwar für gewöhnlich das Fortschreiten seines Lebensalters nicht aufhalten, die Situation allerdings durch mögliches und auch zumutbares Handeln oder Unterlassen der gebotenen Handlung, geregelt in § 29 Abs. 3 StAG, beeinflussen kann. Im Gegensatz zu den traditionellen Verlustgründen kann nicht nur an ein aktives Tun, sondern auch an ein bloßes Unterlassen nach Vollendung eines bestimmten Lebensalters angeknüpft werden, wie es in § 29 Abs. 2 S.2 StAG oder in § 29 Abs. 3 S.2 StAG vorgesehen ist. Das Unterlassen einer Handlung kann rechtlich nachteilig wirken, wenn die Behörde rechtzeitig auf die Pflichten hingewiesen hat und der Optionspflichtige trotz Kenntnis der Rechtslage die ausländische Staatsangehörigkeit nicht aufgibt oder den Verlust der ausländischen Staatsangehörigkeit nicht nachweist und trotzdem keine Beibehaltungsgenehmigung beantragt.[511] Anknüpfungspunkt ist hier also nicht ausschließlich das Erreichen eines bestimmten Alters. Vielmehr muss auf das Un-

---

510 Vgl. Isensee in: Reform des Staatsangehörigkeitsrechts – Die parlamentarische Beratung, S. 87.

511 Göbel-Zimmermann/Masuch, DÖV 2000, S. 98.

terlassen der gesetzlich vorgesehenen Handlung bis zu dem vorgeschriebenen Zeitpunkt, der Vollendung des 23. Lebensjahres abgestellt werden. Soweit man zu Recht nicht ausschließlich auf das fortschreitende Lebensalter abstellt, kann der in § 29 StAG normierte Verlusttatbestand nicht als Entzugs-, sondern nur als ein Verlusttatbestand im Sinne des Art. 16 Abs. 1 GG qualifiziert werden.

ccc) Ergebnis zur Einordnung der Optionsregelung

Stellt man mit der Rechtsprechung des Zweiten Senats des Bundesverfassungsgerichts[512] bei der Definition der Entziehung auf den Vermeidbarkeitsaspekt ab, so handelt es sich bei der Optionsregelung aus § 29 StAG nicht um einen unzulässigen Entzug im Sinne des Art. 16 Abs. 1 S.1 GG. Der Verlust der deutschen Staatsangehörigkeit kann grundsätzlich durch den Nachweis der Aufgabe der ausländischen Staatsangehörigkeit abgewendet werden. Sofern der Nachweis nicht erbracht werden kann oder die Aufgabe der ausländischen Staatsangehörigkeit unmöglich oder unzumutbar ist, wird auf die Regelungen des § 29 Abs. 3 und 4 StAG i.V.m. § 87 AuslG verwiesen: Hiernach besteht die Möglichkeit, rechtzeitig einen Antrag auf eine Beibehaltungsgenehmigung zu stellen. Der Verlust der deutschen Staatsangehörigkeit kann dann ebenfalls abgewendet werden. Auch nach der Einzelaktstheorie, die auf den individuellen Charakter des Entzuges abstellt und nur die „einzelaktsmäßige" Zwangsausbürgerung als Entzug ansieht, dürfte die Optionsregelung nicht gegen Art. 16 Abs. 1 S.1 GG verstoßen, da es sich bei § 29 StAG um eine allgemeingültige gesetzliche Regelung handelt.[513] Vertritt man die kombinierte Definition des Entzuges mit den Elementen der Vermeidbarkeit und dem Willenselement, so ergeben sich hinsichtlich der Vereinbarkeit der Optionsregelung mit dem Entzugsverbot aus Art. 16 Abs. 1 S.1 GG ebenfalls keine Bedenken. Der Vermeidbarkeitsaspekt ist bereits untersucht worden. Die Komponente des Willens lässt sich nicht isoliert betrachten, sondern muss im Zusammenhang mit der Beeinflussung des Verlustes oder der Beibehaltung der deutschen Staatsangehörigkeit gesehen werden. Die Regelung in § 29 StAG ist so ausgestaltet, dass ein Verlust der deutschen Staatsangehörigkeit nur eintritt, wenn er dem erklärten Willen des Betroffenen entspricht oder Handlungen unterlassen werden, obwohl sie möglich und zumutbar sind. Insbesondere die Möglichkeit, einen Antrag auf Beibehaltung der deutschen Staatsangehörigkeit zu stellen, soweit eine gewisse „Notlage" vorliegt, gewährleistet, dass es sich nicht um einen Entzug im Sinne des Art. 16 Abs. 1 S.1 GG handelt, bei dem der Betroffene seinen Rechtsverlust nicht durch eigenes freies Handeln selbstverantwortlich herbeigeführt hat. Festzuhalten bleibt, dass es sich bei dem in § 29 Abs. 2 S.1. und S.2 StAG und § 29 Abs. 3

---

[512] BVerfG, NJW 1990, S. 2193.
[513] So im Ergebnis auch Martenczuk, KritV 2000, S. 208.

S.2 StAG vorgesehenen Verlust der deutschen Staatsangehörigkeit um einen Verlust im Sinne des Art. 16 Abs. 1 S.2 GG handelt.

2. „Minderstaatsangehörigkeit" aufgrund der Optionsregelung ?

Die nunmehr durch Geburt zu erwerbende deutsche Staatsangehörigkeit wird häufig von den Gegnern der Reform als „Minderstaatsangehörigkeit" oder „Staatsangehörigkeit minderen Rechts"[514] bezeichnet. Aufgrund solcher Aussagen besteht der Bedarf zu klären, ob die durch Inlandsgeburt nach § 4 Abs. 3 StAG (i.V.m. § 29 StAG) verliehene Staatsangehörigkeit, verglichen mit derjenigen Staatsangehörigkeit, die durch Abstammung erworben wird, eine inhaltlich gleichwertige ist oder ein aliud darstellt. Sofern es sich um eine identische Staatsangehörigkeit handelt, entstehen keine rechtlichen Bedenken. Liegt jedoch ein aliud, also eine besondere oder andersartige Form der Staatsangehörigkeit vor, so könnte sich hieraus ein Verstoß gegen das Prinzip der Einheitlichkeit der Staatsangehörigkeit ergeben. Zu untersuchen ist, inwieweit das Gebot der Einheitlichkeit der Staatsangehörigkeit in der Verfassung, vorrangig in Art. 16 Abs. 1 GG, verankert ist. In der vorliegenden Fallkonstellation, dem Erwerb der deutschen Staatsangehörigkeit kraft ius soli und dem hiermit verbundenen gesetzlich vorgesehenen Abwahlzwang, könnte darüber hinaus der Frage nach der Rechnatur der Staatsangehörigkeit eine über den akademischen Gehalt[515] hinausgehende Bedeutung zukommen: Nimmt man an, bei der Staatsangehörigkeit handle es sich um ein Rechtsverhältnis zwischen dem Bürger und dem Staat, und betrachtet man die an die Staatsangehörigkeit anknüpfenden Rechte und Pflichten, so lässt sich kein wesentlicher Unterschied zwischen denjenigen Deutschen, die die Staatsangehörigkeit nach dem Ius-sanguinis-Prinzip erworben haben, und den optionspflichtigen Deutschen ausmachen. Allein die Erweiterung der Verlusttatbestände um einen weiteren, den in § 29 StAG vorgesehenen Verlusttatbestand, ändert am Substrat des Rechtsverhältnisses zwischen Bürger und Staat, solange es besteht, nichts.[516] Betrachtet man die Staatsangehörigkeit aber als einen Bereitschaftsstatus, der dadurch gekennzeichnet ist, dass er seinem Träger lebenslang (und unbedingt) zukommt, könnte es sich bei der durch die Neuregelung vorgesehenen Staatsangehörigkeit, erworben kraft ius soli, um ein aliud handeln mit der Folge, dass ein Verstoß gegen das Prinzip der Einheitlichkeit der Staatsangehörigkeit vorliegt. Um einen Verstoß

---

514 Vgl. Interview mit Rittstieg in: Der kleine Advocat, Ausgabe Mai/Juni 1999.

515 Grundsätzlich ist der Streit, ob die Staatsangehörigkeit als ein Rechtsverhältnis oder als ein (Bereitschafts-) Status zu werten ist, rein akademischer Natur, da aus dem Begriff der Staatsangehörigkeit keine über den ausdrücklichen Regelungsgehalt des Art. 16 Abs. 1 GG hinausgehenden Rechtsfolgen abgeleitet werden können. Schnapp in: v. Münch/Kunig, Art. 16 Rdn. 5; Grawert, HbStR § 14 Rdn. 33 S. 678; Randelzhofer in: Maunz /Dürig, Art. 16 Abs. 1 Rdn. 8.

516 Huber/Butzke, NJW 1999, S. 2774.

feststellen zu können, ist ferner zu überprüfen, ob die in §§ 4 Abs. 3, 29 StAG geregelte Staatsangehörigkeit eine Staatsangehörigkeit „minderen Rechts" ist, eine Staatsangehörigkeit, die zeitlich begrenzt bzw. auflösend bedingt ist. Zunächst ist jedoch zu klären, ob die Verfassung der Bundesrepublik Deutschland die Einheitlichkeit der Staatsangehörigkeit vorschreibt.

a) Gebot der Einheitlichkeit der Staatsangehörigkeit

Das Gebot der Einheitlichkeit der Staatsangehörigkeit wird dem Art. 20 Abs. 2 GG entnommen, wonach sich das hierin verankerte demokratische Prinzip auf das Staatsvolk als einheitliche Legitimationsquelle der deutschen Staatsgewalt stützt. Da die Staatsangehörigkeit das Bindeglied zwischen dem Staatsvolk des Grundgesetzes und dem einzelnen sei, und die Mitwirkungsmöglichkeiten bei der demokratischen Willensbildung über die Staatsangehörigkeit vermittelt werde, müsse auch das Staatsangehörigkeitsrecht dem Erfordernis demokratischer Gleichheit Rechnung tragen. Unter der Herrschaft des Grundgesetzes könne es daher nur eine einzige Form der Staatsangehörigkeit geben.[517] Eine Differenzierung zwischen unterschiedlichen Kategorien von Staatsangehörigkeiten soll demnach nicht möglich sein. Das Bestehen einer verfassungsrechtlich gewährleisteten Einheitlichkeit der Staatsangehörigkeit ist allerdings nicht unumstritten: Gegen das Bestehen einer einheitlichen Staatsangehörigkeit wird eingewendet, dass diese, unabhängig von der Rechtsnatur, die einfachgesetzliche Regelung für die Rechtsfolgenanknüpfung voraussetze und von Verfassungs wegen nicht auf ein demokratisches Mitwirkungsrecht verengt werden könne. Die Festschreibung eines vorkonstitutionellen, einfachgesetzlichen Modells der Staatsangehörigkeit lasse sich aus dem Text der Verfassung nicht ableiten. Zudem verstoße es gegen die prinzipielle Offenheit der Verfassung für die Zukunft, wenn der Gesetzgeber durch Änderung des Staatsangehörigkeitsrechts in seinem Gestaltungsspielraum für die Migrations- und Integrationspolitik eingeschränkt werden würde.[518]

Demgegenüber sieht die Rechtsprechung des Bundesverfassungsgerichts das Gebot der Wahrung der Einheit der deutschen Staatsangehörigkeit in der normativen Konkretisierung des im Grundgesetz enthaltenen Wiedervereinigungsgebots.[519] Ausgegangen wird auch von dem speziellen Gebot staatsbürgerlicher Gleichheit gemäß Art. 33 Abs. 1 GG. Da alle deutschen Staatsangehörigen die gleichen staatsbürgerlichen Rechte und Pflichten haben, lasse sich hieraus ab-

---

517 Huber/Butzke, NJW 1999, S. 2771; ähnlich Scholz/Uhle, NJW 1999, S. 1511; *Scholz/Uhle* entnehmen den Grundsatz der Einheitlichkeit der Staatsangehörigkeit allerdings aus der institutionellen Verbürgung deutscher Staatsangehörigkeit.

518 Weber, DVBl. 2000, S. 373.

519 BVerfGE 77, 137 (149); das Gebot der Einheit der Staatsangehörigkeit ergebe sich insbesondere aus Art. 116 Abs. 1 GG und Art. 16 Abs. 1 GG.

leiten, dass es nur einen einheitlichen Staatsangehörigkeitsstatus geben dürfe.[520] Gleiches soll sich auch aus Art. 16 Abs. 1 GG ergeben, wonach „die" Staatsangehörigkeit garantiert wird. Differenzierungen nach verschiedenen Graden der an die Staatsangehörigkeit anknüpfenden Rechte und Pflichten seien verfassungsrechtlich untersagt. Eine dem vorkonstitutionellen Gesetzgeber noch geläufige Unterscheidung zwischen „Staatsangehörigkeit", „Reichsbürgerschaft" und „Staatsangehörigkeit auf Widerruf" sei mit Art. 16 Abs. 1 GG unvereinbar.[521] Geht man zu Recht davon aus, dass die deutsche Rechtsordnung eine einheitliche Staatsangehörigkeit vorsieht, stellt sich nunmehr die Frage, welcher Rechtsnatur die Staatsangehörigkeit ist.

b) Qualifikation der Rechtsnatur der Staatsangehörigkeit als Rechtsverhältnis oder als Status

Die Staatsangehörigkeit ist ein zwiegesichtiger Begriff mit einer staatsrechtlichen und einer völkerrechtlichen Komponente, wobei sich hier die Frage nach der Rechtsnatur der Staatsangehörigkeit aus staatsrechtlicher Sicht stellt. Betrachtet man die Staatsangehörigkeit als Rechtsverhältnis zwischen dem Staat und dem Einzelnen, so geht man davon aus, dass die Staatsangehörigkeit unmittelbar bestimmte Rechte und Pflichten impliziert. Dieser Auffassung liegt die geschichtlich gewachsene Vorstellung zugrunde, die Staatsangehörigkeit umschreibe das Verhältnis zwischen König und Untertan. Tritt an die Stelle des Monarchen der Staat, handelt es sich bei der Staatsangehörigkeit um ein gegenseitiges Rechtsverhältnis öffentlich-rechtlicher Natur zwischen dem Einzelnen und dem Staat.[522] Demgegenüber ist die in der deutschen Staatslehre verbreitete Statustheorie geprägt von dem Verständnis des Staates als einer juristischen Person. Der Monarch wurde nicht mehr als Eigentümer des Staates, sondern als Organ betrachtet mit der Folge, dass der im Staatsgebiet lebende Bürger nicht

520 Wallrabenstein, Das Verfassungsrecht der Staatsangehörigkeit, S. 222.

521 Ziemske, Die deutsche Staatsangehörigkeit nach dem Grundgesetz, S. 56; a.A. v. Mangoldt, RabelsZ 62 (1998), S. 534: Sofern man die „Einheitlichkeit der Staatsangehörigkeit" und die durch Art. 16 Abs. 1 GG gewährleistete verfassungsrechtliche Untersagung der Differenzierung nach verschiedenen Graden der an die Staatsangehörigkeit anknüpfenden Rechte und Pflichten annimmt, wäre die mit dem Notaufnahmegesetz verfügte Beschränkung der Freizügigkeit der Deutschen aus der Ostzone verfassungswidrig gewesen. Das gleiche gälte für die Begrenzung ihres Bundestagswahlrechts.

522 Renner in: Hailbronner/Renner, Staatsangehörigkeitsrecht-Kommentar, Teil I Einl. C Rdn. 2; Kimminich in: BK, Art. 16 Rdn. 2; Makarov, Allgemeine Lehren des Staatsangehörigkeitsrechts, S. 21ff mit Verweis auf Isay, Die Staatsangehörigkeit der juristischen Personen, S. 30; *Isay* bezeichnet die Staatsangehörigkeit als gegenseitiges Rechtsverhältnis öffentlich-rechtlicher Natur zwischen Individuum und Staat. Zu beachten ist, dass sich Rechte und Pflichten nicht aus dem Rechtsverhältnis selbst, sondern aus Rechtssätzen, aus der positiven Rechtsordnung ergeben (Prinzip des Gesetzesvorbehalts). Vgl. Merkel, Allg. Verwaltungsrecht, S.131f.

mehr als Zubehör des Gebietes erschien.[523] Dementsprechend definiert die Statustheorie die Staatsangehörigkeit als die Eigenschaft, Mitglied der Gebietskörperschaft Staat zu sein.[524] Eine Sicht der Staatsangehörigkeit als (Bereitschafts-) Status heißt, dass sich erst mittelbar, dadurch, dass andere Normen an die Staatsangehörigkeit anknüpfen, Rechte und Pflichten aus der Staatsangehörigkeit ergeben können.[525] Nach einer vermittelnden Definition stellt sich die Staatsangehörigkeit als ein Rechtsverhältnis zwischen dem Staat und seinen Angehörigen dar, bei dessen Regelung die Eigenschaft der Person als Subjekt dieses Rechtsverhältnisses einen rechtlichen Status dieser Person bildet,[526] oder aber als ein Mantelverhältnis, innerhalb dessen der Staat kraft seiner Rechtssetzungsbefugnis die Staatsangehörigkeit auszufüllen vermag.[527] Die Rechtsprechung des Bundesverfassungsgerichts verhält sich zu der Frage nach der Rechtsnatur der Staatsangehörigkeit uneinheitlich. Der Zweite Senat des Bundesverfassungsgerichts bezeichnete im Jahr 1973 im Urteil zum Grundlagenvertrag[528] die Staatsangehörigkeit als Status. Ein Jahr später wurde die Staatsangehörigkeit vom Ersten Senat des Bundesverfassungsgericht als ein bedeutsamer Status charakterisiert.[529] Hingegen nahm der Zweite Senat des Bundesverfas-

---

523 Kimminich in: BK Art. 16 Rdn. 3. Als die bedeutendsten Vertreter der Statustheorie gelten *Laband* und *Jellinek*: Laband, Das Staatsrecht des Deutschen Reiches, S. 140: „ Die Angehörigkeit zu einem Staate ist ein Zustand, ein persönlicher status, wie Stand, Alter, Geschlecht, Zugehörigkeit zu einer Kirchengemeinschaft usw.“; Jellinek, System der subjektiven öffentlichen Rechte, S. 116ff: „ Kraft der Gewährung positiver Ansprüche an den Staat wird die Mitgliedschaft am Staate von einem reinen Pflichtverhältnis zu einem doppelten, zugleich berechtigenden und verpflichtenden Zustande. Dieser Zustand ist es, der als Staatsangehörigkeit, Staatsbürgerschaft, Staatsbürgerrecht, nationalité bezeichnet wird. Der rechtliche Zustand bedeutet ein dauerndes, kraft juristischer Anschauungsweise hypostasiertes Verhältnis, ein Sein im juristischen Sinne.“

524 v. Mangoldt, StAZ 1994, S. 33; Renner in: Hailbronner/Renner, Staatsangehörigkeitsrecht-Kommentar, Teil I Einl. C Rdn. 2; Makarov/v. Mangoldt, Deutsches Staatsangehörigkeitsrecht, Einl. Rdn. 2.

525 Kokott in: Sachs, Art. 16 Rdn. 6; de Groot, Staatsangehörigkeitsrecht im Wandel, S. 13. Zumindest im innerstaatlichen Bereich soll es sich bei der Staatsangehörigkeit um einen Bereitschaftsstatus handeln, dessen rechtliche Konsequenzen sich aus anderen Gesetzen ergeben; Wengler, Betrachtungen zum Begriff der Staatsangehörigkeit in: FS für Schätzel, S. 554.

526 Makarov, Allgemeine Lehren des Staatsangehörigkeitsrechts, S. 28. Eine ähnliche Formulierung findet sich in Art. 1 eines Projektes der Harvard Law School, UN. A/CN. 4/50 vom 02. Februar 1950, S. 7: « La nationalité est le statut d'une personne physique qui est rattachée à un Etat par des liens d'allégance.» ; vgl. auch Randelzhofer in: Maunz/Dürig, Art. 16 Abs. 1 Rdn. 8.

527 Grawert, Staat und Staatsangehörigkeit, S. 231.

528 BVerfGE 36, 1 (30); Urt. des Zweiten Senats des BVerfG v. 31. Juli 1973: „(...)Der Status des Deutschen im Sinne des Grundgesetzes, der die in diesem Grundgesetz statuierte Staatsangehörigkeit besitzt, darf durch keine Maßnahme, die der Bundesrepublik Deutschland zuzurechnen ist, gemindert oder verkürzt werden. Das folgt aus der mit dem Status des Staatsangehörigen verbundenen Schutzpflicht des Heimatstaates.“

529 BVerfGE 37, 217 (239); Beschl. des Ersten Senats des BVerfG v. 21. Mai 1974: „(...) Der inneren Beziehung des freien Bürgers zu einem freiheitlichen demokratischen Gemeinwesens entspricht es, dass seine Staatsbürgerschaft als grundsätzlich unentziehbar gewähr-

sungsgerichts im Jahr 1980 an, dass es sich bei der Staatsangehörigkeit um ein umfassendes Rechtsverhältnis handelt, aus dem Rechte und Pflichten erwachsen.[530]

Aus dem Grundgesetz ist weder eine deutliche Stütze für die eine noch für die andere Auffassung zu gewinnen. Ebenso wie schon die deutsche Verfassung von 1871 und 1919 überlässt es auch das deutsche Grundgesetz von 1949 der Theorie und Praxis, die Rechtsnatur der Staatsangehörigkeit zu bestimmen.[531] Eine zutreffende Definition der Staatsangehörigkeit hat beide Elemente zu berücksichtigen. Einige Vertreter der verschiedenen Theorien, der Status- und der Rechtsverhältnistheorie, nehmen Elemente der jeweils anderen Theorie in die eigene mit auf. Dies deutet darauf hin, dass eine strikte Trennung der Wesensmerkmale bei der Bestimmung der Rechtsnatur der Staatsangehörigkeit nicht möglich ist.[532] Das Völkerrecht knüpft an die Staatsangehörigkeit unmittelbar Rechte und Pflichten an, wie beispielsweise das Recht zur Ausübung des diplomatischen Schutzes und die Pflicht zur Aufnahme eigener Staatsangehöriger. Im innerstaatlichen Bereich ergeben sich hingegen aus der Staatsangehörigkeit nicht unmittelbar und zwingend Rechte und Pflichten. Als Beispiel dient hier das Wahlrecht zum Gesetzgebungsorgan oder die Wehrpflicht, die - schon wegen des Gesetzesvorbehalts - keine automatischen Folgen aus der Staatsangehörigkeit sind. Die Staatsangehörigkeit bildet vielmehr nur eine Voraussetzung neben weiteren.[533] Auf dieser Ebene kann man die Staatsangehörigkeit als einen Bereitschaftsstatus bezeichnen.

Bereits festgestellt wurde, dass die deutsche Staatsangehörigkeit, die kraft ius soli erworben wird, einer Einschränkung dahingehend unterliegt, dass der betroffene Mehrstaater diese unter bestimmten Umständen wieder verlieren kann. Kein Verstoß gegen das Gebot der Einheitlichkeit der Staatsangehörigkeit liegt vor, sofern man annimmt, dass es sich bei der Staatsangehörigkeit um ein Rechtsverhältnis handelt. Vertritt man dagegen die Ansicht, die Staatsangehörigkeit ist in ihrer Rechtsnatur ein Status bzw. Bereitschaftsstatus, oder kombiniert man Elemente beider Theorien, dann ist eine Unvereinbarkeit mit dem Prinzip der Einheitlichkeit der Staatsangehörigkeit zu befürchten. Eine solche Unvereinbarkeit ist allerdings nur dann gegeben, wenn es sich bei der Staatsan-

---

leistet ist (Art. 16 Abs. 1 GG). Mit alledem wäre die Auffassung unvereinbar, die Entscheidung über den Erwerb eines derart bedeutsamen Status könne im Belieben von Staatsorganen stehen; (...)."

530 BVerfGE 54, 53 (70); Beschl. des Zweiten Senats des BVerfG v. 15. April 1980: „(...) Art. 116 Abs. 2 GG versteht die deutsche Staatsangehörigkeit als ein umfassendes Rechtsverhältnis, aus dem Rechte und Pflichten erwachsen."

531 Renner in: Hailbronner/Renner, Staatsangehörigkeitsrecht-Kommentar, Teil I Einl. C Rdn. 5.

532 Randelzhofer in: Maunz/Dürig, Art. 16 Abs. 1 Rdn. 8; Becker in: v. Mangoldt/Klein/Starck, Art. 16 Abs. 1 Rdn. 3; ähnlich Bleckmann, Staatsrecht II, § 36 Rdn. 2.

533 Randelzhofer in: Maunz/Dürig, Art. 16 Abs. 1 Rdn. 9.

gehörigkeit um eine Staatsangehörigkeit „minderer Art" handelt. Fraglich ist mithin, ob der drohende Verlust bereits eine derartige Minderung darstellt, dass die Staatsangehörigkeit sich im Vergleich zu derjenigen, die kraft Abstammung erworben wird, als aliud darstellt.

c) Staatsangehörigkeit „minderen Rechts" ?

Problematisch erscheint hier die in § 29 Abs. 1 StAG vorgesehene Optionspflicht, die zur Aufgabe der durch Geburt erworbenen deutschen Staatsangehörigkeit führen kann. Fraglich ist mithin, ob hierdurch eine „Staatsangehörigkeit zweiter Klasse" vorliegt, eine „Staatsangehörigkeit minderen Rechts". Folge einer solchen gesetzlich vorgesehen Staatsangehörigkeit wäre ein Verstoß gegen das Gebot der Einheitlichkeit der Staatsangehörigkeit. Die durch Geburt gemäß § 4 Abs. 3 StAG erworbene Staatsangehörigkeit könnte aufgrund der Optionspflicht aus § 29 Abs. 1 StAG auch als eine auflösend bedingte oder zeitlich befristete Staatsangehörigkeit angesehen werden. So wird angenommen, dass sie sich dadurch in einem Wesenszug von der sonst durch Abstammung oder Einbürgerung erworbenen Staatsangehörigkeit unterscheide. Ihr fehlten die dem Rechtsinstitut der Staatsangehörigkeit eigentümlichen Merkmale der Unbedingtheit und der zeitlichen Unbeschränktheit. In dieser Hinsicht – nicht nach dem Inhalt des mitgliedschaftlichen Status – sei sie eine Staatsangehörigkeit minderen Rechts.[534] Bemängelt wird ferner, dass mit der Einführung dieser Staatsangehörigkeit eine Art verfassungsrechtlich gestaltende Entscheidung getroffen wurde, die der Gesetzgeber vornahm, ohne die Verfassung zu ändern: Das Grundgesetz habe eine gewisse Art der Staatsangehörigkeit im Auge gehabt, die in Deutschland jahrzehntelang Bestand und im Reichs- und Staatsangehörigkeitsgesetz ihren Ausdruck gefunden habe.[535] Demgegenüber wird von den Befürwortern des Optionsmodells angenommen, die mit der Neuregelung des Staatsangehörigkeitsrechts eingeführte Optionsregelung bedeute nicht die verfassungsrechtlich bedenkliche Einführung einer Staatsangehörigkeit minderer Art. Im wesentlichen wird darauf abgestellt, dass der Mehrstaater, der die deutsche Staatsangehörigkeit kraft ius soli gemäß § 4 Abs. 3 StAG erwirbt, alle Rechte und Pflichten eines deutschen Staatsangehörigen habe. Insofern gebe es keine Unterschiede zu der Staatsangehörigkeit, die kraft ius sanguinis erworben wird. Es liege lediglich eine Besonderheit vor: Die vom Gesetzgeber grundsätzlich vorgesehene Verpflichtung, sich für oder gegen die deutsche Staatsangehörigkeit bei gleichzeitiger Innehabung einer ausländischen Staatsangehörigkeit zu entscheiden, werde zeitlich verschoben. Darüber hinaus verlange der Ge-

[534] Badura in: Reform des Staatsangehörigkeitsrechts - Die parlamentarische Beratung, S. 160.

[535] Badura in: Reform des Staatsangehörigkeitsrechts - Die parlamentarische Beratung, S. 91; vgl. auch Isensee, Die Welt v. 06. Januar 1999.

setzgeber nicht mehr, als das, was als Voraussetzung zur dauerhaften Zugehörigkeit zum deutschen Staatsvolk verlangt werden könne. Um diese Voraussetzung zu erfüllen, müsse die ausländische Staatsangehörigkeit grundsätzlich aufgegeben werden.[536] Hieraus wird zu Recht der Schluss gezogen, dass die mit Erreichen der Volljährigkeit eintretende Erklärungspflicht keine Minderung dieses Status ist. Weder der Begründung des Gesetzentwurfs[537] zur Reform des Staatsangehörigkeitsrechts noch den geltenden Regelungen des reformierten Staatsangehörigkeitsrechts kann man entnehmen, dass eine neue, minderwertige oder befristete Kategorie von Staatsangehörigkeit geschaffen werden sollte. Eine minderwertige Staatsangehörigkeit wäre beispielsweise dann gegeben, wenn einem in Deutschland geborenen Mehrstaater Einschränkungen in der Reisefreiheit oder den mit der deutschen Staatsangehörigkeit verbundenen Berufen wie dem Beamten oder Angestellten des Öffentlichen Dienstes auferlegt würden. Dies ist aber nicht der Fall. Die nach § 4 Abs. 3 StAG erworbene Staatsangehörigkeit begründet den vollen Status als Deutscher, unabhängig vom Vorliegen einer weiteren Staatsangehörigkeit.[538] Die Pflicht, sich zu einem bestimmten Zeitpunkt für oder gegen die deutsche Staatsangehörigkeit zu entscheiden, schmälert diese nicht in ihrer Qualität, so dass man nicht von einer Staatsangehörigkeit „zweiter Klasse“ sprechen kann. Auch der Ausdruck „Teilzeitdeutscher“ ist in keiner Weise zutreffend, denn der Mehrstaater kann, soweit er sich für die deutsche und gegen die ausländische Staatsangehörigkeit entscheidet oder die Voraussetzungen für eine Beibehaltungsgenehmigung erfüllt, Zeit seines Lebens Deutscher bleiben. So ist der Vorwurf an den Gesetzgeber, mit der Reform des Staatsangehörigkeitsrechts eine „auflösend bedingte Staatsangehörigkeit“ bzw. eine „Staatsangehörigkeit auf Zeit“[539] eingeführt zu haben, nicht gerechtfertigt. Mit dem Ius-soli-Erwerb der deutschen Staatsangehörigkeit erlangt das Kind ausländischer Eltern gemäß § 4 Abs. 3 StAG weder eine auflösend bedingte noch eine Staatsangehörigkeit auf Zeit, auch wenn es gemäß § 29 StAG optionspflichtig ist und der deutschen Staatsangehörigkeit verlustig werden kann. Zu beachten ist hierbei, dass Erwerbs- und Verlustregelungen technisch völlig getrennt zu halten sind. Zudem betreffen sie trotz der Bezugnahme des § 29 Abs. 1 S.1 StAG auf den § 4 Abs. 3 StAG, mithin auf den Erwerb der

[536] Vgl. Hailbronner in: Reform des Staatsangehörigkeitsrechts – Die parlamentarische Beratung S. 38; *ders.* in: Hailbronner/Renner, Staatsangehörigkeitsrecht-Kommentar, Teil I Einl. F Rdn. 82; ebenso Renner, Mehr Integration durch Option gegen Mehrstaatigkeit?; in: Neue Regierung- neues Ausländerrecht? S. 142.

[537] BT-Drs. 14/533, S. 11ff.

[538] Gleiches gilt für die Staatsangehörigkeit, die kraft Einbürgerung gemäß § 40b StAG erworben wurde (Altfallregelung).

[539] So etwa Badura in: Reform des Staatsangehörigkeitsrechts- Die parlamentarische Beratung, S. 160: „Aus der Vorschrift des § 29 StAG ergibt sich, dass die durch Geburt im Inland erworbene deutsche Staatsangehörigkeit bis zur Vollendung des 23. Lebensjahres, also zeitlich befristet, auflösend bedingt ist. (...) In dieser Hinsicht (...) ist sie eine Staatsangehörigkeit minderen Rechts.“

deutschen Staatsangehörigkeit kraft ius soli, nicht zwingend denselben Personenkreis. Beispiel hierfür ist die Anwendung des § 4 Abs. 3 StAG auf das Ausländerkind, das bei Geburt staatenlos würde und deshalb grundsätzlich nicht unter die Regelung des § 29 StAG fällt; insoweit findet eine Ergänzung des Art. 2 des Ausführungsgesetzes zur Verminderung der Staatenlosigkeit[540] statt.[541]

Festzuhalten bleibt, dass es sich bei der mit § 4 Abs. 3 StAG in das Staatsangehörigkeitsrecht eingeführten Staatsangehörigkeit nicht um eine „Minder-Staatsangehörigkeit" bzw. eine Staatsangehörigkeit „minderen Rechts" handelt. Offen bleiben kann demnach der Streit um die Rechtsnatur der Staatsangehörigkeit. Soweit man in der Staatsangehörigkeit ein Rechtsverhältnis sieht, liegen von vornherein keine rechtlichen Widersprüchlichkeiten vor. Qualifiziert man die Staatsangehörigkeit als Bereitschaftsstatus, entstehen ebenfalls keine Probleme, da die deutsche Staatsangehörigkeit, die gemäß § 4 Abs. 3 StAG durch Geburt im Inland erworben wird, trotz des gesetzlich vorgesehenen Abwahlzwanges aus § 29 StAG im Vergleich zu der kraft ius sanguinis erworbenen Staatsangehörigkeit kein aliud darstellt. Der Erwerb der Staatsangehörigkeit kraft ius soli und der hiermit einhergehende Abwahlzwang stellen keinen Verstoß gegen das Gebot der Einheitlichkeit der Staatsangehörigkeit dar.

II. Vereinbarkeit der Optionsregelung mit Art. 6 Abs. 1 GG

Uneinheitlich wird die Frage beurteilt, ob die Optionsregelung mit Art. 6 Abs. 1 GG zu vereinbaren ist. Zugrunde gelegt wird folgende Problematik: Der von der Optionspflicht Betroffene muss sich spätestens bis zum 23. Lebensjahr für eine Staatsangehörigkeit entschieden haben. Entscheidet er sich überhaupt nicht oder trifft er die Wahl zugunsten der ausländischen Staatsangehörigkeit, so verliert er grundsätzlich gemäß § 29 Abs. 2 S.2 und S.1 StAG die deutsche Staatsangehörigkeit. Bekommt der Optionspflichtige bis zum 23. Lebensjahr, somit als Mehrstaater mit deutscher Staatsangehörigkeit, ein Kind, erwirbt dieses kraft ius sanguinis die deutsche Staatsangehörigkeit. Es entsteht eine Situation, in der die Eltern als Mehrstaater die deutsche Staatsangehörigkeit verlieren, die Kinder hingegen die deutsche Staatsangehörigkeit auf Dauer erwerben. Eine vergleichbare Situation kann bereits in der vorherigen Generation auftreten: Die Eltern eines nach dem 01. Januar 2000 geborenen Mehrstaaters[542] leben seit Jahren in der Bundesrepublik Deutschland, haben sich aber nicht einbürgern lassen. Der von der Optionsregelung betroffene Mehrstaater entscheidet sich zu

---

540 Ausführungsgesetz zu dem Übereinkommen vom 30. August 1961 zur Verminderung der Staatenlosigkeit und zu dem Übereinkommen vom 13. September 1973 zur Verringerung der Fälle von Staatenlosigkeit, BGBl. 1977 I , S. 1101.

541 Vgl. hierzu in ausführlicher Darstellung: v. Mangoldt, ZAR 1999, S. 250.

542 Gleiches gilt für die „Altfälle" nach § 40b StAG.

gegebener Zeit für die deutsche Staatsangehörigkeit, mithin gegen die Staatsangehörigkeit der Eltern. Dadurch, dass nun nicht mehr alle Familienmitglieder dieselbe Staatsangehörigkeit besitzen, kommt es zu einer Störung der Einheitlichkeit der Staatsangehörigkeit innerhalb der Familie. Hieran anknüpfend erscheint es nicht abwegig, dass durch die Optionsregelung eine verfassungsrechtlich relevante Verletzung gegen den durch Art. 6 GG gewährleisteten Schutz der Familie vorliegt. Dies wäre jedoch nur dann anzunehmen, wenn die Einheitlichkeit der Staatsangehörigkeit innerhalb der Familie ein verfassungsrechtlich geschütztes Rechtsgut ist. Gemäß Art. 6 Abs. 1 GG stehen Ehe und Familie unter dem besonderen Schutz der staatlichen Ordnung. Die Lebensformen der Ehe und Familie werden damit als ursprüngliche Elemente der staatlichen Ordnung und Rechtsgemeinschaft anerkannt und garantiert.[543] Nach der Werteordnung des Grundgesetzes beanspruchen Ehe und Familie einen hohen Rang: Art. 6 Abs. 1 GG enthält – so die Rechtsprechung des Bundesverfassungsgerichts – „sowohl ein klassisches Grundrecht auf Schutz vor Eingriffen des Staates wie eine Institutionsgarantie wie auch eine wertentscheidende Grundsatznorm für das gesamte Ehe- und Familienrecht“[544]. Offen bleibt allerdings, unter welchen Aspekten Ehe und Familie Eingang in das Verfassungsrecht finden bzw. gefunden haben. Im Zusammenhang mit der Bewältigung der durch Nationalsozialismus und Zweiten Weltkrieg in Unordnung gebrachten staatsangehörigkeitsrechtlichen Verhältnisse von politisch, rassisch und religiös Verfolgten sowie von Volksdeutschen räumt der Gesetzgeber der familiären Zusammengehörigkeit einen hohen Rang ein.[545] Dennoch hat nach wohl herrschender[546], wenn auch nicht unbestrittener[547] Auffassung Art. 6 Abs. 1 GG nur die Funktion, darauf hinzuweisen und hinzuwirken, dass eine einheitliche Staatsangehörigkeit in der Familie wünschenswert ist. Der Staat ist in gewissem Umfang aus Art. 6 Abs. 1 GG verpflichtet, die Einheit und Selbstverantwortung der Familie zu respektieren.[548] Dieses Argument fußt auf dem Gedanken, dass

---

543 Badura in: Maunz/Dürig, Art. 6 Rdn. 2; Coester-Waltjen in: v.Münch/Kunig, Art. 6 Rdn. 12: „Ehe und Familie als Institutionen im Staat und in der Gesellschaft werden in ihren wesentlichen Grundzügen rechtlich garantiert.“

544 BVerfGE 31, 58 (67); 51, 386 (396); 62, 323 (329).

545 Renner, Einheitliche Staatsangehörigkeit in der Familie; in: Neue Regierung- neue Ausländerpolitik? S. 153.

546 BVerfGE 37, 217 (253); BVerwGE 64, 7 (11f); BVerwGE 77, 164 (173); im Anschluss an die Rechtsprechung auch Hailbronner in: Hailbronner/Renner, Staatsangehörigkeitsrecht-Kommentar, Teil I Einl. F Rdn. 63; Smaluhn, StAZ 1998, S. 110; Goes, Mehrstaatigkeit in Deutschland, S. 68; Renner, Einheitliche Staatsangehörigkeit in der Familie; in: Neue Regierung- neue Ausländerpolitik? S. 152.

547 Schürmann, NJW 1971, 271. Zu beachten ist, dass *Schürmann* sich auf den Fall bezieht, dass es der deutschen Mutter ermöglicht werden muss, dem ehelichen Kind eines staatenlosen Vaters die eigene Staatsangehörigkeit zu vermitteln, damit nicht jedes Familienmitglied eine eigene Staatsangehörigkeit besitzt. Ansonsten entstünde eine „Missachtung des Grundsatzes der Familieneinheit im Staatsangehörigkeitsrecht“, „welcher gemäß Art. 6 Abs. 1 GG von verfassungsrechtlicher Bedeutung ist.“

548 OVG NW InfAuslR 1981, S. 83; BVerfGE 51, 386 (398); BVerwGE 56, 246 (250f.)

eine gemeinsame Staatsangehörigkeit regelmäßig die Einheit und den Zusammenhalt der im Inland lebenden Familie fördert.[549] Einschränkungen werden allerdings dahingehend gemacht, dass zwischen dem Interesse an der Vermeidung von Mehrstaatigkeit und dem an einer einheitlichen Staatsangehörigkeit innerhalb der Familie abgewogen werden muss, wobei die gebotene Abwägung nicht generell zu einem Vorrang des Interesses an einer einheitlichen Staatsangehörigkeit in der Familie führt.[550] Unbestritten ist, dass es sich bei der Einheitlichkeit der Staatsangehörigkeit innerhalb der Familie nicht um ein Prinzip handelt, das allen anderen staatsangehörigkeitsrechtlichen Grundsätzen gegenüber ohne weiteres Vorrang hätte.[551] Indiz für den Bedeutungsverlust des Grundsatzes der Familieneinheit sowohl im deutschen wie im ausländischen Staatsangehörigkeitsrecht ist, dass die Eheschließung im Allgemeinen nicht mehr zur Änderung der Staatsangehörigkeit der Frau führt.[552]

Zudem ist zu beachten, dass es auch unter der Geltung des (reinen) Ius-sanguinis-Prinzips bei gemischt-nationalen Ehen zu unterschiedlichen Staatsangehörigkeiten innerhalb der Familie kommt. Dem Grundsatz der Familieneinheit aus staatsangehörigkeitsrechtlicher Sicht wurde auch aus diesem Grund kein verfassungsrechtlicher Schutz eingeräumt.[553] Festzuhalten bleibt lediglich, dass das Prinzip der Einheitlichkeit der Staatsangehörigkeit innerhalb der Familie kein verfassungsrechtliches Gebot darstellt und vom Schutzumfang des Art. 6 Abs. 1 GG nicht gedeckt ist.[554] Die Optionsregelung des § 29 StAG, aufgrund derer ein Abweichen der Staatsangehörigkeiten von Eltern und Kindern innerhalb der Familie entstehen kann, verstößt trotz dieser unerwünschten Begleiterscheinung nicht gegen Art. 6 Abs. 1 GG.

III. Vereinbarkeit der Optionsregelung mit Art. 3 GG

Ein weiteres Anliegen dieser Untersuchung ist es, die Optionsregelung des § 29 StAG auf ihre Vereinbarkeit mit Art. 3 GG zu überprüfen. Den Beratungen, ins-

---

[549] BVerwGE 77, 164 (173). Auch in der Verwaltungspraxis ist anerkannt, dass eine einheitliche Staatsangehörigkeit in der Familie erstrebenswert ist und unterschiedliche Staatsangehörigkeiten bei Einbürgerungen nur ausnahmsweise hingenommen werden sollten.

[550] BVerwGE 80, 249 (255).

[551] BVerwGE 64, 7 (11f.).

[552] BVerfGE 37, 217 (253); so auch Hailbronner in: Hailbronner/Renner, Staatsangehörigkeitsrecht-Kommentar, Teil I Einl. F Rdn. 63.

[553] Zimmermann, IPRax 2000, S. 183 mit Verweis auf BVerfGE 37, 217 (253).

[554] a.A. *Bernsdorff*, der sich allerdings gegen den Staatsangehörigkeitserwerb kraft ius soli schlechthin wehrt. Um ermitteln zu können, inwieweit das Prinzip der einheitlichen Staatsangehörigkeit in der Familie grundrechtlich abgesichert sei, müsse auf die Funktion abgestellt werden, die die Einheit in der Staatsangehörigkeit für die Familie haben kann. Die gemeinsame Bindung an eine bestimmte staatliche Gemeinschaft trage dazu bei, den Zusammenhalt in der Familie zu stärken. Zudem stelle die gemeinsame Staatsangehörigkeit die Familienbeziehung auf eine einheitliche rechtliche Grundlage. Bernsdorff, Probleme der Ausländerintegration in verfassungsrechtlicher Sicht, S. 230f.

besondere den Stellungnahmen und Gutachten der vor dem Innenausschuss des Deutschen Bundestages angehörten Sachverständigen zu dem Gesetzentwurf der Fraktionen SPD, Bündnis 90/ Die Grünen und der F.D.P.[555] kann man entnehmen, dass über die Verfassungskonformität des Optionsmodells und der hierin vorgesehenen Verlusttatbestände ausführlich diskutiert wurde. Hierbei kam jedoch ein verfassungsrechtlicher Aspekt nicht ausreichend zum Tragen: Die Betrachtung der Optionsregelung im Lichte des Art. 3 GG.[556] Dadurch, dass nicht alle Mehrstaater mit deutscher Staatsangehörigkeit der Optionspflicht unterliegen,[557] könnte ein Verstoß gegen das Diskriminierungsverbot des Art. 3 Abs. 3 S.1 GG gegeben sein. Die Untersuchung beschränkt sich aber nicht nur auf den Vergleich der Mehrstaater untereinander. Kontrovers diskutiert wird auch die Frage der Ungleichbehandlung zwischen deutschen Mehrstaatern und deutschen „Monostaatern".

Da überwiegend angenommen wird, dass Art. 3 Abs. 1 GG gegenüber den speziellen Gleichheitsrechten, bezogen auf die dort geregelten Differenzierungskriterien, zurücktritt[558], behandelt die vorgelegte Untersuchung zunächst die Vereinbarkeit der in § 29 StAG geregelten Optionslösung mit Art. 3 Abs. 3 S.1 GG. Nach Art. 3 Abs. 3 S.1 GG darf niemand wegen seines Geschlechts, seiner Abstammung, seiner Rasse, seiner Sprache, seiner Heimat und Herkunft, seines Glaubens, seiner religiösen oder politischen Anschauung benachteiligt oder bevorzugt werden. Für die in Art. 3 Abs. 3 GG aufgeführten Merkmale hat das Grundgesetz festgelegt, dass diese als Grundlage für eine differenzierende Behandlung zwischen Menschen ausgeschlossen sind, mithin keine hinreichenden Gründe für eine Benachteiligung oder Bevorzugung, also für eine Ungleichbehandlung, darstellen dürfen.[559] Die Anwendbarkeit des Art. 3 Abs. 3 S.1 GG setzt voraus, dass der von der Optionspflicht betroffene Mehrstaater von dem persönlichen Schutzbereich des Art. 3 Abs. 3 S.1 GG umfasst ist. Der Begriff „niemand" im Sinne des Art. 3 Abs. 3 S.1 GG wird mit der Wendung „alle Menschen" aus Art. 3 Abs. 1 GG, bezogen auf den betroffenen Personenkreis,

555 BT-Drs. 14/533.

556 In der Begründung zum Entwurf eines Gesetzes zur Reform des Staatsangehörigkeitsrechts, BT-Drs. 14/533, wird darauf aufmerksam gemacht, dass bei der Ausgestaltung der (Options-) Regelung vor allem Art. 16 Abs. 1 GG zu beachten ist. (BT-Drs. 14/533, S. 16.). Keine Erwähnung hingegen findet die Betrachtung des Optionszwanges im Lichte des Art. 3 GG.

557 Vgl. Kapitel 4 A III 4.

558 Gubelt in: v. Münch/Kunig, Art. 3 Rdn. 9; *Gubelt* weist allerdings darauf hin, dass Art. 3 Abs. 1 GG hinsichtlich anderer Vergleichsfälle dennoch zum Tragen kommen kann. Es sei durch Auslegung unter Beachtung des Sinnzusammenhangs zu klären, ob im Sachbereich eines speziellen Gleichheitssatzes ein Rückgriff auf Art. 3 Abs. 1 GG zulässig ist. Zum Verhältnis der Absätze des Art. 3 GG: Schnapp, JR 1974, S. 317.

559 Kannengießer in: Schmidt-Bleibtreu/Klein, Art. 3 Rdn. 40; Badura, Staatsrecht, Kap. C Rdn. 47 S. 126; Starck in: v. Mangoldt/Klein/Starck, Art. 3 Abs. 3 Rdn. 342.

gleichgesetzt.[560] Wie sich aus dem Wortlaut des Art. 3 Abs. 1 GG ergibt, ist der Gleichheitssatz allgemeines Menschenrecht und steht allen natürlichen Personen zu, unabhängig von der deutschen Staatsangehörigkeit[561], so dass der optionspflichtige Mehrstaater, der zudem eine natürliche Person ist, in den Schutzbereich des Art. 3 Abs. 3 S.1 GG fällt.

1. Vergleichspaar: Mehrstaater kraft ius soli und Mehrstaater kraft ius sanguinis

Das Bilden von Vergleichsgruppen ist im Rahmen der Prüfung des Art. 3 Abs. 3 S.1 GG erforderlich, um eine Benachteiligung oder Bevorzugung feststellen zu können: Verglichen wird die Situation des Betroffenen mit der des Nichtbetroffenen. Die zu untersuchenden Vergleichsgruppen bilden auf der einen Seite diejenigen Mehrstaater, die mehrere Staatsangehörigkeiten besitzen und nicht unter die Optionsregelung fallen, da sie die deutsche Staatsangehörigkeit kraft ius sanguinis erworben haben. Auf der anderen Seite stehen solche Mehrstaater, die nach der Neuregelung des Staatsangehörigkeitsrechtes[562] unter die Optionspflicht fallen, da sie die deutsche Staatsangehörigkeit kraft ius soli erworben haben.

Art. 3 Abs. 3 GG richtet sich seinem Wortlaut nach nicht gegen eine Unterscheidung der Vergleichsgruppen schlechthin, sondern verbietet nur, dass Menschen „benachteiligt oder bevorzugt" werden. Hier kommt eine Benachteiligung durch den Gesetzgeber, durch die in § 29 Abs. 1 StAG vorgesehene Optionsregelung, in Betracht. Die Benachteiligung liegt darin, dass die deutschen Ius-soli-Mehrstaater dem Optionszwang und somit grundsätzlich der Wahl für eine der Staatsangehörigkeiten sowie dem drohenden Verlust der deutschen Staatsangehörigkeit bei Nichtausüben der Wahl oder Nichterbringen des Nachweises des Verlustes der ausländischen Staatsangehörigkeit ausgesetzt werden, während diejenigen Mehrstaater, die die deutsche Staatsangehörigkeit nach dem Abstammungsprinzip erworben haben bzw. erwerben, durch den Gesetzgeber von der Optionspflicht verschont werden und die deutsche Staatsangehörigkeit ohne ihr Zutun grundsätzlich nicht mehr verlieren können. Unabhängig von dem Vorliegen einer Benachteiligung oder Bevorzugung ist der Schutzbereich

---

[560] Gubelt in: v. Münch/Kunig, Art. 3 Rdn. 94a; Starck in: v. Mangoldt/Klein/Starck, Art. 3 Abs. 3 Rdn. 344.

[561] Vgl. BVerfGE 30, 409 (412): „Dieses Grundrecht (Art. 3 Abs. 1 GG *Anm. v. Verf.*) steht auch Ausländern zu, da es „allen Menschen" die Gleichbehandlung vor dem Gesetz garantiert; ebenso BVerfGE 23, 98 (104). Bleckmann, Staatsrecht II, S. 636 Rdn. 3; Art. 109 Abs. 1 WRV hingegen war noch auf „ alle Deutschen" beschränkt. Doch auch dies wäre vorliegend kein Problem, da der optionspflichtige Mehrstaater neben der ausländischen auch die deutsche Staatsangehörigkeit besitzt, sich mithin auf sämtliche „Bürgergrundrechte" berufen kann.

[562] Siehe Kapitel 4 A III 4.

des Art. 3 Abs. 3 S.1 GG jedoch nur eröffnet, wenn es auf eine Eigenschaft ankommt, die in der Person des vom unterscheidenden Staatshandeln betroffenen Menschen verwirklicht ist.[563] Nahe liegend ist es, als „Eigenschaft" des Betroffenen das Innehaben der deutschen Staatsangehörigkeit, erworben kraft ius soli gemäß § 4 Abs. 3 StAG, anzusehen.

a) Differenzierungskriterium „Staatsangehörigkeit"

Die Staatsangehörigkeit stellt kein unzulässiges Differenzierungskriterium im Sinne des Art. 3 Abs. 3 GG dar. Zwar wäre es denkbar, die Staatsangehörigkeit unter einen der Begriffe „Heimat"[564], „Herkunft" oder „Abstammung"[565] im Sinne des Art. 3 Abs. 3 S. 1 GG unterzuordnen. Unter „Heimat" ist der örtliche Bereich zu verstehen, durch den man während der Kinder- und Jugendjahre geprägt wird[566], wohingegen „Herkunft" die von den Vorfahren hergeleitete sozial-standesmäßige Verwurzelung meint.[567] „Abstammung" bezeichnet vornehmlich die natürliche biologische Beziehung eines Menschen zu seinen Vorfahren.[568] Dass die Staatsangehörigkeit unter eines dieser unzulässigen Differenzierungsmerkmale fällt, wird vor allem damit begründet, dass sich ansonsten ein effektiver Grundrechtsschutz aus Art. 3 GG in fast allen Fällen umgehen ließe, weil Ausländer grundsätzlich eine andere Staatsangehörigkeit besäßen.[569]

Von der Rechtsprechung des Bundesverfassungs- und Bundesverwaltungsgerichts und einem Großteil des Schrifttums[570] wird die Staatsangehörigkeit von

---

563 Jarass in: Jarass/Pieroth, Art. 3 Rdn. 68; Dürig in: Maunz/Dürig, Art. 3 Abs. 3 Rdn. 161. Starck in: v. Mangoldt/Klein/Starck, Art. 3 Abs. 3 Rdn. 348; Sachs, HbStR V, § 126 Rdn. 41, S. 1035f.

564 Zuleeg, DÖV 1973, S. 363: Aus der Sicht des ausländischen Staatsangehörigkeitsrechts könnte nach *Zuleeg* zumindest bei Anwendung des ius soli die Heimat als ausschlaggebendes Unterscheidungsmerkmal in Betracht kommen. Vgl. auch Gubelt in: v. Münch/Kunig, Art. 3 Rdn. 99.

565 Gubelt in: v. Münch/Kunig, Art. 3 Rdn. 99; Zuleeg, DÖV 1973, S. 363ff: Zwar sei nicht die Staatsangehörigkeit, jedoch die Erwerbsgründe der Staatsangehörigkeit Grundlage der Betrachtung: Anknüpfungspunkt der Staatsangehörigkeit sei das Abstammungsprinzip. Auf das Merkmal der Abstammung verweise aber auch Art. 3 Abs. 3 GG.

566 Jarass in: Jarass/Pieroth, Art. 3 Rdn. 71; BVerfGE 9, 124 (128): „Heimat ist „ die örtliche Beziehung zur Umwelt".

567 Vgl. BVerfGE 9, 124 (124, Leitsatz; 128).

568 BVerfGE 9, 124 (128); Dürig in: Maunz/Dürig, Art. 3 Abs. 3 Rdn. 38; Starck in: v. Mangoldt/ Klein/ Starck, Art. 3 Abs. 3 Rdn. 356.

569 Gubelt in: v. Münch/Kunig, Art. 3 Rdn. 5; zum Teil bejahend auch Scholz/Pitschas, NJW 1984, 2725f., die die Staatsangehörigkeit dem Grunde nach als tauglichen verfassungsrechtlichen Anknüpfungspunkt ansehen.

570 Wohl herrschende Meinung: BVerfGE 51, 1 (30); BVerwGE 22, 66 (70); 80, 233 (243); Jarass in: Jarass/Pieroth, Art. 3 Rdn. 71a; Starck in: v. Mangoldt/Klein/Starck, Art. 3 Abs. 3 Rdn. 344, 366, 367; Badura, Staatsrecht Kap. C Rdn. 47 S. 126; Dürig in: Maunz/Dürig, Art. 3 Abs. 3 Rdn. 80 mit dem Hinweis darauf, dass die Staatsangehörigkeit dessen ungeachtet kein gebotenes Differenzierungskriterium ist; differenzierend Heun in: Dreier,

keinem der in Art. 3 Abs. 3 GG aufgeführten Differenzierungsmerkmale erfasst. Als Argument gegen die Staatsangehörigkeit als verbotenes Differenzierungskriterium wird vorgebracht, dass Ausländer als Grundrechtsträger nicht ausgeschlossen würden, da sie sich unter Berufung auf Art. 3 Abs. 3 S.1 GG dagegen wehren könnten, dass sie wegen ihrer Rasse oder Sprache benachteiligt würden.[571] Zudem widerspreche es dem Prinzip der Verfassungseinheit, wenn die Staatsangehörigkeit als Differenzierungsverbot im Sinne des Art. 3 Abs. 3 S.1 GG angesehen wird. Art. 3 Abs. 3 GG nenne absolute Diskriminierungsverbote. Die zahlreichen Differenzierungen zwischen Deutschen und Nicht-Deutschen im Grundgesetz würden das Postulat der Absolutheit konterkarieren. Zudem seien die in Art. 3 Abs. 3 GG bezeichneten Kriterien tatsächliche Gegebenheiten, während die Staatsangehörigkeit als Rechtsinstitut nicht in dieses Schema passe.[572]

Unbeschadet des Für und Wider der Staatsangehörigkeit als unzulässiges Differenzierungskriterium im Sinne des Art. 3 Abs. 3 S.1 GG lässt sich für die vorliegende Vergleichsgruppe feststellen, dass ein Abstellen auf die Staatsangehörigkeit als Differenzierungsmerkmal nicht sinnvoll ist, da beide Gruppen die deutsche Staatsangehörigkeit besitzen: Die Gleichbehandlungsproblematik des Optionsmodells betrifft nicht die Frage, wer deutscher Staatsangehöriger sein soll, sondern beschäftigt sich damit, wer von den deutschen Staatsangehörigen verpflichtet werden soll, mindestens eine der bestehenden Staatsangehörigkeiten aufzugeben. Problematisch ist mithin eine durch die Optionsregelung vorgenommene Differenzierung zwischen Deutschen.[573]

b) Differenzierungskriterium „Abstammung“

Als einschlägiges Differenzierungskriterium im Sinne des Art. 3 Abs. 3 S.1 GG kommt jedoch die Abstammung in Betracht. Vergleicht man die Fälle des Erwerbs der Staatsangehörigkeit durch Geburt im Inland gemäß § 4 Abs. 3 S.1 StAG mit denen des Erwerbs der deutschen Staatsangehörigkeit aufgrund des Ius-sanguinis-Prinzips nach § 4 Abs. 1 StAG, so liegt der wesentliche Unterschied zwischen beiden Bestimmungen in der Tatsache, dass im Fall des § 4

Art. 3 Rdn. 36. Zur Gesamtdarstellung vgl. Bernsdorff, Probleme der Ausländerintegration in verfassungsrechtlicher Sicht, S. 57ff.

571 Im Ergebnis auch *Sachs*, der zwar die Staatsangehörigkeit und die unterschiedliche Behandlung von Ausländern allgemein oder von Angehörigen bestimmter Staaten nicht von dem Differenzierungsverbot des Art. 3 Abs. 3 GG umfasst sieht, hingegen aber aufgrund der unübersehbaren Affinität zu den Kriterien Heimat und Sprache, zum Teil auch Rasse und Religion, eine verschärfte Aufmerksamkeit gegenüber etwaigen verdeckten Diskriminierungen als erforderlich ansieht. Sachs, HbStR V, § 126 Rdn. 51, S. 1039f.

572 Smaluhn, StAZ 1998, S. 105; ebenso Bernsdorff, Probleme der Ausländerintegration in verfassungsrechtlicher Sicht, S. 61.

573 Im Ergebnis auch Martenczuk, KritV 2000, S. 213.

Abs. 1 StAG mindestens ein Elternteil über die deutsche Staatsangehörigkeit verfügen muss, während im Fall des § 4 Abs. 3 S.1 StAG beide Elternteile die ausländische Staatsangehörigkeit besitzen müssen. Der Optionspflicht nach § 29 StAG unterliegen nur die Mehrstaater im Sinne des § 4 Abs. 3 S.1 StAG. Folge dessen ist, dass der Gesetzgeber die Optionspflicht an die Staatsangehörigkeit nicht-deutscher Eltern anknüpft. Diese Anknüpfung ist verfassungsrechtlich bedenklich, wenn es sich um ein im Rahmen des Art. 3 Abs. 3 S.1 GG unzulässiges Differenzierungsmerkmal handelt. Anknüpfungspunkt bei der Abstammung ist die conditio humana des „Hineingeborenwerdens", die Zeugung durch Vorfahren und das frühe unbewusste „Hineinwachsen".[574] Fraglich ist allerdings, inwieweit sich die Abstammung als entscheidender Differenzierungsmaßstab der Optionsregelung (§ 29 StAG i.V.m. § 4 Abs. 3 S.1 StAG) herauskristallisiert. Streng genommen muss die Differenzierung auf der Abstammung beruhen. Vom Schutz des Art. 3 Abs. 3 GG sind solche Fälle ausgenommen, in denen die Differenzierung nur auf dem „Wesen" der Abstammung beruht.[575] Für die Vermutung, dass die durch die Optionsregelung vorgenommene Differenzierung an die Abstammung selbst anknüpft, spricht, dass die durch Geburt erworbene deutsche Staatsangehörigkeit mit der kraft ius sanguinis oder durch Einbürgerung erworbenen deutschen Staatsangehörigkeit auf einem Rang steht.[576] Nimmt man an, dass die Vorfahren der Mehrstaater nicht berücksichtigt werden, dann müssten auch diejenigen Mehrstaater dem Optionszwang unterliegen, die nicht als Ius-soli-Mehrstaater gelten[577], mithin alle Personen mit mehr als einer Staatsangehörigkeit. Um eine verfassungsrechtliche Beanstandung der Optionsregelung abzuwenden, könnte man annehmen, dass zwar „die Beziehung zu den Vorfahren mit darüber entscheidet, dass die Staatsangehörigkeit bedingungslos vermittelt wird. Entscheidender Differenzierungsmaßstab des Gesetzes (sei) dabei jedoch nicht so sehr die Beziehung zu den Vorfahren als die Voraussetzung für jenes gegenseitiges Schutz- und Treueverhältnis, als das sich die Staatsangehörigkeit sowohl aus staatsrechtlicher wie auch aus völkerrechtlicher Sicht darstellt."[578]

Das Heranziehen des Schutz- und Treueverhältnisses als Anknüpfungspunkt für eine geeignete Differenzierung im Rahmen des Art. 3 Abs. 3 S.1 GG erscheint

[574] Dürig in: Maunz/Dürig, Art. 3 Abs. 3 Rdn. 39. Die Abstammung wird als „natürliche biologische Beziehung des Grundrechtsträgers zu seinen Vorfahren" bezeichnet, BVerfGE 9, 124 (128). Vgl. Kapitel 4 C III 1 a.

[575] BVerfGE 9, 201 (205): „Das in Art. 3 Abs. 3 GG angesprochene Gebot, niemanden „wegen seiner Abstammung" zu bevorzugen oder zu benachteiligen, kommt als Prüfungsmaßstab nicht in Betracht; es trifft den hier zu entscheidenden Fall nicht. Der Anspruch auf Waisenrente beruht seinem Wesen nach auf der Abstammung oder auf einer der Abstammung ausdrücklich gleichgestellten sozialen Verbundenheit."

[576] Siehe Kapitel 4 C I 2.

[577] Vgl. hierzu Zimmermann, IPRax 2000, S. 185.

[578] Huber/Butzke, NJW 1999, S. 2774; Huber in: Reform des Staatsangehörigkeitsrechts- Die parlamentarische Beratung S. 227.

bedenklich. Zweifelhaft ist bereits, ob sich aus der Staatsangehörigkeit bzw. aus der Natur der Staatsangehörigkeit oder aus ihrem Wesen ein solches Treueverhältnis ergibt.[579] Sofern darauf abgestellt wird, dass eine differenzierende Behandlung dadurch gerechtfertigt ist, dass Ius-sanguinis-Mehrstaater aufgrund des deutschen Elternteils eine innigere Beziehung zu der Bundesrepublik Deutschland aufbauen können und sie deshalb von der Optionspflicht ausgenommen werden sollten, sei darauf hingewiesen, dass es höchst fraglich ist, ob bei Personen, die im Inland geboren sind und deren Eltern seit einiger Zeit, mindestens seit acht Jahren, in der Bundesrepublik Deutschland verweilen, angenommen werden darf, sie seien weniger in die Gesellschaft integriert, weil sie nicht über einen deutschen Elternteil verfügen. Zu beachten ist, dass die Pflicht, für eine der Staatsangehörigkeiten zu optieren, erst mit der Volljährigkeit eintritt. Bis zu diesem Zeitpunkt sollte im Regelfall die Integration der in Deutschland geborenen Mehrstaater derart fortgeschritten sein, dass sie im Vergleich zu dem Integrationsgrad der Ius-sanguinis-Mehrstaater nicht wesentlich schlechter abschneiden.[580] Gänzlich versagt das Argument der fehlenden Integration jedenfalls im Hinblick auf die im Ausland geborenen Kinder mit mehrfacher Staatsangehörigkeit, von denen eine die deutsche ist. Denn bei ihnen wird Mehrstaatigkeit hingenommen, ohne dass sie jemals in der Bundesrepublik Deutschland gelebt haben müssen. Zwar sieht die Neufassung des § 4 Abs. 4 S.1 StAG vor, dass die deutsche Staatsangehörigkeit nicht nach § 4 Abs. 1 StAG bei Geburt im Ausland erworben wird, wenn der deutsche Elternteil nach dem 31. Dezember 1999 im Ausland geboren wurde und dort seinen gewöhnlichen Aufenthalt hat, es sei denn, das Kind würde sonst staatenlos. Allerdings steht es dem deutschen Elternteil frei, den Generationenschnitt gemäß § 4 Abs. 4 S.2 StAG durch einfache Anzeige der Geburt an die deutsche Auslandsvertretung innerhalb eines Jahres zu verhindern. Damit ist gewährleistet, dass das Kind auch bei noch so geringer Bindung der Eltern an Deutschland die deutsche Staatsangehörigkeit durch Abstammung erwerben kann bzw. erwirbt.[581] Mit Blick auf die Konstellation des § 29 Abs. 1 StAG fällt auf, dass dieser nicht auf ein „Treueverhältnis" des Bürgers zum Staat abstellt, sondern auf den Erwerb der deutschen Staatsan-

---

579 Siehe Kapitel 2 C III 2.

580 a. A.: Hailbronner, APuZ 1999, (21-22), S. 7: „Der sachliche Unterscheidungsgrund dürfte darin liegen, dass in einem Fall an die Abstammung von einem deutschen Elternteil angeknüpft wird und dabei idealtypisch von einem höheren Integrationsgrad ausgegangen werden kann, während bei der Geburt im Inland es zumindest nicht von vornherein als sachwidrig angesehen werden kann, hier eine besondere Entscheidung mit Erreichen der Volljährigkeit zu verlangen." Zu beachten ist, dass sich diese Argumentation auf eine Differenzierung im Sinne des Art. 3 Abs. 1 GG bezieht.

581 Renner in: Hailbronner/Renner, Staatsangehörigkeitsrecht-Kommentar, Teil II § 4 Rdn. 47. Mit der Anzeige der Geburt des Kindes bei der zuständigen deutschen Auslandsvertretung wird das Fortbestehen jedweder Bindung des deutschen Elternteils an die Bundesrepublik Deutschland „fingiert". Bemerkenswert ist, dass eine ausdrückliche Erklärung dieses Inhalts nicht verlangt wird. Vgl. auch Renner in: Hailbronner/Renner, Staatsangehörigkeitsrecht-Kommentar, Teil II § 4 Rdn. 58.

gehörigkeit durch die Geburt eines Kindes ausländischer Eltern auf dem Gebiet der Bundesrepublik Deutschland.[582] Als Differenzierungskriterium kommt demnach nur die Abstammung im Sinne des Art. 3 Abs. 3 S.1 GG in Betracht: Unterschieden wird danach, von „welchen“ Eltern der Mehrstaater abstammt. Hat er einen deutschen Elternteil, trifft ihn die Optionspflicht nicht, hat er ausschließlich ausländische Elternteile, unterfällt er dem Optionszwang. Demzufolge wäre § 29 Abs. 1 StAG verfassungswidrig, sofern nicht eine verfassungskonforme Auslegung möglich ist.

c) Verfassungskonforme Auslegung des § 29 Abs. 1 StAG

Die Betrachtung des § 29 Abs. 1 StAG im Lichte des Art. 3 Abs. 3 S.1 GG ergibt bei der Vergleichsgruppe der Ius-soli-Mehrstaater und der Ius-sanguinis-Mehrstaater die Verfassungskonformität der Optionsregelung, wenn man davon ausgeht, dass nicht die Abstammung als solche Differenzierungskriterium sein soll. Grundgedanke ist, dass grundsätzlich jeder Mehrstaater unter die Optionsregelung fällt, es jedoch demjenigen Mehrstaater, der die deutsche Staatsangehörigkeit von einem deutschen Elternteil erworben hat, nicht zugemutet werden kann, sich staatsangehörigkeitsrechtlich von seinem Elternteil mit deutscher Staatsangehörigkeit zu trennen. Anknüpfungspunkt für eine differenzierende Behandlung wäre dann der Schutz der Familie, garantiert aus Art. 6 GG. So wird angenommen, dass es mit Rücksicht auf die Familienbeziehung zu deutschen Staatsangehörigen zulässig ist, zwischen Ius-soli-Mehrstaatern und Ius-sanguinis-Mehrstaatern zu unterscheiden.[583]

Der Gedanke, dass sich Kinder aus binationalen Ehen, sofern sie auch unter die Optionspflicht fallen würden, gegen die Staatsangehörigkeit eines der Elternteile entscheiden müssten, erzeugt ein ungutes Gefühl. Doch bietet er kaum ein Argument für eine differenzierende Behandlung zwischen den Ius-soli-Mehrstaatern und den Ius-sanguinis-Mehrstaatern, denn die optionspflichtigen Ius-soli-Mehrstaater müssen sich, sofern sie die deutsche Staatsangehörigkeit behalten wollen, sogar gegen die Staatsangehörigkeit(en) beider Elternteile entscheiden. Das Argument der Zerstörung der Familieneinheit, die im Falle der Optionspflicht des Ius-sanguinis-Mehrstaaters vorliegen würde, im Falle des Ius-soli-Mehrstaaters hingegen nicht, da hier von vornherein keine Familieneinheit besteht, reicht für eine ungleiche Behandlung nicht aus. Der Grundsatz der Einheitlichkeit der Familie wird durch Art. 6 GG nicht geschützt, ihm kommt kein verfassungsrechtlicher Stellenwert zu.[584] Dass familienrechtliche

---

582 Verweis auf § 4 Abs. 3 S.1 StAG.

583 Zum gesamten Gedankengang siehe Wallrabenstein in: Huber, Handbuch des Ausländer- und Asylrechts Bd. II, Kap. B 130 § 29 Rdn. 6.

584 Vgl. BVerfGE 37, 217 (253): „Zwar kann (...) eine einheitliche Staatsangehörigkeit aller Familienmitglieder als wünschenswert erscheinen lassen. Der Grundsatz der Familienein-

Beziehungen bzw. familiäre Bindungen keine differenzierenden Behandlungen rechtfertigen können, belegt auch die offensichtliche Diskrepanz in der Bewertung familienrechtlicher Bindungen im Fall der im Ausland geborenen Kinder deutscher Eltern, die dort nach dem Territorialitätsprinzip die ausländische Staatsangehörigkeit erworben haben. Das deutsche Recht verlangt in diesem Fall keine Entscheidung für oder gegen die deutsche Staatsangehörigkeit, obwohl es sich hierbei um die spiegelbildliche Konstellation zum Fall der Optionspflichtigen handelt. Bei den Kindern deutscher Eltern werden also die gleichen familiären Bindungen berücksichtigt, die bei den Kindern ausländischer Eltern unberücksichtigt bleiben.[585]

Die verfassungskonforme Auslegung des § 29 Abs. 1 StAG dahingehend, dass nicht das Differenzierungsmerkmal Abstammung im Sinne des Art. 3 Abs. 3 S.1 GG, sondern vielmehr familienrechtliche Bindungen des Mehrstaaters an einen deutschen Elternteil ausschlaggebend sind, kann nicht ohne Bedenken unterstützt werden. Indiz für die Verwendung des Differenzierungskriteriums „Abstammung“ ist die Anknüpfung der Optionsregelung an die Vorfahren, die Eltern. Die Benachteiligung, der Abwahlzwang, steht mit der Abstammung in direktem Zusammenhang. Folge dessen ist die Unvereinbarkeit der in § 29 StAG normierten Optionsregelung mit Art. 3 Abs. 3 S.1 GG.

2. Vergleichspaar: Mehrstaater mit Staatsangehörigkeit aus BRD und anderem EU-Mitgliedstaat und Mehrstaater mit Staatsangehörigkeit aus BRD und Nicht-EU-Mitgliedstaat

Eine weiteres Vergleichspaar im Rahmen des Art. 3 GG bilden die in Deutschland geborenen Mehrstaater, die neben der deutschen die Staatsangehörigkeit eines anderen Mitgliedstaates der Europäischen Union besitzen und diejenigen Mehrstaater, die ebenfalls die deutsche Staatsangehörigkeit kraft ius soli erworben haben, allerdings die ausländische Staatsangehörigkeit aus einem Nicht-EU-Mitgliedstaat besitzen. Auch hier stellt sich die Frage, ob eine ungerechtfertigte Differenzierung nach der Abstammung vorgenommen wird. Dann wäre eine Unvereinbarkeit der Optionsregelung[586] mit Art. 3 Abs. 3 S.1 GG gegeben. Beide Gruppen sind von der Optionsregelung betroffen, fallen also grundsätzlich unter den Entscheidungs- bzw. Abwahlzwang im Sinne des § 29 StAG. Insoweit besteht keine differenzierende Behandlung durch den Gesetzgeber. Allerdings wird die zuerst genannte Gruppe im Gegensatz zur zweiten Gruppe in einem Aspekt erheblich unterschiedlich behandelt: Ihr steht gemäß § 29 Abs. 3 und 4 StAG i.V.m. § 87 Abs. 2 AuslG ein gesicherter Anspruch auf die Beibe-

---

heit hat aber sowohl im deutschen wie im ausländischen Staatsangehörigkeitsrecht weitgehend an Bedeutung verloren (...).“ Siehe zur Gesamtdarstellung Kapitel 4 C II.

585 Martenczuk, KritV 2000, S. 214.

586 Genauer: §§ 29 Abs. 3 und 4 StAG i.V.m. § 87 Abs. 2 AuslG.

haltung der deutschen Staatsangehörigkeit unter Hinnahme der Mehrstaatigkeit zu. Bedenklich erscheint auch in diesem Beispiel, dass wiederum an die Vorfahren der betroffenen Mehrstaater angeknüpft wird. Hat der Optionspflichtige Eltern, die ihm die Staatsangehörigkeit aus einem EU-Mitgliedstaat vermitteln, wird er durch die Regelung aus § 29 Abs. 3 und 4 StAG i.V.m. § 87 Abs. 2 AuslG privilegiert, denn er kann beide (oder mehrere) Staatsangehörigkeiten behalten, soweit er einen Antrag auf Beibehaltung der deutschen Staatsangehörigkeit bei der zuständigen Behörde stellt. Derjenige Mehrstaater, der von seinen Eltern die Staatsangehörigkeit eines Nicht-EU-Mitgliedstaates erworben hat, ist auf die Ausnahmetatbeständen des § 87 Abs. 1, 3 und 4 AuslG angewiesen. Dabei muss der Betroffene jedoch das Vorliegen der dort normierten Voraussetzungen bei der zuständigen Behörde darlegen. Dies sollte sich im Regelfall, verglichen mit dem Vorbringen, dass man die Staatsangehörigkeit aus einem EU-Mitgliedstaat besitzt, als erheblich schwieriger erweisen. Eine Garantie für das Beibehalten beider oder mehrerer Staatsangehörigkeiten ist in diesen Fällen nicht gegeben. Zudem ist man der Ermessensentscheidung der Behörde ausgesetzt, was ebenfalls einen gewissen Risikofaktor hinsichtlich des drohenden Verlustes der deutschen Staatsangehörigkeit darstellt. Zweifel an der Verfassungsmäßigkeit der Optionsregelung liegen im Hinblick auf das Verwenden des Differenzierungskriteriums Abstammung aus Art. 3 Abs. 3 S.1 GG auch in dieser Konstellation vor.

Doch selbst wenn man davon ausgeht, dass der Gesetzgeber nicht an die Vorfahren der Mehrstaater anknüpfen wollte, würde sich eine Unvereinbarkeit mit dem allgemeinen Gleichheitssatz aus Art. 3 Abs. 1 GG ergeben. Eine Ungleichbehandlung im Sinne des Art. 3 Abs. 1 GG, die zu einer Benachteiligung des Mehrstaaters mit einer deutschen und einer Staatsangehörigkeit aus einem Nicht-EU-Staat führt, ist bereits aufgezeigt worden. Einem Verstoß gegen den Gleichheitssatz könnte man insofern entgegenwirken, als die Ungleichbehandlung gerechtfertigt ist. Dann müssten, da es sich um eine personenbezogene Ungleichbehandlungen handelt, sachbezogene Gründe von solcher Art und solchem Gewicht vorliegen, die eine Rechtfertigung gelingen lassen.[587] Die Optionsregelung ist von dem Gedanken getragen, dass europäische Mehrstaatigkeit für unproblematisch zu halten ist. Begründet wird die Abweichung vom Prinzip der Vermeidung der Mehrstaatigkeit mit dem Argument, es sei in diesen Fällen kein öffentliches Interesse an der Beibehaltung des Grundsatzes gegeben; insbesondere im Hinblick auf das Ziel der europäischen Integration solle ein Anreiz zum Erwerb der deutschen Staatsangehörigkeit verstärkt werden.[588] Daraus kann man schließen, dass bei allen anderen Fällen des Zustandekommens von Mehrstaatigkeit das Prinzip der Einzelstaatigkeit weiterhin verfolgt wird. Doch

587 BVerfGE 55, 72 (88); 85, 238 (244); vgl. auch Jarass, AöR Bd. 120 (1995) S. 376.
588 Göbel-Zimmermann/Masuch, DÖV 2000, S. 97 und 102; mit Verweis auf BT-Drs. 14/533 S. 19.

besonders vor dem Hintergrund der europäisch garantierten Inländergleichbehandlung der freizügigkeitsberechtigten Unionsbürger[589] vermag es nicht als gerechtfertig angesehen werden, gerade bei den Mehrstaatern mit einer Staatsangehörigkeit aus einem EU-Mitgliedstaat die Mehrstaatigkeit hinzunehmen, bei den Mehrstaater mit einer Staatsangehörigkeit aus einem Drittstaat jedoch nicht. Denn der Mehrstaater mit einer Staatsangehörigkeit aus einem EU-Mitgliedstaat „benötigt" nicht zwei Staatsangehörigkeiten, um sich beispielsweise auf dem Arbeitsmarkt zu behaupten.

Der Integrationsgedanke ist ebenfalls nicht als sachlicher Grund geeignet. Es ist nicht ersichtlich, dass sich ein Mehrstaater, der neben der deutschen die Staatsangehörigkeit aus einem EU-Mitgliedstaat besitzt, eher in die Bundesrepublik Deutschland integrieren lässt als ein Mehrstaater, der die ausländische Staatsangehörigkeit aus einem so genannten Drittstaat erworben hat. Als Beispiel dienen die Integrationserfolge bei deutsch-griechischen oder deutsch-portugiesischen Mehrstaatern: Obwohl diese Mehrstaater die Staatsangehörigkeit eines EU-Mitgliedstaates besitzen, liegen die Integrationserfolge auf einer Stufe mit der von deutsch-türkischen Mehrstaatern. Dies gilt jedenfalls dann, wenn die deutsche Staatsangehörigkeit durch Geburt in der Bundesrepublik Deutschland erworben wurde und der Mehrstaater bis zum Zeitpunkt des Abwahlzwanges in der Bundesrepublik Deutschland verweilt.[590] Ein sachlicher Grund von erheblicher Art und besonderem Gewicht liegt folglich nicht vor. Die personenbezogene Ungleichbehandlung ist demzufolge nicht gerechtfertigt, so dass die Vereinbarkeit des Optionsmodells, insbesondere die Vereinbarkeit der Regelung der §§ 29 Abs. 3 und 4 StAG i.V.m. 87 Abs. 2 AuslG, mit Art. 3 Abs. 1 GG bedenklich ist.

3. Vergleichspaar: Deutsche Mehrstaater und deutsche Monostaater

Ein weiteres Vergleichspaar bilden die (auch-) deutschen Mehrstaater und die deutschen Monostaater. Unter Monostaatern versteht man diejenigen Staatsangehörigen, die ausschließlich die deutsche Staatsangehörigkeit besitzen. Im Verhältnis der beiden Vergleichsgruppen zueinander könnte es verfassungsrechtlich bedenklich sein, dass der Mehrstaater im Gegensatz zum Monostaater aufgrund der Neuregelung des § 4 Abs. 3 S.1 StAG eine weitere, die deutsche Staatsangehörigkeit, erhält. Folge dessen ist, dass sich der Mehrstaater aufgrund

---

[589] Art. 18 Abs. 1 EGV (allgemeine Freizügigkeit des Unionsbürgers); Art. 39 EGV (Freizügigkeit der Arbeitnehmer, wobei dieser Staatsangehöriger eines Mitgliedstaates sein muss; vgl. Art. 39 Abs. 2 EGV).

[590] Zu beachten ist allerdings, dass die Anzahl der in Deutschland lebenden deutsch-türkischen Mitbürger um einiges höher ist als die der Deutsch-Portugiesen oder Deutsch-Griechen. Soweit die deutsche Staatsangehörigkeit nicht durch Geburt erworben wurde, ist bei erster Gruppe das Eintreten von Integrationsproblemen eher wahrscheinlich als bei den zuletzt genannten.

seiner Staatsangehörigkeiten zum Teil auf Rechtsordnungen aus verschiedenen Staaten und die in diesen Rechtsordnungen an die Staatsangehörigkeit anknüpfenden Rechte[591] berufen. Wer mehrere Staatsangehörigkeiten besitzt, wird durch mehrere Rechtsordnungen angesprochen und hat demnach potentiell mehr Rechte (aber auch mehr Pflichten!) als derjenige, der nur eine Staatsangehörigkeit besitzt.

Durch § 29 StAG wird grundsätzlich gewährleistet, dass der Mehrstaater eine der Staatsangehörigkeiten aufgeben muss bzw. der deutschen Staatsangehörigkeit verlustig geht. Die Rechte, die dem Mehrstaater zunächst aus den Rechtsordnungen von mehreren Staaten zustehen, werden somit wieder zumeist aus der Rechtsordnung nur eines Staates geschöpft. Da ein Mehrstaater sich spätestens bis zum 23. Lebensjahr für eine Staatsangehörigkeit entschieden haben muss, ist die Inanspruchnahme derjenigen Rechte, die in direktem Zusammenhang mit der Staatsangehörigkeit stehen und die der Mehrstaater bis zu diesem Alter genießen durfte, begrenzt. Gemäß § 29 Abs. 3 und 4 StAG ist dem Mehrstaater jedoch eine Beibehaltungsgenehmigung zu erteilen, wenn die Aufgabe der ausländischen Staatsangehörigkeit nicht möglich bzw. nicht zumutbar ist oder wenn die Voraussetzungen der Ausnahmetatbestände des § 87 AuslG vorliegen. In diesen Fällen bleibt die deutsche Staatsangehörigkeit neben der ausländischen Staatsangehörigkeit bestehen, mithin auch die an beide Staatsangehörigkeiten anknüpfenden Rechte. Fraglich ist nunmehr, ob hierdurch eine ungerechtfertigte Ungleichbehandlung des Mehrstaaters gegenüber dem Monostaater im Sinne des Art. 3 Abs. 1 GG vorliegt. Die Anwendung des allgemeinen Gleichheitssatzes setzt regelmäßig eine wertende Beurteilung im Hinblick auf die zu vergleichenden Tatbestände, die Vergleichspaare und im Hinblick darauf voraus, ob ein sachlicher Grund für die Ungleichbehandlung vergleichbarer Fälle gegeben ist.[592]

a) Vergleichbarkeit der deutschen Mehrstaater mit den deutschen Monostaatern

Nach der so genannten neuen Formel ist Art. 3 Abs. 1 GG vor allem dann verletzt, „wenn eine Gruppe von Normadressaten im Vergleich zu anderen Norm-

[591] Als Beispiel dient hier das Wahlrecht. Nach § 12 BWG sind alle volljährigen Deutschen im Sinne des Art. 116 Abs. 1 GG wahlberechtigt, die mindestens seit drei Monaten in der Bundesrepublik Deutschland wohnen und nicht vom Wahlrecht ausgeschlossen sind. Angeknüpft wird mithin an die Staatsangehörigkeit desjenigen, der die sonstigen Anforderungen an die Wahlberechtigung erfüllt. Bei der Gewährung des diplomatischen Schutzes wird ebenfalls an die Staatsangehörigkeit angeknüpft. Das Recht auf Ausübung des diplomatischen Schutzes steht nur dem Heimatstaat des geschädigten Staatsangehörigen zu. Die Bestimmung der Staatsangehörigkeit ist mithin entscheidend.

[592] Badura, Staatsrecht, Kap. C Rdn. 47 S. 126; Osterloh in: Sachs, Art. 3 Rdn. 5; Kirchhof, HbStR V, § 124 Rdn. 87, S. 875.

adressaten anders behandelt wird, obwohl zwischen beiden Gruppen keine Unterschiede von solcher Art und solchem Gewicht bestehen, dass sie die ungleiche Behandlung rechtfertigen könnten".[593] Im Rahmen des Art. 3 Abs. 1 GG bedarf es demnach der Bildung von Vergleichsgruppen. Hier kommen als Vergleichsgruppen diejenigen Staatsangehörigen in Betracht, die gemäß § 4 Abs. 3 S.1 StAG die deutsche neben der ausländischen Staatsangehörigkeit erwerben, sowie diejenigen Staatsangehörigen, die die deutsche Staatsangehörigkeit durch ihre deutschen Eltern nach dem Abstammungsprinzip vermittelt bekommen. Diese beiden Gruppen müssten im Wesentlichen vergleichbar sein. Wesentliche Gleichheit bedeutet, dass Personen, Personengruppen oder Situationen vergleichbar sind. Vergleichbarkeit bedarf zunächst eines Bezugspunktes, eines tertium membrum comparationis. Zur Festlegung eines Bezugspunktes ist das Bilden eines gemeinsamen Oberbegriffs (genus proximum) erforderlich, unter den die rechtlich verschieden behandelten Personen, Personengruppen oder Situationen fallen.[594] Genus proximum ist vorliegend die deutsche Staatsangehörigkeit.

b) Ungleichbehandlung der Vergleichsgruppen

Die Vergleichsgruppen müssten durch den Gesetzgeber ungleich behandelt werden. Hierbei ist zu beachten, dass eine Verletzung des Gleichheitssatzes nicht schon darin liegt, „dass der Gesetzgeber bei der Regelung eines bestimmtes Lebensgebietes nicht alle tatsächlichen Verschiedenheiten der Lebensverhältnisse im einzelnen berücksichtigt. Entscheidend ist vielmehr, ob für eine am Gerechtigkeitsgedanken orientierte Betrachtungsweise die tatsächlichen Ungleichheiten in dem jeweils in Betracht kommenden Zusammenhang so bedeutsam sind, dass der Gesetzgeber sie bei seiner Regelung beachten muss".[595] Demnach ist nicht jede Bevorzugung oder Benachteiligung untersagt. Vielmehr verbietet der

---

[593] BVerfGE 55, 72 (88). Seit 1980 wird das Willkürverbot durch die so genannte „neue Formel" des Ersten Senats des Bundesverfassungsgerichts ergänzt. BVerfGE 55, 72 (88): „Diese Verfassungsnorm (Art. 3 Abs. 1 GG *v. Verf.*) gebietet, alle Menschen vor dem Gesetz gleich zu behandeln. Demgemäß ist dieses Grundrecht vor allem dann verletzt, wenn eine Gruppe von Normadressaten im Vergleich zu anderen Normadressaten anders behandelt wird, obwohl zwischen beiden Gruppen keine Unterschiede von solcher Art und solchem Gewicht bestehen, dass sie die ungleiche Behandlung rechtfertigen könnten." Im Verhältnis zur bisherigen Willkürüberprüfung bedeutet die „neue Formel" eine erhöhte Kontrolldichte durch einen inhaltlich klareren Maßstab: Reichte nach dem herkömmlichen Ansatz irgendein sachlicher (einleuchtender) Grund für eine unterschiedliche Behandlung aus, muss jetzt eine Gewichtung erfolgen, ob die tatsächlichen Unterschiede die Ungleichbehandlung rechtfertigen. Damit wird der Aspekt der Verhältnismäßigkeit bzw. des Übermaßverbots umfasst. Vgl. Gubelt in: v. Münch/Kunig, Art. 3 Rdn. 14; Hesse, AöR 109 (1984), S. 188; Wendt, NVwZ 1988, S. 781. Siehe auch: Sondervotum Katzenstein, BVerfGE 74, 28 (30).

[594] Osterloh in: Sachs, Art. 3 Rdn. 1; Pieroth/Schlink, Grundrechte Staatsrecht II, Rdn. 474ff., S. 117.

[595] BVerfGE 1, 246 (275f.).

allgemeine Gleichheitssatz die nicht hinreichend gerechtfertigte und deshalb grundlose Ungleichbehandlung.[596]

Eine ungleiche Behandlung könnte im Vergleich der Monostaater mit den Mehrstaatern darin gesehen werden, dass dem Mehrstaater die Möglichkeit eröffnet wird, nach §§ 4 Abs. 3, 29 Abs. 3 und 4 StAG i.V.m. § 87 AuslG sowohl die deutsche als auch die ausländische Staatsangehörigkeit zu behalten, wodurch er den Zugriff auf Rechte aus der deutschen und der ausländischen Rechtsordnung erhält. Sofern man hierin bereits eine Ungleichbehandlung sieht, müsste diese durch den deutschen Gesetzgeber verursacht werden. Die aus der deutschen Rechtsordnung fließenden Rechte und Pflichten, deren Normadressaten deutsche Staatsangehörige sind, müssen in Übereinstimmung mit dem Gleichheitssatz geregelt werden. Dies gilt unabhängig von der Frage, ob der vom Regelungsgehalt betroffene Staatsangehörige ausschließlich Deutscher ist oder zusätzlich eine andere Staatsangehörigkeit besitzt. Hingegen wird die ausländische Staatsangehörigkeit ausschließlich durch das jeweilige ausländische Staatsangehörigkeitsrecht geregelt[597], ebenso die dem ausländischen Staatsangehörigen auferlegten Rechte und Pflichten. Die ausländische Rechtsordnung ist ihrerseits nicht an den Gleichheitssatz aus Art. 3 Abs. 1 GG gebunden, was zur Folge hat, dass die Zuerkennung von Rechten durch ausländische Staaten nicht gegen die deutsche Verfassung verstößt. Umgekehrt begründet Art. 3 Abs. 1 GG aber auch keine Verpflichtung des deutschen Gesetzgebers, Ungleichheiten aus dem ausländischen Recht zu egalisieren.[598] Ergeben sich für den deutschen Mehrstaater gegenüber dem deutschen Monostaater zusätzliche Rechte aus der ausländischen Rechtsordnung, auf die er sich aufgrund des Besitzes der ausländischen Staatsangehörigkeit berufen kann[599], so liegt hiermit keine ungerechtfertigte Ungleichbehandlung durch den deutschen Gesetzgeber vor. Der deutsche Gesetzgeber regelt ausschließlich Rechte, die aus der deutschen Rechtsordnung fließen. Hinsichtlich dieser Rechte liegt jedoch keine Ungleichbehandlung vor. Keine Regelungsbefugnis hat der deutsche Gesetzgeber hinsichtlich der Normen ausländischer Rechtsordnungen. Hieraus könnten sich zwar Ungleichbehandlungen ergeben; diese sind jedoch nicht vom Schutzumfang des Art. 3 Abs. 1 GG gedeckt. Im Vergleich der deutschen Mehrstaater mit den deutschen Monostaatern ist keine ungerechtfertigte Ungleichbehandlung im Sinne des Art. 3 Abs. 1 GG erkennbar. Eine verfassungswidrige Privilegierung des Mehrstaaters durch die Optionsregelung, genauer durch § 29 Abs. 3 und 4 StAG i.V.m. § 87 AuslG, ist nicht gegeben.

---

596 Siekmann/Duttge, Staatsrecht I Grundrechte, S. 372, Rdn. 917; Jarass, AöR 120 (1995), S. 376f.

597 Vgl. Kapitel 4 B III 2.

598 Gusy in: Reform des Staatsangehörigkeitsrechts- Die parlamentarische Beratung, S. 279.

599 Als Beispiel dient das Wahlrecht, vgl. Kapitel 3 F II.

IV. Vereinbarkeit der Optionsregelung mit Art. 2 Abs. 1 GG

Eine mögliche Unvereinbarkeit des Optionsmodells mit Art. 2 Abs. 1 GG liegt, zugegebenermaßen, nicht auf der Hand. Die Idee verliert aber an Absurdität, wenn man folgenden Gedankengang zugrunde legt: Die Optionspflicht zwingt die betroffenen Mehrstaater dazu, sich zwischen dem 18. und dem 23. Lebensjahr mit ihrer ausländischen und deutschen Staatsangehörigkeit sowie der Entscheidung für oder gegen eine dieser Staatsangehörigkeiten zu befassen. Problematisch ist, ob die Verpflichtung zum geistigen Befassen mit einem vom Staat vorgegebenen Thema, vorliegend der mehrfachen Staatsangehörigkeit, gegen Art. 2 Abs. 1 GG verstößt. In anderem Zusammenhang, beispielsweise bei der Diskussion um das Transplantationsgesetz[600], wurde das Recht, sich mit bestimmten Fragen nicht befassen zu müssen, als negatives Selbstbestimmungsrecht angesehen.

1. Schutzgut des Art. 2 Abs. 1 GG: Negatives Selbstbestimmungsrecht

Somit tritt das Problem auf, ob die in § 29 StAG normierte Verpflichtung, sich mit staatsangehörigkeitsrechtlichen Fragen zu beschäftigen, gegen das negative Selbstbestimmungsrecht verstößt. Kritisch zu bemerken ist, dass im Vergleich mit der Pflicht, sich über die Bereitschaft zur Organspende auseinandersetzen zu müssen, die Entscheidung für bzw. gegen eine der Staatsangehörigkeiten als deutlich einschneidender erscheint.[601] Dass das negative Selbstbestimmungsrecht aus Art. 2 Abs. 1 GG fließt, legen schon die im Zuge der Verfassungsberatungen erwogenen Formulierungen nahe. Art. 2 Abs. 1 GG schützt nicht nur die Freiheit zum Handeln, sondern auch die Freiheit, etwas zu unterlassen. Das Grundrecht umfasst also nicht nur einseitig die Aktivität, sondern auch die Passivität, die Betätigung wie die Nichtbetätigung.[602]

---

600 Vgl. zur Darstellung der Diskussion Wallrabenstein, JA 1999, S. 129. Der Diskussion lag der Gedanke zugrunde, dass, sofern das Transplantationsgesetz alle Bürger verpflichten würde, eine Erklärung zu Lebzeiten darüber abzugeben, ob sie sich als Organspender zur Verfügung stellen, dies gegen das so genannte *negative Selbstbestimmungsrecht* verstoßen könnte. Vgl. auch BVerfG, NJW 1999, S. 3403. Zu beachten ist, dass das Transplantationsgesetz keinen Widerspruch zu Lebzeiten gegen die Organentnahme nach dem sog. Hirntod vorschreibt. Am 23. November 1998 haben 250 Persönlichkeiten Verfassungsbeschwerde beim Bundesverfassungsgericht wegen Verstoßes gegen Art. 1 Abs. 1 GG, Art. 2 Abs. 1 GG und Art. 2 Abs. 2 S.1 GG erhoben. Das Bundesverfassungsgericht hat durch Beschluss vom 18. Februar 1999 (1 BvR 2156/98) die Verfassungsbeschwerde mit der Begründung, dass die Beschwerdeführer die Möglichkeit hätten, einer Organspende nach § 2 Abs. 2 TPG zu widersprechen, nicht zur Entscheidung angenommen. Vgl. hierzu Schachtschneider/Siebold, DÖV 2000, S. 129ff.

601 Vgl. Wallrabenstein, Das Verfassungsrecht der Staatsangehörigkeit, S. 224.

602 Kunig in: v. Münch/Kunig, Art. 2 Rdn. 17; Bleckmann, Staatsrecht II, § 22 Rdn. 15, S. 599f.

2. Eingriff in das Schutzgut

Um eine Unvereinbarkeit der Optionsregelung mit Art. 2 Abs. 1 GG annehmen zu können, müsste ein Eingriff in ein durch Art. 2 Abs. 1 GG geschütztes Rechtsgut, das negative Selbstbestimmungsrecht, vorliegen. Damit eine Uferlosigkeit des Art. 2 Abs. 1 GG dahingehend vermieden wird, dass dieses Grundrecht vor jedem Nachteil schützt, wird vertreten, dass als Eingriff nur der Eingriff im klassischen Sinne Anwendung finden soll. Die allgemeine Handlungsfreiheit soll nur gegen unmittelbare rechtliche und finale Maßnahmen schützen, die mit Befehl und Zwang angeordnet bzw. durchgesetzt werden. Eine weitere Möglichkeit zur Vermeidung des ausufernden Grundrechtsschutzes aus Art. 2 Abs. 1 GG wäre die Eingrenzung des Schutzes der Entscheidungsfreiheit bereits auf der Tatbestandsebene. Ein Eingriff setzt dann nicht eine rechtliche, wohl aber eine finale Maßnahme voraus.[603] Zum Teil werden bloß geringe Voraussetzungen an den Eingriff gestellt: Die direkt an den Grundrechtsträger gerichteten staatlichen Ge- und Verbote sollen in jedem Fall einen Abwehranspruch aus Art. 2 Abs. 1 GG auslösen, wobei nicht nur staatlicher Zwang oder dessen Androhung einen Eingriff darstellen, sondern unter Umständen bereits nachteilige Rechtsfolgen ausreichen.[604]

Der in § 29 StAG normierte Entscheidungszwang stellt eine legislative Maßnahme dar, die den deutsche Mehrstaater verpflichtet, sich mit der Frage der Staatsangehörigkeit auseinander zu setzen, sofern er über den Verlust oder die Beibehaltung einer der Staatsangehörigkeiten im Rahmen der ihm vom Gesetz gegebenen Möglichkeiten selbst entscheiden möchte. Ohne eine Entscheidung über die Wahl der Staatsangehörigkeit kann eine diesbezügliche Äußerung gegenüber der zuständigen Behörde nicht stattfinden, so dass der Optionspflichtige jeglichen Einfluss auf die Beibehaltung der deutschen Staatsangehörigkeit verlieren würde. Insofern kann eine Beeinträchtigung des Einzelnen dahingehend angenommen werden, als eine selbst bestimmte Entscheidung, hier die Entscheidung, sich nicht entscheiden zu müssen[605], durch ein faktisch zwingendes Verhalten des Staates unmöglich gemacht wird.

Neben der von einer Ansicht geforderten rechtlichen Qualität der Maßnahme liegt auch die Finalität des Eingriffs vor: Der rechtliche Gehalt der Optionsregelung stellt sich als zielgerichtete Maßnahme gegenüber einem bestimmten

---

603 Siehe zur gesamten Diskussion: Murswiek in: Sachs, Art. 2 Rdn. 81 mit w. N.

604 Dreier in: Dreier, Art. 2 I Rdn. 34.

605 Abgegrenzt werden muss die Freiheit, sich nicht entscheiden zu müssen von der Möglichkeit, sich bezüglich der Frage nach der bevorzugten Staatsangehörigkeit nicht zu äußern. Die Optionsregelung verlangt zwar, dass sich der Pflichtige eine Wahl trifft und diese auch der zuständigen Behörde mitteilt, setzt aber auch Rechtsfolgen an eine fehlende willentliche Äußerung.

Kreis, den optionspflichtigen Mehrstaatern, dar. Die Frage nach der Qualität des Eingriffs stellt sich vorliegend nicht, da selbst der „klassische Eingriff" vorliegt.

3. Grundrechtsbegrenzung/verfassungsmäßige Rechtfertigung

Der Eingriff in das Schutzgut des Art. 2 GG, vorliegend das negative Selbstbestimmungsrecht, könnte sich allerdings als verhältnismäßig rechtfertigen lassen. Grundrechtsbegrenzung des Art. 2 Abs. 1 GG ist die so genannte Schrankentrias: die Rechte anderer, die verfassungsmäßige Ordnung und das Sittengesetz.

a) Verfassungsmäßige Ordnung im Sinne des Art. 2 Abs. 1 GG

Als Begrenzung des negativen Selbstbestimmungsrechts kommt vorliegend die verfassungsmäßige Ordnung in Betracht. Diese umfasst alle formellen und materiell verfassungsmäßigen Rechtssätze, wobei untergesetzliche Rechtsnormen grundsätzlich ausreichen. Ein Parlamentsgesetz ist nur dann erforderlich, falls der demokratische Parlamentsvorbehalt dies verlangt.[606] Als den Grundrechtsschutz aus Art. 2 Abs. 1 GG einschränkende einfachgesetzliche Norm ist die Optionsreglung aus § 29 StAG zu untersuchen.

b) Verhältnismäßigkeitsgrundsatz

Ein freiheitseinschränkendes Gesetz, vorliegend die Optionsregelung, muss sich neben Rechtfertigungskriterien wie der Wesensgehaltsgarantie und der Menschenwürde auch an dem Verhältnismäßigkeitsgrundsatz[607] messen. Hierbei gilt der von der Rechtsprechung des Bundesverfassungsgerichts aufgestellte Grundsatz: „Je mehr (..) der gesetzliche Eingriff elementare Äußerungsformen der menschlichen Handlungsfreiheit berührt, umso sorgfältiger müssen die zu seiner Rechtfertigung vorgebrachten Gründe gegen den grundsätzlichen Freiheitsanspruch des Bürgers abgewogen werden."[608]

---

606 BVerfGE 6, 32 (38); Murswiek in: Sachs, Art. 2 Rdn. 89f.

607 Di Fabio in: Maunz/Dürig, Art. 2 Abs. 1 Rdn. 41. Der Grundsatz der Verhältnismäßigkeit, der zum Teil auch als Übermaßverbot bezeichnet wird, ist ein Element des Rechtsstaatsprinzips. Er beruht auf der Überlegung, dass die verfassungsrechtliche Ermächtigung zu Einschränkungen eines Grundrechtes nie der völligen Preisgabe des Grundrechtsschutzes gegenüber dem Gesetzgeber bedeuten kann, da ansonsten in diesem Bereich die in Art. 1 Abs. 3 GG hervorgehobene Grundrechtsbindung des Gesetzgebers leer laufen würde. Vgl. Sachs, Verfassungsrecht II Grundrechte, S. 152 Rdn. 32.

608 BVerfGE 17, 306 (314).

aa) Legitimes Ziel des Gesetzgebers: Vermeidung von dauerhafter Mehrstaatigkeit

Aufgrund der Weite des Schutzgegenstandes des Art. 2 Abs. 1 GG, die sich auch auf relativ unbedeutende persönliche Anliegen eines Einzelnen erstreckt, reicht als Legitimationsgrundlage des grundrechtseinschränkenden Gesetzes bereits jedes nicht völlig unvernünftige Gemeinwohlanliegen aus.[609] Der Optionsregelung und dem hierin vorgesehenen Abwahlzwang muss demnach ein legitimer Zweck vorangegangen sein. Dieser liegt im Wesentlichen in der Vermeidung von dauerhafter Mehrstaatigkeit.

bb) Geeignetheit des grundrechtsbeschränkenden Mittels

Im Rahmen der Verhältnismäßigkeit einer Norm ist ferner zu überprüfen, ob der Regelungsgehalt der Norm geeignet ist, den Schutz des Rechtsguts zu bewirken, um deretwillen sie erfolgt ist.[610] Durch das Aufeinandertreffen von staatsangehörigkeitsrechtlichen Elementen des Territorialitäts- und des Abstammungsprinzips tritt eine vermehrte Anzahl von Fällen mehrfacher Staatsangehörigkeit in der Bundesrepublik Deutschland auf. Um keine dauerhafte Mehrstaatigkeit zu fördern, wird dem Mehrstaater gemäß § 29 Abs. 1 StAG aufgegeben, sich für eine Staatsangehörigkeit zu entscheiden. Er wird grundsätzlich derjenigen Staatsangehörigkeit verlustig, gegen die er sich entschieden hat. Hierdurch soll erreicht werden, dass der Mehrstaater im Regelfall nach der Vollendung des 23. Lebensjahres zum Monostaater wird. Der Zweck der Optionsregelung bzw. des Abwahlzwanges, Mehrstaatigkeit zu vermeiden oder zumindest zu verringern, wird durch den Regelungsgehalt des § 29 StAG unterstützt.

cc) Erforderlichkeit des grundrechtsbeschränkenden Mittels / Alternativen zur Optionsregelung

Bezogen auf das gesetzgeberische Ziel, verlangt der Verhältnismäßigkeitsgrundsatz zudem, dass das eingesetzte, grundrechtseinschränkende Mittel zur Erreichung des Ziels erforderlich ist. Dies kann dann angenommen werden, wenn es keine die grundrechtlichen Schutzgegenstände weniger beeinträchtigende Alternative gibt, die ebenso zielfördernd ist. Es darf kein milderes Mittel mit gleicher Erfolgstauglichkeit vorhanden sein.[611] Fraglich ist, ob es zu der Op-

---

609 Sachs, Verfassungsrecht II Grundrechte, S. 193; zum legitimen Zweck vgl. auch BVerfGE 91, 207 (221f).

610 Di Fabio in: Maunz/Dürig, Art. 2 Abs. 1 Rdn. 41; Starck in: v. Mangoldt/Klein/Starck, Art. 1 Abs. 3 Rdn. 243; BVerfGE 61, 291 (313f.); 65, 116 (126); 73, 301 (317f.); 81, 156 (192); 91, 207 (222); 95, 173 (185).

611 Vgl. Sachs, Verfassungsrecht II Grundrechte, S. 153; Di Fabio in: Maunz/Dürig, Art. 2 Abs. 1 Rdn. 41; Lerche, Übermaß und Verfassungsrecht, S. 19: „Unter mehreren möglichen (= zur Zweckerreichung geeigneten) Instrumenten darf nur dasjenige gewählt wer-

tionsregelung aus § 29 StAG eine rechtspolitisch vertretbare Alternative gibt, die das Prinzip der Vermeidung von Mehrstaatigkeit ebenso effektiv verfolgt, im Hinblick auf das negative Selbstbestimmungsrecht aber eine geringere Einschränkung darstellt. Möglich wäre es, von dem Mehrstaater gar keine Entscheidung hinsichtlich der Wahl der Staatsangehörigkeit zu verlangen. Dies war auch in dem ursprünglichen Gesetzentwurf der SPD-Bündnis90/Die Grünen-Koalition vorgesehen.[612] Sich nicht mit der Frage der ausersehenen Staatsangehörigkeit und dem drohenden Verlust der jeweils anderen Staatsangehörigkeit auseinander setzen zu müssen, würde keinen Eingriff in das negative Selbstbestimmungsrecht des Grundrechtsinhabers darstellen. Insofern könnte man hierin ein milderes Mittel sehen. Dies hätte aber zur Folge, dass das Ziel, dauerhafte Mehrstaatigkeit zu vermeiden oder bestmöglich zu verringern, nicht erreicht wird. Eine Alternative zu dem so genannten Optionsmodell kann in diesem Vorschlag nicht gesehen werden, zumindest soweit man die Folgen betrachtet. Man könnte versuchen zu erreichen, dass mehrfache Staatsangehörigkeit von vornherein möglichst gar nicht entsteht. Gibt es keine Mehrstaatigkeit, die aufgrund des Ius-soli-Prinzips zustande kommt, so besteht kein Bedarf, dass der Mehrstaater eine Staatsangehörigkeit abwählen muss. So zumindest sieht es das Modell der Einbürgerungszusicherung der CDU-CSU-Koalition[613] vor. Allerdings wird der Ausländer, dessen Geburtsort in der Bundesrepublik Deutschland liegt, auch bei diesem Modell zu einem gewissen Zeitpunkt einer grundlegenden Entscheidung ausgesetzt. Er muss die Wahl für oder gegen die deutsche bzw. die ausländische Staatsangehörigkeit treffen, soweit er von seinem Einbürgerungsanspruch Gebrauch machen will. Ein milderes Mittel ist hierin nicht zu sehen, da das negative Selbstbestimmungsrecht in ähnlicher Weise tangiert ist. Die in § 29 StAG normierte Optionsregelung stellt somit im Vergleich zu den aufgeführten Gegenvorschlägen das mildeste Mittel dar, um das im Staatsangehörigkeitsrecht immer noch verbreitete Prinzip der Einfachstaatigkeit möglichst effektiv zu fördern.

dd) Proportionalität des grundrechtsbeschränkenden Mittels

Bei der Proportionalität geht es um die Frage, ob die durch ein Gesetz bewirkte Grundrechtsbeschränkung, gemessen an dem zu erreichten Zweck, angemessen ist.[614] Die Angemessenheit einer Maßnahme wird negativ geprüft: Unangemessen ist eine Maßnahme dann, wenn die mit ihr verbundenen Nachteile größer

den, das die geringsteinschneidenden Folgen hervorruft."; BVerfGE 25, 1 (17f.); 30, 292 (316); 68, 155 (171f.); 68, 193 (218f.); 68, 272 (282f.); 70, 1 (28f.); 73, 301 (319).

612 Siehe Kapitel 4 A I.

613 BT-Drs. 14/535.

614 Vgl. Maurer, Staatsrecht I, § 9 Rdn. 53, S. 291; Sachs, Verfassungsrecht II Grundrechte, S. 154 Rdn. 39; ähnlich Lerche, Übermaß und Verfassungsrecht, S. 22; Wittig, DÖV 1968, S. 825; Gentz, NJW 1968, S. 1602; Stern, Staatsrecht III/2, S. 782.

sind als ihr Nutzen. Erforderlich ist also eine Abwägung.[615] Gegenüber zu stellen sind folgende Positionen: Auf der einen Seite stehen die Beeinträchtigungen, die der von der Optionspflicht Betroffene dadurch erfährt, dass er sich mit Staatsangehörigkeitsfragen beschäftigen muss. Zu beachten ist, dass es ausschließlich um den Zwang der Entscheidung und die Überlegungen hinsichtlich der Folgen der getroffenen Entscheidung geht. Die tatsächlichen Folgen, wie der etwaige Verlust einer Staatsangehörigkeit, werden hier nicht berücksichtigt. Auf der anderen Seite steht die Vermeidung von Mehrstaatigkeit, die durch die Optionsregelung unterstützt wird. Es stellt sich demzufolge die Frage, ob eine Entscheidung vor dem Hintergrund der Wahrung dieses Prinzips dem Betroffenen zugemutet werden kann. Anhaltspunkt dafür, dass eine Entscheidung des Mehrstaaters nicht unter unzumutbaren Umständen stattfindet, ist die in § 29 StAG festgelegte Entscheidungsfrist von 5 Jahren. Erleichternd kommt hinzu, dass die zuständige Behörde mit der Pflicht belegt wird, auf die bevorstehende Entscheidung hinzuweisen. So kann vermieden werden, dass der Betroffene von der Entscheidungspflicht überrascht wird. Darüber hinaus kann die Verwaltungspraxis auf die Entscheidungskonflikte Rücksicht nehmen und die Regelung verfassungskonform anwenden. Dies wird durch eine großzügige Gewährung der Beibehaltungsgenehmigung ermöglicht. Faktisch wird die Entscheidungspflicht darauf reduziert, einen Beibehaltungsantrag zu stellen. Dies erscheint auch bei 18 bis 23-Jährigen zumutbar. Untermauert werden kann dieses Ergebnis mit dem Argument, dass auf anderen Rechts- und Lebensgebieten in dieser Zeitspanne von Bundesbürgern weit reichende Entscheidungen abverlangt werden und diese unzweifelhaft als zumutbar gelten.[616] Um das negative Selbstbestimmungsrecht gegenüber dem Ziel der Optionsregelung abwägen zu können, müssen die Gesamtumstände berücksichtigt werden, unter denen das so genannte Optionsmodell zustande gekommen ist. Ohne die Einschränkung, also den Zwang, sich mit der Wahl einer Staatsangehörigkeit auseinander zu setzen, wäre das gesamte Reformvorhaben nicht zustande gekommen. Erst aufgrund der Optionsregelung hat die besondere Neuregelung, der Erwerb der deutschen Staatsangehörigkeit kraft ius soli, Eingang in das Staatsangehörigkeitsrecht gefunden. Auch vor diesem Hintergrund erscheint der Eingriff in das negative Selbstbestimmungsrecht nicht so schwerwiegend, als dass man von dem Betroffenen zugunsten der Zulassung zumindest temporärer Mehrstaatigkeit nicht eine Entscheidung abverlangen könnte. Insgesamt ist die Entscheidung bzw. der Entscheidungszwang angesichts des gesetzgeberischen Zwecks, Mehrstaatigkeit zu vermeiden, eine vom Gesetzgeber auferlegte, verhältnismäßige Maßnah-

[615] Schmalz, Grundrechte, Rdn. 190f, S. 84; ebenso Grabitz, AöR 98 (1973), S. 576.

[616] Andere vergleichbare Entscheidungen werden beispielsweise von männlichen volljährigen Bundesbürgern verlangt, soweit sie den Wehrdienst oder den Ersatzdienst leisten müssen.

me.[617] Die Optionsregelung hält der verfassungsrechtlichen Überprüfung anhand des Art. 2 Abs. 1 GG stand.

D. Ergebnisse zur Vereinbarkeit der Optionsregelung mit dem Völker- und dem Verfassungsrecht

Ein Anliegen der vorgelegten Bearbeitung ist es, die Vereinbarkeit der Optionsregelung mit dem Völkerrecht zu überprüfen. Untersucht wurde die Konformität des § 29 StAG mit dem Mehrstaaterübereinkommen, der Haager Konvention von 1930 und dem Europäischen Übereinkommen über Staatsangehörigkeit. Festgestellt wurde, dass der Regelungsgehalt der so genannten Optionslösung mit den Verpflichtungen aus dem Europäischen Übereinkommen über die Verringerung der Mehrstaatigkeit und über die Wehrpflicht von Mehrstaatern zu vereinbaren ist. Gleiches gilt für das Haager Abkommen. Mangels bisheriger Ratifizierung und Unterzeichnung des Europäischen Übereinkommens über Staatsangehörigkeit seitens der Bundesrepublik Deutschland entfaltet dieses keine rechtliche Wirkung für Deutschland, so dass eine Unvereinbarkeit der Optionsregelung mit diesem Übereinkommen nicht in Betracht kommt. Soweit die Unterzeichnung und anschließende Ratifizierung jedoch stattfinden sollte, ist die Erklärung von Vorbehalten notwendig, um die Konformität der deutschen staatsangehörigkeitsrechtlichen Regelungen[618] mit den Verpflichtungen aus dem Europäischen Übereinkommen über Staatsangehörigkeit zu gewährleisten.

Ferner wurde im Rahmen der Überprüfung der Verfassungskonformität der Optionsregelung gezeigt, dass es sich bei dem in § 29 Abs. 2 und 3 S.2 StAG geregelten Verlust der deutschen Staatsangehörigkeit um einen Verlust handelt, der von dem Betroffenen willensgesteuert beeinflusst werden kann. Insoweit handelt es sich um einen Verlust der deutschen Staatsangehörigkeit im Sinne des Art. 16 Abs. 1 S.2 GG, der zulässig ist, soweit er auf Grund eines Gesetzes erfolgt und der Betroffene dadurch nicht staatenlos wird. Nicht zugestimmt werden kann den Kritikern der so genannten Optionslösung, die in einigen von der Optionsregelung vorgesehenen Verlusttatbeständen einen Entzug im Sinne des Art. 16 Abs. 1 S.1 GG sehen. Weiterhin konnte festgestellt werden, dass es sich bei der Staatsangehörigkeit, die durch Geburt im Inland erworben wird, im Vergleich zu derjenigen, die kraft Abstammung erworben wird, nicht deshalb um eine Staatsangehörigkeit minderen Rechts handelt, weil sich der Ius-soli-Deutsche zwischen dem 18. und dem 23. Lebensalter für eine seiner Staatsangehörigkeiten entscheiden muss. Ein Verstoß gegen den Grundsatz der Einheit-

617 So auch Wallrabenstein, Das Verfassungsrecht der Staatsangehörigkeit, S. 224.
618 Problematisch sind insbesondere die Verlusttatbestände des § 29 StAG.

lichkeit der Staatsangehörigkeit, der insbesondere aus Art. 16 GG abgeleitet wird, ist nicht gegeben. Aufgezeigt wurde sodann, dass die Optionsregelung nicht gegen Art. 6 GG verstößt. Der vielfach vorgebrachte Grundsatz der einheitlichen Staatsangehörigkeit innerhalb der Familie, der durch die Optionsregelung zum Teil eingeschränkt wird, stellt zwar ein wünschenswertes Ziel dar, ist aber weder in Art. 6 GG noch an einer anderen Stelle in der Verfassung verankert. Ein verfassungsrechtlich relevanter Verstoß der Optionsregelung gegen dieses Prinzip ist daher nicht möglich.

Allerdings ist das Optionsmodell aufgrund folgenden Verstoßes gegen Art. 3 GG als verfassungswidrig einzustufen: Bei der ersten Vergleichsgruppe, den Mehrstaatern, die die deutsche Staatsangehörigkeit kraft ius soli erworben haben sowie den Mehrstaatern, die die deutsche Staatsangehörigkeit aufgrund des Abstammungsprinzips besitzen, wird eine gesetzliche Unterscheidung aufgrund des Differenzierungskriteriums „Abstammung" vorgenommen. Die Optionsregelung differenziert hinsichtlich des Abwahlzwanges aus § 29 Abs. 1 StAG danach, von welchen Vorfahren der Mehrstaater abstammt. Diese Differenzierung führt zu einem Verstoß gegen das Diskriminierungsverbot aus Art. 3 Abs. 3 S.1 GG. Erhebliche Zweifel an der Verfassungskonformität des Optionsmodells kommen ebenfalls bei dem zweiten Vergleichspaar auf. Hierbei handelt es sich um diejenigen Mehrstaater mit einer Staatsangehörigkeit aus einem EU-Mitgliedstaat und um Mehrstaater mit einer Staatsangehörigkeit aus einem Nicht-EU-Mitgliedstaat (Drittstaat). Nach der Regelung aus § 29 Abs. 3 und 4 StAG i.V.m. § 87 Abs. 2 AuslG wird beispielsweise der deutsch-französische Mehrstaater oder der deutsch-luxemburgische Mehrstaater im Vergleich zum deutsch-türkischen oder deutsch-kroatischen Mehrstaater dahingehend privilegiert, als bei den zuerst genannten Personen Mehrstaatigkeit ohne Bedenken hingenommen wird. Wiederum erscheint die Anknüpfung an die Abstammung höchst bedenklich. Unterstellt, der Gesetzgeber habe nicht an die Vorfahren anknüpfen wollen, vielmehr nur das Prinzip der Vermeidung von Mehrstaatigkeit vor Augen gehabt, so ist im Hinblick auf den allgemeinen Gleichheitssatz die vom Gesetzgeber vorgesehene Ausnahme vom Grundsatz der Vermeidung der Mehrstaatigkeit aus § 87 Abs. 2 AuslG nicht mit Art. 3 GG zu vereinbaren. Letztes Vergleichspaar im Rahmen des Art. 3 Abs. 1 GG bilden die deutschen Mehrstaater und die deutschen Monostaater. Nicht bestätigt werden konnte in dieser Bearbeitung, dass die deutschen Mehrstaater gegenüber den Monostaatern aufgrund der ihnen vermehrt zustehenden Rechte vom deutschen Gesetzgeber bevorzugt werden. Soweit Mehrstaater über weitergehende Rechte verfügen, entspringen diese aus ausländischen Rechtsordnungen, auf die der deutsche Gesetzgeber keinen Einfluss hat. Insoweit kann durch den deutschen Gesetzgeber auch kein Verstoß gegen die Verfassung, hier gegen Art. 3 Abs. 1 GG vorliegen. Unproblematisch ist die Vereinbarkeit der Optionsregelung mit Art. 2 Abs. 1 GG. Zwar ist das negative Selbstbestimmungsrecht des Optionspflichtigen dahingehend tangiert, als sich der Betroffene in einem gewissen Alter mit Fragen der Staatsangehörigkeit auseinandersetzen muss. Allerdings ist eine Entscheidung über die beizubehaltende Staatsangehörigkeit im Hinblick auf das Ziel des Gesetzgebers, Mehrstaatigkeit zu verhindern, dem Mehrstaater zuzumuten. Die Einschränkung des negativen Selbstbestimmungsrechtes ist mithin gerechtfertigt.

Kapitel 5: Folgeprobleme

A. Verwaltungstechnische Probleme aufgrund der Optionslösung

Durch die Einführung des Erwerbs der deutschen Staatsangehörigkeit kraft Geburt (§ 4 Abs. 3 StAG) im Inland und dem damit im Zusammenhang stehenden Abwahlzwang nach § 29 StAG eröffnen sich verwaltungstechnische Schwierigkeiten, die insbesondere das Standesamtswesen betreffen. Dies ist, wie das folgende Kapitel zeigt, nicht fern liegend, denn die Zuständigkeit für die Feststellung der Staatsangehörigkeit ist den Standesämtern zugedacht.[619]

I. Verfahren vor dem Standesamt: Geburtseintragung

Der Arbeitsvorgang beim Standesamt wird in den §§ 26, 34 der Verordnung zur Ausführung der Personenstandsgesetze (PersStdGAV)[620] sowie den §§ 261a, 276 Abs. 1 Nr.3 der Dienstanweisung für die Standesbeamten und ihre Aufsichtsbehörden detailliert beschrieben. Gemäß § 26 Abs. 1 PersStdGAV ist zur Überprüfung, ob ein Kind ausländischer Eltern durch die Geburt die deutsche Staatsangehörigkeit nach § 4 Abs. 3 StAG erworben hat, erforderlich, dass der Standesbeamte bei der Anzeige der Geburt Angaben darüber erhält, ob ein Elternteil eine Aufenthaltsberechtigung oder seit drei Jahren eine unbefristete Aufenthaltserlaubnis besitzt. Wenn nach den gemachten Angaben die Voraussetzungen des Aufenthaltstitels erfüllt sind, dann holt der Standesbeamte nach § 26 Abs. 2 S.1 PersStdGAV (mit einem Vordruck, der als Anlage K der Verordnung beigefügt ist) eine Auskunft der Ausländerbehörde darüber ein, ob die Angaben zutreffen und der Elternteil im Zeitpunkt der Geburt des Kindes seit acht Jahren rechtmäßig seinen gewöhnlichen Aufenthalt im Inland hatte. Gemäß § 26 Abs. 2 S.3 PersStdGAV ist diese Auskunft auch dann einzuholen, wenn die Eltern keine Angaben über ihre Aufenthaltsberechtigung oder -erlaubnis

619 Vgl. PersStdG; gesondert verweist das Staatangehörigkeitsrecht in § 4 Abs. 3 S.2 StAG auf die Zuständigkeit des Standesbeamten hin: Gemäß § 4 Abs. 3 S.2 StAG wird der Erwerb der deutschen Staatsangehörigkeit durch den für die Beurkundung der Geburt des Kindes zuständigen Standesbeamten eingetragen.

620 Vom 12. August 1957, BGBl. I 1957, S. 1139; zuletzt geändert durch Art. 18 des Dritten Gesetzes zur Änderung verwaltungsverfahrensrechtlicher Vorschriften vom 21. August 2002, BGBl. I 2002, S. 3322.

machen oder der Standesbeamte Zweifel an der Richtigkeit der Angaben hat; in diesem Fall sind die Angaben für beide Elternteile abzufragen. Hier wird bereits deutlich, dass die Standesämter nicht in der Lage sind, die Feststellung über die Staatsangehörigkeit des in Deutschland geborenen Kindes ohne die Mitwirkung der Ausländerbehörde zu treffen. Folge dessen ist, dass die Einführung dieser Aufgabe ebenfalls im Ausländeramt zumindest vorübergehend zu einem Mehr an Verwaltungsaufwand führt. Geht man davon aus, dass die Angaben der Eltern richtig, nachvollziehbar und belegbar sind, wird sich der Zeit- und Arbeitsaufwand in Grenzen halten. Nach einer Eingewöhnungsphase wird regelmäßig eine gewisse Routine einkehren. Treten allerdings rechtliche Probleme bei der Umsetzung der Regelung aus § 4 Abs. 3 StAG auf, wird die Bearbeitung des Einzelfalls erheblich erschwert. Komplikationen sind beispielsweise dann denkbar, wenn die von dem relevanten Elternteil noch bestehende Aufenthaltsberechtigung oder Aufenthaltserlaubnis bereits in ihrem Bestand angegriffen ist, z.B. durch eine nicht rechtskräftige Ausweisungs- oder Rücknahmeverfügung. Nicht geregelt ist, wie es sich auswirkt, wenn zum Zeitpunkt der Geburt eine Ausweisungsverfügung vorliegt und diese möglicherweise erst nach jahrelangem Verwaltungsrechtsstreit rechtskräftig oder aber aufgehoben wird. Es stellt sich sodann die Frage, ob im Fall der Aufhebung der Ausweisungsverfügung die rückwirkende Zuerkennung der deutschen Staatsangehörigkeit an das Kind möglich ist.[621] Denn die Eltern hätten dann einen bestehenden Aufenthaltstitel, der den Voraussetzungen des § 4 Abs. 3 StAG gerecht wird.

Ergibt die Prüfung durch den Standesbeamten, dass das Kind durch die Geburt die deutsche Staatsangehörigkeit erworben hat, so hält der Standesbeamte dies gemäß § 26 Abs. 3 S.1 PersStdGAV in einem Aktenvermerk eines Vordrucks (der Anlage K) fest. Danach muss der Standesbeamte nach § 34 PersStdGAV am unteren Rand des Geburtseintrages auf den Erwerb der deutschen Staatsangehörigkeit hinweisen. Der Vordruck ist nach Eintragung des Hinweises zu den Sammelakten des Geburtseintrages zu nehmen.

II. Verwaltungsaufwand beim Optionsverfahren und der Erteilung der Beibehaltungsgenehmigung

Neben dem Arbeitsaufwand, der durch die Geburtseintragung entsteht, ist zu erwarten, dass ab dem Jahr 2008 für die Bearbeitung der Einbürgerungsfälle nach § 40b StAG und ab dem Jahr 2018 für die Fälle der Inlandsgeburten im Sinne des § 4 Abs. 3 StAG jeweils i.V.m. § 29 StAG eine personelle Aufstockung in der Verwaltung benötigt wird, um die gesetzlichen Vorgaben umzu-

[621] Vgl. zur Problemdarstellung: Koller, Auswirkungen des Entwurfs zur Reform des Staatsangehörigkeitsrechts auf das Einbürgerungsverfahren; in: Neue Regierung- neue Ausländerpolitik? S. 120.

setzen. Die Regelung des § 29 Abs. 5 S.1 StAG sieht vor, dass der Optionspflichtige auf seine Verpflichtung und auf die Rechtsfolgen der Wahl bzw. des Nichtentscheides über die bevorzugte Staatsangehörigkeit hingewiesen wird. Diese Hinweispflicht wird erheblich erschwert, wenn der Aufenthalt des Jugendlichen unbekannt ist oder wenn er sich im Ausland aufhält und die Aufforderung zur Ausübung der Optionspflicht ins Ausland zugestellt werden muss. Die Hinweispflicht birgt zudem das Problem der Einhaltung der Fristen in sich. Der Sachbearbeiter der jeweils sachlich und örtlich zuständigen Ordnungsbehörde muss dem optionspflichtigen Mehrstaater gemäß § 29 Abs. 5 S.2 StAG den Hinweis auf seine Verpflichtung unverzüglich nach Vollendung des 18. Lebensjahres zustellen. Dies stellt sich vor dem Aspekt der Zunahme der an der deutschen Staatsangehörigkeit Interessierten als problematisch dar. Dass im Vergleich zu den derzeit an einer Einbürgerung Interessierten die Fälle der „Deutsch-Interessierten" zunehmen, ist nicht zuletzt auf den erheblichen Aufwand und die hohen Kosten zurückzuführen, den die Einbürgerung mit sich bringt. Vergleichbare Hürden fallen für den Mehrstaater bei dem Erwerb der Staatsangehörigkeit kraft ius soli weg.[622] Dies führt zu einem Anstieg der Anzahl der zu bearbeitenden Fälle. Nicht zu unterschätzen sind einerseits der Zeitaufwand und andererseits die Kosten, die zur notwendigen Ermittlung der Feststellung der Voraussetzungen für den Verlust der deutschen Staatsangehörigkeit verursacht werden. Diese werden aller Wahrscheinlichkeit nach den finanziellen und zeitlichen Rahmen von Einbürgerungsverfahren überschreiten. Dies gilt insbesondere dann, wenn ein Staat nicht gewillt ist, den Staatsangehörigen aus dem Staatsbund zu entlassen oder wenn eine Entlassung nur unter erheblichen Belastungen des Betroffenen ermöglicht wird. Schriftwechsel zwischen dem Mehrstaater, den deutschen Staatsangehörigkeitsbehörden und den Behörden des anderen Staates einschließlich der möglicherweise erforderlichen Korrespondenz auf diplomatischer Ebene sind dann nicht mehr nur in seltenen Einzelfällen notwendig, um den drohenden Verlust der deutschen Staatsangehörigkeit für den Mehrstaater abzuwenden. Hinzukommt, dass dieses Verfahren ohne weiteres fünf Jahre oder mehr in Anspruch nehmen kann, je nachdem, wie kooperativ die ausländische Vertretung ist und wie kompliziert der Einzelfall gelagert ist. Derselbe Zeitbedarf ist unter Umständen für ein anschließendes Widerspruchs- und Klageverfahren zu veranschlagen.[623]

Ist der Nachweis der Aufgabe der ausländischen Staatsangehörigkeit mit Problemen behaftet, wird der Mehrstaater die zuständige Behörde durch einen schriftlichen Antrag bitten, ihm eine Beibehaltungsgenehmigung auszustellen. Da dies der einzige Weg ist, beide Staatsangehörigkeiten behalten zu können, jedenfalls, soweit der Mehrstaater neben der deutschen eine Staatsangehörigkeit

---

622 Gusy in: Reform des Staatsangehörigkeitsrechts- Die parlamentarische Beratung, S. 280f.
623 Vgl. hierzu Renner in: Reform des Staatsangehörigkeitsrechts- Die parlamentarische Beratung, S. 148.

aus einem Nicht-EU-Mitgliedstaat besitzt, ist davon auszugehen, dass ein Großteil der Optionspflichtigen einen solchen Antrag im Sinne des § 29 Abs. 3 und 4 StAG stellen wird. Bei jedem dieser Anträge ist zu prüfen, ob die Voraussetzungen für die Beibehaltung der deutschen Staatsangehörigkeit vorliegen. Eine solche Überprüfung gestaltet sich vor dem Hintergrund der weit gefassten Ausnahmetatbestände des § 87 AuslG sehr schwierig, da genaue Kenntnisse der Situation des Mehrstaaters von Nöten sind, um eine gerechte Entscheidung treffen zu können. Erschwerend kommt hinzu, dass die Tatbestände, die eine Beibehaltung der deutschen neben der ausländischen Staatsangehörigkeit rechtfertigen würden, mit unbestimmten Rechtsbegriffen behaftet sind. Zwar gibt es, um die Arbeit der Sachbearbeiter zu erleichtern und um eine einheitliche Auslegung der Tatbestände sowie eine einheitliche Handhabung des Ermessens bei der Ausführung des Staatsangehörigkeitsgesetzes und der staatsangehörigkeitsrechtlichen Regelungen im Ausländerrecht zu gewährleisten, allgemeine Verwaltungsvorschriften zum Staatsangehörigkeitsrecht (StAR-VwV)[624]. Diese befassen sich allerdings nur mit einigen der problematischen Tatbestände und geben insoweit keine umfassende Hilfestellung. Darüber hinaus ist zu bedenken, dass der zuständige Sachbearbeiter im Rahmen seines Ermessens eine Entscheidung treffen muss, die dem erheblichen Druck der Öffentlichkeit ausgesetzt ist.[625]

Sämtliche Faktoren führen dazu, dass sich die Behörden zukünftig auf einen erheblichen Arbeitsaufwand einstellen müssen, sei es aufgrund der zwingenden Kooperation mit den Ausländerbehörden, aufgrund der zeitintensiven Feststellung ob des Vorliegens der Voraussetzungen für den Verlust der deutschen Staatsangehörigkeit oder wegen des Stellens der Anträge auf Erteilung einer Genehmigung zur Beibehaltung der deutschen Staatsangehörigkeit. Allerdings ist auch zu beachten, dass diesem Aufwand eine entsprechende Arbeitsentlastung der Ausländerbehörden entgegensteht. Die Einbürgerungsanträge, die Eltern für ihre Kinder in der Vergangenheit gestellt haben, werden aufgrund der Ius-soli-Regelung obsolet. Auf der anderen Seite wird die Anzahl der Verfahren insgesamt zunehmen.[626] Wünschenswert wäre wohl eine personelle Aufstockung der jeweils beteiligten Behörden und auch der Verwaltungsgerichte, um die Verfahren in dem Zeitrahmen zu bewerkstelligen, der vom Gesetz vorgesehen ist. Eine Verzögerung würde zu Rechtsunsicherheit auf beiden Seiten führen: Die staatsangehörigkeitsrechtliche Stellung des Mehrstaaters muss zügig geklärt werden, damit dieser beispielsweise im Hinblick auf soziale Hilfe, das

---

624 BR-Drs. 749/99.

625 Aussage des Sachverständigen *Witte* vor dem Innenausschuss des Bundestages, abgedr. in: Reform des Staatsangehörigkeitsrechts- Die parlamentarische Beratung, S. 48; der Sachverständige *Witte* gehört dem Deutschen Städtetag an und hat in der Anhörung der Sachverständigen für die Bundesvereinigung der kommunalen Spitzenverbände gesprochen.

626 Renner in: Reform des Staatsangehörigkeitsrechts- Die parlamentarische Beratung, S. 271f.

Ableisten des Wehrdienstes oder bei der Wahlberechtigung keine Einbußen erfährt.

B. Problemfälle des reformierten Staatsangehörigkeitsrechts und Kritik am Optionsmodell

Aufgrund der bislang bevorzugten Anwendung des Ius-sanguinis-Prinzips hat sich die Zahl der im Inland lebenden Mehrstaater in überschaubaren Grenzen gehalten.[627] Nach der Einführung von Elementen des Ius-soli-Prinzips in das deutsche Staatsangehörigkeitsrecht erwirbt nunmehr eine Vielzahl von Kindern ausländischer Eltern neben der ausländischen die deutschen Staatsangehörigkeit. Damit das Prinzip der Vermeidung von Mehrstaatigkeit weiterhin gefördert wird, sieht das Gesetz den Zwang zur Entscheidung für eine Staatsangehörigkeit vor. Die große politische Attraktivität dieses Optionsmodells wird darin gesehen, dass dem zentralen Einwand der Gegner der Mehrstaatigkeit, die Reform führe zu einem Zweiklassenvolk, bestehend aus den privilegierten Mehrstaatern mit doppelten politischen Rechten und zweifelhafter Loyalität und den „Nur-Deutschen", die allein auf Deutschland angewiesen sind, die Spitze genommen wird.[628] Denn die Mehrstaatigkeit des in Deutschland geborenen Kindes ausländischer Eltern wird grundsätzlich durch die Optionsregelung auf einen bestimmten Zeitraum begrenzt. Zugute halten kann man dem Reformgedanken, dass dieser versucht, einen Weg zu finden, um einen Teil der zur Integration bereiten staatstragenden ausländischen Bevölkerung am politischen Leben der Bundesrepublik Deutschland zu beteiligen. Dem ist unzweifelhaft der Vorzug gegenüber einer Politik zu geben, die die Tendenz eines Rückzuges auf die ausländische Staatsangehörigkeit und das damit verbundene „Anders-Sein" fördert.[629] Durch die reformierten Staatsangehörigkeitsrechtsregelungen haben sich zwar einige Problemfälle erübrigt; vornehmlich durch die Optionsregelung sind allerdings auch wieder neue rechtliche Ungereimtheiten entstanden, die einer Lösung bedürfen. Um die zu erwartenden rechtlichen und tatsächlichen Probleme anschaulich darzustellen, werden im Folgenden praktische Fallbeispiele herangezogen.

---

627 Allerdings darf die Dunkelziffer der nicht registrierten Fälle von Mehrstaatigkeit nicht unterschätzt werden. Vgl. Barwig, Herder Korrespondenz 53, 7/99, S. 349.

628 Hailbronner, APuZ 1999, (21-22), S. 6; vgl. auch Badura in: Reform des Staatsangehörigkeitsrechts- Die parlamentarische Beratung, S. 160.

629 Hailbronner, NVwZ 1999, S. 1280; Hailbronner in: Hailbronner/Renner, Staatsangehörigkeitsrecht-Kommentar, Teil I Einl. F Rdn. 88.

I. Rechtliche Inkonsistenzen des reformierten Staatsangehörigkeits- und Ausländergesetzes

1. Fallkonstellation: Problem des ungeplanten Geburtsortes

Der ersten Fallkonstellation liegt folgender Gedankengang zugrunde: § 4 Abs. 3 StAG knüpft an die Geburt im Inland an. Sinn der Regelung ist es, die Kinder der länger in Deutschland ansässigen ausländischen Eltern rechtlich mit den Kindern deutscher Eltern gleichzusetzen. Probleme entstehen dann, wenn der Geburtsort zufällig, völlig ungeplant, im Ausland liegt, beispielsweise weil die Mutter unerwartet im Urlaub niederkommt. Ein Kind ausländischer Eltern erwirbt mangels Geburt im Inland nicht die deutsche Staatsangehörigkeit nach § 4 Abs. 3 StAG, obwohl es auf Dauer in der Bundesrepublik Deutschland bleibt. Nunmehr besteht für die Eltern nur die Möglichkeit, dass Kind einbürgern zu lassen, soweit es die deutsche Staatsangehörigkeit bekommen soll. Dies ist mit höheren Kosten und vermehrtem Aufwand behaftet. Mehrfache Staatsangehörigkeit und die Möglichkeit des Kindes zur Wahl einer der Staatsangehörigkeiten besteht nicht. Vor dem Gleichheitsgedanken erscheint die Regelung des § 4 Abs. 3 StAG dann diskutierbar, wenn man bedenkt, dass derjenige die deutsche Staatsangehörigkeit erwirbt, der zwar auf deutschem Staatsgebiet geboren wurde, dann aber alsbald nach der Geburt und der Feststellung des Erwerbs der deutschen Staatsangehörigkeit durch das Standesamt auf Dauer in das Herkunftsland der Eltern zurückgeht. Zu einem Verstoß gegen Art. 3 Abs. 1 GG führt diese rechtliche Ungereimtheit allerdings nicht: In der vorliegenden Fallkonstellation gibt es keine vergleichbaren Gruppen, die durch den deutschen Gesetzgeber ungleich behandelt werden könnten. Eins der Kinder wird auf deutschem Staatsgebiet geboren, das andere nicht. Ein Verstoß gegen den Gleichheitssatz wäre nur dann denkbar, wenn bei Inlandsgeburten nicht alle Kinder ausländischer Eltern die deutsche Staatsangehörigkeit erwerben würden.[630]

Die Regelung des § 4 Abs. 3 StAG ist für die Fälle der ungeplanten Geburten im Ausland kaum verbesserungsfähig. Soweit man die Kinder trotz Auslandsgeburt mit einbeziehen würde, sei es mit einer zeitlichen Begrenzung und der Verpflichtung der Anzeige der Geburt bei der zuständigen Auslandsvertretung[631], verlöre das der Regelung inhärente Ius-soli-Prinzip an Eindeutigkeit und Rechtssicherheit. Anstelle dessen könnte man bei den Fällen der zufälligen Niederkunft im Ausland auf die Einbürgerungsgebühr verzichten bzw. diese erheblich verringern und die formellen Einbürgerungsvoraussetzungen für die

---

630 Hinzukommen muss, dass die in § 4 Abs. 3 StAG aufgeführten Voraussetzungen, die Aufenthaltsdauer und der gesicherte Aufenthaltsstatus der Eltern, erfüllt sind.

631 Vergleichbares wird von den im Ausland lebenden deutschen Eltern erwartet, soweit das Kind die deutsche Staatsangehörigkeit bekommen soll, § 4 Abs. 4 StAG.

Kinder der dauerhaft in der Bundesrepublik Deutschland lebenden ausländischen Eltern erleichtern.

2. Fallkonstellation: Problem der unbestimmten Rechtsbegriffe des Staatsangehörigkeits- und des Ausländerrechts

Nahe liegend ist es, dass die zuständigen Behörden den Verlust der deutschen Staatsangehörigkeit des optionspflichtigen Mehrstaaters vielfach vom Vorliegen der in § 87 AuslG genannten Ausnahmetatbestände abhängig machen werden. Dies ist insoweit problematisch, als die Regelungen aus § 87 Abs. 1 S.2 AuslG unbestimmte Rechtsbegriffe enthalten, von deren Interpretation durch den zuständigen Sachbearbeiter der staatsangehörigkeitsrechtliche Status des jeweiligen Mehrstaaters abhängt. Um eine einheitliche Auslegung der Tatbestände zu gewährleisten, hat man allgemeine Verwaltungsvorschriften zum Staatsangehörigkeitsrecht (StAR-VwV)[632] erlassen. Dennoch wird es in einer nicht geringen Anzahl von Fällen der Beantragung der Zulassung mehrfacher Staatsangehörigkeit tatbestandliche Auslegungsschwierigkeiten geben, denn die Verwaltungsvorschriften definieren nur einige der auslegungsbedürftigen unbestimmten Rechtsbegriffe. So wird unter anderem der Begriff der „unzumutbaren Bedingungen" aus § 87 Abs. 1 S.2 Nr. 3 AuslG nicht hinreichend erörtert. Der Tatbestand des § 87 Abs. 1 S.2 Nr.3 AuslG wird relevant, wenn der bisherige Heimatstaat aus Anlass des Entlassungsantrages an eine positive Entscheidung besondere Bedingungen knüpft. Solche Bedingungen können allgemein oder individuell aufgestellt werden. Ob solche Bedingungen als unzumutbar gelten, richtet sich grundsätzlich nach allgemein anerkannten völkerrechtlichen Standards sowie nach dem Lebensschicksal des Einbürgerungsbewerbers und seinen persönlichen Verhältnissen im Bundesgebiet.[633] Genaueres darüber, was „unzumutbare Bedingungen" ausmachen, kann sich demnach nur aus den jeweils zu beurteilenden Umständen des Einzelfalls ergeben. Zwar werden situationsübergreifend in Punkt 87.1.2.3.2.1 der Allgemeinen Verwaltungsvorschriften zum Staatsangehörigkeitsrecht Fälle aufgelistet, in denen eine Einbürgerung unter Hinnahme der Mehrstaatigkeit aufgrund unzumutbarer Bedingungen bei den Entlassungsbemühungen vorliegen kann. Genannt wird die Entrichtung einer erhöhten Entlassungsgebühr.[634] Im Einzelfall kann auch die Forderung nach Erfüllung der Wehrpflicht unzumutbar sein, soweit nicht bereits die Voraussetzungen von § 87 Abs. 3 AuslG für die dort genannten Personengruppen vorliegen. Das Ableisten des Wehrdienstes kann als eine unzumutbare Entlassungs-

[632] BR-Drs. 749/99.

[633] Kloesel/Christ/Häußer, Deutsches Ausländerrecht Bd. 1, § 87 Rdn. 20; ähnlich Renner, Ausländerrecht, § 87 Rdn. 9.

[634] Die Entlassungsgebühr gilt als unzumutbar hoch, wenn sie (einschließlich der Nebenkosten) ein durchschnittliches Bruttomonatseinkommen des Einbürgerungsbewerbers übersteigt und mindestens 2500,- Deutsche Mark (~ 1.278,23 Euro) beträgt.

bedingung im Sinne des § 87 Abs. 1 S.2 Nr.3 AuslG angesehen werden, wenn ein verheirateter Einbürgerungsbewerber eine längere Zeit von seiner Familie getrennt werden würde, ferner wenn ein unzumutbar hoher Betrag für den „Freikauf" erforderlich wäre oder falls der Einbürgerungsbewerber mit einem kriegerischen Einsatz rechnen muss.[635] Demgegenüber gilt es grundsätzlich als eine zumutbare Bedingung für die Entlassung aus der ausländischen Staatsangehörigkeit, wenn von dem Betroffenen seitens des Staates eine ordnungsgemäße Regelung der Pass- und Personenstandsangelegenheiten[636] oder die Einhaltung einer Bedenkzeit von kurzer Dauer verlangt wird.

Kompliziert sind jedoch nicht die bereits durch Verwaltungsvorschriften geregelten Fälle. Vielmehr geht es um zahlreiche Einzelfälle, bei denen es aufgrund einer fehlenden Definition des Begriffs der „unzumutbaren Bedingung" kaum möglich ist, eine pflichtgemäße Ermessensentscheidung über die Zulassung mehrfacher Staatsangehörigkeit zu treffen. Ein Fallbeispiel, in dem kontrovers diskutiert werden kann, ob die Entlassung aus der ausländischen Staatsangehörigkeit nur unter unzumutbaren Bedingungen möglich ist, liegt bei folgender Situation vor: Eine deutsch-iranische Mehrstaaterin möchte die deutsche Staatsangehörigkeit behalten, muss demnach grundsätzlich gemäß § 29 Abs. 3 S.1 StAG den Verlust der iranischen Staatsangehörigkeit nachweisen. Der Nachweis ist mit einem Entlassungsantrag aus der iranischen Staatsangehörigkeit verbunden. Fraglich ist, ob es der optionspflichtigen deutschen-iranischen Mehrstaaterin zuzumuten ist, ein Passbild mit Kopftuch als Bestandteil eines formgerechten Entlassungsantrags vorzulegen. Dies wurde bislang unterschiedlich beantwortet. Vornehmlich von der Rechtsprechung wurde bislang die Vorlage von Lichtbildern mit „islamischem Schleier" und auch die Antragstellung in einer iranischen Auslandsvertretung in einer dem Islam entsprechenden Kleidung als zumutbar angesehen.[637] Andere sehen in dem Zwang für die Frau, einen Schador anlegen zu müssen, um in eine diplomatische Vertretung des Iran eingelassen zu werden, insofern einen Verstoß der Bundesrepublik Deutschland gegen ihren ordre public, als sie die weitere Bearbeitung des Einbürgerungsantrags von dieser Voraussetzung abhängig macht.[638]

Nicht unberücksichtigt bleiben darf bei der Beurteilung des Unzumutbarkeitsaspekts, dass die ausländerrechtlichen Regelungen sowie deren Auslegung auf den Fall zugeschnitten sind, dass ein Ausländer die deutsche Staatsangehörig-

---

635 Kloesel/Christ/Häußer, Deutsches Ausländerrecht Bd. 1, Vorb. zu § 87; vgl. auch Nr.87.1.2.3.2.2 der StAR-VwV, BR-Drs. 749/99, S. 71; Hailbronner in: Hailbronner/Renner, Staatsangehörigkeitsrecht-Kommentar, Teil II § 87 Rdn. 17f.

636 Vgl. Nr. 87.1.2.3.2.3 der StAR-VwV, BR-Drs. 749/99, S. 71.

637 BVerfG, NJW 1991, S. 634; VGH BW InfAuslR 1992, S. 98; a.M. VG Berlin, StAZ 1993, S. 194.

638 Rittstieg, InfAuslR 1994, S. 33; ausführlich zur Einbürgerungsproblematik iranischer Staatsbürger Franz in: Heldmann, Ausländergesetz, § 87 Rdn. 4, 7.

keit bekommen möchte. Im zugrunde liegenden Fall ist die deutsch-iranische Mehrstaaterin in Deutschland geboren worden und hier aufgewachsen. Man muss sich mithin die Frage stellen, ob ihr dasselbe Maß an Entlassungsbemühungen zugetraut werden kann wie einer einbürgerungswilligen Iranerin, die noch nicht über eine besondere Beziehung zur Bundesrepublik Deutschland verfügt. Letztere ist vermutlich eher mit der iranischen Kultur und dem Behördenumgang vertraut als die betroffene Mehrstaaterin, die womöglich noch nie in ihrem Heimatstaat gewesen ist. Jedenfalls werden unzumutbare Bedingungen der zweiten Fallgruppe des § 87 Abs. 1 S.2 Nr.3 AuslG angenommen, wenn das Tragen religiöser Symbole entgegen dem Willen des Betroffenen verlangt wird.[639] Gleiches gilt, wenn die Entlassungsbemühungen für den Bewerber oder Dritte, namentlich für im Heimatstaat lebende Angehörige des Bewerbers, mit Gefahren verbunden sind.[640] Von unzumutbaren Entlassungsbemühungen kann man ferner ausgehen, wenn diese als solche oder wegen der für die eigene Person oder Dritte drohenden Folgen den Ausländer in eine unzumutbare psychische oder physische Drucksituation bringen.[641]

Wünschenswert ist es, die Verwaltungsvorschriften zumindest für diejenigen unbestimmten Rechtsbegriffe aus Normen zu überarbeiten, deren Anwendungsbereich auf eine Vielzahl von Personen zutreffen wird.[642] Dies führt zu einer erheblichen Erleichterung bei der Rechtsanwendung für den zuständigen Sachbearbeiter. Zudem dient es der Rechtssicherheit für beide beteiligte Parteien, dem Mehrstaater, der an der Beibehaltung der ausländischen neben der deutschen Staatsangehörigkeit interessiert ist sowie dem Staat bzw. dem Gesetzgeber, der an dem Prinzip der Vermeidung von Mehrstaatigkeit festhält. Daneben erscheint eine Entlastung der Verwaltungsgerichte aufgrund eindeutiger und für den Mehrstaater einleuchtender Behördenentscheidungen nicht abwegig.

II. Zu kritisierende Einzelfälle der Optionslösung

Neben der im rechtswissenschaftlichen Schrifttum sowie in der Politik geäußerten Kritik am Optionsmodell gibt es weitere, rechtlich problematische Aspekte der Optionsregelung, die einer kritischen Betrachtung kaum standhalten.

639 Kloesel/Christ/Häußer, Deutsches Ausländerrecht Bd. 1, Vorb. zu § 87.

640 BVerwG StAZ 1998, S. 86. Zu beachten ist, dass nach dem Urteil des Bundesverwaltungsgerichts die Tatbestände des § 87 AuslG mit Wirkung zum 01. Januar 2000 reformiert wurden.

641 Berlit in: GK-AuslR, Bd. 2, § 87 Rdn. 109; Renner, Ausländerrecht, § 87 Rdn. 9; vgl. § 87 Abs. 1 S.2 Nr.4 AuslG a.F.

642 Dass sich optionspflichtige Mehrstaater vermehrt auf den in § 87 Abs. 1 S.2 Nr. 3 AuslG geregelten Ausnahmetatbestand, die Unzumutbarkeit der Bedingungen bei Entlassung aus der ausländischen Staatsangehörigkeit, berufen werden, ist wahrscheinlich. Siehe hierzu Kapitel 4 A III 6.

Im Folgenden sollen einige bedenkliche Punkte der Optionslösung anhand von Fallbeispielen erörtert werden.

1. Fallkonstellation: Drohende Staatenlosigkeit in einigen Fällen des Abwahlzwanges nach § 29 StAG

Rechtliche Ungereimtheiten entstehen in der folgenden Situation: Der erklärungspflichtige Mehrstaater betreibt zwar die Entlassung aus der ausländischen Staatsangehörigkeit, da er sich für die deutsche Staatsangehörigkeit entschieden hat. Es gelingt ihm aber nicht, vor der Vollendung des 21. Lebensjahres den gemäß § 29 Abs. 3 S. 1 StAG erforderlichen Nachweis über den Verlust der ausländischen Staatsangehörigkeit zu führen. Dennoch stellt er keinen Antrag auf eine Beibehaltungsgenehmigung nach § 29 Abs. 3 S.2 StAG. Folge dessen ist, dass er kraft Gesetzes die deutsche Staatsangehörigkeit mit der Vollendung des 23. Lebensjahres verliert. Wenn der Betroffene aufgrund des bereits eingeleiteten Verfahrens im Ausland gleichzeitig auch die ausländische Staatsangehörigkeit einbüßt, wird er staatenlos. Eine Regelung, die den Verlust der Staatsangehörigkeit vorsieht, ist aber nur dann mit der Verfassung, mit Art. 16 Abs. 1 S.2 GG zu vereinbaren, soweit durch den Verlust keine Staatenlosigkeit eintritt. Lösungsansätze für die Fälle, in denen Staatenlosigkeit aufgrund kollidierender behördlicher oder gerichtlicher Verfahren verschiedener Staaten droht, könnten sich einerseits aus innerstaatlichem Recht, andererseits aus dem Völkerrecht ergeben. Beginnend mit der nationalen Ebene stößt man auf die Regelung des § 24 StAG, wonach die Entlassung aus der deutschen Staatsangehörigkeit als nicht erfolgt gilt, wenn der Entlassene die ihm zugesicherte ausländische Staatsangehörigkeit nicht innerhalb eines Jahres nach Aushändigung der Entlassungsurkunde erworben hat. Die Entlassung aus dem Staatsverband steht mithin unter einer auflösenden Bedingung. Wird die ausländische Staatsangehörigkeit nicht innerhalb der Jahresfrist erworben, wird der Entlassene rückwirkend in vollem Umfang als deutscher Staatsangehöriger behandelt, soweit kein anderer Verlustgrund vorliegt.[643] Diese Regelung dient dazu, die Gefahr drohender Staatenlosigkeit für einen deutschen Staatsangehörigen, der eine ausländische Staatsangehörigkeit erwerben möchte, zu mildern. Einen Beitrag zur Lösung der vorliegenden problematischen Fallkonstellation kann die Regelung aus § 24 StAG allerdings nicht leisten. Derjenige Mehrstaater, der aufgrund des Abwahlzwanges zunächst die deutsche und dann die ausländische Staatsangehörigkeit verloren hat, besaß ursprünglich eine ausländische Staatsangehörigkeit. Gerade diese wollte er also nicht erwerben, sondern vielmehr um der deutschen Staatsangehörigkeit willen aufgeben. Eine direkte Anwendung des § 24 StAG, der das Interesse an dem Erwerb einer ausländischen Staatsangehörigkeit voraussetzt,

---

643 Vgl. Nr. 24 der Allgemeinen Verwaltungsvorschrift zum Staatsangehörigkeitsrecht (StAR-VwV), BR-Drs. 749/99, S. 44.

ist mithin nicht möglich. Schließlich kommt auch eine analoge Anwendung des § 24 StAG nicht in Betracht. Selbst wenn man eine planwidrige Regelungslücke annimmt, so fehlt es, wie bereits gezeigt, an der vergleichbaren Interessenlage. Allenfalls ist unter Heranziehung der Wertung des § 24 StAG eine sofortige Wiedereinbürgerung des Optionspflichtigen vorzunehmen,[644] um den eingetretenen Zustand der Staatenlosigkeit wieder aufzuheben. Zu beachten ist hierbei, dass Kosten für die Einbürgerung anfallen. Diese müssen aber wegen etwaiger Billigkeitsgründe nicht entfallen. Der vom Abwahlzwang Betroffene erhält grundsätzlich ausreichenden Schutz durch die Möglichkeit, eine Beibehaltungsgenehmigung zu stellen. Tut er dies trotz Schwierigkeiten beim Nachweis des Verlustes der ausländischen Staatsangehörigkeit und trotz Hinweis der zuständigen Behörde ob der Möglichkeit der Antragstellung nicht, so können ihm die Folgekosten seines fahrlässigen Verhaltens auferlegt werden. Dennoch erscheint es sinnvoll, die Hinweispflicht der Ordnungsbehörde auszuweiten: Auf die Gefahr drohender zusätzlicher Kosten, die aufgrund der Wiedereinbürgerung in Fällen zuvor eingetretener Staatenlosigkeit entstehen, sollte ebenfalls hingewiesen werden.

Das oben geschilderte Problem der Staatenlosigkeit, welches aufgrund der Regelung des § 29 StAG droht, ist auf dem Gebiet des innerstaatlichen Rechts bislang nicht gelöst worden. Eine Vorschrift, die den Verlust der ausländischen Staatsangehörigkeit nach dem Verlust der deutschen Staatsangehörigkeit regelt, gibt es nicht. Eine solche Regelung wäre nicht mit dem allgemeinen Völkerrecht zu vereinbaren, da es jedem Staat vorbehalten ist, sein Staatsangehörigkeitsrecht selbst zu regeln, soweit man nicht den Regelungsbereich eines anderen Staates berührt. Dadurch, dass der ursprünglich deutsche Mehrstaater aber bereits seine deutsche Staatsangehörigkeit verloren hat, fällt er, zumindest hinsichtlich des Staatsangehörigkeitsrechts, nicht mehr unter den Regelungsbereich des deutschen Gesetzgebers, wenn er noch über eine andere Staatsangehörigkeit verfügt.

Auf völkerrechtlicher Ebene haben eine Vielzahl von Staaten vertraglich miteinander vereinbart, gemeinsam einen Beitrag zur Vermeidung der Staatenlosigkeit zu leisten. Umfassende Regelungen zur Vermeidung der Staatenlosigkeit bietet das Haager Übereinkommen von 1930. Nach Art. 7 des Hauptabkommens[645] hat die Entlassung, soweit sie gesetzlich vorgesehen ist, den Verlust der

[644] Wallrabenstein in: Huber, Handbuch des Ausländer- und Asylrechts Bd. II, Kap. B 130 § 29 Rdn. 18. Ohne Angabe von Normen des Staatsangehörigkeitsrechts: Renner in: Reform des Staatsangehörigkeitsrechts- Die parlamentarische Beratung, S. 263.

[645] Article 7: "In so far as the law of a State provides for the issue of an expatriation permit, such a permit shall not entail the loss of the nationality of the State which issues it, unless the person to whom it is issued possesses another nationality or unless and until he acquires another nationality. An expatriation permit shall lapse if the holder does not acquire a new nationality within the period fixed by the State which has issued the permit. This provision shall not apply in the case of an individual who, at the same time when he

Staatsangehörigkeit des entlassenden Staates nur zur Folge, wenn der Entlassene bereits eine zweite Staatsangehörigkeit besitzt, andernfalls erst zu dem Zeitpunkt, wo er eine neue Staatsangehörigkeit erwirbt. Die Entlassung wird unwirksam, wenn der Beteiligte nicht binnen der vom entlassenden Staate festgesetzten Frist eine neue Staatsangehörigkeit erwirbt.

Weitere Bemühungen, Staatenlosigkeit zu vermindern, kann man in dem von der International Law Commission eingebrachten Entwurf zur Reduzierung künftiger Staatenlosigkeit erkennen, der zu dem Übereinkommen vom 30. August 1961 zur Verminderung der Staatenlosigkeit[646] führte. Ausgearbeitet wurde dieses Übereinkommen von einer Staatenkonferenz, die von den Vereinten Nationen angeregt worden war. Die Bundesrepublik Deutschland hat das Übereinkommen zur Verminderung der Staatenlosigkeit zugleich mit dem CIEC-Übereinkommen zur Verringerung der Fälle von Staatenlosigkeit vom 13. September 1973[647] am 29. Juni 1977 ratifiziert. Letzteres dient allerdings nicht in erhöhtem Maße dazu, dass die Fälle der Staatenlosigkeit nachhaltig gemindert werden, da die Entstehungsgründe der Staatenlosigkeit nicht weit genug beschränken werden. Darüber hinaus haben nur relativ wenige Staaten das Abkommen ratifiziert.[648] Daneben bietet das Europäische Übereinkommen über Staatsangehörigkeit[649] Lösungsansätze zur Problematik der Verminderung von Staatenlosigkeit. In Art. 4 des Europäischen Übereinkommens über Staatsangehörigkeit, der im zweiten Kapitel über allgemeine Grundsätze der Staatsangehö-

---

receives the expatriation permit, already possesses a nationality other than that of the State by which the permit is issued to him. The State whose nationality is acquired by a person to whom an expatriation permit has been issued, shall notify such acquisition to the State which has issued the permit." // Article 7: « Le permis d'expatriation en tant qu'il est prévu par une législation, n'entraîne la perte de la nationalité de l'Etat qui l'a délivré que si le titulaire du permis possède déjà une seconde nationalité, ou, sinon, qu'à partir du moment où il en acquiert une nouvelle. Le permis d'expatriation devient caduc si le titulaire n'acquiert pas une nationalité nouvelle dans le délai fixé par l'Etat qui l'a délivré. Cette disposition ne s'applique pas dans les cas d'un individu qui, au moment où il reçoit le permis d'expatriation, possède déjà une autre nationalité que celle de l'Etat qui le lui délivre. L'Etat dont la nationalité est acquise par un individu titulaire d'un permis d'expatriation notifiera cette acquisition à l'Etat qui a délivré le permis. » Abgedr. in : Société des Nations, Recueil des Traités; Traités et Engagement internationaux enregistrés par le Secrétariat de la Société des Nations, Volume CLXXIX 1937-1938 No. 4137, S. 101/100.

646 BGBl. 1977 II S. 598. Das Übereinkommen zur Verminderung der Staatenlosigkeit ist gestützt auf die am 04. Dezember 1954 von der Generalversammlung der Vereinten Nationen angenommenen Entschließung 896 (IX).

647 BGBl. 1977 II S. 613; Convention tendant à réduire le nombre des cas d'apatridie; Unterzeichnerstaaten sind Mitglieder der Internationalen Kommission für das Zivilstandswesen (Commission International de l'Etat Civil).

648 Hannappel, Staatsangehörigkeit und Völkerrecht, S. 65. Ratifikation durch 4 Staaten (Stand 1987); Vertragsparteien: 6 Staaten.

649 European Convention on Nationality // Convention européenne sur la nationalité, Strasbourg, 06, November 1997, Europen Treaty Series (ETS)// Série des traités européens, No. 166, Council of Europe//Conseil de l'Europe.

rigkeit steht, ist vorgesehen, dass die Vertragsstaaten bei der Regelung der Staatsangehörigkeit darauf achten müssen, dass Staatenlosigkeit vermieden wird. Dieses Ziel ist ebenfalls in der Präambel des Übereinkommens niedergelegt. Zu beachten ist allerdings, dass durch die meisten völkerrechtlichen Vereinbarungen den Staaten aufgetragen wird, innerstaatliche Regelungen zutreffen, um Staatenlosigkeit von vornherein zu vermeiden. Ist sie aber eingetreten, so sehen die meisten Abkommen nur die Wiederaufnahme in den Staatenverbund vor, zumeist in denjenigen Staatenverbund, deren Staatsangehörigkeit der Betroffene zuletzt besaß. Bezieht man diese Regelung auf die zugrunde liegende Fallkonstellation, läge eine Wiedereinbürgerung in den ausländischen Staatenverbund vor, denn der optionspflichtige Mehrstaater hat die ausländische nach der deutschen Staatsangehörigkeit verloren. Dieses Ergebnis ist kaum zufrieden stellend, insbesondere vor dem Hintergrund, dass der Mehrstaater die ausländische Staatsangehörigkeit um der deutschen Willen aufgeben wollte und plant, dauerhaft in der Bundesrepublik Deutschland zu verweilen. Eine Regelung durch innerstaatliches Recht, beispielsweise ein Wiedereinbürgerungsanspruch in den deutschen Staatsverbund vor dem Wertungsgedanken des § 24 StAG, wird der Situation wohl am ehesten gerecht.

2. Fallkonstellation: Problem des gesicherten Aufenthaltsstatus nach Erfüllung der Optionspflicht

Bis zu dem Zeitpunkt, in dem sich der vom Abwahlzwang Betroffene gemäß § 29 StAG für oder gegen die deutsche Staatsangehörigkeit entscheiden muss, gibt es keine Schwierigkeiten hinsichtlich etwaiger aufenthaltsrechtlicher Fragen. Soweit die Entscheidung zugunsten der deutschen Staatsangehörigkeit ausfällt, ändert sich daran auch nichts. Bevorzugt der Mehrstaater aber die ausländische Staatsangehörigkeit bzw. entscheidet er sich überhaupt nicht, so verliert er gemäß § 29 Abs. 2 StAG die deutsche Staatsangehörigkeit. Im Anschluss an den Verlust der deutschen Staatsangehörigkeit stellt sich die Frage, wie der ehemalige deutsche Mehrstaater hinsichtlich seines Aufenthaltsstatus rechtlich zu behandeln ist. Aufgrund des Verlustes der deutschen Staatsangehörigkeit finden nunmehr die Regelungen des Ausländerrechts Anwendung. Zieht man die Vorschriften des Ausländergesetzes über einen dauerhaften Aufenthalt im Bundesgebiet heran, so bemerkt man, dass die Normen auf den zugrunde liegenden Fall nicht zugeschnitten sind, da die gesicherten Aufenthaltsrechte des Ausländergesetzes auf einem Voraufenthalt von Ausländern in der Bundesrepublik Deutschland beruhen.[650] Der optionspflichtige Mehrstaater wurde aber auf-

[650] Ein gesicherter Aufenthaltsstatus ist die Aufenthaltsberechtigung im Sinne des § 27 AuslG. Im Unterschied zur Aufenthaltserlaubnis ist die Aufenthaltsberechtigung zeitlich und räumlich unbeschränkt (§ 27 Abs. 1 S.1 AuslG). Sie gilt als höchste Stufe des Auf-

grund der Geburt im Inland und des Erwerbs der deutschen Staatsangehörigkeit von der deutschen Rechtsordnung bis zum Zeitpunkt des Verlustes der deutschen Staatsangehörigkeit nicht als Ausländer, sondern als Deutscher behandelt. Ein Voraufenthalt eines Ausländers, wie es § 27 AuslG vorsieht, ist mithin nicht gegeben. Hieraus kann man schließen, dass nach dem Ausländergesetz nicht vorgesehen ist, dass der Ausländer, der als Deutscher geboren wurde und mindestens achtzehn, höchstens dreiundzwanzig Jahre Deutscher war[651], unmittelbar nach dem Verlust der deutschen Staatsangehörigkeit einen gesicherten Aufenthaltsstatus, eine Aufenthaltsberechtigung in der Bundesrepublik Deutschland erhält.[652] Hingegen bekommt ein Ausländer, der seit acht Jahren eine Aufenthaltserlaubnis oder seit drei Jahren eine unbefristete Aufenthaltserlaubnis besitzt und zuvor im Besitz einer Aufenthaltsbefugnis war, bei Vorliegen der sonstigen Voraussetzungen des § 27 AuslG eine Aufenthaltsberechtigung. Vergleicht man die aufgeführten Situationen miteinander, so erscheint das Ergebnis höchst unbefriedigend. Der ehemalige Mehrstaater sollte aufgrund des langen Aufenthalts und der Geburt im Inland nicht seinen zuvor gesicherten Status verlieren. Das Ergebnis ließe sich dahingehend positiv korrigieren, dass man dem optionspflichtigen Mehrstaater nach dem Verlust der deutschen Staatsangehörigkeit die Jahre des Aufenthalts bei der Erteilung einer Aufenthaltsberechtigung anrechnet.[653] Neben Zumutbarkeitsgründen spricht für eine Gewährung eines gesicherten Aufenthaltsstatus für den ehemaligen Mehrstaater, dass die Option aus § 29 StAG auf die Wahl der deutschen Staatsangehörigkeit beschränkt ist, sofern man die Gefahr einer Ausweisung abwenden möchte.[654] Es stellt sich somit die Frage, inwieweit das Ausländer- und Staatsangehörigkeitsgesetz eine Begünstigung derjenigen Personen zulässt, die die deutschen Staatsangehörigkeit verloren haben. Anknüpfungspunkte für eine Privilegierung ehemals deutscher Staatsangehöriger im Bereich des Aufenthaltsrechts bietet die Regelung des § 27 Abs. 3 S.2 Nr.3 AuslG, wonach einem Ausländer die Aufenthaltsberechtigung erteilt werden kann, wenn er seit fünf Jahren die Aufenthaltserlaubnis besitzt und ein ehemaliger deutscher Staatsangehöriger ist. Privilegiert werden sollen diejenigen Personen, bei denen von einem besonderen

enthaltsrechts, da sie gegenüber den anderen Aufenthaltstiteln einen erhöhten Ausweisungsschutz bietet.

651 Bei den Fällen der sog. Altfallregelung nach § 40b StAG besaß der Ausländer mindestens acht, höchstens dreizehn Jahre die deutsche Staatsangehörigkeit.

652 Ausgegangen wird von der Situation, daß der Mehrstaater weder mit einer oder einem deutschen Staatsangehörigen verheiratet ist und vor dem Verlust der deutschen Staatsangehörigkeit keine Kinder bekommen hat, mithin kein Bleiberecht erworben hat.

653 Vgl. hierzu Hailbronner in: Reform des Staatsangehörigkeitsrechts - Die parlamentarische Beratung S. 208. Siehe auch Renner, Ausländerecht, Vorb. § 85 Rdn. 52.

654 Die durch eine Aufenthaltsberechtigung vermittelte Rechtsstellung kann durch Ausweisung nur durch Maßgabe des besonderen Schutzes der §§ 48, 47 AuslG beseitigt werden.

Maß an Integration ausgegangen werden kann.[655] Im Gegensatz zu der Grundregelung, die einen Voraufenthalt von acht Jahren fordert, stellt sich § 27 Abs. 3 S.2 Nr.3 AuslG immerhin als eine begünstigende Maßnahme dar. Dennoch müsste sich der ehemals deutsche Mehrstaater zunächst fünf Jahre mit einem ungesicherten Aufenthaltsstatus zufrieden geben, bis er eine Aufenthaltsberechtigung bekommt. Schwer nachzuvollziehen ist, dass die Zeit, in der der Optionspflichtige zuvor in Deutschland gelebt hat, kaum berücksichtigt wird: § 27 Abs. 3 S.2 Nr.1 AuslG stellt ausschließlich auf die frühere deutsche Staatsangehörigkeit ab, unabhängig davon, wann und wie lange der Betroffene sie besaß. Keine Rücksicht wird ferner auf den Erwerbsgrund der deutschen Staatsangehörigkeit genommen.[656]

Im Zuge des Entwurfs eines Gesetzes zur Steuerung und Begrenzung der Zuwanderung und zur Regelung der Integration von Unionsbürgern und Ausländern (Zuwanderungsgesetz)[657] ist die Problematik des Aufenthaltsstatus der ehemals deutschen Mehrstaater gesehen worden. In § 38 des Entwurfs des Gesetzes über den Aufenthalt, die Erwerbstätigkeit und die Integration von Ausländern im Bundesgebiet (E-AufenthG) werden Aufenthaltstitel für ehemalige Deutsche bestimmt. Nach § 38 Abs. 1 S.1 Nr.1 E-AufenthG ist einem ehemaligen Deutschen eine Niederlassungserlaubnis zu erteilen, wenn er zum Zeitpunkt des Verlustes der deutschen Staatsangehörigkeit seit fünf Jahren als Deutscher seinen gewöhnlichen Aufenthalt im Bundesgebiet hatte. Gemäß § 38 Abs. 1 S.1 Nr. 2 E-AufenthG ist einem ehemaligen Deutschen eine Aufenthaltsberechtigung für ein Jahr zu erteilen, wenn er bei Verlust der deutschen Staatsangehörigkeit seit mindestens einem Jahr seinen gewöhnlichen Aufenthalt im Bundesgebiet hatte. Beide Formen des Aufenthaltstitels erhält der Betroffene nur, wenn er innerhalb von sechs Monaten nach Kenntnis vom Verlust der deutschen Staatsangehörigkeit einen Antrag auf Erteilung des jeweils einschlägigen Aufenthaltstitels stellt.[658] Soweit der ehemals deutsche Mehrstaater seinen gewöhnlichen Aufenthalt im Inland hatte, bekommt er nach § 38 Abs. 1 S.1 Nr.1 E-AufenthG eine Niederlassungserlaubnis. Vorgesehen ist, dass die Niederlassungserlaubnis einen zeitlich unbeschränkten Charakter hat[659], demnach von der Rechtsstellung und Sicherheit für den Ausländer vergleichbar mit der Aufenthaltsberechtigung ist. Es bleibt zu hoffen, dass die Reglung aus § 38 Abs. 1 E-AufenthG auf den betroffenen Personenkreis, die ehemals deutschen Mehrstaa-

---

655 Remmel, GK-AuslR, § 27 Rdn. 36; Hailbronner in: Ausländerrecht- Kommentar, Bd. 1, § 27 Rdn. 18.

656 Hailbronner in: Ausländerrecht- Kommentar, Bd. 1, § 27 Rdn. 20.

657 BR-Drs. 921/01. Der Gesetzentwurf ist auf den 08. November 2001 datiert. Das Gesetz ist bislang (Stand Mai 2003) nicht in Kraft getreten.

658 § 38 Abs. 1 S.2 E-AufenthG.

659 Nach § 9 Abs. 1 S.1 E-AufenthG ist die Niederlassungserlaubnis ein unbefristeter Aufenthaltstitel. Sie berechtigt zur Ausübung einer Erwerbstätigkeit, ist zeitlich und räumlich unbeschränkt und darf nicht mit einer Nebenbestimmung versehen werden.

ter, Anwendung findet und jedenfalls dann Bestand hat, wenn die Optionspflichtigen ihre Wahl treffen müssen.

3. Fallkonstellation: Nichterreichen des Ziels der politischen Mitwirkung des in der Bundesrepublik Deutschland Geborenen

Als eine weitere, negative Folge des Optionsmodells kann folgender Zustand gewertet werden: Ein Betroffener lebt auf Dauer in der Bundesrepublik Deutschland, da er hier geboren und aufgewachsen ist. Trotz gelungener gesellschaftlicher und sozialer Integration ist er dennoch von jeder politischen Mitwirkung und Verantwortung ausgeschlossen. Diese wohl als unerwünscht einzustufende Situation tritt ein, wenn sich der Mehrstaater gegen die deutsche Staatsangehörigkeit entscheidet oder gar keine Entscheidung im Sinne des § 29 Abs. 2 StAG trifft, sich aber dennoch für einen Aufenthalt in der Bundesrepublik Deutschland entschließt. Konsequenz dessen ist, dass die mit der Einführung des Ius-soli-Prinzips angestrebte Kongruenz zwischen dauerhafter Wohnbevölkerung und Stimmbürgerschaft teilweise wieder aufgelöst wird. Die vorübergehende Zugehörigkeit zur inländischen Mehrheitsbevölkerung und die erbrachten Leistungen erweisen sich im Nachhinein weitestgehend als nutzlos.[660] Eine politische Mitwirkung und Verantwortlichkeit kommt allenfalls auf kommunaler Ebene in Betracht, kann jedoch nur von einem geringen Teil der ehemaligen Mehrstaater in Anspruch genommen werden.[661] Die zahlenmäßig größte Personengruppe, die in Deutschland geborenen türkischen-deutschen Mitbürger, sind hiervon ausgeschlossen. Zwar könnte dem Mehrstaater der Vorwurf gemacht werden, dass er sich bewusst gegen die deutsche Staatsangehörigkeit entscheidet und sich hierdurch selbst von der Möglichkeit der politischen Mitwirkung ausschließt. Jedoch wird hierbei nicht respektiert und beachtet, aus welchen Gründen der Mehrstaater auf die deutsche Staatsangehörigkeit verzichtet. Zudem ändert es nichts an dem Zustand, dass ein erheblicher Teil der Bevölkerung, der zuvor in das politische Leben eingebunden war, nunmehr wieder ausgeschlossen wird.

660 Renner, Mehr Integration durch Option gegen Mehrstaatigkeit?; in: Neue Regierung- neue Ausländerpolitik? S. 147.

661 Nach Art. 28 Abs. 1 S.3 GG sind bei Wahlen in Kreisen und Gemeinden auch Personen wahlberechtigt und wählbar, die die Staatsangehörigkeit eines Mitgliedstaates der Europäischen Gemeinschaft besitzen. Vgl. auch Art. 19 Abs. 1 EGV. Der Vertrag zur Gründung der Europäischen Gemeinschaft vom 25. März 1957 wurde ursprünglich zwischen Deutschland, Frankreich, Italien, Belgien, Niederlande und Luxemburg geschlossen. Der Gemeinschaft der Sechs waren bis zum Abschluss des Unionsvertrages beigetreten: Das Vereinigte Königreich, Irland und Dänemark, Griechenland, Spanien und Portugal. Mit Wirkung vom 01. Januar 1995 sind Österreich, Schweden und Finnland hinzugekommen. Vgl. Geiger, EUV/EGV, Art. 1 EGV Rd. 1 S. 146.

Vergleicht man die Situation des betroffenen Personenkreises mit der Lage, wie sie vor der Änderung des Staatsangehörigkeitsrechts vorlag, stellt man fest, dass wenigstens eine geringfügige Verbesserung eingetreten ist. Immerhin können die in Deutschland geborenen Kinder ausländischer Eltern, soweit sie den Verlust der deutschen Staatsangehörigkeit bis zum letztmöglichen Termin[662] hinauszögern, fünf Jahre aktiv am politischen Leben mitwirken, insbesondere den Gang zur Wahlurne in Betracht ziehen. Im Gegensatz zu dem Modell der Einbürgerungszusicherung[663], wonach die Kinder mit der Vollendung des 18. Lebensjahres einen Anspruch auf den Erwerb der deutschen Staatsangehörigkeit haben, soweit sie aus der ausländischen Staatsangehörigkeit ausscheiden, sieht das Optionsmodell den Erwerb der deutschen Staatsangehörigkeit kraft Geburt vor und lässt zudem den Besitz der ausländischen neben der deutschen Staatsangehörigkeit gelten. Vorteil des zuletzt genannten Modells ist die zumindest temporäre Hinnahme von Mehrstaatigkeit und die hiermit verbundene Ermöglichung der Teilnahme am politischen Geschehen in der Bundesrepublik Deutschland. Dennoch kann die Verbesserung der Position der Betroffenen vor dem Aspekt des eingeschränkten Zeitrahmens somit nur als geringfügig eingestuft werden.

Kapitel 6: Zusammenfassung

1. Inhalt und Wurzeln des Prinzips der Vermeidung von Mehrstaatigkeit

Das Prinzip der Vermeidung von Mehrstaatigkeit beinhaltet den Grundsatz, dass jeder Mensch nur eine Staatsangehörigkeit haben soll. Der Gedanke des Verbots mehrfacher Staatsangehörigkeit geht auf die kontinental-europäische Staatsrechtsdiskussion des 19. Jahrhunderts zurück. Er basiert auf der Vorstellung der Durchsetzung staatlicher Personalhoheit und der Abgrenzung des Staatselements „Volk" nach außen.

2. Prinzip der Vermeidung von Mehrstaatigkeit und allgemeines Völkerrecht

Mehrstaatigkeit wird zwar international als unerwünscht angesehen, der Grundsatz der Einfachstaatigkeit wird jedoch nicht vom allgemeinen Völkerrecht gefordert. Das allgemeine Völkerrecht überlässt die Regelung der Staatsangehörigkeitsverhältnisse weitgehend den Staaten: Die Entscheidungsgewalt über die Mitgliedschaft im und die Zugehörigkeit zum Staat ist ein wesentliches Attribut staatlicher Souveranität.

---

662 Dies wird in der Regel die Vollendung des 23. Lebensjahres sein, soweit der Verlust der deutschen Staatsangehörigkeit nicht mit Rechtsmitteln angegriffen wird.

663 BT-Drs. 14/535.

3. Prinzip der Vermeidung von Mehrstaatigkeit und Völkervertragsrecht

3.1. Bancroft-Verträge von 1868

Durch die Bancroft-Verträge wurden die Vertragsparteien verpflichtet, die vom anderen Vertragsteil naturalisierte und dort seit fünf Jahren domizilierte Person als Angehörigen des naturalisierenden Staates anzuerkennen. Allerdings geben weder die Bancroft-Verträge noch einige der Anschlussverträge Anhaltspunkte dafür, ob die Beseitigung mehrfacher Staatsangehörigkeit Vertragsgegenstand sein sollte oder nur die Regelung der Kumulierung der beiden Staatsangehörigkeiten vorgesehen war.

3.2. Deutsch-Iranischer Niederlassungsvertrag von 1929/1955

Deutschland und Iran haben sich in Ziffer II des Schlussprotokolls zum deutsch-iranischen Niederlassungsabkommen verpflichtet, keinen Angehörigen des anderen Staates ohne vorherige Zustimmung der anderen Regierung einzubürgern. Hierdurch wird das Prinzip der Vermeidung von Mehrstaatigkeit geringfügig unterstützt. Vertraglich nicht geregelt ist hingegen der Erwerb der Staatsangehörigkeit durch Geburt, eine der häufigsten Ursachen bei der Entstehung von Mehrstaatigkeit. Dem Regelungsgehalt aus Ziffer II des Schlussprotokolls kann man zudem entnehmen, dass der deutsch-iranische Niederlassungsvertrag primär das Ziel verfolgt, dem Iran einen gewissen Einfluss auf das Auswanderungsverhalten eigener Landsleute einzuräumen. Mehrfache Staatsangehörigkeit spielt insoweit nur eine untergeordnete Rolle.

3.3. Haager Übereinkommen von 1930

Trotz der Empfehlung der Kodifikationskonferenz, das Prinzip der Vermeidung von Mehrstaatigkeit zu beachten, ergibt sich aus dem operativen Teil des Haager Übereinkommen über gewisse Fragen der Kollision von Staatsangehörigkeitsgesetzen kein völkervertragsrechtliches Gebot der Ausschließlichkeit der Staatsangehörigkeit, welches die Vertragsstaaten zwingend befolgen müssten.

3.4. Europäisches Übereinkommen über die Verringerung der Mehrstaatigkeit und über die Wehrpflicht von Mehrstaatern von 1963

Art. 1 des Mehrstaaterübereinkommens wirkt der Entstehung von Mehrstaatigkeit insoweit entgegen, als bei freiwilligem, antragsgebundenem Erwerb der Staatsangehörigkeit eines Vertragsstaates die bisherige des anderen Vertragsstaates verloren gehen soll. Der hierin verankerte Grundsatz der Einfachstaatigkeit krankt allerdings daran, dass von sämtlichen Vertragsstaaten nur noch die Bundesrepublik Deutschland, Luxemburg und Österreich daran festhalten. Darüber hinaus enthält die Anlage des Übereinkommens zahlreiche Fälle, in denen der Grundsatz der Vermeidung von Mehrstaatigkeit durchbrochen werden kann. Keine Beachtung hat der in allen Mitgliedstaaten bei weitem häufigste Fall der Entstehung von Mehrstaatigkeit gefunden, der aufgrund des Erwerbs der Staatsangehörigkeiten durch Geburt eintritt. Im Jahr 1993 trat mit dem zweiten Zusatzprotokoll zum Mehrstaaterübereinkommen eine Wende ein. Dieses Zusatzprotokoll besagt, dass europäische Staaten berechtigt sind, die zweite Staatsangehörigkeit bei einer Einbürgerung zu belassen. Die Bundesrepublik Deutschland hat dieses zweite Protokoll allerdings im Gegensatz zu Frankreich, Italien und den Niederlanden, die es ratifiziert haben, weder unterzeichnet noch ratifiziert.

3.5. Europäisches Übereinkommen über Staatsangehörigkeit von 1997

Die Vertragsparteien erklären in der Präambel des Europäischen Übereinkommens über Staatsangehörigkeit als ein wünschenswertes Ziel, angemessene Lösungen für die Folgen mehrfacher Staatsangehörigkeit zu finden. Dem operativen Teil, insbesondere dem fünften Kapitel des Übereinkommens, kann man entnehmen, dass Mehrstaatigkeit grundsätzlich nicht als überragendes Problem angesehen wird, völkerrechtlich also auch hier kein Gebot der Einfachstaatigkeit gegeben ist. Die Bundesrepublik Deutschland hat das Europäische Übereinkommen über Staatsangehörigkeit bislang weder gezeichnet noch ratifiziert.

4. Prinzip der Vermeidung von Mehrstaatigkeit und Verfassungsrecht

4.1. Grundsatz der Einfachstaatigkeit und „institutionelle Garantie“ aus Art. 16 GG

Art. 16 Abs. 1 GG enthält eine institutionelle Garantie der Staatsangehörigkeit. Dies bedeutet allerdings nicht, dass mit der institutionellen Garantie eine Festlegung auf eine bestimmte Ausgestaltung des „Rechtsinstituts“ der Staatsangehörigkeit gewährleistet wird. Zudem findet die institutionelle Garantie der Staatsangehörigkeit auch auf Mehrstaater Anwendung, so dass aus Art. 16 GG kein Rückschluss auf den Grundsatz der Einfachstaatigkeit gezogen werden kann.

4.2. Grundsatz der Einfachstaatigkeit und Treuepflicht

Ein besonderes Treueverhältnis zwischen Staatsangehörigem und Staat wird von der Verfassung der Bundesrepublik Deutschland nicht gefordert. Dem Grundgesetz ist jegliche Form der Loyalität im rechtlichen Sinne fremd. Das Gebot, Mehrstaatigkeit zu vermeiden, ergibt sich folglich nicht aus einer in der Verfassung verankerten Treuepflicht des Staatsangehörigen zum Staate.

4.3. Grundsatz der Einfachstaatigkeit und Demokratieprinzip

Das Prinzip der Vermeidung von Mehrstaatigkeit kann nicht aus dem Demokratieprinzip hergeleitet werden: Die Aussage, dass der Ausdruck „Volk“ im Sinne des Art. 20 Abs. 2 GG nur die deutschen Staatsangehörigen umfasst, muss dahingehend erweitert werden, dass der Staatsvolksbegriff zumindest nicht den ausschließlichen Besitz der deutschen Staatsangehörigkeit verlangt. Darüber hinaus mag die Herleitung des Grundsatzes der Einfachstaatigkeit aus der „Zugehörigkeit zu einer Schicksalsgemeinschaft" politisch zweckmäßig sein. Das Phänomen der Schicksalsgemeinschaft entzieht sich jedoch jeglicher juristisch normierter Grundlage und ist nicht erkennbar aus Art. 20 Abs. 2 GG zu entnehmen. Sofern eine Unentrinnbarkeit aus der Staatsangehörigkeit bestünde, könnte sich hieraus das Prinzip der Vermeidung der Mehrstaatigkeit ergeben. Dies ist aber nicht der Fall.

4.4 Grundsatz der Einfachstaatigkeit und Nationalstaatsprinzip

Das Nationalstaatsprinzip hat keine verfassungsrechtliche Grundlage. Zudem kann man diesem Prinzip nicht entnehmen, dass die deutsche Staatsangehörigkeit nur von Angehörigen der „deutschen Kulturnation" erworben werden. Das Prinzip der Vermeidung von Mehrstaatigkeit findet in dem Nationalstaatsprinzip keinen Nährboden.

4.5. Grundsatz der Einfachstaatigkeit und Art. 116 GG:

Weder aus dem ersten noch aus dem zweiten Absatz des Art. 116 GG kann das Prinzip der Vermeidung von Mehrstaatigkeit hergeleitet werden: Art. 116 Abs. 1 GG spricht von der deutschen Volkszugehörigkeit, verlangt aber nicht, dass es sich hierbei um eine ausschließliche handelt. Soweit die deutschen Flüchtlinge, Vertriebene und ihre Angehörigen beim Erwerb der Statusdeutscheneigenschaft trotzdem an der bisherigen Staatsangehörigkeit festhalten, wird durch die Regelung in Art. 116 Abs. 1 GG Mehrstaatigkeit sogar ausgelöst. Nach Art. 116 Abs. 2 GG haben im Ausland wohnende Ausgebürgerte einen Rechtsanspruch, dass ihnen die deutsche Staatsangehörigkeit wieder verliehen wird, wobei der Anspruch nicht dadurch gehindert wird, dass zwischen Ausbürgerung und Inkrafttreten des Grundgesetzes eine fremde Staatsangehörigkeit erworben wurde: Das Grundgesetz nimmt auch hier Mehrstaatigkeit in Kauf.

5. Ausschließlichkeit der Staatsangehörigkeit aufgrund folgender Themen:

5.1. Wehrpflicht

Die Gefahr mehrfacher Inanspruchnahme des Mehrstaaters für den Wehrdienst in zwei oder mehreren Staaten wird durch völkerrechtliche Abkommen minimiert: Neben zahlreichen bilateralen Abkommen bieten das Europäische Übereinkommen über die Verringerung der Mehrstaatigkeit und über die Wehrpflicht von Mehrstaatern sowie das Haager Übereinkommen über gewisse Fragen der Kollision von Staatsangehörigkeitsgesetzen einen umfangreichen Schutz des deutschen Mehrstaaters vor dem mehrfachen Ableisten des Wehrdienstes. Die Gefahr des Loyalitätskonflikts im Kriegsfall bietet keinen hinreichenden Grund, Mehrstaatigkeit grundsätzlich zu verdammen: Soweit eine unlösbare Konfliktsituation eintreten sollte, kann es dem Staat zugemutet werden, auf einen geringen Teil der Bevölkerung zu verzichten.

5.2. Diplomatischer Schutz

Kein ausreichender Grund für die generelle Vermeidung mehrfacher Staatsangehörigkeit ist die Problematik des diplomatischen Schutzes des Mehrstaaters: Zwar besteht der Grundsatz, dass ein Staat, deren Staatsangehörigkeit der Mehrstaater besitzt, keinen diplomatischen Schutz gegenüber einem Staat, dessen Staatsangehörigkeit der Mehrstaater ebenfalls innehat, ausführen darf. Zuungunsten dieses Grundsatzes wird jedoch immer häufiger auf das Prinzip der effektiven Staatsangehörigkeit zurückgegriffen, welches einen Lösungsansatz für das Problem der bestmöglichen Schutzgewährung auch im Verhältnis zwischen den Heimat- und Aufenthaltsstaat des Mehrstaaters bietet.

5.3. Internationales Privatrecht

Das Internationale Privatrecht handhabt den Umgang mit Mehrstaatern flexibel: Soweit rechtliche Widersprüchlichkeiten auftauchen, insbesondere auf dem Gebiet des Verfahrensrechts, kann das so genannte forum shopping durch völkerrechtliche Abkommen oder EU-Verordnungen vermieden werden. Handelt es sich bei dem Mehrstaater um eine Person, die neben einer weiteren die deutsche Staatsangehörigkeit besitzt, wirft die Rechtsanwendung für die gerichtliche Praxis kaum noch Probleme auf: Der deutsche Gesetzgeber behandelt diese Mehrstaater vor deutschen Gerichten als deutsche Staatsangehörige.

5.4. Integration

Mehrstaatigkeit stellt sich weder bei der rechtlichen, noch bei der gesellschaftlichen oder sozialen Integration als ein unüberwindbares Hindernis dar: Die rechtliche Integration von auf deutschem Bundesgebiet geborenen Mehrstaatern ist seit dem 01. Januar 2000 mit Inkrafttreten des reformierten Staatsangehörigkeitsgesetzes unbedenklich. In den Fällen, in denen Mehrstaatigkeit nicht durch Geburt erlangt wurde, sondern durch Einbürgerung, ist zwischen Integration und Assimilation zu unterscheiden. Die Einbürgerung kann nicht auf die Formel verkürzt werden, dass Einbürgerung das Ende eines „erfolgreichen“ Integrationsprozesses bedeutet. Vielmehr wird ein bereits eingeleiteter Integrationsprozess durch den Erwerb der deutschen Staatsangehörigkeit und die hieraus resultierenden Rechtssicherheiten gefördert. Darüber hinaus kann Mehrstaatigkeit nicht deshalb als gesellschaftliches Integrationshemmnis angesehen werden, weil eine jederzeitige Rückkehr in den Heimatstaat möglich ist. Insbesondere für den Großteil derjenigen deutschen Mehrstaater, welche die deutsche Staatsangehörigkeit durch Geburt im Inland erworben haben, ist die Bundesrepublik Deutschland sowohl der Aufenthalts- als auch der Heimatstaat.

5.5. Wahlberechtigung

Der Gefahr mehrfacher Wahlbeteiligung, die durch das Innehaben mehrerer Staatsangehörigkeiten und der Zugehörigkeit zu mehreren Staaten möglich wäre, kann dadurch begegnet werden, dass das Wahlrecht nicht nur an die Staatsangehörigkeit, sondern auch an den Wohnsitz anknüpft.

5.6. Steuerpflicht

Beim Einkommenssteuerrecht ergeben sich im Fall des Mehrstaaters selten Probleme, da dieses regelmäßig an den Wohnsitz des Steuerpflichtigen anknüpft. Hinsichtlich der erbschaftssteuerlichen Belastung könnten zwar mehrfache Besteuerungen auftreten, aber für gewöhnlich werden diese durch völkerrechtliche Abkommen zur Vermeidung der Doppelbesteuerung abgewendet.

6. Optionsregelung

Die mit Wirkung vom 01. Januar 2000 in das Staatsangehörigkeitsgesetz eingeführte Optionsregelung des § 29 StAG sieht vor, dass sich in Deutschland geborene Kinder ausländischer Eltern zwischen dem 18. und dem 23. Lebensjahr entweder für die deutsche oder für die ausländische(n) Staatsangehörigkeit(en) entscheiden müssen. Soweit die Aufgabe der ausländischen Staatsangehörigkeit nicht möglich bzw. unzumutbar ist oder der Nachweis der Aufgabe der ausländischen Staatsangehörigkeit nicht rechtzeitig gelingt, besteht die Möglichkeit, bis zur Vollendung des 21. Lebensjahres einen Antrag auf Erteilung einer Beibehaltungsgenehmigung zu stellen.

7. Vereinbarkeit der Optionsregelung mit allgemeinem Völkerrecht

Die Optionspflicht aus § 29 StAG, die sich mit dem Verlust bzw. dem Beibehalten der deutschen sowie der Aufgabe der ausländischen Staatsangehörigkeit beschäftigt, verstößt nicht gegen die weit gehaltenen Grenzen, die das allgemeine Völkerrecht den Staaten bei der Gestaltung des Staatsangehörigkeitsrechts aufgibt.

8. Vereinbarkeit der Optionslösung mit Völkervertragsrecht

8.1. Haager Übereinkommen von 1930

Das Haager Übereinkommen über gewisse Fragen der Kollision von Staatsangehörigkeitsfragen überlässt es in der Regel ihren Vertragsstaaten, das Staatsangehörigkeitsrecht nach eigenem Ermessen zu gestalten, soweit die allgemeinen völkerrechtlichen Grundsätze eingehalten werden. Da die Ausschließlichkeit der Staatsangehörigkeit kein zwingendes Gebot der Konvention ist, tritt keine Unvereinbarkeit zwischen völkervertragsrechtlichen Verpflichtungen und dem im innerstaatlichen Recht geregelten Optionszwang auf.

8.2. Europäisches Übereinkommen über die Verringerung der Mehrstaatigkeit und über die Wehrpflicht von Mehrstaatern

Die Optionsregelung unterstützt das Ziel des Mehrstaaterübereinkommens insoweit, als sie eine dauerhafte Zulassung mehrfacher Staatsangehörigkeit durch den in § 29 StAG normierten Optionszwang weitgehend verhindert. Die Einführung der erweiterten Ausnahmetatbestände des § 87 StAG, auf die sich eine Vielzahl der vom Abwahlzwang betroffenen Ius-soli-Mehrstaater berufen werden, führt dennoch nicht zu einem Verstoß gegen das Übereinkommen: Da das Abkommen ausschließlich dann Anwendung findet, wenn der Erwerb der Staatsangehörigkeit infolge einer ausdrücklichen Willenserklärung, also gerade nicht durch die Geburt, des Betroffenen erfolgt, sind rechtliche Probleme nicht zu erwarten. Dem Vorwurf, gegen die Ziele des Mehrstaaterübereinkommens durch die Änderungen des Staatsangehörigkeits- und Ausländergesetzes verstoßen zu haben, könnte die Bundesrepublik Deutschland dadurch entgegen treten, dass sie das zweite Protokoll zum Mehrstaaterübereinkommen vom 02. Februar 1993 ratifiziert.

8.3. Europäisches Übereinkommen über Staatsangehörigkeit

Das Europäische Übereinkommen über Staatsangehörigkeit legt gewisse Verlusttatbestände der Staatsangehörigkeit fest, wobei ein dem deutschen Recht vergleichbarer Verlust der Staatsangehörigkeit durch Option nicht vorgesehen ist. Dies führt jedoch nicht zu Unvereinbarkeiten zwischen innerstaatlichem Recht und Völkervertragsrecht, da die Bundesrepublik Deutschland das Übereinkommen bislang weder unterzeichnet noch ratifiziert hat. Soweit die Unterzeichnung und anschließende Ratifizierung allerdings stattfinden sollte, ist eine Erklärung von Vorbehalten notwendig, um die Konformität der deutschen staatsangehörigkeitsrechtlichen Regelungen mit den Verpflichtungen aus dem Europäischen Übereinkommen über Staatsangehörigkeit zu gewährleisten.

9. Vereinbarkeit der Optionsregelung mit Art. 16 GG

9.1. Optionsregelung: Verlust oder Entzug?

Bei dem in § 29 Abs. 2 und 3 S.2 StAG geregelten Verlust der deutschen Staatsangehörigkeit handelt es sich um einen Verlust, der von dem Betroffenen willensgesteuert beeinflusst werden kann. Diesen Verlust der deutschen Staatsangehörigkeit kann man als einen „Verlust“ im Sinne des Art. 16 Abs. 1 S.2 GG kennzeichnen, der zulässig ist, soweit er auf Grund eines Gesetzes erfolgt und der Betroffene dadurch nicht staatenlos wird.

9.2. § 4 Abs. 3 StAG: „Staatsangehörigkeit minderer Art“?

Die deutsche Staatsangehörigkeit, die durch Geburt im Inland gemäß § 4 Abs. 3 StAG erworben wird, ist trotz des in § 29 StAG vorgesehenen Abwahlzwanges keine Staatsangehörigkeit minderen Rechts. Da die Staatsangehörigkeit, die kraft ius soli erworben wird, kein aliud im Vergleich zu derjenigen Staatsangehörigkeit darstellt, die kraft ius sanguinis an die Kinder weitergegeben wird, liegt darüber hinaus kein Verstoß gegen den Grundsatz der Einheitlichkeit der Staatsangehörigkeit vor.

10. Vereinbarkeit der Optionsregelung mit Art. 6 GG

Der Grundsatz der einheitlichen Staatsangehörigkeit innerhalb der Familie, der durch die Optionsregelung zum Teil eingeschränkt wird, stellt zwar ein wünschenswertes Ziel dar, ist aber weder in Art. 6 GG noch an einer anderen Stelle in der Verfassung verankert. Ein verfassungsrechtlich relevanter Verstoß der Optionsregelung gegen dieses Prinzip ist daher nicht möglich.

11. Vereinbarkeit der Optionsregelung mit Art. 2 GG

Die Optionsregelung ist mit Art. 2 Abs. 1 GG zu vereinbaren. Zwar ist das negative Selbstbestimmungsrecht des Optionspflichtigen insoweit tangiert, als sich der Betroffene in einem gewissen Alter mit Fragen der Staatsangehörigkeit auseinandersetzen muss. Allerdings ist eine Entscheidung über die beizubehaltende Staatsangehörigkeit im Hinblick auf das Ziel des Gesetzgebers, Mehrstaatigkeit zu verhindern, dem Mehrstaater zuzumuten. Die Einschränkung des negativen Selbstbestimmungsrechtes ist mithin gerechtfertigt.

12. Vereinbarkeit der Optionsregelung mit Art. 3 GG

12.1. Ius-soli-Mehrstaater und Ius-sanguinis-Mehrstaater

Unter den Optionszwang fallen nur diejenigen Mehrstaater, welche die deutsche Staatsangehörigkeit kraft Geburt im Inland nach dem 01. Januar 2000 erworben haben. Keine Entscheidung für oder gegen die deutsche Staatsangehörigkeit müssen die Ius-sanguinis-Mehrstaater treffen. Somit wird zwischen den Ius-soli- und den Ius-sanguinis-Mehrstaatern eine gesetzliche Unterscheidung aufgrund des Differenzierungskriteriums Abstammung vorgenommen: In der Optionsregelung, § 29 Abs. 1 StAG, wird hinsichtlich des Abwahlzwanges danach unterschieden, von welchen Vorfahren der Mehrstaater abstammt. Folge dessen ist ein Verstoß gegen das Diskriminierungsverbot des Art. 3 Abs. 3 S.1 GG. Das Optionsmodell ist demnach als verfassungswidrig einzustufen.

12.2. EU-Mehrstaater und Nicht-EU-Mehrstaater

Zwischen den EU-Mehrstaatern und den Nicht-EU-Mehrstaatern wird ebenfalls nach Abstammungskriterien differenziert: Nach der Regelung aus § 29 Abs. 3 und 4 StAG i.V.m. § 87 Abs. 2 AuslG wird beispielsweise der deutsch-französische Mehrstaater oder der deutsch-luxemburgische Mehrstaater im Vergleich zum deutsch-türkischen oder deutsch-kroatischen Mehrstaater dahingehend privilegiert, dass bei den zuerst genannten Personen Mehrstaatigkeit ohne Bedenken hingenommen wird. Zweifel an der Verfassungskonformität der Optionsregelung ergeben sich auch im Hinblick auf den allgemeinen Gleichheitssatz: Die Privilegierung des EU-Mehrstaaters kann vor dem Hintergrund der Freizügigkeit innerhalb der Europäischen Union nicht gerechtfertigt werden.

12.3. Mehrstaater und Monostaater

Die deutschen Mehrstaater werden gegenüber den deutschen Monostaatern aufgrund der ihnen vermehrt zustehenden Rechte nicht vom deutschen Gesetzgeber ungerechtfertigt bevorzugt. Soweit Mehrstaater über weitergehende Rechte verfügen, entspringen diese aus ausländischen Rechtsordnungen, auf die der deutsche Gesetzgeber keinen Einfluss hat. Insoweit kann durch den deutschen Gesetzgeber auch kein Verstoß gegen die Verfassung, hier gegen Art. 3 Abs. 1 GG vorliegen.

13. Verwaltungstechnische Folgeprobleme aus der Staatsangehörigkeitsrechtsreform

Mehrstaater, die vom Abwahlzwang (§ 29 Abs. 1 StAG) betroffen sind, werden, soweit sie in dem Besitz mehrerer Staatsangehörigkeiten einen Vorteil sehen, von der Möglichkeit der Antragstellung auf Erteilung einer Beibehaltungsgenehmigung im Sinne des § 29 Abs. 2 S. 2 und 3 StAG Gebrauch machen. Aufgrund der zu erwartenden Fülle von Antragstellungen wird der personelle und materielle Aufwand der Behörden steigen. Dies gilt schon allein deshalb, weil das Optionsmodell vorsieht, dass jeder von der Optionsregelung Betroffene vor dem Zeitpunkt des Eintritts des Abwahlzwanges schriftlich benachrichtigt werden muss. Darüber hinaus ist die Wahrscheinlichkeit der Mehrung verwaltungsgerichtlicher Verfahren sehr hoch: Eine Vielzahl derjenigen Mehrstaater, die eine Staatsangehörigkeit aufgeben müssen, werden voraussichtlich versuchen, sich auf einen der in § 87 AuslG normierten Ausnahmetatbestände zu berufen. Erschwerend kommt hinzu, dass die Regelungen des § 87 AuslG unbestimmte Rechtsbegriffe enthalten. Dies führt zu Rechtsunsicherheit sowohl auf behördlicher Seite als auch auf der Seite des von der Optionsregelung Betroffenen.

14. Mehrstaatigkeit ist nicht „durchweg" ein Übel

Gezeigt wurde, dass sich mehrfache Staatsangehörigkeit trotz des Bestehens einiger Konfliktsituationen nicht durchweg als ein Übel darstellt. Soweit rechtliche und tatsächliche Probleme entstehen, die in unmittelbarem Zusammenhang mit dem Besitz mehrerer Staatsangehörigkeiten gebracht werden, sind diese weitgehend lösbar. Deshalb kann für den Mehrstaater kein Übermaß an Nachteilen festgestellt werden. Dies bedeutet allerdings nicht, dass allen Menschen mehrere Staatsangehörigkeiten verliehen werden sollten. Denn auch die Reduzierung von Mehrstaatigkeit hat seine Vorzüge: Sie dient dazu, eine klare Abgrenzung des Staatsvolkes zu schaffen.

Schlussendlich soll aber der Gedanke erlaubt sein, ob die zahlreichen gesetzlich vorgesehenen Abweichungen vom Prinzip der Vermeidung von Mehrstaatigkeit diesen Grundsatz nicht selbst in Frage stellen, denn das Bestehen von Ausnahmen zu einem Grundsatz hat seine Ursache gelegentlich in der Zweifelhaftigkeit des Grundsatzes selbst.

Anhang:

Abbildung 1: Gegenüberstellung der Alterstrukturen 1999 und 2050

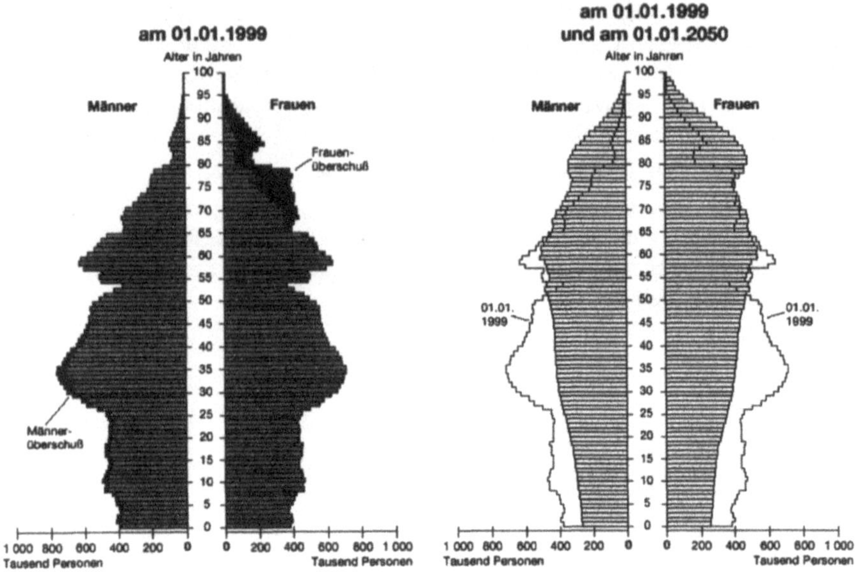

Quelle: Statistisches Bundesamt: Bevölkerungsentwicklung Deutschlands bis zum Jahr 2050, Ergebnisse der 9. Koordinierten Bevölkerungsvorausrechnung, 2000

Tabelle 1: Eingebürgerte Personen nach fortbestehender und nicht fortbestehender bisheriger Staatsangehörigkeit aus dem Jahr 2001

Land der bisherigen Staatsangehörigkeit	Geschlecht	Einbürgerungen insgesamt	Einbürgerungen mit fortbestehender bisheriger Staatsangehörigkeit	Einbürgerungen mit nicht fortbestehender bisheriger Staatsangehörigkeit
Europa				
Albanien	insgesamt	524	191	333
Andorra	insgesamt	2	1	1
Belgien	insgesamt	101	25	76
Bosnien und Herzegowina	insgesamt	3 791	497	3 294
Bulgarien	insgesamt	615	41	574
Dänemark	insgesamt	12	2	10
Estland	insgesamt	56	26	30
Finnland	insgesamt	15	9	6
Frankreich	insgesamt	182	48	134
Griechenland	insgesamt	1 402	1 320	82
Irland	insgesamt	14	12	2
Island	insgesamt	3	2	1
Italien	insgesamt	1 048	219	829
Jugoslawien	insgesamt	12 000	11 061	939
Kroatien	insgesamt	3 931	1 324	2 607
Lettland	insgesamt	142	80	62
Liechtenstein	insgesamt	1	-	1
Litauen	insgesamt	175	31	144
Luxemburg	insgesamt	7	-	7
Malta	insgesamt	4	3	1
Mazedonien	insgesamt	920	238	682
Moldau	insgesamt	300	232	68
Monaco	insgesamt	1	-	1
Niederlande	insgesamt	262	48	214
Norwegen	insgesamt	8	2	6
Österreich	insgesamt	394	22	372
Polen	insgesamt	1 774	323	1 451
Portugal	insgesamt	290	273	17
Rumänien	insgesamt	2 026	118	1 908
Russische Föderation	insgesamt	4 972	2 316	2 656
Schweden	insgesamt	9	-	9
Schweiz	insgesamt	39	17	22
Slowakei	insgesamt	258	25	233
Slowenien	insgesamt	184	39	145
Spanien	insgesamt	183	92	91
Staat: 159	insgesamt	3	-	3
Staat: 195	insgesamt	1	1	-
Tschechische Republik	insgesamt	701	45	656
Türkei	insgesamt	76 573	27 273	49 300
Ukraine	insgesamt	3 295	2 695	600
Ungarn	insgesamt	593	49	544
Vereinigtes Königreich	insgesamt	307	245	62
Weißrußland	insgesamt	236	115	121
Zypern	insgesamt	14	11	3
Europa	männlich	58 796	26 591	32 205
	weiblich	58 572	22 480	36 092
	insgesamt	117 368	49 071	68 297

Fortsetzung Tabelle 1

Land der bisherigen Staatsangehörigkeit	Geschlecht	Einbürgerungen insgesamt	Einbürgerungen mit fortbestehender bisheriger Staatsangehörigkeit	Einbürgerungen mit nicht fortbestehender bisheriger Staatsangehörigkeit
Asien				
Afghanistan	insgesamt	5 111	4 827	284
Armenien	insgesamt	154	79	75
Aserbaidschan	insgesamt	73	54	19
Bahrain	insgesamt	1	-	1
Bangladesch	insgesamt	270	183	87
Bhutan	insgesamt	1	1	-
China	insgesamt	1 556	86	1 470
Georgien	insgesamt	80	48	32
Indien	insgesamt	1 140	137	1 003
Indonesien	insgesamt	127	15	112
Irak	insgesamt	1 264	353	911
Iran, Islam. Republik	insgesamt	12 020	11 969	51
Israel	insgesamt	1 364	1 272	92
Japan	insgesamt	9	1	8
Jemen	insgesamt	22	6	16
Jordanien	insgesamt	549	446	103
Kambodscha	insgesamt	88	40	48
Kasachstan	insgesamt	2 148	90	2 058
Katar	insgesamt	1	-	1
Kirgisistan	insgesamt	332	42	290
Korea, Dem. Volksrepublik	insgesamt	24	3	21
Korea, Republik	insgesamt	341	12	329
Kuwait	insgesamt	5	3	2
Laos, Dem. Volksrepublik	insgesamt	84	70	14
Libanon	insgesamt	4 486	3 761	725
Malaysia	insgesamt	27	9	18
Mongolei	insgesamt	17	2	15
Myanmar	insgesamt	28	14	14
Nepal	insgesamt	27	3	24
Oman	insgesamt	1	1	-
Pakistan	insgesamt	2 421	791	1 630
Philippinen	insgesamt	1 290	42	1 248
Saudi-Arabien	insgesamt	1	1	-
Singapur	insgesamt	1	-	1
Sri Lanka	insgesamt	3 485	728	2 757
Staat: 495	insgesamt	1	-	1
Syrien, Arab. Republik	insgesamt	1 337	1 231	106
Tadschikistan	insgesamt	93	11	82
Taiwan	insgesamt	94	7	87
Thailand	insgesamt	380	34	346
Turkmenistan	insgesamt	20	2	18
Usbekistan	insgesamt	178	77	101
Vereinigte Arabische Emirate	insgesamt	1	1	-
Vietnam	insgesamt	3 014	1 586	1 428
Asien	männlich	23 780	16 108	7 672
	weiblich	19 886	11 930	7 956
	insgesamt	43 666	28 038	15 628
Australien und Ozeanien				
Australien	insgesamt	22	7	15
Fidschi	insgesamt	3	-	3
Neuseeland	insgesamt	2	2	-
Papua-Neuguinea	insgesamt	1	-	1
Samoa	insgesamt	2	-	2
Australien und Ozeanien	männlich	17	6	11
	weiblich	13	3	10
	insgesamt	30	9	21

Fortsetzung Tabelle 1

Land der bisherigen Staatsangehörigkeit	Geschlecht	Einbürgerungen insgesamt	Einbürgerungen mit fortbestehender bisheriger Staatsangehörigkeit	Einbürgerungen mit nicht fortbestehender bisheriger Staatsangehörigkeit
Afrika				
Ägypten	insgesamt	465	64	401
Algerien	insgesamt	603	555	48
Angola	insgesamt	101	65	36
Äquatorialguinea	insgesamt	1	1	-
Äthiopien	insgesamt	587	127	460
Benin	insgesamt	13	2	11
Burkina Faso	insgesamt	18	1	17
Burundi	insgesamt	10	1	9
Cote de'Ivoire	insgesamt	71	40	31
Eritrea	insgesamt	689	674	15
Gabun	insgesamt	1	-	1
Gambia	insgesamt	77	8	69
Ghana	insgesamt	1 070	330	740
Guinea	insgesamt	46	4	42
Guinea-Bissau	insgesamt	4	-	4
Kamerun	insgesamt	165	18	147
Kap Verde	insgesamt	19	2	17
Kenia	insgesamt	127	11	116
Komoren	insgesamt	3	1	2
Kongo, Dem. Rep.	insgesamt	108	39	69
Kongo, Rep.	insgesamt	366	71	295
Lesotho	insgesamt	2	2	-
Liberia	insgesamt	34	2	32
Libyen	insgesamt	12	2	10
Madagaskar	insgesamt	14	-	14
Malawi	insgesamt	2	-	2
Mali	insgesamt	28	3	25
Marokko	insgesamt	4 425	3 654	771
Mauretanien	insgesamt	8	1	7
Mauritius	insgesamt	11	2	9
Mosambik	insgesamt	44	5	39
Namibia	insgesamt	4	1	3
Niger	insgesamt	10	4	6
Nigeria	insgesamt	545	120	425
Ruanda	insgesamt	40	13	27
Sambia	insgesamt	7	-	7
Senegal	insgesamt	60	6	54
Seychellen	insgesamt	4	-	4
Sierra Leone	insgesamt	21	11	10
Simbabwe	insgesamt	22	1	21
Somalia	insgesamt	251	16	235
Südafrika	insgesamt	139	76	63
Sudan	insgesamt	178	126	52
Swasiland	insgesamt	2	-	2
Tansania	insgesamt	11	4	7
Togo	insgesamt	432	284	148
Tschad	insgesamt	7	-	7
Tunesien	insgesamt	1 488	1 301	187
Uganda	insgesamt	29	6	23
Zentralafrikanische Republik	insgesamt	5	1	4
Afrika	männlich	7 811	4 707	3 104
	weiblich	4 601	2 951	1 650
	insgesamt	12 412	7 658	4 754

Fortsetzung Tabelle 1

Land der bisherigen Staatsangehörigkeit	Geschlecht	Einbürgerungen insgesamt	Einbürgerungen mit fortbestehender bisheriger Staatsangehörigkeit	Einbürgerungen mit nicht fortbestehender bisheriger Staatsangehörigkeit
Amerika				
Argentinien	insgesamt	161	155	6
Barbados	insgesamt	1	-	1
Belize	insgesamt	1	-	1
Bolivien	insgesamt	50	6	44
Brasilien	insgesamt	258	182	76
Chile	insgesamt	172	55	117
Costa Rica	insgesamt	34	32	2
Dominica	insgesamt	3	-	3
Dominikanische Republik	insgesamt	149	7	142
Ecuador	insgesamt	93	38	55
El Salvador	insgesamt	13	-	13
Grenada	insgesamt	1	-	1
Guatemala	insgesamt	12	5	7
Guyana	insgesamt	3	-	3
Haiti	insgesamt	16	-	16
Honduras	insgesamt	11	-	11
Jamaika	insgesamt	25	5	20
Kanada	insgesamt	41	26	15
Kolumbien	insgesamt	241	60	181
Kuba	insgesamt	235	214	21
Mexiko	insgesamt	159	144	15
Nicaragua	insgesamt	20	16	4
Panama	insgesamt	8	2	6
Paraguay	insgesamt	9	4	5
Peru	insgesamt	278	40	238
St. Lucia	insgesamt	1	-	1
St. Vincent und die Grenadine	insgesamt	5	1	4
Staat: 395	insgesamt	1	1	-
Suriname	insgesamt	2	-	2
Trinidad und Tobago	insgesamt	3	-	3
Uruguay	insgesamt	31	24	7
Venezuela	insgesamt	136	88	48
Vereinigte Staaten	insgesamt	198	114	84
Amerika	männlich	895	513	382
	weiblich	1 476	706	770
	insgesamt	2 371	1 219	1 152
Übrige				
staatenlos	insgesamt	1 579	-	1 579
ungeklärt	insgesamt	672	-	672
Übrige	männlich	1 280	-	1 280
	weiblich	971	-	971
	insgesamt	2 251	-	2 251
Insgesamt	männlich	92 579	47 925	44 654
	weiblich	85 519	38 070	47 449
	insgesamt	178 098	85 995	92 103

Quelle: Statistisches Bundesamt, Stand Mai 2003.

Tabelle 2: Eingebürgerte Personen nach den Rechtsgründen der Einbürgerung aus dem Jahr 2001

Bundesland	Insgesamt	Davon Einbürgerung nach ...					
		§ 8 StAG	§ 9 StAG	§ 85 Abs.1 AuslG	§ 85 Abs.2 AuslG	§§ 13, 14, 15, 16 Abs.2 StAG	sonstigen Rechtsgründen 1*)
Baden-Württemberg	28 112	1 309	2 180	11 498	3 835	1	9 289
Bayern	19 922	1 266	1 811	6 960	1 507	35	8 343
Berlin	6 270	137	313	1 964	247	-	3 609
Brandenburg	434	42	97	167	33	17	78
Bremen	1 857	26	46	660	260	1	864
Hamburg	9 832	357	332	5 761	1 233	1	2 148
Hessen	18 924	1 132	1 126	9 192	2 804	33	4 637
Mecklbrg.-Vorpomm.	287	50	58	128	26	2	23
Niedersachsen	14 693	1 016	1 296	6 320	2 979	106	2 976
Nordrhein-Westfalen	60 566	3 559	3 757	25 642	11 465	154	15 989
Rheinland-Pfalz	7 714	422	850	3 237	1 341	9	1 855
Saarland	1 235	89	123	501	242	1	279
Sachsen	547	72	113	261	43	2	56
Sachsen-Anhalt	447	64	103	235	30	-	15
Schleswig-Holstein	5 123	643	461	1 928	1 087	-	1 004
Thüringen	357	28	72	189	38	-	30
Einbürg. v. Ausland	1 778	-	1	-	3	60	1 714
Insgesamt	178 098	10 212	12 739	74 643	27 173	422	52 909

*) Auswertung nach dem Wohnsitz

1) § 40 b StAG; §§ 8,9 Abs.1 und 2; 11, 12 Abs.1 StAngRegG; Art.116 Abs.2 S. 1 GG; § 21 HAG; Art. 2 des Gesetzes zur Verminderung der Staatenlosigkeit; §§ 85, 86 Abs.1 und 2 AuslG a.F.

Zum Vergleich: Einbürgerung im Jahr 2000 nach § 40 b StAG

	Insgesamt	männlich	weiblich
Bundesweit	20181	10837	9344

Quelle: Statistisches Bundesamt, Stand Mai 2003.

Tabelle 3: Grundzahlen Deutschland: Geborene, Gestorbene und Eheschließungen

Jahr / Vierteljahr / Monat / Land	Lebendgeborene				Totgeborene 2)	Gestorbene 3)					Überschuß der Geborenen bzw. (-)
	männlich	weiblich	insgesamt	darunter nichtehelich 1)		männlich	weiblich	insgesamt	und zwar im 1. Lebensjahr	und zwar in den ersten 7 Lebenstagen	
Ausländer bzw. Geborene bei denen beide Elternteile Ausländer waren 4)											
1995	50 923	48 791	99 714	11 662	590	8 434	4 366	12 800	649	298	86 914
1996	54 605	51 624	106 229	12 937	648	8 847	4 547	13 394	621	289	92 835
1997	55 294	51 888	107 182	13 390	620	8 920	4 758	13 678	682	296	93 504
1998	51 391	48 666	100 057	13 787	499	8 905	4 853	13 758	588	281	86 299
1999	48 753	46 463	95 216	15 217	459	9 222	5 083	14 305	520	244	80 911
2000 5)	46 438	44 588	91 026	13 723	481	9 380	5 481	14 861	508	256	76 165
Januar	2 652	2 534	5 186	487	28	699	371	1 070	32	14	4 116
Februar	3 769	3 554	7 323	997	28	781	435	1 216	34	16	6 107
März	4 102	3 838	7 940	1 167	44	814	505	1 319	46	22	6 621
April	3 381	3 200	6 581	907	30	667	420	1 087	32	9	5 494
Mai	4 188	3 889	8 077	1 217	43	848	453	1 301	54	26	6 776
Juni	3 882	3 835	7 717	1 084	45	805	425	1 230	42	21	6 487
Juli	4 004	3 968	7 972	1 236	40	713	399	1 112	46	21	6 860
August	4 192	3 993	8 185	1 172	38	719	486	1 205	43	22	6 980
September	3 510	3 384	6 894	1 053	32	722	405	1 127	30	19	5 767
Oktober	3 676	3 576	7 252	1 129	51	748	458	1 206	39	20	6 046
November	3 641	3 437	7 078	1 088	46	771	423	1 194	42	22	5 884
Dezember	5 441	5 380	10 821	2 186	56	1 093	701	1 794	68	44	9 027
Berichtsjahr 2000 insgesamt nach Bundesländern											
Baden-Württemberg	8 402	7 857	16 259	1 856	73	1 714	915	2 629	81	41	13 630
Bayern	6 398	6 297	12 695	1 616	65	1 419	854	2 273	60	33	10 422
Berlin	2 595	2 347	4 942	1 180	32	494	310	804	26	12	4 138
Berlin Ost	400	375	775	294	8	51	36	87	2	-	688
Berlin West	2 195	1 972	4 167	886	24	443	274	717	24	12	3 450
Brandenburg	167	188	355	147	3	41	27	68	-	-	287
Bremen	541	535	1 076	220	5	109	73	182	18	12	894
Hamburg	1 618	1 514	3 132	665	22	323	174	497	18	11	2 635
Hessen	5 229	5 126	10 355	1 645	52	950	560	1 510	42	13	8 845
Mecklenburg-Vorpommern	186	191	377	188	2	25	19	44	2	1	333
Niedersachsen	3 383	3 245	6 628	1 282	40	682	412	1 094	49	26	5 534
Nordrhein-Westfalen	13 875	13 348	27 223	3 595	147	2 734	1 593	4 327	170	90	22 896
Rheinland-Pfalz	1 855	1 816	3 671	329	18	401	232	633	15	6	3 038
Saarland	497	488	985	193	6	149	104	253	8	4	732
Sachsen	320	330	650	176	2	77	52	129	5	1	521
Sachsen-Anhalt	305	275	580	208	3	47	25	72	6	3	508
Schleswig-Holstein	884	853	1 737	283	8	183	113	296	7	3	1 441
Thüringen	183	178	361	140	3	32	18	50	1	-	311
Nachrichtlich:											
Früheres Bundesgebiet	44 877	43 051	87 928	12 570	460	9 107	5 304	14 411	492	251	73 517
Neue Länder und Berlin-Ost	1 561	1 537	3 098	1 153	21	273	177	450	16	5	2 648

*) Geburten und Sterbefälle nach dem Wohnort, Eheschließungen nach dem Registrierort.
1) Seit 1.7.1998 "Kinder nicht miteinander verheirateter Eltern".
2) Seit 1.4.1994 geringere Gewichtsgrenze (Geburtsgewicht mindestens 500 Gramm).
3) Ohne Totgeborene, nachträgliche beurkundetet Kriegssterbefälle und gerichtliche Todeserklärungen.
4) Nach bis zum 31.12.1999 geltenden Staatsangehörigkeitsrecht : ausländisch Geborene.
5) Vorläufiges Ergebnis.

Quelle: Statistisches Bundesamt, Stand 2002.

Tabelle 4: Ausländische Bevölkerung nach ausgewählten Staatsangehörigkeiten und Aufenthaltsdauer in Deutschland

Kontinent/Staatsangehörigkeit	Aufenthaltsdauer in Jahren								
	Insgesamt	0 bis < 4	4 bis < 6	6 bis < 8	8 bis < 10	10 bis < 15	15 bis < 20	20 bis < 30	30 + mehr
Europa	5.927.676	999.774	483.091	632.233	479.905	663.986	480.458	1.473.900	714.328
davon aus									
Italien	615.900	75.575	36.062	26.933	29.573	67.313	61.289	173.261	145.894
Griechenland	364.354	39.709	21.070	21.747	28.476	44.808	23.029	101.429	84.086
Portugal	132.623	24.715	16.095	11.513	10.060	9.889	6.657	43.006	10.688
Spanien	129.893	14.185	5.003	4.260	3.630	6.885	6.782	41.731	47.417
Summe EU	**1.855.952**	**258.856**	**119.065**	**101.796**	**106.610**	**195.503**	**151.259**	**493.206**	**429.657**
Türkei	2.053.564	270.392	148.897	154.695	157.454	280.755	232.107	678.689	130.575
Jugoslawien	737.204	154.614	64.183	151.685	75.154	48.888	29.203	150.004	63.473
Polen	291.673	70.072	31.998	32.129	39.742	74.742	26.460	8.005	8.525
Kroatien	213.954	17.244	10.295	19.595	15.583	14.322	15.665	77.143	44.107
Österreich	186.090	20.546	7.530	7.185	8.121	17.472	15.642	52.136	57.458
Bosnien und Herzegowina	167.690	14.315	27.207	68.257	11.015	6.662	5.468	27.858	6.908
Europa ohne EU	**4.071.724**	**740.918**	**364.026**	**530.437**	**373.295**	**468.483**	**329.199**	**980.694**	**284.671**
Afrika	300.656	81.148	33.414	45.713	36.476	43.584	23.347	27.729	9.245
Amerika	205.421	59.645	19.822	19.254	18.177	27.305	15.752	28.878	16.588
Arien	824.988	270.762	98.624	86.889	101.205	155.858	53.255	45.077	13.318
Australien/Ozean.	10.679	2.894	889	931	1.011	1.250	542	2.265	897
Staatenlos	18.032	1.834	851	991	1.963	2.748	1.743	2.471	5.431
ungeklärt/o. Angabe	56.139	16.217	4.937	5.175	8.425	10.411	2.534	3.277	5.163
Summe	**7.343.591**	**1.432.274**	**641.628**	**791.186**	**647.162**	**905.142**	**577.631**	**1.583.597**	**764.970**

Quelle: Statistisches Bundesamt, Stand 31. Dezember 1999

Abbildung 2: Kontakte türkischstämmiger Migranten zu Personen deutscher Herkunft (Prozentwerte)

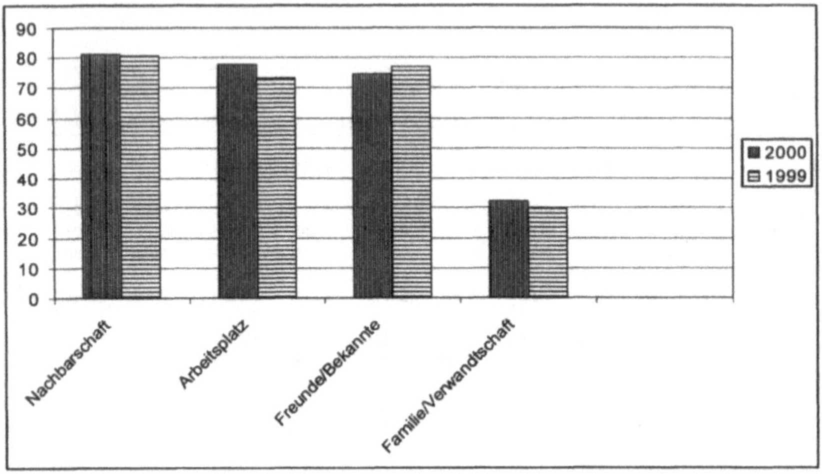

Quelle: Vgl. Gutachten des ZfT für die Unabhängige Kommission "Zuwanderung", S. 51.

Tabelle 5: Rückkehrabsicht und Heimatverbundenheit nach sozialdemographischen Merkmalen (Zeilenprozent)

	Rückkehrabsicht			Heimatverbundenheit		
	Nein	**Ja**	**Weiß nicht**	**Türkei**	**Deutschland**	**Beide**
Alter						
18 bis 29 Jahre	53,6	23,0	23,3	28,8	26,3	37,5
30 bis 45 Jahre	43,7	32,7	23,3	40,7	18,1	36,7
46 bis 60 Jahre	38,3	40,4	21,3	49,0	11,9	35,2
Älter als 60 Jahre	41,5	39,8	18,7	65,0	14,6	17,1
Aufenthaltsdauer						
1 bis 3 Jahre	38,1	33,3	28,6	61,9	14,3	23,8
4 bis 9 Jahre	41,4	34,4	24,2	52,9	14,0	28,0
10 bis 20 Jahre	46,5	30,1	23,4	38,6	18,9	38,0
21 bis 30 Jahre	45,3	31,2	23,2	37,1	19,3	37,3
Mehr als 30 Jahre	49,8	37,1	17,8	49,8	18,4	29,4
Zuwanderungsgrund						
Gastarbeiter	39,5	41,8	18,7	58,3	13,6	26,4
Flüchtling/Asylbewerber	76,9	12,8	10,3	18,4	36,8	21,1
Familienzusammenführung	43,4	31,3	25,0	39,3	17,8	38,2
Studium/Ausbildung	41,0	43,6	15,4	35,0	10,0	45,0
ich wurde hier geboren	59,3	17,7	23,1	20,5	29,6	41,6
Gesamt	45,4	31,8	22,6	40,1	19,0	36,4

Quelle: Gutachten des ZfT für die Unabhängige Kommission "Zuwanderung", S. 96.

Literaturverzeichnis

Altmaier, Peter: Integration als Gestaltungsaufgabe, Zur aktuellen Diskussion über die Reform des Staatsangehörigkeitsrechts S. 133-138; in: Neue Regierung – neue Ausländerpolitik ? Hohenheimer Tage zum Ausländerrecht 1999 und 5. Migrationspolitisches Forum, Hrsg.: Barwig, Klaus; Brinkmann, Gisbert; Hailbronner, Kay; Huber, Bertold, Kreuzer, Christine; Lörcher, Klaus; Schuhmacher, Christoph, Baden-Baden 1999

Ansay, Tugrul: Befreiung deutsch-türkischer Doppelstaater vom türkischen Wehrdienst, Hinweis (a.d. Redaktion), InfAuslR 1994, S. 297

Badura, Peter: Staatsrecht, Systematische Erläuterungen des Grundgesetzes für die Bundesrepublik Deutschland, 2. Aufl. München 1996

Barwig, Klaus: Nur ein Übergangsmodell ?, Eine Bilanz zur Reform des deutschen Staatsangehörigkeitsrechts,Herder Korrespondenz 53, 7/1999, S. 345-350

Bar-Yaacov, Nissim: Dual Nationality, London 1961

Bernsdorff, Norbert: Probleme der Ausländerintegration in verfassungsrechtlicher Sicht, Eine Untersuchung der drei wichtigsten Eingliederungskonzepte (Dissertation), Frankfurt a.M., Bern, New York 1986

Bleckmann, Albert: Das Nationalstaatsprinzip im Grundgesetz, Zum Kommunalwahlrecht der Ausländer, DÖV 1988, S. 437-444

ders.: Staatsrecht II – Die Grundrechte, 4. Aufl. Köln, Berlin, Bonn, München 1997

ders.: Anwartschaft auf die deutsche Staatsangehörigkeit?, NJW 1990, S. 1397-1401

Blumewitz, Dieter: Territorialitätsprinzip und Mehrstaatigkeit, ZAR 1993, S. 151-156

Böckenförde, Ernst-Wolfgang: Demokratie als Verfassungsprinzip, § 22, S. 887-952, Handbuch des Staatsrechts der Bundesrepublik Deutschland Bd.1: Grundlagen von Staat und Verfassung, Hrsg. Isensee, Josef; Kirchhof, Paul, Heidelberg 1987 (zit.: *Bearb.* HbStR)

Bodmann, Freiherr von und zu: Die Rechtsverhältnisse der „sog. Sujets mixtes“, AöR Bd. 12 (1897), S. 200-240 u. 317-379

Brecht, Bertolt: Flüchtlingsgespräche, Frankfurt am Main 1961

Breer, Dietmar: Die Mitwirkung von Ausländern an der politischen Willensbildung in der Bundesrepublik Deutschland durch Gewährung des Wahlrechts, insbesondere des Kommunalwahlrechts, Schriften zum Öffentlichen Recht Bd. 422 (Dissertation), Berlin 1982

Breunig, Günter: Zur rechtlichen Problematik der mehrfachen Staatsangehörigkeit, DVBl. 1975, S. 758-764

Brubaker, Rogers: Staats-Bürger, Deutschland und Frankreich im historischen Vergleich, Hamburg 1994

Burkhardt, Günter: Die Koalitionsvereinbarung, Anmerkungen aus der Sicht einer Flüchtlingsorganisation S. 53-67 in: Neue Regierung – neue Ausländerpolitik ?, Hohenheimer Tage zum Ausländerrecht 1999 und 5. Migrationspolitisches Forum, Hrsg.: Barwig, Klaus; Brinkmann, Gisbert; Hailbronner, Kay; Huber, Bertold, Kreuzer, Christine; Lörcher, Klaus; Schuhmacher, Christoph, Baden-Baden 1999

Cebecioğlu, Tarik: Änderungen im Staatsangehörigkeitsrecht der Türkei, InfAuslR 1995, S. 297-298

Dahm, Georg / Delbrück, Jost / Wolfram, Rüdiger: Völkerrecht Band I/1, Die Grundlagen, Die Völkerrechtssubjekte, 2. Aufl. Berlin, New York 1989

Dahm, Georg: Völkerrecht Band I, Stuttgart 1958

de Groot, Gerard-René: Staatsangehörigkeitsrecht im Wandel, Eine rechtsvergleichende Studie über Erwerbs- Verlustgründe der Staatsangehörigkeit, Köln, Berlin, Bonn, München 1989

Dethloff, Nina: Doppelstaatsangehörigkeit und Internationales Privatrecht, JZ 1995, S. 64-73

Doehring, Karl: Mehrfache Staatsangehörigkeit im Völkerrecht, Europarecht und Verfassungsrecht S. 255-264 in: Staat- Souveranität- Verfassung, Festschrift für Helmut Quaritsch zum 70. Geburtstag, Hrsg. Murswiek, Dietrich; Storost, Ulrich; Wolff, Heinrich A., Berlin 2000

Doehring, Karl: Völkerrecht, Ein Lehrbuch, Heidelberg 1999

v. Doemming, Klaus-Berto / Füsslein, Rudolf Werner / Matz, Werner: Entstehungsgeschichte der Artikel des Grundgesetzes, JöR Bd. 1 (n. Folge) Tübingen 1951

Dolzer, Rudolf / Vogel, Klaus (Hrsg.): Bonner Kommentar zum Grundgesetz Bd. III: Art. 15-19: Erg.-Liefg. 98, Stand Dezember 2001 (zit.: Bearb. in BK)

Dreier, Horst: Grundgesetz, Kommentar Bd. I Art. 1 bis 19, Tübingen 1996; Bd. II Art. 20 bis 82, Tübingen 1998 (zit.: Bearb. in: Dreier)

Eylmann, Horst: Rechtspolitische Zielsetzungen der CDU/CSU in der 13. Legislaturperiode, ZRP 1995, S. 161-165

Feer, Robert: Die mehrfache Staatsangehörigkeit natürlicher Personen (Dissertation), Zürich 1955

Fleiner, Fritz: Schweizerisches Bundesstaatsrecht, Tübingen 1923

Folz, Hans-Ernst: Ein unbeabsichtigtes Problem mit dem europäischen Mehrstaaterrecht – oder: vom schwierigen Umgang mit Vorbehalten zu völkerrechtlichen Verträgen, S. 109-119 in: Völkerrecht / Recht der Internationalen Organisationen / Weltwirtschaftsrecht / Law of Nations / Law of International Organisations / World`s Economic Law, Festschrift für Ignaz Seidl-Hohenveldern, Hrsg.: Böckstiegel, Karl-Heinz; Folz, Hans-Ernst; Mössner, Jörg Manfred; Zemanek, Karl; Köln, Berlin, Bonn, München 1988

Franz, Fritz: Rezension von Hailbronner, Kay: Einbürgerung von Wanderarbeitnehmern und doppelte Staatsangehörigkeit, ZAR 1993, S. 43-44

Fritz, Roland / Vormeier, Jürgen (Hrsg.): Gemeinschaftskommentar zum Staatsangehörigkeitsrecht Bd.1: Erg.-Liefg. Stand November 2000, Neuwied, Kriftel (zit.: Bearb. in: GK-StAR)

dies.: Gemeinschaftskommentar zum Ausländerrecht Bd 1, 44. Erg.-liefg. zu § 27, Stand Oktober 1996, Neuwied, Kriftel, Berlin (zit.: Bearb. in: GK-AuslR)

dies.: Gemeinschaftskommentar zum Ausländerrecht Bd 2, 42. Erg.-liefg. zu § 87, Stand August 1996, Neuwied, Kriftel, Berlin (zit.: Bearb. in: GK-AuslR)

Geiger, Rudolf: EUV, EGV, Vertrag über die Europäische Union und Vertrag zur Gründung der Europäischen Gemeinschaft, Kommentar, 3. Aufl. München 2000

Geil, Rudi: Deutschland auf dem Weg zum Einwanderungsland, ZRP 1995, S. 369-374

Gentz, Manfred: Zur Verhältnismäßigkeit von Grundrechtseingriffen, NJW 1968, S. 1600-1607

Gerhardt, Wolfgang: Einwanderung kontrollieren – Eingliederung und Einbürgerung erleichtern, ZAR 1997, S. 107-110

Göbel-Zimmermann, Ralph: Plädoyer für eine Gesamtkonzeption der Migrationspolitik in: Vom Ausländer zum Bürger S. 72-90, Problemanzeigen im Ausländer-, Asyl- und Staatsangehörigkeitsrecht, Festschrift für Fritz Franz und Gert Müller, Hrsg: Barwig, Klaus; Brinkmann, Gisbert; Huber, Berthold, Lörcher, Klaus; Schumacher, Christoph, Baden-Baden 1994

Göbel-Zimmermann, Ralph / Masuch, Thorsten: Die Neuregelung des Staatsangehörigkeitsrechts, Zu den verfassungsrechtlichen Vorgaben der Reform, DÖV 2000, S. 95-103

Goes, Nina Isabel: Mehrstaatigkeit in Deutschland, Verfassungsrechtliche Kriterien, internationale und europäische Determination, Rechtsvergleichung (Dissertation),Baden-Baden 1997

Grabitz, Eberhard: Der Grundsatz der Verhältnismäßigkeit in der Rechtsprechung des Bundesverfassungsgerichts, AöR Bd. 98 (1973) S. 568-616

Graf Vitzthum, Wolfgang (Hrsg.):Völkerrecht, Berlin, New York 1997

Grawert, Rolf: Der Deutschen supranationaler Staat, S. 125-143 in: Offene Staatlichkeit, Festschrift für Ernst-Wolfgang Böckenförde zum 65. Geburtstag Berlin 1995

ders.: Staat und Staatsangehörigkeit, Verfassungsrechtliche Untersuchung zur Entstehung der Staatsangehörigkeit (Habilitation) Berlin 1973

ders.: Staatsvolk und Staatsangehörigkeit; § 14, S. 663-690, Handbuch des Staatsrechts der Bundesrepublik Deutschland Bd 1: Grundlagen von Staat und Verfassung, Hrsg.: Isensee, Josef; Kirchhof, Paul, Heidelberg 1987 (zit.: Bearb. HbStR)

Groenendijk, Kees: Die rechtliche Emanzipation der Einwanderer in Westeuropa, ZAR 1985, S. 74-79

ders.: Doppelte Staatsangehörigkeit und Einbürgerung in den Niederlanden: Pragmatismus und soziale Stabilität S. 189-197 in: Neue Regierung – neue Ausländerpolitik?, Hohenheimer Tage zum Ausländerrecht 1999 und 5. Migrationspolitisches Forum, Hrsg.: Barwig, Klaus; Brinkmann, Gisbert; Hailbronner, Kay; Huber, Bertold; Kreuzer, Christine; Lörcher, Klaus; Schuhmacher, Christoph, Baden-Baden 1999

Gruber, Urs Peter: Kollisionsrechtliche Implikationen des neuen Staatsangehörigkeitsrechts, IPRax 1999, S. 426-429

Häberle, Peter:„Staatsbürgerschaft" als Thema einer europäischen Verfassungslehre, S. 725-737 in: Festschrift für Martin Heckel zum 70. Geburtstag, Hrsg.: Kästner, Karl-Hermann; Nörr, Knut Wolfgang; Schlaich, Klaus, Tübingen 1999

Hailbronner, Kay: Europäische Entwicklung und deutsches Recht, APuZ Bd. 49, 1999 (Nr.1-26), S. 3-16 (Nr. 21-22)

ders.: Doppelte Staatsangehörigkeit, ZAR 1999, S. 51-58

ders.: Die Reform des deutschen Staatsangehörigkeitsrechts, NVwZ 1999, S. 273-1280

ders.: Mehrfache Staatsangehörigkeit und Einbürgerung in der Bundesrepublik Deutschland S. 393-407 in: Vom Ausländer zum Bürger: Problemanzeigen im Ausländer-, Asyl- und Staatsangehörigkeitsrecht, Festschrift für Fritz Franz und Gert Müller, Hrsg: Barwig, Klaus; Brinkmann, Gisbert; Huber, Berthold, Lörcher, Klaus; Schumacher, Christoph, Baden-Baden 1994

ders.: Doppelte Staatsangehörigkeit S. 97-114 in: Neue Regierung – neue Ausländerpolitik?, Hohenheimer Tage zum Ausländerrecht 1999 und 5. Migrationspolitisches Forum, Hrsg.: Barwig, Klaus; Brinkmann, Gisbert; Hailbronner, Kay; Huber, Bertold; Kreuzer, Christine; Lörcher, Klaus; Schuhmacher, Christoph, Baden-Baden 1999

ders.: Einbürgerung von Wanderarbeitnehmern und doppelte Staatsangehörigkeit, Baden-Baden 1992

ders.: Ausländerrecht (Kommentar), Ordner I Stand 28. Ergänzungslieferung März 2001, Heidelberg (zit.: Hailbronner, Ausländerrecht-Kommentar)

Hailbronner, Kay / Renner, Günter: Staatsangehörigkeitsrecht (Kommentar), 3. Aufl. München 2001 (zit.: Bearb. in: Hailbronner/Renner, Staatsangehörigkeitsrecht-Kommentar)

Hannappel, Wolfgang: Staatsangehörigkeit und Völkerrecht, Die Einwirkung des Völkerrechts auf das Staatsangehörigkeitsrecht in der Bundesrepublik Deutschland, Schriftenreihe der wissenschaftlichen Gesellschaft für Personenstandswesen und verwandte Gebiete M.B.H. Band 27, Frankfurt am Main 1986

Hansen, Randall: Doppelte Staatsangehörigkeit im Vereinigten Königreich von Großbritannien und Nordirland S. 207-219 in: Neue Regierung – neue Ausländerpolitik?, Hohenheimer Tage zum Ausländerrecht 1999 und 5. Migrationspolitisches Forum, Hrsg.: Barwig, Klaus; Brinkmann, Gisbert; Hailbronner, Kay; Huber, Bertold; Kreuzer, Christine; Lörcher, Klaus; Schuhmacher, Christoph, Baden-Baden 1999

Hausmann, Rainer: Doppelte Staatsbürgerschaft für Ausländer: Auswirkungen im Internationalen Privat- und Verfahrensrecht S. 163-188 in: Neue Regierung – neue Ausländerpolitik?, Hohenheimer Tage zum Ausländerrecht 1999 und 5. Migrationspolitisches Forum, Hrsg.: Barwig, Klaus; Brinkmann, Gisbert; Hailbronner, Kay; Huber, Bertold; Kreuzer, Christine; Lörcher, Klaus; Schuhmacher, Christoph, Baden-Baden 1999

Hecker, Hellmuth: Staatsangehörigkeitsfragen in zweiseitigen Verträgen der Bundesrepublik Deutschland, Schriftenreihe der wissenschaftlichen Gesellschaft für Personenstandswesen und verwandte Gebiete mbH, Bd. 31, Frankfurt am Main 1988

Heldmann, Hans Heinz: Ausländergesetz (Kommentar), 2. Aufl. Frankfurt 1993 (zit: Bearb. in: Heldmann)

Herdegen, Matthias: Völkerrecht, München 2000

Hesse, Konrad: Der Gleichheitssatz in der neueren deutschen Verfassungsentwicklung, AöR Bd. 109 (1984), S. 174-198

Hobe, Stephan: Das Staatsvolk nach dem Grundgesetz, JZ 1994, S. 191-195

Hofmann, Rainer M.: Ausländerrechtliche Vorstellung von Rot-Grün auf dem Prüfstand S. 245-260 in: Neue Regierung – neue Ausländerpolitik? Hohenheimer Tage zum Ausländerrecht 1999 und 5. Migrationspolitisches Forum, Hrsg.: Barwig, Klaus; Brinkmann, Gisbert; Hailbronner, Kay; Huber, Bertold; Kreuzer, Christine; Lörcher, Klaus; Schuhmacher, Christoph, Baden-Baden 1999

Hrsg.: Bundesministerium des Inneren/Öffentlichkeitsarbeit: Zuwanderung gestalten, Integration fördern; Bericht der Unabhängigen Kommission „Zuwanderung“, Berlin 2001

Hrsg.: Deutscher Bundestag: Reform des Staatsangehörigkeitsrechts - Die parlamentarische Beratung (zit.: Bearb. in:)

Huber, Berthold: Handbuch des Ausländer- und Asylrechts Bd. II, Loseblattsammlung Stand 1. März 2001, München (zit. Berarb in:)

Huber, Peter M. / Butzke, Kirstin: Das neue Staatsangehörigkeitsrecht und sein verfassungsrechtliches Fundament, NJW 1999, S. 2769-2775

Ipsen, Knut: Völkerrecht, Ein Studienbuch, 4. Aufl. München 1999

Isay, Ernst: Die mehrfache Staatsangehörigkeit, JW 1924 (Bd. II), S. 1481-1485

ders.: Die Staatsangehörigkeit der juristischen Personen, Abhandlungen aus dem Staats-, Verwaltungs- und Völkerrecht; Bd. III, 2 , Hrsg.: Zorn, Philipp, Stier-Somlo, Fritz, Tübingen 1907

Isensee, Josef / Doering, Klaus: Die staatsrechtliche Stellung der Ausländer in der Bundesrepublik Deutschland, VVDStRL 32, Berlin, New York 1974

Isensee, Josef / Schmidt-Jortzig, Edzard (Hrsg.): Das Ausländerwahlrecht vor dem Bundesverfassungsgericht, Dokumentation der Verfahren, Heidelberg 1993

Jarass, Hans D.: Bausteine einer umfassenden Grundrechtsdogmatik, AöR Bd. 120 (1995) S. 345-381

Jarass, Hans D. / Pieroth, Bodo: Grundgesetz für die Bundesrepublik Deutschland, Kommentar, 4. Aufl. München 1997 (zit.: Bearb. in: Jarass/Pieroth)

Jayme, Erik / Hausmann, Rainer: Internationales Privat- und Verfahrensrecht, 10. Aufl. München 2000

Jellinek, Georg: System der subjektiven öffentlichen Rechte, 2. Aufl. Tübingen 1905, Nachdruck: 3. Aufl. Darmstadt 1963

Jochum, Georg: Die Folgen doppelter Staatsangehörigkeit für die Erbschaftssteuer am Beispiel deutsch-türkischer Doppelstaater, Doppelte Rechte und doppelte Pflichten?, UVR 2000, S. 415-421

Jürgens, Thomas: Diplomatischer Schutz und Staatenlose, Schriften zum Völkerrecht Bd. 85 (Dissertation), Berlin 1987

Kammann, Karin: Probleme mehrfacher Staatsangehörigkeit unter besonderer Berücksichtigung des Völkerrechts, Europäische Hochschulschriften, Reihe 2, Bd. 398, Frankfurt, Bern, New York, Nancy 1984

v. Katte, Christoph: Die Mitgliedschaft von Fremden in politischen Parteien der Bundesrepublik Deutschland, Zugleich eine Darstellung der amerikanischen Rechtslage, Schriften zum Öffentlichen Recht Bd. 374 (Dissertation), Berlin 1980

Kegel, Gerhard / Schurig, Klaus: Internationales Privatrecht:ein Studienbuch, 8. Aufl. München 2000

Kiliç, Av. Memet: Touristen oder Migranten, Anmerkungen zum ausländerrechtlichen Vorhaben der neuen Bundesregierung S. 33- 46 in: Neue Regierung – neue Ausländerpolitik?, Hohenheimer Tage zum Ausländerrecht 1999 und 5. Migrationspolitisches Forum, Hrsg.: Barwig, Klaus; Brinkmann, Gisbert; Hailbronner, Kay; Huber, Bertold; Kreuzer, Christine; Lörcher, Klaus; Schuhmacher, Christoph, Baden-Baden 1999

Kimminich, Otto: Einführung in das Völkerrecht, 5. Aufl. Tübingen, Basel 1992

Kirchhof, Paul: Der allgemeine Gleichheitssatz, § 124 S. 837-972, Handbuch des Staatsrechts der Bundesrepublik Deutschland, Bd. V: Allgemeine Grundrechtslehren, Hrsg.: Isensee, Josef; Kirchhof, Paul, 2. Aufl. Heidelberg 2000 (zit. Bearb. HbStR)

Klein, Eckart: DDR-Staatsbürgerschafterwerb und deutsche Staatsangehörigkeit, NJW 1983, S. 2289-2292

Kloesel, Arno / Christ, Rudolf / Häußer, Otto: Deutsches Ausländerecht, Kommentar zum Ausländergesetz und zu den wichtigsten ausländerrechtlichen Vorschriften, Bd. 1: 49. Erg.-Lieferung zur 1. Aufl., 1. Erg.-Lieferung zur 4. Aufl. Stand Mai 2000, Stuttgart, Berlin, Köln

Köhler, Fritz: Das Problem der natürlichen Mehrstaatigkeit (Dissertation), Würzburg 1933

Koller, Dorothea: Auswirkungen des Entwurfs zur Reform des Staatsangehörigkeitsrechts auf das Einbürgerungsverfahren, Anmerkungen aus der Praxis S. 115-121 in: Neue Regierung – neue Ausländerpolitik?, Hohenheimer Tage zum Ausländerrecht 1999 und 5. Migrationspolitisches Forum, Hrsg.: Barwig, Klaus; Brinkmann, Gisbert; Hailbronner, Kay; Huber, Bertold; Kreuzer, Christine; Lörcher, Klaus; Schuhmacher, Christoph, Baden-Baden 1999

Kreuzer, Christine: Der Entwurf eines Übereinkommens des Europarates zu Fragen der Staatsangehörigkeit, StAZ 1997, S. 125-132

Krömer, Karl: Der Ius-Soli-Erwerb der deutschen Staatsangehörigkeit und die Aufgabe des Standesbeamten, StAZ 2000, S. 363-369

Krüger, Herbert: Allgemeine Staatslehre, 2. Aufl. Stuttgart, Berlin, Köln, Mainz 1966

Laband, Paul: Das Staatsrecht des Deutschen Reiches Bd. 1, 5. Aufl. Tübingen 1911, Neudruck der 5. Aufl. (Tübingen 1911) Aalen 1964

Lerche, Peter: Übermaß und Verfassungsrecht, Zur Bindung des Gesetzgebers an die Grundsätze der Verhältnismäßigkeit und der Erforderlichkeit (Habilitation), Köln, Berlin, München, Bonn 1961

Leutheusser-Schnarrenberger, Sabine: Liberale Rechtspolitik in der 13. Legislaturperiode, ZRP 1995, S. 81-85

Lichter, Matthias: Die Staatsangehörigkeit nach deutschem und ausländischem Recht (geltendes und früheres Recht nebst Rechtsvergleichung), 2. Aufl. Berlin, Köln 1955

Löwer, Wolfgang: Doppelte Staatsbürgerschaft als Gefahr für die Rechtssicherheit?, vr 1990, S. 221-229

ders.: Abstammungsprinzip und Mehrstaatigkeit, ZAR 1993, S. 156-160

Lübbe-Wolff, Gertrude: Entziehung und Verlust der deutschen Staatsangehörigkeit – Art. 16 I GG, JURA 1996, S. 57-64

Makarov, Alexander: Allgemeine Lehren des Staatsangehörigkeitsrechts, 2. Aufl. Stuttgart 1962

Makarov, Alexander / v. Mangoldt, Hans: Deutsches Staatsangehörigkeitsrecht, Kommentar (Stand Januar 1984), 3. Auflage Frankfurt am Main

v. Mangoldt, Hans: Rezession: Ziemske, Burkhard Die deutsche Staatsangehörigkeit nach dem Grundgesetz, 1995, RabelsZ (62) 1998, S. 533-536

ders.: Ius sanguinis- und ius soli- Prinzip in der Entwicklung des deutschen Staatsangehörigkeitsrechts, StAZ 1994, S. 33-42 *ders.*: Ius-sanguinis-Prinzip, Ius-soli-Prinzip und Mehrstaatigkeit: Umbrüche durch das Staatsangehörigkeitsreformgesetz, ZAR 1999, S. 243-252

ders.: Öffentlich-rechtliche und völkerrechtliche Probleme mehrfacher Staatsangehörigkeit, JZ 1993, S. 965-974

ders.: Die deutsche Staatsangehörigkeit als Voraussetzung und Gegenstand der Grundrechte; § 119, S. 617-662, Handbuch des Staatsrechts der Bundesrepublik Deutschland Bd. V: Allgemeine Grundrechtslehren, Hrsg.: Isensee, Josef; Kirchhof, Paul, 2. Aufl. Heidelberg 2000 (zit. Bearb. HbStR)

v. Mangoldt, Hermann / Klein, Friedrich / Starck, Christian: Das Bonner Grundgesetz Bd. 1: Präambel Art. 1 bis 19, 4. Aufl. München 1999 (zit. Bearb. in: v. Mangoldt/Klein/Starck)

dies.: Das Bonner Grundgesetz Bd. 2: Art. 20 bis 78, 4. Aufl. München 2000 (zit. Bearb. in: v. Mangoldt/Klein/Starck)

dies.: Das Bonner Grundgesetz Bd. 3: Art. 79 bis 146, 4. Auf. München 2001 (zit. Bearb. in: v. Mangoldt/Klein/Starck)

Mansel, Heinz-Peter: Personalstatut, Staatsangehörigkeit und Effektivität, Internationalprivat- und verfahrensrechtliche Untersuchung zu Mehrstaatern, einer Ausweichklausel für die Staatsangehörigkeitsanknüpfung und zum innerdeutschen Kollisionsrecht (Dissertation), München 1988

Martenczuk, Bernd: Das Territorialitätsprinzip, die Mehrstaatigkeit und der Gleichheitssatz - Zur verfassungsrechtlichen Problematik des Optionsmodells im neuen Staatsangehörigkeitsrecht- KritV 2000, S. 194-217

v. Martiz, Ferdinand: Das Recht der Staatsangehörigkeit im internationalen Verkehr S. 794-835, Annalen des Deutschen Reiches für Gesetzgebung, Verwaltung und Statistik, Hrsg.: Hirth, Georg, Leipzig 1875

Marx, Reinhard: Reform des Staatsangehörigkeitsrechts: Mythische oder rechtlich begründete Hindernisse?, ZAR 1997, S. 67-74

Maunz, Theodor / Dürig, Günter: Grundgesetz Kommentar Bd. I Art. 1-10, Erg.-Liefg. 1 bis 39, Stand Juli 2001 (zit.: Bearb. in: Maunz/Dürig)

ders.: Grundgesetz Kommentar Bd. II. Art. 12-20, Erg.-Liefg. 1 bis 39, Stand Juli 2001(zit.: Bearb. in: Maunz/Dürig)

ders.: Grundgesetz Kommentar Bd. III. Art. 20a-53, Erg.-Liefg. 1 bis 39, Stand Juli 2001 (zit.: Bearb. in: Maunz/Dürig)

ders.: Grundgesetz Kommentar Bd. V. Art. 89-149, Erg.-Liefg. 1 bis 39, Stand Juli 2001 (zit.: Bearb. in: Maunz/Dürig)

Maunz, Theodor / Zippelius, Reinhold: Deutsches Staatsrecht, Ein Studienbuch, 30. Aufl. München 1998

Maurer, Hartmut: Staatsrecht I, Grundlagen, Verfassungsorgane, Staatsfunktionen, 2. Aufl. München 2001

Meier, Bernhard: Der Staatsangehörige und seine Rechte, insbesondere seine Vermögensrechte, im System des Völkerrechts; Studie über die dogmatische Berechtigung und Auswirkung wirtschaftlicher Vorstellungen in den Gedankengängen des Völkerrechts, Jena 1927

Meincke, Jens Peter: ErbStG, Erbschaftssteuer- und Schenkungssteuergesetz Kommentar, 12. Aufl. München 1999

Meireis, Rolf W.: Aspekte einer Neuregelung des deutschen Staatsangehörigkeitsrechts, StAZ 1994, S. 241-249

Merkel, Adolf: Allgemeines Verwaltungsrecht (Neudruck; a.F. Wien und Berlin 1927), Darmstadt 1969

Moosmayer, Peter: Der Gebietsgrundsatz im Staatsangehörigkeitsrecht (jus soli) unter besonderer Berücksichtigung der südamerikanischen Staaten, Frankfurt a.M., Berlin 1963

v. Münch, Ingo: Darf es ein bisschen mehr sein? – Gedanken zur Mehrstaatigkeit, NJW 1994, S. 1199-1201

v. Münch, Ingo / Kunig, Philip (Hrsg.):Grundgesetz-Kommentar Bd. 1 Präambel bis Art.19 GG, 5. Aufl. München 2000 (zit.: Bearb. in: v. Münch/Kunig)

dies.: Grundgesetz-Kommentar Bd. 2 Art. 20 bis 69, 5. Aufl. München 2001 (zit.: Bearb. in: v. Münch/Kunig)

dies.: Grundgesetz-Kommentar Bd. 3 Art. 70 bis 149, 3. Aufl. München 1996 (zit.: Bearb. in: v. Münch/Kunig)

Neuman, Gerald L.: Staatsangehörigkeit als Mittel der Integration, KJ 1995, S. 439-449

Nomer, Ergin: Türkisches Internationales Privatrecht und doppelte Staatsangehörigkeit, JZ 1993 S. 1142-1145

Oberndörfer, Dieter: Grundgesetz für eine multikulturelle Gesellschaft in: Zuwanderung und Asyl, Schriftenreihe des Bundesamtes für die Anerkennung ausländischer Flüchtlinge, Bd. 8, Kronach 2001

Pfeiffer, Christoph: Das Problem der effektiven Staatsangehörigkeit im Völkerrecht, Abhandlungen des Instituts für Politik, ausländisches öffentliches Recht und Völkerrecht an der Universität Leipzig, Heft 28 Leipzig 1933

Pieroth, Bodo / Schlink, Bernhard: Grundrechte, Staatsrecht II, 11. Aufl. Heidelberg 1995

Prantl, Heribert: Doppelte Staatsbürgerschaft, „Der Pass ist der edelste Teil von einem Menschen“, imprimatur 3/1999 S. 88-95

Predeick, Hans-Ulrich: Staatsangehörigkeitsrecht und Ausländerpolitik, Verfassungsrechtliche Probleme der Einführung des ius soli-Prinzips, DVBl. 1991, S. 623-631

Quaritsch, Helmut: Die Einbürgerung der „Gastarbeiter", S. 725-744, Staat und Völkerrechtsordnung in: Festschrift für Karl Doehring zum 17. März 1989, Beiträge zum ausländischen öffentlichen Recht und Völkerrecht, Hrsg.: Hailbronner, Kay; Rees, Georg; Stein, Thorsten, Berlin, Heidelberg, New York, London, Paris, Tokyo, Hong Kong 1989

ders.: Einbürgerungspolitik als Ausländerpolitik?, Der Staat, Bd. 27 1988, S. 481-503

ders.: Staatsangehörigkeit und Wahlrecht, DÖV 1983, S. 1-15

Raape, Leo / Sturm, Fritz: Internationales Privatrecht Band I.: Allgemeine Lehren, 6. Aufl. München 1977

Rau, Hans: Doppelstaatsangehörigkeit mit aktivem und ruhendem Teil – eine Perspektive? S. 233 –253 in: Aufenthalt – Niederlassung – Einbürgerung, Stufen rechtlicher Integration; Hohenheimer Tage zum Ausländerrecht 1986, Hrsg.: Barwig, Klaus; Lörcher, Klaus; Schumacher, Christoph, Baden-Baden 1987

Renner, Günter: Verhinderung von Mehrstaatigkeit bei Erwerb und Verlust der Staatsangehörigkeit, ZAR 1993, S. 18-25

ders.: Ausländerrecht, Ausländergesetz und Asylverfahrensgesetz mit Artikel 16a GG und materiellem Asylrecht sowie arbeits- und sozialrechtlichen Vorschriften, Kommentar, 7. Aufl. München 1999 (zit.: Renner, Ausländerrecht)

ders.: Erleichterung der Einbürgerung – ein Ausweg? S. 372-392 in: Vom Ausländer zum Bürger, Problemanzeigen im Ausländer-, Asyl- und Staatsangehörigkeitsrecht, Festschrift für Fritz Franz und Gert Müller, Hrsg: Barwig, Klaus; Brinkmann, Gisbert; Huber, Berthold, Lörcher, Klaus; Schumacher, Christoph, Baden-Baden 1994

ders.: Was ist neu am neuen Staatsangehörigkeitsrecht?, ZAR 1999 S. 154-163

ders.: Einheitliche Staatsangehörigkeit in der Familie, Nationaler Befund- internationaler Vergleich S. 149-161 in: Neue Regierung – neue Ausländerpolitik?, Hohenheimer Tage zum Ausländerrecht 1999 und 5. Migrationspolitisches Forum, Hrsg.: Barwig, Klaus; Brinkmann, Gisbert; Hailbronner, Kay; Huber, Bertold; Kreuzer, Christine; Lörcher, Klaus; Schuhmacher, Christoph, Baden-Baden 1999

ders.: Mehr Integration durch Option gegen Mehrstaatigkeit ? S. 139-148 in: Neue Regierung – neue Ausländerpolitik?, Hohenheimer Tage zum Ausländerrecht 1999 und 5. Migrationspolitisches Forum, Hrsg.: Barwig, Klaus; Brinkmann, Gisbert; Hailbronner, Kay; Huber, Bertold; Kreuzer, Christine; Lörcher, Klaus; Schuhmacher, Christoph, Baden-Baden 1999

ders.: Erste Anmerkungen zur Reform des Staatsangehörigkeitsrechts S. 81-95 in: Neue Regierung – neue Ausländerpolitik?, Hohenheimer Tage zum Ausländerrecht 1999 und 5. Migrationspolitisches Forum, Hrsg.: Barwig, Klaus; Brinkmann, Gisbert; Hailbronner, Kay; Huber, Bertold; Kreuzer, Christine; Lörcher, Klaus; Schuhmacher, Christoph, Baden-Baden 1999

ders.: Ausländerintegration, ius soli und Mehrstaatigkeit, FamRZ 1994, S. 865ff.

Rittstieg, Helmut: Einbürgerung von iranischen Staatsangehörigen, InfAuslR 1994 S. 32-33

ders.: Doppelte Staatsangehörigkeit im Völkerrecht, NJW 1990, S. 1401-1405

Rittstieg, Helmut / Rowe, Gerard C.: Einwanderung als gesellschaftliche Herausforderung, Inhalt und rechtliche Grundlagen einer neuen Politik, Eine Untersuchung im Auftrag des im Auftrag des Amtes für multikulturelle Angelegenheiten der Stadt Frankfurt am Main, Baden-Baden 1992

Röper, Erich: Staatsagehörigkeit – Staatsbürgerschaft, KJ 1999, S. 543-556

Ruffert, Matthias: Diplomatischer und konsularischer Schutz zwischen Völker- und Europarecht, Bemerkungen zu Art. 8c EGV, AVR (Bd. 35) 1997, S. 459-477

Rumpf, Christian: Türkisches Staatsangehörigkeitsrecht und Mehrstaatigkeit in Deutschland, IPRax 1996 S. 435-439

Saathoff, Günter / Taneja, Malti: Von der „doppelten" zur „optionalen" Staatsbürgerschaft – Werdegang und Ergebnis des Gesetzgebungsprozesses S. 123-132 in: Neue Regierung – neue Ausländerpolitik?, Hohenheimer Tage zum Ausländerrecht 1999 und 5. Migrationspolitisches Forum, Hrsg.: Barwig, Klaus; Brinkmann, Gisbert; Hailbronner, Kay; Huber, Bertold; Kreuzer, Christine; Lörcher, Klaus; Schuhmacher, Christoph, Baden-Baden 1999

Sachs, Michael: Grundgesetz Kommentar, 2. Aufl. München 1999 (zit. Bearb. in: Sachs)

ders.: Besondere Gleichheitsgarantien, § 126, S. 1017-1083, Handbuch des Staatsrechts der Bundesrepublik Deutschland Bd. V, Allgemeine Grundrechtslehren, Hrsg.: Isensee, Josef; Kirchhof, Paul, 2. Aufl. Heidelberg 2000 (zit. Bearb. HbStR)

ders.: Verfassungsrecht II, Grundrechte, Berlin, Heidelberg, New York 2000

Sacksofsky, Ute: Mehrfache Staatsangehörigkeit – ein Irregulare? S. 317-339 in: Offene Staatlichkeit, Festschrift für Ernst-Wolfgang Böckenförde, Bonn 1995

v. Salomon, Ernst: Der Fragebogen, Hamburg, 1951

Schachtschneider, Karl Albrecht / Siebold, Dagmar I.: Die „erweiterte Zustimmungslösung" des Transplantationsgesetzes im Konflikt mit dem Grundgesetz, DÖV 2000, S. 129-137

Schätzel, Walter: Das deutsche Staatsangehörigkeitsrecht, 2. Aufl. Berlin 1958

ders.: Der heutige Stand des deutschen Staatsangehörigkeitsrechts, AöR Bd. 81, 1951, S. 265-300

Schink, Alexander: Kommunalwahlrecht für Ausländer?, DVBl. 1988, S. 417-426

Schleser, Walter Fr.: Die deutsche Staatsangehörigkeit, Ein Leitfaden, 3. Auflage Frankfurt 1976

Schlüter, Bernd: Volksbegriff und Volkssouveranität, Die Bindung des Gesetzgebers an den materiellen Begriff der Staatsangehörigkeit, ZAR 2000, S. 210-217

Schmalz, Dieter: Grundrechte, 4. Aufl. Baden-Baden 2001

Schmidt, Ludwig: EStG Einkommenssteuergesetz Kommentar, 19. Auflage München 2000 (zit.: Bearb. in:)

Schmidt-Bleibtreu, Bruno / Klein, Franz: Kommentar zum Grundgesetz, 9. Aufl. Neuwied, Kriftel 1999 (zit.: Bearb. in: Schmidt-Bleibtreu/Klein)

Schnapauff, Klaus-Dieter: Zur Reform des deutschen Staatsangehörigkeitsrechts S. 69-80 in: Neue Regierung – neue Ausländerpolitik?, Hohenheimer Tage zum Ausländerrecht 1999 und 5. Migrationspolitisches Forum, Hrsg.: Barwig, Klaus; Brinkmann, Gisbert; Hailbronner, Kay; Huber, Bertold; Kreuzer, Christine; Lörcher, Klaus; Schuhmacher, Christoph, Baden-Baden 1999

Schnapp, Friedrich E.: Zur Gleichstellung der Frau im Arbeits- und Sozialrecht, JR 1974, S. 316-320

ders.: Der „Doppel-Pass": verfassungswidrig?, Rubin 1/2000, S. 30-33

Scholz, Rupert: Verfassungsgrenzen für doppelte Staatsangehörigkeit, DRiZ 1999, S. 175-176

Scholz, Rupert / Pitschas, Rainer: Effektive Staatsangehörigkeit und Grundgesetz, NJW 1984, S. 2721-2730

Scholz, Rupert / Uhle, Arnd: Staatsangehörigkeit und Grundgesetz, NJW 1999, S. 1510-1517

Schrötter, Hans Jörg / Möhlig, Angelika: Staatsangehörigkeit in der Diskussion, Rechtliche Aspekte und politische Ansätze, ZRP 1995, S. 374-380

Schulze, Hermann: Lehrbuch des Deutschen Staatsrechtes, Erstes Buch: Das Deutsche Landesstaatsrecht, Leipzig 1881

Schürmann, Eberhard: Verfassungswidrige Ungleichbehandlung von Mann und Frau im Staatsangehörigkeitsrecht, NJW 1971, S. 269-271

Schwarze, Jürgen (Hrsg.): EU-Kommentar, Baden-Baden 2000 (zit. Bearb in:)

Seidl-Hohenveldern, Ignaz / Stein, Torsten: Völkerrecht, 10. Aufl. Köln, Berlin, Bonn, München 2000

Şen, Faruk: Problemfelder und Lösungsansätze im europäischen Vergleich, Die Mehrheitsgesellschaften und die Minderheiten der Bundesrepublik Deutschland S. 211-224 in: Vom Ausländer zum Bürger, Problemanzeigen im Ausländer-, Asyl- und Staatsangehörigkeitsrecht, Festschrift für Fritz Franz und Gert Müller, Hrsg: Barwig, Klaus; Brinkmann, Gisbert; Huber, Berthold, Lörcher, Klaus; Schumacher, Christoph, Baden-Baden 1994

Siekmann, Helmut / Duttge, Gunnar: Staatsrecht I: Grundrechte, 3. Aufl. Thüngersheim /Frankfurt a.M. 2000

Silagi, Michael: Einbürgerung und doppelte Staatsangehörigkeit im geltenden Recht, StAZ 1993, S. 309-311

FSC
www.fsc.org
MIX
Papier | Fördert
gute Waldnutzung
FSC® C083411

Kolibri 360 GmbH
Ferdinand-Jühlke-Straße 7
99095 Erfurt, Deutschland
produktsicherheit@kolibri360.de

Druck:
CPI Druckdienstleistungen GmbH
im Auftrag der
Kolibri 360 GmbH
Ferdinand-Jühlke-Str. 7
99095 Erfurt